KB238252

청춘의
투　자

1

일러두기

1 본문에 사용된 주식 차트는 맥북 주식 앱에서 가져왔습니다.
2 본문에 사용된 부동산 차트는 호갱노노에서 가져왔습니다.

청춘의 투자

1

지식노마드 nomad

차례

1권

2권

9장　모든 사람들의 인식 속에 각인되어 있는 가장 강력한 자산

모든 사람들의 인식 속에 각인되어 있는 가장 강력한 자산

인류가 발견해낸 가장 내구성이 높은 자산

돈의 기능

재테크의 본질

금을 인정하지 않는 투자 대가

앞으로도 금 가격이 오를까?

10장　부자들이 그림을 좋아하는 이유

팔리는 예술품과 안 팔리는 예술품이 있다

그알못이 얘기하는 그림 이야기

11장　그러면 우리는 어떻게 해야 하는가?

화폐를 기반으로 하는 자산만 피해도 기본은 한다

투자 성과에 있어 수익률은 별로 의미가 없다

수익률을 높이는 방법

수익률을 높이는 게 답이 아니라면 남는 답은 하나

그렇다면 중요한 것은 뭐다?

큰 규모로 투자할 수 있는 자산을 찾았다면?

자본주의 사회에서 승리하기 위한 4가지 원칙

자본주의 사회에서 빈부격차가 커지는 이유

서울에 살지 않는 사람들은 어떻게 해야 할까?

그 돈마저도 없다면?

아내 생각

우리는 어떻게 여기까지 오게 되었을까. 살다 보면 지금 누리고 있는 모든 것들이 믿어지지 않을 때가 있다. 안정적인 삶, 익숙해진 공간, 과거의 우리에게는 꿈처럼 아득해 보였던 현재의 성취들. 그리고 이러한 생각은 가끔 아래의 질문으로 이어지곤 한다.

"가진 게 아무것도 없는 젊은 남자와 여자가 만나 어떻게 10년 만에 지금과 같은 성과를 만들어낼 수 있었을까."

2014년 어느 날, 작은 카페에서 남편(그때는 남자 친구)은 진지한 표정으로 나에게 말했다.

"나는 이제부터 주식을 할 거야."

뜻밖의 선언이었다. 누구보다 신중한 사람이던 그가, 통장을 쪼개 쓰며 철저하게 돈을 아끼던 그가 가장 위험하다고 여겨지는 주식에 발을 들이겠다니.

"적금만 들던 사람이 갑자기 주식을 한다고?"

어처구니없는 마음에 웃음이 나올 뻔했다. 처음에는 농담인 줄 알았다. 그러나 그의 눈빛은 진지했다. 그는 단호한 목소리로 말했다.

"우리 이대로는 안 될 것 같아."

그리고 그는 "우리가 매달 아끼고 아끼면서 모으는 돈으로는 우리가 꿈꾸는 미래에 도달하기 어려울 것 같다"라는 말도 덧붙였다. 그의 말에 나는 아프게 공감할 수밖에 없었다. 2014년의 우리는 세상의 벽이 너무나 높다는 것을 이제 막 인지하기 시작한 젊은 청춘들이었기에(결혼을 앞둔).

남편은 주식 초보자를 위한 책을 몇 권 읽었다고 했다. 나는 그의 노력이 가상하면서도 속으로는 여전히 반신반의했다. 투자라는 것이 책 몇 권으로 되는 일이면 세상 모든 사람들이 다 부자가 됐을 테니까. 그럼에도 불구하고 나는 그 생각을 겉으로 드러낼 수 없었다. 그는 무엇을 하든 항상 진심을 다했고 지금까지 그의 진심이 헛된 적이 없다는 것을 알았기 때문이다.

물론 처음부터 잘 풀린 것은 아니었다. 첫 투자는 실패로 돌아갔다. 그의 얼굴이 어두워질 때마다 나도 덩달아 불안했고, 나는 "괜찮아, 다시 하면 돼"라고 말하면서도 속으로는 불신이 고개를 들기도 했다. 그럼에도 포기하지 않았다. 아니 어쩌면, 나는 포기하고 있었지만, 그 사람만은 포기하지 않았던 것일지도 모른다.

그렇게 얼마나 시간이 흘렀을까. 어느 날, 남편이 나를 부엌으로 불렀다.

내가 "왜?"라고 묻자, 그는 핸드폰 화면을 내밀며 웃었다.

"우리 자산이 처음으로 1억을 넘었어."

지금 우리가 가지고 있는 자산과 비교해보면 당시의 성과는 정말 작고 소소한 금액이지만, 남편이 부엌에서 그 말을 하던 그날의 일이 나는 아직까지도 잊히지 않는다. 그리고 아마 그즈음이었을 것이다. 내가 남편에게 우리 집의 경제 관련한 의사결정을 맡기게 된 것이.

우리 집은 남편이 투자와 관련된 모든 의사결정을 담당한다. 투자와 관련되어서 나는 남편의 의사결정 과정에 어떠한 간섭도 하지 않는다. 적어도 일이 바빠 퇴근 이후에는 아무것도 하지 못했던 나보다는 잘할 것이 확실했기 때문에, 간섭을 할 자격이 없다는 표현이 더 정확할지도 모르겠다.

남편은 퇴근 후에도 항상 밤늦도록 책상에 앉아 책을 읽었는데, 논문과 경제 뉴스를 읽다가 책상에서 잠이 든 모습이 아직까지도 기억에 생생하다.

남편은 나의 방임(?)에 부응이라도 하듯 적지 않은 성과를 가지고 왔는데, 대체로 매년 자산이 계속 늘어났고 큰 손실을 본 해는 많지 않았던 것으로 기억한다.

그리고 그로부터 딱 10년이 걸렸다. 과거에 아득해 보였던 것들을 안정적으로 편안히 누릴 수 있게 될 때까지.

매년 성과가 눈으로 확인되면서 나는 투자에 관심을 끊었다. 남편이 어떤 주식을 팔고 다른 주식을 샀다고 '통보'할 때면, "그래, 알았어"라고 대답만 할 뿐이었다.

'주식 하면 다 망한다고 하던데 도대체 이 사람은 어떻게 이런 성과를 계속 내는 거지?'라는 생각이 가끔 들기도 했는데, 그것이 뭣이 중요할까. '섣불리 의사결정을 하지 않고 모든 의사결정에서 최대한 많은 것을 고려하는 그의 성격이 주식 투자와 잘 맞아서 그런가?'라는 추측만 할 뿐이었다.

남편은 내가 자신을 믿어줘서 가능했다고 얘기하지만, 내가 믿어줘서 성과가 났던 것인지 아니면 성과가 눈으로 확인되니 내가 믿을 수 있게 된 것인지, 뭐가 먼저인지는 모르겠다. 어쨌든 우리 가정은 남편의 투자 성과로 인해 비교적 안정적인 상황에 놓여 있다.

그러던 어느 날, 저녁 식사 후 남편과 함께 차를 마시며 TV를 보고 있었는데 안타까운 사고 소식이 뉴스에서 전해졌다. 그 뉴스를 보는 순간 갑자기 걱정이 시작되었다.

'아이는 하루가 다르게 자라고 있는데, 이 상황에서 만약 남편이 사고라도 당하면 나는 이 가정을 온전히 지킬 수 있을까? 남편이 남긴 이 자산을 온전히 지킬 수 있을까?'

이 질문에 대한 답은 머릿속에서 쉽게 내려졌다.

'나에게는 그럴 능력이 없다.'

그동안 나는 남편을 전적으로 믿고 경제적으로 의지하며 살아왔다. 맞벌이를 하고 있음에도 가정 경제를 움직이는 중요하고 큰 의사결정들은 모두 남편을 믿고 남편에게 위임했는데, 어쩌면 그것은 믿음을 가장한 방관이었는지도 모르겠다.

그날 밤 나는 남편이 읽고 있던 책상 위의 자료들을 조용히 들춰 보았다. 이면지에는 빼곡히 적힌 숫자와 그래프, 경제 관련 용어들이 가득했다. 그동안 남편이 어떤 일을 해왔는지 알 것 같으면서도 그 모든 것이 여전히 낯설게 느껴졌다.

방에서 잠든 아이를 바라보며 나는 결심했다. '남편이 없다면…'이라는 상상이 두렵다면, 나는 더 이상 이렇게 머물러 있어서는 안 된다고.

다음 날 나는 남편에게 조심스레 물었다.

"혹시… 나한테 돈 관리하는 거 좀 가르쳐줄 수 있어?"

남편은 놀란 표정으로 나를 바라봤다.

"갑자기 왜?"

"상상하고 싶지는 않지만, 혹시라도 여보에게 무슨 일이 생긴다면 나도 이 가정을 지킬 준비는 해야 할 것 같아서…. 크면 아이한테 가르칠 거라던 그 내용, 나한테 먼저 가르쳐주면 안 돼?"

그는 잠시 말이 없었다. 그리고 이내 미소를 지으며 고개를 끄덕였다.

"그래, 그 말이 맞네."

대부분의 대학생들이나 취업 준비생들이 그러하듯 나도 그랬다. 취직만 하면 모든 게 다 잘될 줄 알았다. 직장에 들어가서 안정적으로 매달 돈을 벌기만 하면 내가 그리던 미래가 곧 눈앞에 펼쳐질 거라 생각했다. 그리고 내가 그토록 원하던 일을 직장에서 처음 부여받던 그날, 나는 마침내 인생의 숙제를 풀었다고 생각했다. 그때는 그랬다. 다른 이들이 모두 그렇듯, 사회 초년생 시절의 나 또한 낯선 업무 환경에서 일을 배우는 데에 여념이 없었다. 하루하루를 정신없이 살아가던 터라 당연히 돈 관리 따위(?)에는 신경을 쓸 여력이 없었다. 월급 받은 돈을 그냥 차곡차곡 적금을 들며 모을 뿐 다른 어떤 생각도 그때는 하지 못했다. 그러면 되는 줄 알았다. 집에서 배운 게 그거였으니까.

시간이 흘러 '일이 할 만하다'라는 생각이 들 때쯤 삶에도 여유가 생겼는데, 삶에 여유가 생기자 '이제는 가정을 꾸려도 되겠다'라는 생각이 점점 들기 시작했다. 그즈음부터 여자 친구(지금의 아내)와의 결혼생활을 미리 그려보고 자금 계획을 세워보았다. 아마 그때부터였던 것 같다. '무엇인가 잘못되어가고 있다는 것'을 깨달았던 시점이.

사회 초년생들이 애써 외면하는 사실이 있다. 바로 '돈을 버는 기간이 그렇게 길지 않다'라는 사실이다. 요즘은 취업 준비 기간이 길어져 대졸 남성의 평균 취업 연령이 30세 정도까지 올라왔다. 이를 기준으로 계산해보면 직장에서 돈을 버는 기간이 20년 정도라는 계산이 나온다. 물론 법적인 정년은 60세까지라고 하나 이 정년이 지켜지는 회사가 많지 않으니, 직장에서 안정적으로(?) 돈을 벌 수 있는 기간은 보편적으로 20년에서 25년 정도로 보는 것이 합리적일 것이다. 그렇다면 직장에서 같이 생활하고 있는 10년 선배, 20년 선배들의 모습이 10년, 20년 후의 나의 모습이고, 그분들의 현재 경제적인 상황이 10년, 20년 후에 내가 처해질 경제적인 상황이라고 보면 크게 벗어나지 않는다.

이를 계산해보는 것은 그리 어려운 일이 아니다. '(한 달에 버는 돈 - 한 달에 쓰는 돈) × 12 × 은퇴까지 남은 연수'를 계산해보면, 내가 일을 하면서 모을 수 있는 돈이 얼마인지 대략 알 수 있다. 이 돈으로 집도 사고, 차도 사고, 아이도 키우고, 아이 대학 교육까지 시켜야 한다. 그런데 이것이 가능한 일일까? 한번 계산해보자. 한 달에 버는 돈을 300만 원, 한 달에 쓰는 돈을 150만 원이라고 가정하면,

$$(300 - 150) \times 12 \times 20 = 36,000$$
$$(300 - 150) \times 12 \times 25 = 45,000$$

20년 동안 열심히 아끼고 모아야 3억 6,000만 원을 모을 수 있다는 계산이 나온다. 20년 동안 급여가 올라가는 부분을 포함시켜 계산해봐도, 대략 4~5억 원. 그런데 서울 집값은 얼마? 지금 가격으로 대충 10억 원. 심지어 20년 후의 집값이 지금의 10억으로 유지되고 있으리라는 보장도 없다.

어려운 수학적 계산 없이, 단순 계산으로도 내 앞의 미래가 그리 밝

지 않다는 것을 알게 되었다. 계산기를 두드려봤던 그날 나는 이것을 깨달았고, 그때의 느낌은 현실적인 불안함과 공포스러운 감정이 복합된, 정말로 어떤 오싹한 기분이었던 것 같다.

'다들 이렇게 사는 건가? 이게 맞나?'

'다들 이 현실을 알고 있는 건가?'

놀라웠던 사실은 이 사실을 주변 사람들에게 얘기해봐도 다들 별로 관심이 없더라는 것이다.

지금 와서 돌이켜 생각해보면 '돈 관리를 어떻게 해야 한다는 것'을 나는 단 한 번도 누구에게 제대로 배워본 적이 없었다. 어머니는 나에게 항상 "돈 벌면 헤프게 쓰지 말고 차곡차곡 적금을 들어라"라고 강조하셨는데, 그것이 정답이 아니라는 것은 너무나 명확했다. 왜냐하면 내가 적금을 들어 얼마를 모으든 간에 집값은 항상 내가 모은 것 이상으로 올라 있었으니까.

예를 들어, 3억짜리 집을 사려고 돈을 모으기 시작했는데 간신히 1,000만 원을 모은 시점에서 집값을 다시 보면, 집값은 3억 3,000만 원이 되어 있는 상황(3,000만 원이 올라 있는 상황)이었다.

지금의 나는 '이러한 현상이 왜 생기는지', '이러한 현실에서 개인이 살아남으려면 어떻게 해야 하는지'에 대해 꽤나 명확히 알고 있지만, 당시의 나는 그런 것을 전혀 알지 못했다.

어떻게 해야 하는지 답을 알고 싶었다. 아니, 방법을 알고 싶었다. 이 굴레를 벗어날 수 있는 방법을.

그러던 어느 날 서점에 들를 일이 있었는데, 우연인지 아니면 운명인지 평소에 관심도 없던 주식 관련 책이 계속 눈에 들어오는 것이 아니겠는가. 살짝 들춰 보니 저자는 주식에 투자하면 적은 돈으로도 큰 성과를 낼 수 있다고 얘기하고 있었다. 너무나 간절하게 방법을 알고 싶었던 나에게는 그 소리가 어떤 복음(?)처럼 들렸다.

책을 한 권도 안 읽은 사람보다 책을 딱 한 권만 읽은 사람이 제일 위험하다고 했던가. 과도한 자신감으로 시작된 첫 투자는 짧은 기간에 큰 손실을 보고 말았다. 이 손실을 어디에 하소연할 곳도 없었다. 어릴 적부터 부모님에게 '주식이라는 것은 절대로 해서는 안 되는 어떤 범죄와도 같은 행동'이라는 말을 들으며 자라왔기 때문에, 주식으로 얼마의 손실을 봤다는 얘기를 집에서 꺼낼 수도 없었던 것이다.

당시에 500만 원을 가지고 처음 시작을 했는데, 짧은 기간 동안 40% 손실을 보고 정말로 며칠 동안 앓아누웠던 기억이 난다. 지금은 그 당시의 손실을 수업료라고 생각하지만, 그때는 정말로 세상을 다 잃은 것 같은 기분이었다. '멍청아, 하지 말라는 주식 왜 손대서 이 꼴 나고 있냐'라는 자책을 밤잠 이루지 못하며 수없이 했다. 200만 원의 손실도 아팠지만, 자책이 스스로를 더 힘들게 했었던 기억도 난다.

뭔가 액션을 취했어야 했다. 며칠 만에 200만 원을 날렸으니. 그리고 어쩌면 나의 새로운 세상이 시작된 것은 그때부터였던 것 같다. 그때부터 주식이랑 경제, 재테크 관련 책을 파기 시작했다. 왜? 잃은 돈 복구하기 위해서. 퇴근하고 나면 골방에 틀어박혀 주식이나 재테크 관련 책만 읽었다. 퇴근하고 씻고 밥 먹고 책 보다가 12시에 자는 이 생활을 거의 10년은 한 것 같다. 남는 시간에는 거의 경제, 주식 관련된 책만 보고 살았고, TV를 볼 때도 예능 프로 같은 것은 거의 보지 않고 경제와 관련된 다큐멘터리만 찾아서 봤다(당시는 지금처럼 유튜브에서 정보를 얻을 수 있는 시절이 아니었고, 책이나 TV 다큐멘터리 정도가 유일하게 정보를 얻을 수 있는 수단이었다).

그렇게 10년이 넘는 시간이 지나니 나에게 해가 되는 정보와 이득이 되는 정보를 구분할 수 있게 되었고, 어느 정도 유의미한 경제적 성과도 거둘 수 있었다. 그리고 투자 여정에서 경험하고 느낀 바를 인터넷 블로그와 주식 카페에 글로 공유하니 많은 분들이 감사하게도 나의 글을 좋게 읽어주시고 계신다. 내가 겪었던 시행착오를 한 사람이라도 덜 겪었으면 하는 마음에서 시작한 활동이 쌓이자, 다른 누군가에게는 꽤 도움이 되는 모양이다.

그러던 어느 날 아내가 말했다.

"여보, 나 돈 관리하는 거 좀 가르쳐줘."

전혀 예상하지 못했던 발언이었다. 맞벌이를 하는 대부분의 가정들이 비슷하겠지만, 우리 집 또한 가정 안에서 아내의 역할과 나의 역할이 철저하게 구분되어 있다. 예를 들어, 음식은 아내가 준비하면 뒷정리와 설거지는 내가 한다든지, 내가 빨래를 하고 건조기를 돌려놓으면 아내는 건조된 빨래를 갠다든지 하는 그런 역할 말이다.

마찬가지로 경제 활동과 관련해서도 역할이 나누어져 있는데, 아내는 철저하게 소비를 담당하고, 아내가 소비한 후 남은 돈은 모두 나에게로 위임되어 그 돈을 내가 관리하고 투자한다. 결혼 이후 계속 그래 왔으니 10년은 넘은 업무 분장이다. 이런 상황에서 아내가 돈 관리하는 것을 가르쳐달라고 한 것이다. '이 업무 분장에서 변화를 원하는 건가?' 하는 생각이 들어, 나는 되물었다.

"갑자기 왜?"

"아니, 다른 이유는 아니고. 만약 여보한테(우리 가정에) 어떤 사고라도 닥친다면 여보가 하던 돈 관리를 내가 온전히 도맡아서 해야 할 텐데, 나에게 그럴 능력이 없는 거 같아서. 지금은 여보가 알아서 잘하니까 문제가 없지만, 만약 그 일을 내가 이어받아서 해야 한다면 갑자기 좀 막연하고 두렵고 그렇네.

갖고 있는 자산을 팔아야 하는지, 아니면 그대로 가지고 있다가 아이한테 물려줘야 하는지, 여윳돈이 생기면 뭘 더 사야 하는지, 뭘 사면 안 되는지, 그리고 나중에 아이한테 돈 관리에 대해서 뭘 가르쳐 줘야 하는지, 이런 것들에 대해서 지식도 좀 부족하고 확신도 없고 그래. 지금부터라도 조금씩 알려주면, 혹시나 우리 가정에 위기가 닥치더라도 위기를 잘 추스르고 극복할 수 있지 않을까?"

맞는 말이었다. 한 번도 생각해보지 않았지만, 아내 입장에서 생각해보니 아내가 왜 그런 불안감을 느끼는지 알 것 같았다.

그동안 우리는 주식으로 자산을 불려왔다. 내가 2014년부터 주식을 시작했으니 10년 이상 주식으로 재테크를 해왔던 것이다.

물론 거주 목적으로 부동산도 보유하고 있지만, 나에게 그리고 우리 가족에게 주요 자산은 언제나 부동산이 아닌 주식이었다. 투자는 주식, 부동산은 거주. 이것이 재테크를 시작한 이래로 우리 부부가 취했던 포지션이다.

투자와 관련된 모든 의사결정은 내가 했다. 어떤 것을 살지, 어떤 것을 팔지, 아니면 어떤 것을 장기 보유로 가지고 갈지, 이런 것들에 대한 판단 말이다. 중간중간 의사결정의 이유에 대해 아내를 설득하기는 했으나, 아내는 나의 어떤 판단도 존중해주었기 때문에 시간이 지나면서 사실상 설득이 아닌 통보에 가까운 과정이 되었다.

별문제는 없었다. 아내가 늘 그랬던 것처럼 나를 믿어주면 나는 내 일만 잘하면 됐으니까. 그런데 TV 뉴스에 소개된 안타까운 사고 소식이 아내의 마음에 어떤 변화를 이끌었나 보다.

아내 말대로 내가 혹시 모를 사고를 당한다면 아내가 자산을 관리하며 상당한 어려움을 겪을 것이라는 결론에 도달하자, 아내에게 '돈'을 가르치는 작업이 꼭 필요한 일이라는 것을 깨달았다.

맞다. 가르쳐야 한다. 쉽지 않은 작업이 되겠지만 꼭 필요한 일이다. 내가 10년 동안 밤잠 못 이루며 고민하고 내린 결론들, 그렇게 쌓아온 지식과 노하우를 아내에게 전수해주어야 한다. 그래야 내가 없어도 아내가 우리 가족을 지킬 수 있다. 내가 남긴 자산도, 내 아이도.

"가르쳐줄 수 있지. 그런데 짧은 여정이 아닐 것 같은데 따라올 수 있겠어?"

"그럼. 따라가야지."

＊

필자는 재테크를 시작한 2014년 이래로, 돈에 대해 거의 반쯤은 미쳐 있었다고 해도 과언이 아니다. 일하고 남는 시간에는 모두 돈과 관련된 생각을 했다고 얘기해도 크게 틀리지 않다.

이 책은 필자가 10년이 넘는 시간 동안 했던 생각의 결실을 담은 책이다. 필자는 이 책의 내용을 아는 사람과 그렇지 못한 사람은 최소 10년 이상의 격차가 난다는 것을 감히 얘기할 수 있다. 아니, 어쩌면 그 이상의 격차가 날 수도 있다. 그만큼 이 책의 내용이 우리 삶에 큰 영향을 미치는 지식이라는 것이다.

하지만 필자는 성장 과정에서 어느 누구에게도 이것을 배워본 적이 없다. 가정에서도, 학교에서도, 직장에서도. 만약 누군가가 이 내용을 일찍이 필자에게 알려줬다면 필자는 시행착오를 굉장히 많이 줄일 수 있었을 것이다. 하지만 필자는 홀로 너무 먼 길을 돌아왔다. 그 부분이 항상 아쉬웠다. 그래서 다른 사람들은 그러지 않았으면 하는 마음으로 이 책을 썼다.

이 책은 앞으로 사회로 나와야 하는 어린 세대들, 자본주의에 대해 배우지 못한 채 사회로 나와야 했던 2030 젊은 세대들, 그리고 사회로 이미 나왔지만 돈이나 투자에 대해 고민해본 적이 없던 사람들에게 꽤나 도움이 되는 내용일 것이다.

만약 당신이 재테크를 어떻게 해야 하는지 막막하다면, 뭐부터 해야 하는지 도저히 모르겠다면, 그리고 뭐가 잘못됐는지, 이 굴레를 벗어날 방법이 무엇인지 도무지 모르겠는 사람이라면, 필자는 이 책을 집어 든 당신이 운이 정말 좋은 사람이라는 얘기를 해주고 싶다. 이 책이 당신의 10년을 앞당겨줄 것이 거의 확실하기 때문이다.

책을 집필하기로 마음먹은 순간부터 '이 책은 쉽게 읽혀야 한다', '내 아이가 읽을 수 있을 만큼 쉬워야 한다'라는 생각을 한순간도 머릿속에서 지우지 않았다. 경제적 지식이 없는 사람들도 쉽게 이해가 될 만한 내용으로 이 책을 채우는 것을 목표로 했으며, 어려운 용어들은 모두 이해가 될 만한 용어로 풀어 설명했다. 물론 중간중간 내용이 어렵거나 생소한 부분이 있을 수 있다.

그럴 때는 책을 잠시 덮고 내용에 대해 한 번쯤 생각하는 시간을 가져보기를 바란다. 그러면 이해하는 데에 크게 어렵지 않을 것이다.

모든 글에는 문체가 있다. 약간의 자랑이지만 필자는 보고서를 잘 쓴다. 필자가 작성한 보고서는 대부분의 상사들에게 인정받는다. 자랑하기 위해 이것을 언급하는 것이 아니라 상사(상급자)에게 보고할 때 쓰는 문체, 격식을 갖춘 문체, 논문에 써야 하는 문체 등에 대해 필자도 너무나 잘 알고 있다는 것을 말하기 위함이다.

그럼에도 불구하고 필자는 이 책의 문체를 완전한 구어체로 선택했다. 이 책은 필자가 아내에게 1:1 개인 과외를 해주는 형식으로 구성되어 있으며, 완전한 구어체로 작성되었다. 딱딱한 문어체보다 친숙한 어투가 이해를 돕는다고 믿기 때문이다. 예를 들면 이런 식이다.

우리가 그것을 가지고 있기 때문에 (×)
우리가 그거를 가지고 있으니까 (○)

~하는 것이 (×)
~하는 게 (○)

~하는 것으로 (×)
~하는 걸로 (○)

안 그래도 용어가 생소하고 이해하기 어려운 내용인데 문체까지 격식을 갖춘다면 이해하는 데에 방해가 되고, 나아가 책 자체가 잘 읽히지 않기 때문이다(실제로 필자가 재테크 초보 시절 책을 읽으면서 들었던 생각이다).

문법을 모르는 것이 아니다. 격식 있는 어법을 모르는 것도 아니다. 다만 이 법이라는 틀이 독자의 이해를 높이는 데에 조금이라도 방해 요소가 된다면, 필자는 그 있어 보이는 법(문법, 어법 등)을 포기하겠다는 의미다.

필자는 격식 있는 책, 있어 보이는 책보다 잘 읽히는 책을 선택했다. 지식을 전달하고 방법을 전달하는 책인데 격식을 갖추는 게 무슨 소용이란 말인가. 이해만 되면 된다. 이해가 되지 않으면 어떤 내용이 담긴다 해도 모두 다 의미가 없어진다.

이 책의 목적은 지식을 뽐내기 위함도, 유능감을 느끼기 위함도 아니다. 오로지 자본주의 게임의 법칙에 대해 배우지 못해 홀로 시행착오를 겪고 있는 독자에게 자본주의 세상에서 살아남는 방법을 쉽게 전달하기 위해서 이 책을 썼다.

어떤 이들에게는 인정받지 못하고 심하게 비판을 받더라도, 직관적이지 않고 이해하기 어려운 경제적 지식이 누군가에게 쉽게 전달이 되었다면 그것으로 필자는 만족한다. 필자는 그 길을 택하겠다. 이 책을 1:1 대화 형태로 구성한 이유는 바로 이 때문이다.

(1) 읽는 순서

이 책은 대부분 재테크 자산에 대한 내용을 담고 있다. 보험·채권·주식·부동산 등의 자산을 모두 포함하고 있다. 대다수 재테크 서적은 독립되어 있는 경우가 많다. 그래서 어떤 분야의 책을 먼저 읽더라도 다른 분야의 책 내용을 이해하는 데에는 크게 지장이 없다. 예를 들어, 주식 관련 책을 읽어보지 않더라도 부동산 관련 책을 읽는 데에는 지장이 없다는 얘기다.

하지만 이 책은 처음부터 순서대로 읽기를 권한다. 하나의 메시지로 처음부터 끝까지 이어지는 내용으로 구성되었기 때문이다. 하나의 챕터는 이전의 챕터에서 논의된 내용과 이어진다. 따라서 처음부터 필자가 제시하는 순서대로 따라온다면 훨씬 이해가 편할 것이고, 전체적인 그림을 훨씬 더 수월하게 그릴 수 있을 것이다.

(2) 책의 난이도

이 책의 목표는 재테크의 핵심 내용을 이해하기 쉽게 전달하는 데에 있다. 따라서 이해하기 어려운 개념을 모두 쉬운 언어로 풀어내었다. 대화체로 구성되었기 때문에 책이 쉽게 읽힐 것이다. 그렇다고 너무 기본적이거나 단순한 내용만을 다루고 있는 것은 아니다. 쉬운 언어로 표현되어 있다고 하여 그 내용이 중요하지 않은 것은 아니다. 다만, 큰 틀에서 전체 개념을 잡는 데에 방해가 될 정도의 세부적인 내용은 과감하게 배제했다.

따라서 이 책의 내용보다 더 깊고 전문적인 내용이 궁금하다면, 다른 책이나 영상 등을 통해 스스로 답을 찾아야 할 것이다. 필자가 제시하는 내용을 순서대로 잘 따라온다면 그것이 그리 어려운 과정은 아닐 것이다.

1장

당신은 돈이 무엇인지 모르고 있다

1:1 개인 과외를 시작하다

이렇게 각 잡고 뭔가를 가르치려고 하니 좀 어색하네. (웃음) 자, 뭐부터 시작할까?

음. 글쎄, 우리가 투자하는 자산들의 장단점?

아, 투자 자산들이 궁금한 거야? 주식이나 부동산의 장단점 이런 거?

그게 궁금하다기보다는 우리가 그 자산들을 가지고 있으니까 그 자산들의 장단점을 알아야 관리할 수 있지 않을까 하는 생각?

아. 그렇지. 관리를 하려면 알긴 알아야지. 그런데 여보가 지금 자산들을 '관리'해야 한다고 얘기했잖아. 그러면 궁금한 것의 본질은 그 자산들이 아니라 관리라는 거네? 관리를 하고 싶으니까 그 자산들이 궁금하다는 거 아냐.

맞아, 그렇다고 볼 수 있을 것 같아.

자, 그러면 이거부터 시작해볼까?

혹시 이런 생각해본 적 있어? 우리가 자산이라는 것을 '왜' 관리해야 하는지에 대해서 말이야.

자산 관리라는 표현을 쓰면 좀 거창하니까 흔히들 쉽게 쓰는 용어로 바꿔볼게. 자산 관리를 다른 말로 바꿔보면 아마 '재테크'라는 용어가 가장 무난하게 어울릴 거야. 그치?

자, 그러면 내 질문은 이거야. 우리는 재테크라는 것을 왜 해야 하는 걸까? 안 그래도 먹고살기 바쁜데, 굳이 왜?

음. (곰곰이 생각 중) 은행에 넣으면 이자가 적으니까?

맞아, 그게 틀린 답은 아니야. 그럼 하나만 더 들어가 보자. 그러면 은행은 이자를 왜 적게 줄까? 아니, 이 질문에 앞서 더 중요한 게 있어. 우리가 은행에 돈을 맡기면 은행은 왜 우리에게 이자를 줄까? 이거에 대해서 생각해본 적 있어?

그거야… 우리가 돈을 맡기니까 당연히 은행은 이자를 줘야 하는 거 아냐?

당연하지 않아. 자, 보자. 우리가 현금으로 1,000만 원을 가지고 있다고 생각해볼게. 그러면 이 돈을 집에서 보관하는 게 편해? 아니면 은행에 맡기는 게 편해?

은행에 넣어놓는 게 편하지. 도둑 걱정 없고, 카드로 결제하면 통장에서 빠져나가니까 현금 들고 다닐 필요도 없으니까.

그렇지? 내 생각도 그래. 그러면 이렇게 볼 수 있겠네? 은행은 '우리의 편의'를 위해서 돈을 보관해주는, 그런데 돈을 보관해주면서 동시에 우리에게 이자도 주는 그런 착한 집단? 자선 단체 집단?

그렇게 얘기하니 조금 이상한 거 같기도 하고….

그렇지? 이게 별거 아닌 질문 같지만, 꽤 중요한 질문이야. 모든 문제의 발단이 바로 이 지점에 있어서 그래. 내가 볼 때, 재테크 하는 사람들 중에서 재테크라는 것을 어떻게 해야 하는지 갈피를 못 잡는 사람들이 많은 것 같아.

블로그나 카페에서 질문하는 사람들의 얘기를 들어보면 '포인트를 잘못 잡고 있다'라고 생각되는 경우들이 꽤 많았어. 주식 투자는 하고 있는데 주식이 정확히 뭔지, 주식으로 돈이 어떻게 벌리는 건지, 이런 것들을 정확히 이해하고 뛰어든 것이 아니라 그냥 남들도 한다니까 뛰어든 것 같은 느낌이랄까? 그래서인지 손실을 크게 보고 있는 상태에서 어떻게 해야 할지 몰라서 제발 알려달라고 하는 사람들이 많더라고.

내 생각에는 사람들이 재테크에 실패하는 가장 근본적인 이유가 '돈'이라는 것이 무엇인지 정확히 모르기 때문인 것 같아. 돈이 뭔지를 모르면 어떻게 재테크를 해야 하는지 방향을 제대로 잡기가 힘들어. 숫자를 모르는데 수학을 잘할 수 있겠어? 이것과 같은 이치야.

돈이 뭔지 정확히 알지 못하는 상태에서는 주변의 소음에 흔들리기가 쉬워. 누가 적금 들라 그러면 적금 들고, 누가 주식 하라 그러면 주식 사고, 누가 보험 들라 그러면 보험 들고, 이렇게 한다는 거지. 그런데 이렇게는 5년, 10년 재테크를 해도 제대로 된 성과를 내기가 힘들어. 이거 조금 해보다가 안 맞으면 때려치우고, 저거 조금 해보다가 안 맞으면 때려치우고, 이렇게 된다는 거지.

자, 그래서 지금부터 내가 돈이 뭔지부터 하나씩 다 뜯어가면서 설명할 거야.

돈이라는 것을 명확히 이해해야 우리가 왜 재테크를 해야 하는지 이해할 수 있고, 우리가 재테크라는 것을 할 수밖에 없도록 내몰린 이유도 이해할 수 있게 돼.

이것은 주식에 국한된 것이 아니고 재테크 전체, 자산 관리 전체에 대한 얘기야. 이자 조금 더 받고 월세 조금 더 받는 그런 수준을 넘어서는 얘기야.

내 얘기들을 다 듣고 나면 어쩌면 세상이 지금까지 나를 속이고 있었다는 생각이 들 수도 있어. 내 얘기를 잘 소화하면, 시대를 불문하고 왜 항상 예금·적금을 넣은 사람들이 패자가 되었는지, 반대로 왜 항상 빚내서 서울에 아파트를 산 사람이 승자가 되었는지를 이해하게 될 거야.

그리고 가계 부채가 이렇게 높은 상태인데도 왜 거의 매년 계속해서 가계 부채가 최고치를 경신하고 있는지도 이해하게 될 거고, 이 시스템에서 살아남는 비결이 무엇인지도 알게 될 거야.

그리고 이것을 이해하고 나면, 내가 없어도 여보 혼자서 자산을 잘 지킬 수 있게 될 거야. 뭘 사야 하는지, 무엇을 사면 안 되는지가 순식간에 바로 판단이 될 거거든. 그리고 적어도 어디 가서 돈에 관련되어 무식하다는 소리를 듣는 일은 절대로 없을 거야.

과장이 아니고 진짜로 내가 그렇게 만들어줄게. 뿐만 아니라 내가 하는 얘기를 찬찬히 잘 따라오면 여보 스스로 길을 찾을 수 있게 될 거야.

그럼, 시작해볼까?

우리는 왜 재테크라는 것을 할 수밖에 없도록
내몰린 걸까?

자본주의를 사는 우리에게 재테크는 선택이 아닌 필수라는 얘기를 많이 들어봤을 거야, 그치? 나도 사회 초년생 때 많이 듣기도 했었고. 이 말을 들을 때는 '그렇구나. 그치, 재테크해야지' 뭐 이런 식으로 별 대수롭지 않게 들려. 나도 그렇게 생각했었고.

그런데 가만히 한번 생각해보자. 먹고살기도 바쁘고, 직장에서 일하느라 바쁜데 왜 우리는 퇴근하고 재테크 공부까지 해야 하는 걸까? 사회 초년생 때는 우리도 직장에서 깨지면서 일 배우느라 바빴지, 퇴근하고 그런 거 신경 쓸 겨를이나 있었나? 그냥 적금 좀 들고 보험 좀 들면 알아서 되는 줄 알았잖아. 우리를 비롯해 대부분의 사람들이 다 비슷했을 거야.

그런데 그렇게 시간이 한 4~5년 흐르잖아? 반드시 현타가 오게 되어 있어. 왜냐하면 내가 적금으로 아무리 돈을 모아도 집값은 내가 모은 돈보다 더 많이 올라 있거든. 이때쯤 사람들은 재테크라는 거를 해야 한다는 것을 느끼게 돼. 우리도 그랬잖아. (웃음)

그런데 "재테크를 해야 한다, 재테크 공부를 해야 한다"라고 얘기하는 사람들한테, 재테크를 왜 해야 하는지를 물어보잖아? 그러면 돌아오는 대답은 거의 비슷해.

"인플레이션이 발생해서 저축만으로는 물가가 오르는 것을 따라가기 힘들어서 그렇다", "내가 돈을 모아봤자, 집값은 그거보다 더 많이 올라서 그렇다" 이런 대답들을 하거든.

공부 좀 했거나 책 좀 읽은 사람들은 이렇게 얘기해.

"토마 피케티의 《21세기 자본》에 의하면, 자본주의 최근 200년 역사 동안 노동소득이 자본소득을 이겨낸 적이 없다."

이런 대답들이 틀린 것은 아닌데, 내가 생각하기에는 본질적인 대답이 아니야. 왜냐하면 '인플레이션이 발생해서 저축만으로는 물가와 집값 오르는 것을 따라잡을 수 없는 현실'은 어떤 것의 결과이지, 원인이 아니거든. 다시 얘기해서 저축만으로는 집값 오르는 것을 따라잡을 수 없는 상황이 발생한 것은 어떤 것의 결과라는 거야. 원인이 아니라.

쉽게 말하면 이런 식의 대화라는 거야.

"재테크를 왜 해야 해?"

→ "집값 오르는 거 안 보여? 당연히 재테크를 해야지!"

물론 틀린 게 아니고 타당한 말이기는 한데, 본질을 건드리지 못해 뭔가 계속 가려운 느낌이라는 거지. '왜'를 얘기해주지 않으니까.

그래서 여기서 질문 하나를 더 들어가잖아? 그러면 대답을 못 하는 사람이 엄청 많아. 여보 친구들 중에 재테크 열심히 하는 사람들 많잖아. 그래서 가끔 나한테도 이것저것 물어오기도 하고 말이야. 그 친구들한테 한번 이렇게 질문을 해봐.

"아, 그치. 집값 오르는 거 보여. 그래서 재테크해야 하는 거 알아. 그런데 내 질문은 '집값이 오르기 때문에 재테크를 해야 하느냐?'가 아니라 그 집값 그거 왜 오르는 거냐고. 이게 내 질문이라고. 그걸 알아야 앞으로도 집값이 오를지 내릴지를 판단할 수 있을 거고, 그걸 알아야 내가 재테크를 해야 하는 이유를 명확히 결론 내릴 수 있을 거 아냐."

아마 이 질문에 정확히 대답할 수 있는 사람들 많이 없을 거야.

나도 재테크 처음 시작할 때, 이 질문을 여기저기 엄청 하고 다녔거든? 그런데 아무도 이 질문에 대해서 제대로 된 대답을 해주지 못했어. 그나마 비슷하게나마 대답해주는 사람이 있다면, 이런 대답을 해.

"돈이 많이 풀려서 그래."

그러면 또 물어봐야지.

"그럼, 돈을 왜 많이 푸는데?"

내가 이 질문을 꽤 여러 사람한테 해봤거든? 그런데 이 질문에 제대로 대답하는 사람을 거의 못 봤어. 물론 다른 사람들을 비하하는 게 아냐. 먹고사는 게 바빠서, '돈'이라는 것에 대해 진지하게 고민해보는 시간이 없었던 탓이겠지. 나도 예전에는 몰랐고.

재테크를 해야 하는 이유에 대해서 파고 파고 또 파고 계속 파고 들어가잖아? 결국 이 질문을 만나게 돼.

'돈이란 무엇인가?'

"재테크를 왜 해야 해?"

　→ "저축하는 속도보다 집값 오르는 속도가 빨라서."

"집값은 왜 오르는데?"

　→ "돈이 많이 풀려서."

"그러면 돈을 풀면 안 되는 거야?"

→ "그건 아니야. 정부도 정책을 펴려면 돈을 풀어서 써야지."

"아, 풀긴 풀어야 해? 그러면 풀긴 풀되 조금만 풀어야 하는 거야?"

→ "글쎄 그거는… 정부 정책에 따라…."

"그러면 돈을 얼마만큼 풀어야 하는 건데?"

→ "많이 풀면 물가가 오르니까 너무 많이 풀면 안 되지 않을까?"

"돈을 풀긴 풀어야 하는데 돈을 풀면 안 되면 그럼, 어떻게 해야 한다는 건데?"

→ "…."

"그러면 나라가 돈을 안 풀면, 집값이 안 올라?"

→ "…."

"돈을 안 풀고, 집값도 안 올리면 안 돼?"

→ "…."

"아니 그럼 어쩌라는 건데? 돈이 도대체 뭔데!?"

→ "…."

즉, 질문의 끝에서는 항상 "돈이 뭔데?"를 만나게 되어 있다는 거야. 몇 단계를 거치고 만나는가에서 차이가 날 뿐, 결국 이 질문에서 만나게 되어 있어.

그런데 돈이 뭔지를 모르면 내가 뭘 해야 하는지, 포지션을 어떻게 잡아야 하는지 이런 것들이 하나도 안 보이거든? 하지만 반대로 돈이 뭔지를 정확히 알면 내가 뭘 해야 하는지, 내가 뭘 사야 하는지, 뭘 사면 안 되는지, 이런 것들이 너무나도 명확하게 보여.

돈이 뭔지를 모르면, "적금 들어야 해요?", "주식 투자해야 해요?",

"부동산 투자해야 해요?" 이런 것들을 스스로 결정하지 못하고 주변에 계속 질문할 수밖에 없어. 그런데 돈이 뭔지를 알면, "어, 그거 하면 안 되는 거네", "어, 이거는 해야 하는 거네", "어, 이거는 가격이 오를 수밖에 없겠네", "어, 이거는 언제까지 가지고 가야 하는 거네" 이런 것들이 너무 명확하게 다 보인다는 얘기야.

내가 첫 장에서 '돈이 뭔지'부터 얘기하는 이유가 바로 이것 때문이야. 이 내용만 알면 우리가 재테크를 할 수밖에 없도록 내몰린 이유를 알게 될 뿐만 아니라 내가 어떻게 해야 하는지도 바로 알게 되거든. 그래서 이것을 아는 게 정말로 중요해.

그런데 나는 이 중요한 내용을 어디에서도 제대로 배워본 적이 없었던 것 같아. 그래서 재테크를 시작한 초기에 나도 답을 못 찾고 한참을 돌았었고. 따라서 내가 이것부터 하나씩 알려줄 거야. 돈이 뭔지부터 결론을 내면 나머지는 의외로 쉽게 연결되고 쉽게 풀려.

자, 그러면 시작해볼까? 돈이라는 게 도대체 뭔지. 사람들을 웃게 하기도 하고 울게 하기도 하고, 편하게 만들기도 하고 힘들게 만들기도 하는 그 돈. 돈이라는 게 도대체 뭘까?

돈이 뭘까?

나는 지난 10년 동안 돈이나 재테크에 거의 반쯤은 미쳐 살았어. 여보가 잘 알 거야. 일하는 시간 빼고는 머릿속에 온통 이것들과 관련된 생각만 했던 것 같아.

웅, 그건 내가 잘 알지.

2014년부터 본격적으로 공부를 하면서 깨달았던 가장 충격적인 사실이 있는데, 그건 바로 내가 알고 있던 돈이라는 개념이 완전히 허구에 불과하다는 사실이었어. 이것을 깨달았던 그날 온몸에 전율이 돋았던 것이 아직도 잊히지 않아.

사람들한테 돈이 뭔지를 물어보면 돌아오는 대답은 거의 비슷해. '지갑 속에 있는 돈. 통장 안에 있는 돈. 일하면 월급으로 받는 것. 물건을 살 때 파는 사람에게 주는 것.'

뭐 이런 식으로 절대적인 가치가 있는 어떤 물건이나 교환품 같은 것으로 생각한다는 거야. 돈을 이렇게 단순화해서 생각할 수도 있는데, 그런데 한 가지 확실한 것은 돈을 이렇게 단순한 물건으로 취급해서는 돈이 가지는 의미에 대해서 절대 본질적으로 알 수가 없어.

혹시 우리 2015년도에 다낭으로 휴가 갔던 거 기억나?

우리 그때, 여행 경비 딱 정해놓고 그만큼만 한국에서 베트남 돈으로 환전해서 그 돈으로 여행했었잖아. 신용카드는 거의 안 쓰고 정해놓은 예산 안에서 밥 먹고 쇼핑하고, 이런 식으로.

어, 맞아. 그랬었어.

여보가 기억하는지 모르겠지만, 여행 마지막 날 밤에 꽤 괜찮은 식당에 가서 마지막 저녁을 먹었었거든? 다낭 시내 돌아다니다가 근사하고 괜찮아 보이는 레스토랑에 가서 밥을 먹었는데, 그 식당은 입구부터 번쩍번쩍하니 아주 있어 보이는 고급 식당이었어. 메뉴판에 음식 가격도 안 써 있었던 것으로 기억해.

음식 맛이 어땠는지는 기억나지 않지만 아직까지도 기억에서 지워지지 않는 것이 있어. 옆에서 우릴 서빙해주던 종업원. 그때 식사할 때 종업원 한 명이 우리 테이블 10미터쯤 옆에 서서 우리만 계속 지켜보고 있었던 거 기억나? 마치 우리만을 위한 종업원인 것마냥.

어, 맞아. 그때 되게 불편했었어. (웃음)

우리가 "괜찮다. 다른 데 가서 일 보시라"고 얘기해도, 그 종업원은 그 자리에서 꼼짝 않고 1시간 반 동안 우리만 지켜보고 있었어. 우리가 뭐 필요한 게 있을 때 그 사람에게 눈짓 한 번만 하면 바로 달려와서 서빙을 해주고 그랬었지. 그 사람은 오로지 우리만을 위한 종업원이었어. 식당에서 그런 대접을 난생처음 받아봐서 꽤 신선한 경험이었어. 그래서 그 감정이 아직도 기억나.

그때 식사를 다 하고 계산서를 받아봤는데, 한국 돈으로 거의 25만 원 정도가 나왔었어. 우리가 가지고 있던 돈으로는 부족해서, 나머지는 카드로 결제했기 때문에 똑똑히 기억해. 예상하지 못했던 가격이라 살짝 놀라기는 했는데 돈이 아깝지는 않았어.

해외여행 와서 이 정도 돈을 못 쓸 것도 아니고, 음식 퀄리티나 식당 수준이 나쁘지 않았었고 어차피 한국에서 이 정도 식사를 하려면 훨씬 더 많은 돈을 줘야 하는 것을 알고 있었으니까. 무엇보다 오로지 우리를 위해 한 사람이 배치되어 처음부터 끝까지 서빙을 해주니, 꽤 대접받는 느낌도 들었고 말이야.

그런데 이 생각 해본 적 있어? 그 종업원이 우리 옆에 서 있던 시간은 1시간 30분 남짓이었는데, 그중에서 그 사람이 실제로 일을 한 시간(서빙한 시간)은 10분 남짓이었고, 나머지 1시간 20분은 가만히 서 있기만 했던 거. 즉, 그 종업원은 1시간 30분 동안 딱 10분만 일을 했다는 거지. 너무 비효율적인 것 같지 않아?

그 식당은 왜 고객의 서빙을 위해서 종업원 한 명을 전담 배치했을까? 식당 입장에서는 이 1시간 20분간 다른 일을 시킬 수도 있었잖아. 청소를 시킨다거나, 정리를 시킨다거나, 설거지를 시킨다거나 말이야.

그런데 왜 그 식당은 직원의 시간을 활용하지 않고, '너는 일하는 시간 내내 다른 거 하지 말고 이 고객 옆에 서서 오로지 이 고객의 편의만 챙기라'고 했었던 걸까?

'시간은 누구에게나 공평하다'라는 말, 과연 사실일까?

베트남과 한국의 1인당 국민소득은 약 10배 정도 차이가 나. 이게 무슨 의미일까?

지금 한국인의 최저 시급이 1시간당 1만 원 정도 되지? 그러면 베트남 사람들의 최저 시급은 1시간당 1,000원 정도일 거야. 베트남 사람들과 한국 사람들의 소득은 10배 차이가 나니까.

(실제로 베트남의 최저 시급은 지역별로 다르다. 2025년 7월 기준으로 대도시인 1지역의 최저 시급은 약 1,300원이고, 가장 낮은 4지역의 최저 시급은 약 820원이다. 2025년 한국의 최저 시급은 10,030원이다.)

여기서 한번 생각을 해보자.

아까 식삿값이 얼마였다고? 25만 원. 그러면 최저 시급만 가지고 계산하면 베트남 사람들에게 이 식당은 250시간을 일해야 식사 한 번을 할 수 있는 식당이라는 얘기가 돼. 베트남 사람들의 1인당 시급이 1,000원이니까. 즉, 한국 사람들은 25시간만 일을 하면 베트남의 이 식당에서 밥을 먹을 수 있지만, 베트남 사람들은 250시간을 일해야 이 식당에서 밥을 먹을 수 있다는 얘기야.

한국인들이 한국에서 한 끼에 250만 원(250시간)짜리 식사를 한다고 생각하면 비슷할 거야. 그치? 한 끼에 250만 원짜리 식사. 한국에서 이런 식사를 제공하는 식당은 어떤 식당일까? 정말로 최고급 식당이겠지.

그 당시 창밖에서 우리를 지켜보는 베트남 사람들의 눈에는 우리가 이렇게 보였을 거야. 자기들의 250시간 노동력을 지불하면서 한 끼의 밥을 먹는 사람들. 그렇게 고급 식당이었기 때문에 그 식당은 종업원 한 명을 한 팀의 고객을 위해 전담 배치를 했었던 거지.

우리는 돈을 벌고 있는 것이 아니다, 우리는 시간을 벌고 있는 것이다

이날의 경험은 한국으로 돌아오고 나서도 나에게 굉장히 많은 생각을 하게 해주었는데, 거의 이틀 이상은 이 생각에 갇혀서 살았던 것 같아.

그러고 나서 이런 결론을 내렸어. '돈의 본질은 시간이다. 시간을 제외한 모든 돈은 전부 다 허구다. 완전히.'

한번 생각해보자.

우리는 돈을 벌기 위해서 일을 하지? 우리가 회사에 노동력을 제공하면 회사는 우리에게 월급이라는 명목으로 돈을 줘. 이것을 바꿔 말하면, 우리의 월급은 우리의 시간을 수치화한 것에 불과하다는 뜻이 돼.

'내가 너의 1시간을 얼마로 쳐줄게. 1주에 52시간 일하는 걸로 쳐서 한 달 급여를 얼마를 줄게.' 이것이 월급의 개념이라는 거지. '너의 1시간은 얼마다.' 우리는 이것을 소득, 또는 급여라고 불러.

이 1시간의 가치는 사람마다 모두 달라. 아르바이트생의 1시간의 가치, 일반 직장인의 1시간의 가치, 전문직의 1시간의 가치, 사업가의 1시간의 가치 등등.

그런데 우리가 이렇게 시간을 제공하고 돈을 받게 되면, 자본주의 세상에서는 받은 이 돈을 가지고 타인이 시간을 들여 만들어낸 어떤 가치물과 교환할 수 있거든? 이게 무슨 말이냐면, 나의 시간과 너의 시간이 돈이라는 것을 통해서 서로 교환이 된다는 거야. 즉, 우리는 돈을 주고받는다고 생각하지만, 사실은 각자의 시간을 교환하고 있는 거라는 거지. 우리는 모두 돈을 벌고 있다고 생각하지만, 사실은 '누군가의 시간'을 벌고 있다는 뜻이야.

예를 들어보자. 우리가 일을 해서 1,000만 원을 벌었다고 해볼게. 그러면 이것은 단순히 1,000만 원이라는 화폐를 번 것이 아니라 누군가의 1,000시간을 번 거야(시급 1만 원).

자본주의 세상에서는 내가 번 1,000만 원을 누군가에게 주면, 그 사람의 1,000시간 노동력(혹은 그 결과물)을 살 수가 있어. 그래서 내가

1,000만 원을 벌어서 가지고 있다는 것은 누군가가 1,000시간을 들여서 만들어낸 결과물을 언제든지 이용할 수 있는 어떤 사용권(?)을 가지고 있는 것과 비슷하다고 보면 돼.

다시 말해, 돈이라는 것은 우리의 시간을 저장하는 도구에 불과하다는 거야.

좀 더 쉽게 표현하면, 돈은 시간을 저장하는 일종의 보조 배터리 같은 거야. 쓸 일이 없을 때는 충전해놨다가 필요할 때 꺼내서 사용하는 그런 보조 배터리. 1만 원권 지폐는 1시간이 저장되는 배터리인 셈이지.

그런데 문제가 있어. 어느 국가에 사느냐에 따라 이 배터리 성능이 완전히 달라져.

예를 들어볼게. 만약 한국에서 1,000시간 동안 일해서 받은 1,000만 원을 베트남으로 가지고 가면 어떻게 될까? 한국에서는 1,000만 원의 가치가 1,000시간의 노동력이라면, 베트남에서는 1,000만 원이 1만 시간의 노동력일 거야(한국인들의 시급은 베트남 국민들의 10배이므로).

이것을 바꿔 말하면, 한국에서 1,000시간만 일을 하면 베트남에서 누군가가 1만 시간 일한 결과물을 살 수 있다는 얘기가 돼. 마치 우리가 한국에서 25시간 일해서 받은 25만 원을 가지고 베트남 최고급 식당에서 식사(그들의 250시간)를 할 수 있었던 것처럼.

반대의 경우를 한번 생각해볼까? 미국의 1인당 국민소득은 한국의 2배야(미국 : 7만 2,512달러, 한국 : 3만 6,745달러, 2024년 기준).

소득이 2배이니 심플하게 최저 임금도 2배라고 가정해보면, 우리나라 국민들은 1시간 일을 하면 1만 원을 벌지만, 미국인들은 1시간 일하면 2만 원을 번다는 얘기가 돼. 그러면 미국인들은 500시간만 일하면 1,000만 원을 벌 수 있는 거지. 미국인이 그 돈을 한국으로 가지고 오면, 미국에서 500시간만 일을 해서 받은 돈을 갖고도 한국인이 1,000시간을 들여 만들어낸 결과물과 교환할 수 있어.

즉, 무슨 얘기냐면 돈의 본질은 시간을 저장하는 도구(보조 배터리)인데, 그 배터리의 성능이 어느 나라에 사느냐에 따라 달라진다는 얘기야.

한국에서는 1시간 일을 하면 배터리에 1만 원이 저장되지만, 베트남에서는 1시간을 일해도 배터리에 1,000원밖에 저장이 안 되고, 반면 미국에서는 1시간만 일을 해도 배터리에 2만 원이 저장된다는 거야. 1,000만 원을 만들려면 한국인들은 1,000시간, 베트남인들은 1만 시간을 일해야 하지만, 미국인들은 500시간만 일을 해도 만들 수 있다고. 그리고 이 비율은 사실상 환율을 의미해.

이것이 현실 세계에서 어떻게 영향을 미칠까?

🧑 이것이 현실 세계에서 어떻게 영향을 미칠까? 결론부터 말하면 이것은 사람들의 구매력에 영향을 미쳐. 어떤 국가의 경제력이 강하면 그 나라 돈(배터리)의 성능이 좋아져.

그런데 이것을 바꿔 말하면, '어떤 국가의 경제력이 약해지면 그 나라 돈의 성능이 줄어든다'라고도 표현할 수 있어. 그 나라 환율에 문제가 생긴다는 얘기야. 그러면 외국인 입장에서는 그 나라 국민들의 노동력을 아주 손쉽게 강탈할 수 있게 돼. 예를 한번 들어볼게.

1990년대에 일본 경제의 버블이 붕괴됐다는 얘기는 들어본 적 있지? 일본 경제가 옛날에는 엄청 잘나갔는데, 1990년대에 버블이 붕괴되면서 그 이후로는 꽤 어려움을 겪었어. 그리고 아직까지도 유의미하게 회복하지는 못하고 있고. 이것을 일본의 '잃어버린 30년'이라고 불러.

버블이 붕괴되면서 경제가 어려워지니까 일본 정부는 이를 어떻게든 해결해야 했어. 그래서 2010년대부터 아베 신조 총리가 경제를 회복시키기 위해서 여러 가지 경제정책을 추진했는데도 생각만큼 경제가 살아나지 않았어. 그래서 어떻게 됐냐면, 일본 돈의 가치가 그 이후로 거의 반토막이 났어. 15년 만에.

2011년 10월에는 엔화로 1달러를 사려면 76엔만 주면 됐는데, 2025년 1월에는 엔화로 1달러를 사려면 155엔이 필요해진 거야. 엔화

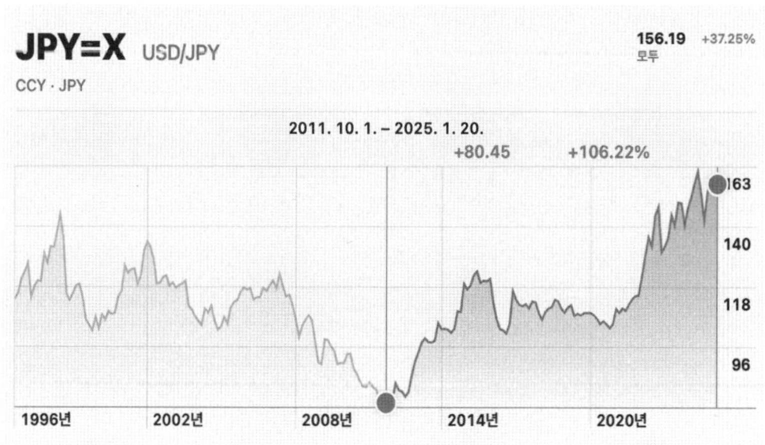

의 가치가 반토막이 난 거지(엔/달러 환율이 2배가 됨).

그런데 이것이 어떻게 영향을 미치는지는 외국인 입장에서 생각해 보면 이해하기 쉬워. 엔화의 가치가 반토막이 나버리니, 외국인 입장에서는 일본의 물건들, 일본의 집들, 일본의 주식들이 모두 반값으로 보였을 거야.

아직 머릿속에 개념이 안 잡히지? 계산해줄게. 자, 일본 도쿄에 7,500만 엔짜리 집이 있다고 해보자. 그리고 어떤 미국인이 이 집을 사고 싶어 해. 이 미국인이 2011년에 이 7,500만 엔짜리 집을 사려고 했으면 100만 달러를 줬어야 했을 거야. 그때는 75엔이 1달러였으니까.

$$집값(외화) = \frac{집값(자국통화)}{환율(자국통화/외화)}$$

$$집값(달러) = \frac{7,500만\ 엔}{76엔/달러}$$

$$= 986,842달러 \approx 100만\ 달러$$

그런데 2025년에는 어떨까? 15년 동안 엔화의 가치가 반토막이 났어. 그러면 미국인 입장에서는 이제 50만 달러 정도만 줘도 7,500만 엔짜리 집을 살 수 있는 상황이 돼.

$$집값(달러) = \frac{7,500만\ 엔}{155엔/달러}$$

$$= 48만\ 3,871달러 \approx 48만\ 4,000달러$$

15년 전에는 100만 달러를 줘야 이 집을 살 수 있었는데, 이제는 50만 달러만 줘도 살 수 있게 됐다는 거야. 왜? 엔화의 가치가 반토막이 나서.

2011년 7,500만 엔 → 약 100만 달러(환율 76엔/달러)

2025년 7,500만 엔 → 약 48만 달러(환율 155엔/달러)

즉, 국가의 경제력이 약해져서 배터리 성능이 약해지니까, 외국인 입장에서는 똑같은 집을 50% 할인된 가격으로 살 수 있게 됐다는 거지. 이 외국인들은 어떻게 했을 것 같아? 여기 관련 기사가 있어.

엔저를 노린 외국인 투자자들이 밀려 들어오고 있는 것도 일본 입장에서는 고민이 되는 부분이다. 해외 투자자들은 가격 상승을 노리고 주로 도쿄의 타워맨션 위주로 사들이고 있다. 특히 엔화 가치가 크게 하락하면서 해외 투자자들의 일본 맨션에 대한 투자 열기가 뜨겁다.

출처 : 한애란, "희미해지는 거품의 추억…일본 집값은 왜 오르지?", 〈동아일보〉, 2022년 10월 19일

해외 투자자들이 도쿄의 부동산을 잔뜩 사들이고 있다는 기사야. 왜 그렇겠어? 일본 내에서는 그 집 가격이 똑같아도, 외국인 입장에서는 환율 때문에 그 집이 반값으로 보이는 거야. 그러니 얼마나 싸 보였겠어. 그래서 이 외국인들이 싼 맛(?)에 일본 부동산을 잔뜩 사들인다는 거지. 즉, 달러를 가진 외국인들이 이렇게 손쉽게(?) 일본인들이 일궈놓은 부를 강탈해갈 수 있게 된 거야. 50% 할인된 가격으로. 그런데 일본인 입장에서 한번 생각해보자. 자기들의 급여는 안 올랐

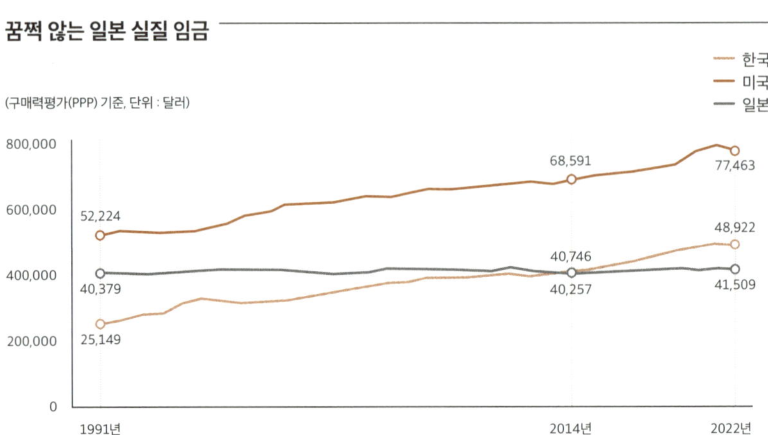

출처 : 윤주혜, "日, 잃어버린 30년 탈출, 내년 임금인상에 달렸다", 〈아주경제〉, 2023년 11월 22일

어. 실질임금이 거의 30년간 제자리야. 하지만 외국인들은 임금도 오르고 환율도 오르니, 구매력 측면에서 자기들은 점점 뒤로 밀리게 되는 거야.

이게 집값만의 문제일까? 일본 엔화가 저렴해지니, 사람들이 싼 맛에 일본 여행을 간대. 일본에 여행객들이 너무 많이 오는 바람에 관광 공해가 심해서 오히려 여행객들한테 숙박세를 받겠대.

> **'엔저' 싼 맛에 일본여행 갔는데… 관광객에 '돈' 더 걷겠다는 日**
> 출처 : 김주리, 〈파이낸셜뉴스〉, 2024년 6월 24일

마치 우리가 베트남의 최고급 식당에서 식사를 하면서도 '뭐 이 정도 퀄리티에 25만 원이면 싸네?'라는 생각으로 별 부담 없이 먹었던 것처럼, 사람들이 이제 일본을 싼 맛에 여행 간다는 얘기야. 우리 어

릴 때만 해도 일본 하면 부자 나라, 물건 품질은 좋지만, 가격이 비싼 나라, 뭐 이런 이미지가 있었잖아. 그런데 이제는 싼 맛에 여행을 가는 나라가 됐어. 왜? 엔화의 가치가 반토막이 나버렸거든.

환율이 그만큼 그 나라 국민들에게 엄청나게 영향을 미친다는 거지. 즉, 국가(국민들)의 소득이 낮아지거나 환율이 치솟게 되면, 그 나라 안에서는 아무 문제가 없는 것처럼 보이지만 외국인 입장에서는 그 나라의 부(국민들의 시간)를 손쉽게 강탈해갈 수 있게 돼. 그것도 그들이 평생 일궈놓은 결과를 너무나 손쉽게.

이것은 비단 식당이나 여행 따위(?)의 문제가 아니야. 그 나라 경제 전체인 채권, 부동산, 주식 등등을 외국인들이 모두 손쉽게 가져가. 우리가 베트남의 비싼 식당에서 싼값에 밥을 먹을 수 있네 없네, 이런 문제가 아니라고.

아. 돈(배터리)의 성능이 나라의 경제 상황에 따라 달라진다는 거구나. 그래서 그것 때문에 국민들이 피해를 보게 되는 거고. 그런데 나라에서는 이런 거를 그냥 지켜보고 있으면 안 되는 거 아니야? 국민들의 부(시간)를 이렇게 뺏기면 안 되는 거잖아. 외국인들이 쉽게 못 가져가게 막아야지. 국가가 돈의 성능을 높여주면 안 돼?

그런 생각이 들지? 그런데 그게 쉬운 것이 아니야. 자, 베트남 이야기로 다시 돌아와 보자. 베트남 정부 입장에서 생각해볼게.

한국인들이 한국에서 25시간 일해서 번 돈을 가지고 자기 나라(베트남) 사람들이 250시간 일한 결과물을 취할 수 있으니, 베트남 입장에서는 불공평하다고 생각할 수 있어. 그러면 이것을 공평하게 만들려면 어떻게 하면 될까? 답은 간단해. 베트남이 자국 돈의 가치를 10배

높여버리면 돼(환율 절상). 그러면 한국인들이 한국에서 25시간 일해서 번 돈을 가지고 베트남을 가도 베트남 국민이 25시간 일한 결과물밖에 취하지 못할 거야. 그렇지? 방법이 없지는 않다는 거야. 그런데 이게 가능할까?

결론부터 말하면 불가능해. 아니, 그 선택이 가능하다 하더라도 베트남이라는 국가는 그 선택을 절대로 할 수 없어. 왜냐하면 이 문제는 국가의 경제력 전체에 관련된 문제이기 때문에 그래.

쉽게 생각해보자. 베트남은 수출을 해야 성장하는 나라일까? 아니면 내수 시장으로 성장하는 나라일까? 이건 답이 쉽지? 베트남은 아직 국민의 소비력이 높지 않아. 그래서 내수 시장이 크지 않아. 즉, 베트남이 돈을 버는 것은 오로지 수출을 통해서만 가능하다는 거야. 수출을 해야 하는 국가라면 그 나라 기업들이 최대한 수출을 많이 할 수 있게 만들어주는 것이 국가 차원에서 유리할 거야. 그렇지?

자, 그러면 한국에 스마트폰을 만드는 회사가 있고, 베트남에도 스마트폰을 만드는 회사가 있다고 해보자.

그리고 한국 사람과 베트남 사람이 각각 10시간을 일해서 스마트폰을 만들었다고 해볼게. 노동력의 가치가 같다면 이 두 스마트폰의 가격은 같을 거야(다른 변수들은 제외).

한국 사람의 1시간당 가치는 1만 원이니까, 계산하기 쉽게 편의상 이 스마트폰의 가격은 10만 원이라고 해볼게. 그런데 베트남 사람도 똑같이 10시간을 일해서 스마트폰을 만들었으니까, 노동력의 가치가 같다면 베트남에서 만든 스마트폰도 가격이 10만 원이어야 해.

그러면 이제 이 두 회사가 이 물건을 미국에 수출한다고 해보자. 기

술력이 아주 뛰어난 한국산 스마트폰 10만
원, 그리고 기술력이 낮은 베트남산 스마트
폰 10만 원. 진열대에 이 2개가 놓여 있어.
여보라면 뭘 살래?

당연히 한국 제품 사겠지? 같은 가
격인데 성능 차이가 너무 많이 나잖아.

그렇지? 가격이 같다면 당연히 베트남 스마트폰보다는 한국
의 스마트폰이 잘 팔릴 거야. 그러면 베트남 입장에서는 자기 나라
물건이 많이 팔리도록 하려면 어떻게 해야 할까?

가격을 낮춰야지. 그래야 기술력에서는 밀리더라도 가격에서 경쟁력
이 생기니 소비자들이 고민할 거 아냐. 그러면 가격을 어떻게 낮출
수 있을까? 그리 어려운 문제는 아니야. 베트남 사람들의 시간의 가
치를 낮추면 돼. 베트남 돈의 가치를 낮춰버리면 된다는 뜻이야(환율
절하).

예를 들어, 베트남이 자기 나라 사람들의 노동력 가치를 낮춰서 통화
의 가치를 10분의 1 토막 냈다고 해보자. 그러면 외국에서 팔리는 베
트남산 스마트폰 가격을 10분의 1로 낮출 수 있을 거야.

자, 그러면 한번 보자. 한국산 스마트폰 10만 원, 베트남산 스마트폰
1만 원. 사람들은 이 중에서 뭐를 살까?

혹시 돈이 조금 부족한 사람이나 스마트폰 성능이 전혀 중요하지 않
은 사람들은 베트남산 스마트폰 1만 원짜리를 살 수도 있지 않을까?
가격이 10배 싸면 충분히 고려할 만하잖아. 즉, 수출을 해서 먹고살
아야 하는 나라에서는 그 나라 통화를 평가절하하려고 노력할 수밖

에 없다는 얘기야. 그래야 물건이 팔리니까. 통화를 평가절하한다는 얘기는 그 나라 국민의 시간(노동력) 가치를 평가절하한다는 얘기와도 같아.

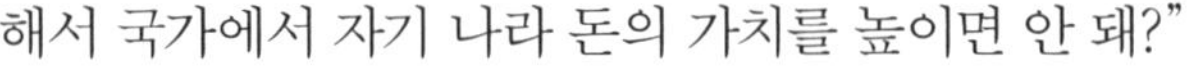

질문으로 다시 돌아가 보자.

"국부를 외국인들한테 강탈당하지 않기 위해서 국가에서 자기 나라 돈의 가치를 높이면 안 돼?"

그래도 돼. 그래도 되는데, 근데 그러면 안 돼. 수출을 해야 먹고사는 나라가 그러면 망해.

왜? 국부를 강탈당하지 않기 위해 돈의 가치를 높이면, 국부 자체가 없어져. 베트남 스마트폰 만드는 회사가 해외에 물건을 팔지 못해서 돈을 못 벌어온다고. 회사의 물건이 안 팔리면 회사는 더 이상 물건을 만들 이유가 없어. 물건을 만들 이유가 없으면 회사가 존재할 이유도 없어져. 그러면 더 이상 국민을 고용할 회사도 없어지고, 국민들은 돈을 벌지 못하게 되니 국가의 부 자체가 없어지는 거야. 나라에 세금 내는 주체들이 그냥 다 사라져버린다고.

즉, 국부를 지키기 위해 돈의 가치를 높이면 지켜야 할 그 부 자체가 오히려 사라진다는 얘기야. 그래서 경제력이 약한 국가들은 자기네 나라 국민의 부가 외국인들에게 강탈당하는 것을 알면서도 이를 용인할 수밖에 없는 거야. 왜? 부가 없어져버리는 것보다는 그게 나으니까.

그래서 이런 국가들은 자국 돈의 가치를 계속해서 평가절하할 수밖에 없어. 국가가 의도적으로 계속해서 국민의 시간을 평가절하시킨다는 얘기야. 쉽게 말하면, 국가가 배터리에 저장된 국민들의 시간을 계속해서 방전시킨다고 생각하면 돼. 그것도 의도적으로.

그래서 결국 경제력이 강한 국가에 사는 사람들은 자신의 시간을 계속해서 성능 좋은 배터리에 저장하는 반면, 경제력이 약한 국가에 사는 사람들은 성능이 안 좋은 배터리에 자신의 시간을 저장할 수밖에 없는, 그런 그림이 그려져.

안 그래도 시간의 가치가 낮은데 저장된 그 시간마저도 계속해서 방전되는 거야. 왜? 국가가 의도적으로 계속 배터리를 방전시키기 때문에. 즉, 배터리의 성능이 안 좋다는 얘기지.

시간은 누구에게나 공평하다는 말이 사실일까?

어 맞아, 사실이야. 시간은 모두에게 공평하게 하루 24시간이 주어져. 그런데 그 시간의 가치는 모두 달라. 사람의 능력에 따라 다르지만, 어느 나라에 사는지에 따라서도 달라져. 그런데 우리는 이것을 '시간은 누구에게나 공평하게 주어진다'라고 얘기할 수 있을까? 내가 볼 땐 그렇게 말하기는 어려울 것 같아. 이런 현실이 불공평하기 때문에 세상을 뒤엎어야 한다는 얘기가 아니야. 이 현실을 인지해야 나에게 제일 유리한 방향을 생각해낼 수 있다는 얘기야. 현실 자각이 되지 않으면 최선의 방법을 찾을 수 없어.

우리는 어떻게든 더 좋은 성능의 돈(배터리)을 찾아서 거기에 시간을 저장해야 해. 그래야 우리의 시간을 강탈당하지 않을 수 있어.

그러면 그 좋은 돈이라는 게 뭐야? 달러야? 여보 얘기하는 거 들어보면 베트남 돈보다는 한국 돈, 한국 돈보다는 미국 돈이 더 좋은 돈이라고 들리는데.

좋은 질문이야. 나는 지금까지 '돈이라는 것은 시간을 저장하는 도구'일 뿐이고, 이것은 배터리로 비유가 가능하다고 했어. 그런데 그 배터리는 꼭 화폐(원화나 달러 등)를 의미하지는 않아.

내가 설명할 때 화폐만 가지고 얘기를 했는데, 사실은 꼭 그렇지는 않다는 얘기야. 달러라는 화폐가 원화라는 화폐보다는 더 나은 배터리인 것은 맞는데, 그런데 문제는, 달러든 원화든 화폐 자체가 그리 좋은 배터리가 아니라는 거야.

왜일까? 일단 답부터 얘기하면, 어떠한 화폐든 화폐라는 배터리 자체가 시간이 갈수록 조금씩 방전되기 때문에 그래. 다시 말해, 성능이 좋지 않은 배터리인 베트남 돈이든, 성능이 좋은 배터리인 달러든 모두 다 시간이 갈수록 방전된다는 얘기야. 그리고 이것이 우리가 재테크를 해야만 하는 이유와도 직접적으로 연결이 돼.

그래서 우리는 방전되는 화폐 말고 방전되지 않는 더 좋은 배터리를 찾아야 해. 그것은 부동산이 될 수도 있고, 주식이 될 수도 있고, 다른 자산이 될 수도 있어. 그래서 지금부터 우리는 화폐 배터리보다 더 좋은 배터리를 찾아 나설 거야.

그런데 모든 결론에는 합당한 과정이 있어야겠지. 더 좋은 배터리를 찾아 나서기 전에, '화폐라는 배터리가 시간이 갈수록 방전이 된다'라는 게 무슨 의미인지부터 알아봐야 해. 그리고 방전이 되는 이유가 무엇인지도 알아봐야 하고. 그래야 방전이 안 되는 더 나은 배터리를 찾아낼 수 있어.

즉, 이해하는 것이 첫 번째 스텝, 다른 방법을 찾는 것이 두 번째 스텝이라는 얘기야. 사람은 행동의 필요성이 이해가 안 되면 쉽게 움직이지 않아. 반면 필요성이 이해만 되면 남이 시키지 않아도 방법을 찾아 나서게 되어 있어.

비유하자면, '아, 지금 내가 갖고 있는 배터리는 방전이 되는구나. 그러면 얼른 다른 보조 배터리를 사야겠네!'라고 스스로 결단하게 된다는 거지.

자, 이번 시간에는 여기까지 할게. 다음 시간부터 본격적으로 화폐라는 배터리가 방전된다는 의미에 대해서 알아볼 거야.

오늘 하루 고생 많았어요!

돈이 시간을 저장하는 배터리 같은 것이라니. 한 번도 생각해보지 못했던 발상이었다. 그동안 나는 돈을 어떤 물건과 교환하기 위해 예비로 보관하고 있는 것이라 생각했지, 나의 시간이 저장되어 있다는 생각은 한 번도 해보지 못했다. 돈의 본질이 시간이라니. 어쩌면 우리 선조들은 이를 미리 깨달았던 것 아닐까? 그리고 그 깨달음을 '시간은 금이다'라는 격언에 녹여냈던 것은 아니었을까.

그동안 동남아로 해외여행을 갈 때면 물가가 싸다고 좋아만 했지, 이것이 환율, 그들의 노동시간, 그리고 그 국가의 경제력과 깊게 관련되어 있으리라고는 생각해보지 못했다. 단순히 '베트남 물가가 싸서 여행 경비가 많이 안 든다', 딱 여기까지만 생각했던 것 같다.

그런데 남편의 얘기를 들어보니 '우리는 어쩌면 시간을 기반으로 한 일종의 어떤 지역 화폐(원·달러·엔 등)를 사용하는 것은 아닐까?'라는 생각이 들었다. 그리고 이 화폐들이 서로 유기적으로 연결이 되어 있다고 하니 흥미로웠다.

벌써부터 남편이 다음에 무슨 이야기를 해줄지가 궁금해진다. 배터리가 방전된다는 말이 무슨 말일까? 통장에 돈을 넣어두면 이 돈이 줄어들 리가 없는데 방전이 된다고? 이건 또 무슨 소리지?

본문 내용에 일본이 '잃어버린 30년'을 겪는 과정에서 통화의 가치가 반토막이 났다는 언급이 있었다. 일본의 통화 가치가 반토막이 나는 바람에 일본인들의 부(누적된 시간)가 외국인들에게 손쉽게 넘어갔다는 내용이었다. 그런데 과연 이것이 일본인들만 겪었던 일일까?

지금은 대다수 사람들의 기억에서 잊혔지만, 한국도 IMF 외환위기 동안에 비슷한 일을 겪었다.

1997년 초 환율은 1달러당 800~900원대였는데, 1997년 말 한국이 외화 빚을 갚지 못하고 IMF에 구제금융을 신청하자, 환율이 순식간에 1달러당 2,000원이 되었다. 환율이 순식간에 2배가 넘게 오른 것이다(원화의 가치가 반토막이 난 것이다).

IMF 외환위기 당시 환율이 2배가 되는 동안 한국의 집값은 반토막이 났고, 코스피는 3분의 1 토막이 났다.

그렇다면 이 말은 당시에 달러를 가지고 있었던 외국인들은 한국의 부동산을 4분의 1 가격에 살 수 있었다는 얘기고, 한국의 주식(삼성전자 등의 우량주)을 6분의 1 가격에 살 수 있었다는 얘기다.

그리고 실제로 외국인들은 그 가격에 우리의 부를 가져갔다. 국민들이 열심히 쌓아 올린 누적된 시간을 말이다. 우리나라도 이 당시에 외국인들한테 국부를 헐값에 넘겨주었다는 얘기다.

문제는 이뿐만이 아니다. 환율이 오르면 국민들의 삶이 힘들어진다. 물가가 오르기 때문이다.

환율이 오르면 왜 물가가 오를까? 그것은 우리가 먹고 마시고 사용하는 대부분의 것들이 수입 물가와 밀접하게 연동이 되어 있기 때문에 그렇다.

모두가 알다시피 우리나라는 기름 한 방울 나지 않는 나라다. 그래서 반드시 기름을 해외에서 수입해 와야 한다. 그런데 환율이 오르면 더 비싸게 기름을 사 올 수밖에 없다.

계산하기 쉽게 1리터에 1달러, 1달러에 1,000원이라고 가정해보겠다.

그러면 기름 1리터를 수입하려면 1,000원이 필요하다. 그런데 여기서 환율이 2배가 되어 1달러에 2,000원이 되면, 그러면 갑자기 우리는 똑같은 기름 1리터를 2,000원을 주고 사와야 하는 상황이 된다.

기름 가격이 그대로 1리터에 1달러라 하더라도, 환율 변동만으로도 우리나라는 기름을 2배 더 비싸게 사 와야 한다는 뜻이다. 국제 결제는 달러로 이뤄지기 때문에 그렇다. 그래서 환율이 오르면 우리나라에서 기름값이 오른다.

기름값이 오르는 게 뭐가 대수냐라고 생각할 수 있는데, 그렇지 않다. 기름값은 꽤 많은 곳에 영향을 준다. 기름값이 오르면 물건의 생산 단가가 올라간다. 공장을 돌리는 비용, 만들어진 물건을 운송하는 데에 들어가는 비용 등이 오르기 때문에 기업들은 물건의 가격을 올릴 수밖에 없다. 그래서 기름값이 비싸지면 모든 일상적인 물건의 가격까지 모두 영향을 받게 된다.

이뿐만이 아니다. 환율은 음식 가격에도 영향을 미친다. 현재 우리나라가 소비하는 밀가루·옥수수·콩 같은 주요 식재료는 상당 부분 수입에 의존하고 있는데, 이 식재료들은 모두 국제 시장에서 달러로 가격이 정해지고 거래된다. 그래서 환율이 오르면 이런 식재료를 수입하는 데 드는 비용이 늘어나고, 결국 빵·라면·과자 등 음식 가격이 오르게 된다.

전기와 수도 가격도 오른다. 전기를 만들기 위해서는 석탄이나 천연가스 같은 자원을 수입해 와야 하는데, 그런데 환율이 오르면 이런 자원들을 더 비싸게 사 와야 하기 때문이다. 그러니 전기요금도 자연스럽게 오를 수밖에 없는 것이다.

환율의 상승은 단순히 숫자가 바뀌는 문제가 아니라 이렇게 우리 생활의 거의 모든 분야에서 비용이 증가하고 물가가 오르는 문제로 이어진다.

그런데 국민들이 버는 돈에는 큰 변화가 없는데 물가가 계속 오르면 어떻게 되겠는가? 국민들의 삶이 힘들어지는 것이다. 실제로 IMF 외환위기 당시 우리 국민들은 극심한 고통에 시달렸다.

우리는 어떻게 해야 하는가?

만약 우리가 좋지 않은 돈을 끌어안고 있다면, 국가의 경제 상황이 어려워질 때 손쉽게 부를 빼앗길 수 있다. 그뿐만 아니라 물가 상승으로 인해 생활이 점점 더 힘들어지게 된다. 우리는 여기에 대한 대비가 필요하다. 앞으로 우리나라가 어려워지길 바라는 것은 아니지만 설령 그렇게 된다 하더라도 내 가족을 지킬 수 있을 만큼의 대비는 반드시 해야 한다는

인구 피라미드

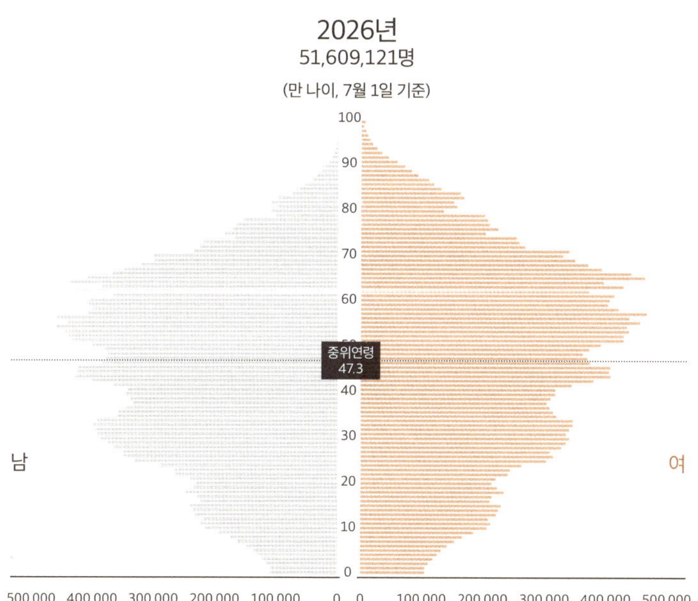

출처 : "인구로 보는 대한민국", 국가데이터처

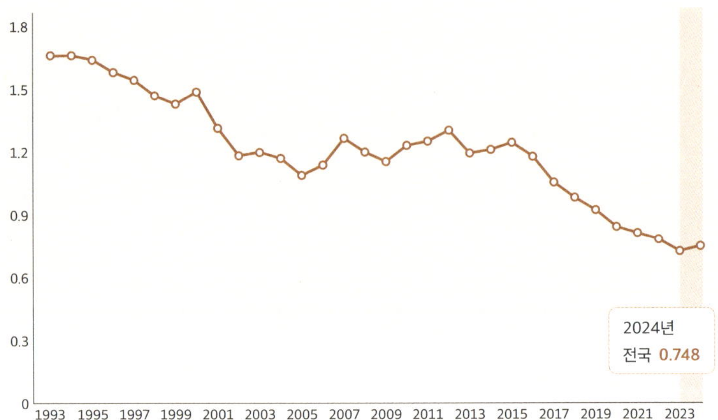

출처 : "인구로 보는 대한민국", 국가데이터처

얘기다.

안타깝게도 우리나라의 경제전망은 그다지 밝지 않다. 인구 구조는 고령화되고 있고, 출산율은 전 세계에서 유례를 찾아 보기 힘들 정도로 낮다. 많은 전문가들이 앞으로 우리나라 의 경제성장률이 계속해서 낮아질 것이라고 전망한다.

이러한 상황에서 국가는 국민들의 부를 지켜줄 수 있을까? 우리가 쌓아 올린 시간을 지켜줄 수 있을까?

아끼고 모으는 것만이 정답이 아니다. 내가 아무리 열심히 일하고 모은다 한들 국가의 경제력이 약해져 내가 저장해놓 은 배터리의 성능이 저하되면, 내가 저장해놓은 시간은 증발

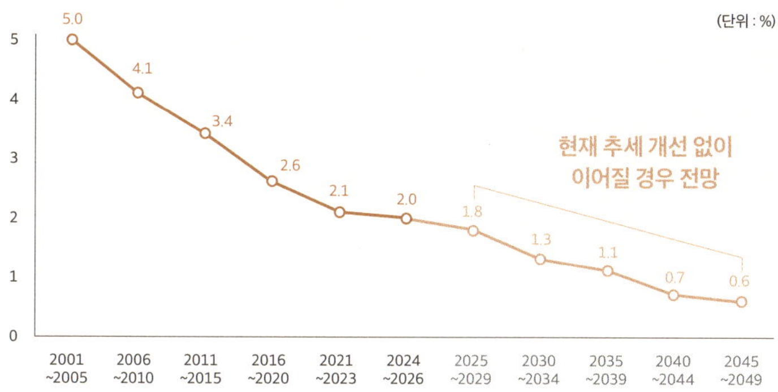

출처 : 〈연합뉴스〉, 2024년 12월 19일

한다. 다시 말해, 아끼고 모으는 것이 포인트가 아니라 '성능이 좋은 배터리'에 모으는 게 포인트라는 얘기다.

따라서 우리는 좋은 배터리를 찾아야 한다. 방전되는 배터리 말고, 성능이 좋은 다른 배터리에 우리의 시간을 저장해야 한다. 그리고 성능이 좋은 그런 배터리들이 이미 우리 주변에는 꽤 많이 있으며, 어떤 것들이 좋은 배터리인지 앞으로 자세히 살펴볼 예정이다.

하지만 모든 일에는 순서가 있는 법. 그것을 알아보기 전에 먼저 화폐라는 배터리가 왜 좋지 않은 배터리인지부터 이해하고 가야 한다. 그래야 더 좋은 배터리를 제대로 알아볼 수 있다.

당신의 배터리는 방전되고 있다

2장

배터리가 방전된다고…?

자 학생, 지난 시간에 배운 거 복습 잘하고 왔어요?

네, 복습 잘하고 왔습니다.

지난 시간에 배운 게 무슨 내용이었죠?

음… 돈은 배터리다? (웃음)

맞습니다. (웃음) 돈은 시간을 담는 도구이고, 배터리로 비유할 수 있다고 했었죠! 그리고 이 배터리는 나라마다 성능이 다르며, 시간이 지날수록 배터리가 방전된다는 얘기도 했습니다! 잘 기억하고 있네요. (웃음) 자, 그럼 오늘은 돈이라는 배터리가 방전된다는 게 무슨 의미인지에 대해서 얘기해볼 거예요.

네! 잘 받아 적겠습니다! (웃음)

장난 그만하고 진지하게 또 시작해볼게. (웃음) 혹시 우리 연애

할 때 결혼 자금 만들려고 같이 적금 들었던 거 기억나?

응. 기억나. 매달 100만 원 넣었었나? 암튼 그랬던 거 같은데?

응. 맞아. 여보 100만 원, 나 150만 원, 이렇게 해서 한 달에 총 250만 원 적금 들었었잖아. 그리고 적금 만기 날에 같이 휴가 내서 적금 찾으러 갔었어. 맛있는 것도 사 먹고 했었지.

어, 그랬던 것 같아.

그런데 그날 나는 목돈을 받았는데도 기분이 매우 안 좋았다? 우리는 그냥 은행에 돈을 차곡차곡 모으기만 하면 알아서 다 잘되는 줄 알았는데, 근데 돈을 받고 보니까 현타가 오더라고.
'무언가 잘못되고 있다'라는 생각이 들기 시작한 게 아마 그날부터였던 것 같아. 왜냐하면 적금을 들기 시작할 때 알아봤던 집이 우리가 모았던 돈보다 더 많이 올라 있었거든.
그래서 우리가 만약 그 집을 산다면 2년 동안 힘들게 모은 돈을 매도자한테 그냥 갖다주는 꼴이었어. 월급 받아서 2년 동안 아끼고 모아서 그 돈을 그대로 매도자에게 전달하는 꼴.

2년 동안 힘들게 6,000만 원을 모음

3억 원이던 집이 2년 동안 1억 원이 올라 4억 원이 됨

2012년에 그 집을 구매했다면 들었을 비용 : 3억 원

2014년에 그 집을 구매할 때 들어가는 비용 : 4억 원

2년간 모은 돈 : 6,000만 원

딱 이 생각이 드니까 현타가 오지게 오더라고. 내가 2년 동안 뭘 했나 싶고. 아마 그즈음이었던 것 같아. '뭔가 잘못되고 있다'는 것을 심각하게 깨달았던 시점이.

어, 맞아. 여보 그때 뭔가에 좀 홀린 것 같았어. 그러더니 갑자기 나한테 주식 한다고 했었지. (웃음)

(웃음) 아마 대부분의 사람들이 다 비슷할 거야. 사람들은 대부분 돈에 대해서 제대로 배우지 못한 채 사회로 나와. 학교 다닐 때는 대학 가려고 국·영·수 열심히 공부하고, 대학 다닐 때는 취직하려고 전공 공부 열심히 하고 그러다가 사회로 나온다는 거지. 그리고 취직하고 돈을 벌기 시작하면 그때부터 통장에 조금씩 돈이 쌓이기 시작하는데, 그런데 그 통장을 보고 있으면 왠지 이 돈을 가만히 두면 안 될 것 같다는 생각이 들어.

아마 이때가 대부분의 사회 초년생들이 재테크라는 것을 알아보기 시작할 때일 거야. 그리고 이것저것 알아보다 보면 다양한 상품들이 눈에 들어오거든? 적금·예금·주식·펀드·보험 등의 다양한 상품들이 눈에 들어와. 그런데 이 중에서 대부분의 사람들이 가장 먼저 떠올리는 상품이 바로 적금이야.

그런데 일단 결론부터 얘기할게. 적금 들면 망해. 적금을 많이, 오래 들면 들수록 더 빨리 망해.

해보기나 하고 얘기하냐고? 응, 우리 해봤잖아. 그때 주변의 또래나 친구, 동료들 중에서 그 누구보다 적금 제일 많이 들었던 사람이 우리야. 안 해보고 이런 얘기를 하는 게 아니라 누구보다 많이 해보고 얘기하는 거라고.

사람들이 적금을 가장 먼저 떠올리는 이유는 딱 하나야. 바로 안전하다는 인식. 다른 투자 상품은 잘못 투자했을 때 손실을 볼 수 있지만, 예금이나 적금은 1억 원까지는 원금이 보장되거든. 그리고 매년 이자도 받을 수 있어. 그러니 당연히 적금이 안전하게 느껴질 수밖에 없는 거야. 그래서 사회 초년생들이 다들 적금에 관심을 갖는 거고. 그런데 말이야, 여기서 하나 짚고 넘어가야 할 것이 있어. 적금은 진짜로 안전한 상품이 맞는 걸까?

안전한 거 아니야? 은행이 망해도 나라에서 1억 원까지는 보장해주잖아(예금자보호법).

그렇게 생각할 수 있는데, 현실은 그렇지 않아. 적금은 절대로 안전한 자산이 아니야. 정말 중요하니 다시 한번 말할게. 적금은 절대로 안전한 자산이 아니야. 정말로 정말로 위험한 자산이야.

화폐는 가치가 0을 향해 떨어지는 자산이다

현대 자본주의 세상에서 화폐는 가치 저장의 수단이 아니야. 오로지 교환의 수단으로만 그 기능을 유지하고 있어. 이 말을 이해하려면, 현재의 화폐 시스템이 어떤 시스템인지부터 이해를 해야 해. 옛날에는 금이 돈이었어. 그리고 우리가 쓰는 종이화폐의 시초는 이

금을 보관하고 있다는 증표인 '금 보관증'이야.

"내 금을 너(은행)에게 맡길게. 대신 내가 너에게 금을 맡겼다는 증서를 나한테 줘."

이게 종이화폐였던 거야. 그래서 옛날에는 종이화폐(달러)가 금과 같은 가치를 가졌어.

오른쪽은 옛날 달러의 사진인데, 달러에 'IN GOLD COIN', 'GOLD CERTIFICATE'라는 문구가 써 있는 게 보일 거야. 쉽게 말해 이 달러를 은행으로 가지고 오면 금으로 바꿔주겠다는 뜻이야. 그리고 실제로 이 달러를 가지고 가면 금으로 바꿔줬어.

1922년 발행된 20달러 지폐

출처 : 위키피디아

그래서 이때까지만 해도 달러를 가지고 있다는 것은 금을 가지고 있다는 것과 같은 의미였어. 단지 금을 주고받으며 물건을 거래하는 것이 비효율적이기 때문에 금 보관증인 달러를 가지고 거래를 했던 거야.

역사적으로 사람들은 왜 금을 돈으로 썼던 걸까?

돈이라는 것은 '이것은 가치가 있는 물건이다'라고 사람들이 공통으로 생각해야만 그 가치가 유지돼. 그런데 이 기준을 충족시키는 물건이 금 말고는 딱히 없었던 거야. 금은 사람이 인위적으로 만들어낼 수 없는 물건이야. 인위적으로 만들어낼 수 없다는 말은 수량이 어느 정도 한정적이라는 뜻이야.

수량이 한정되어 있으면 그것의 가치는 변하지 않아. 그래서 사람들이 공통으로 '금은 가치가 있는 물건'이라고 인식하고 있었던 거야. 그래서 금이 돈으로 쓰였던 거고. 금만큼 가치 저장이 잘되는 물건이 없었거든.

화폐는 원래 금 보관증이라고 했잖아. 그래서 옛날에는 종이화폐도 가치가 있는 물건이었던 거야. 왜? 종이화폐를 갖고 있다는 것은 금을 갖고 있다는 것과 같은 의미였으니까. 즉, 과거의 종이화폐는 가치 저장의 기능(금의 기능)과 교환의 기능을 동시에 갖고 있었어(가치의 저장 + 손쉬운 거래).

그런데 1971년 어느 날, 이 게임의 판이 바뀌어. 미국 대통령이 어느 날 뜬금없이 갑자기 이렇게 선언을 해버린 거야.

"오늘부터 달러를 가지고 와도 금으로 안 바꿔줍니다."

'아니, 이게 무슨 소리야? 나는 지금 달러가 금이라고 믿고 달러를 갖고 있는데, 그런데 하루아침에 갑자기 이 달러를 가지고 가도 금으로 안 바꿔준다고?'

하루아침에 모두가 이런 생각을 하는 상황이 되어버린 거지.

미국 대통령은 왜 그랬을까? 금과 달러가 연동되어 있는 상태에서는 가지고 있는 금의 양이 늘어야 달러도 찍을 수 있어. 즉, 금 채굴량이 늘어나지 않는 한 달러의 양도 늘어날 수 없다는 뜻이 돼.

그런데 이때 미국은 베트남 전쟁 중이었어. 전쟁을 하다 보니 돈이 필요했겠지? 맞아, 막대한 전쟁 비용이 발생해. 그러면 보자. 나라에 돈이 필요해. 그런데 돈을 찍으려면 금이 필요해. 하지만 세상을 아무리 뒤져봐도 그만큼 금이 나올 구석이 없어.

세상에 없는 금을 어떻게 하루아침에 만들겠어. 금은 인위적으로 만들 수가 없는 물건인데. 당연히 만들지를 못해. 돈은 필요한데 금은 만들어낼 수 없는 상황. 그래서 미국은 어떻게 했을까?

맞아, 미국은 금이 없는 상태에서 남들 몰래 달러를 찍었어.

이걸 눈치챈 다른 나라들이 미국에 이렇게 얘기해.

"너 지금 달러 그렇게 많이 찍어내는데, 그만큼 금 가지고 있는 거 맞아? 아닌 거 같은데? 네가 금 가지고 있다는 거 못 믿겠어. 달러 너한테 다시 줄 테니까 내 금 돌려줘."

이러니 미국이 난감해진 거야. 창고에 있는 금보다 달러를 훨씬 많이 찍어냈어. 그런데 갑자기 다른 나라들이 금을 돌려달래. 미국은 금을 돌려줄 수 있었을까? 당연히 못 돌려줬겠지. 그래서 미국 대통령이 금을 못 돌려주겠다고 선언을 한 거야(금 태환 포기).

이는 하루아침에 금과 달러의 연결고리를 끊어버림으로써 그동안 금 교환권이라고 믿어왔던 달러를 모두 종잇조각으로 전락시킨 엄청난 사건이었어.

다른 나라들이 전부 다 미국에 따져 물어.

"아니, 네가 갑자기 금을 안 준다고 하면 내가 지금까지 모은 달러는 쓰레기냐? 뭘 믿고 달러를 가지고 있으라는 건데? 이거 도로 가져가라!"

난감해하며 어떻게 말해야 하나 고민하던 미국이 답을 해.

"미국을 믿어라. 미국은 언제나 너희 편이다. 미국의 경제력을 믿으면 너희가 가지고 있는 달러는 쓰레기가 아닐 것이다. 미국은 앞으로도 국제 관계에서 가장 강력한 무역 파트너로 남아 있을 것이다."

이것이 현재의 신용화폐 시스템이야.

미국이 금 태환 포기를 선언한 1971년도 이후의 세상은 이제 미국이 마음만 먹으면 돈을 그냥 찍어낼 수 있는 세상이 되었어. 그 이후의 세상은 어떻게 되었을까?

그전까지는 금이 없어서 화폐를 찍어내지 못했는데, 이제는 금과 화폐의 연동이 끊어졌잖아. 마음대로 돈을 찍어낼 수 있는 상황이 된 거야. 그리고 말 그대로 정말 마음대로 찍었어.

경제가 어렵다고 하면 돈을 찍었고, 선거철이 되면 돈을 찍었어. 복지를 확대하려고 돈을 찍었고, 전쟁을 하려고 돈을 찍었어. 심지어 돈 때문에 생긴 버블이 터져서 문제가 생겨도 돈을 찍어서 그 문제를 해결했어.

막말로 그냥 막 찍어낸 거야. 그렇게 화폐의 공급은 50년 동안 정말로 빠른 속도로 늘어나. 그래서 어떻게 됐냐면, 69쪽 그래프와 같이 됐어. 금 보관증에서 금이 떨어져 나온 이후로 미국 화폐의 양이 35배로 늘었어.● 50년 만에 달러의 양이 35배로 늘었다고(1971년 M2(광의 통화량) : 6.330억 달러, 2025년 M2 : 22.2조 달러).

1971년부터 2025년까지 금의 총량은 2배 남짓 증가했다. 반면 같은 기간 동안 달러의 양은 35배 증가했다. 금과 달러가 연동되어 있었다면 생겨날 수 없었던 달러들이, 금과 달러의 연동이 끊어지면서 세상에 새로 생겨났다고 해석할 수 있다. 참고로 1971년부터 현재까지 금의 가격은 대략 100배 상승했다(1971년 1온스당 35달러 → 2025년 1온스당 3,500달러).✿

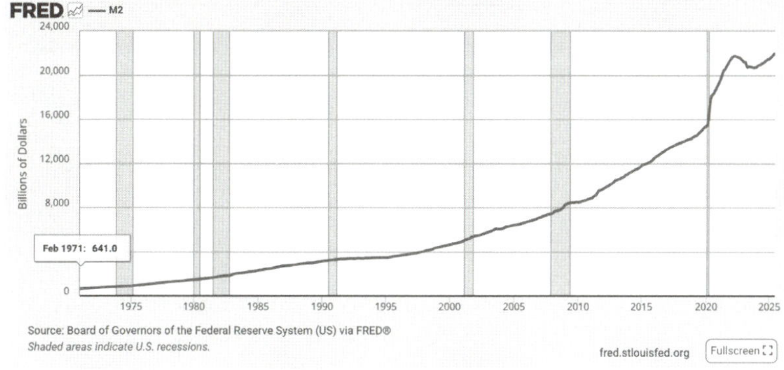

출처 : FRED

 뭐? 35배!?

응. 35배. 반응을 보니 제대로 이해했네. (웃음) 그러면 50년 동안 돈을 가지고 있던 사람들은 어떻게 됐을까? 말해서 뭐 해, 다 망했겠지.

생각해봐. 내가 1달러를 가지고 있어. 그런데 세상에 존재하는 달러의 양이 35배로 늘었네? 이게 무슨 뜻이야? 내가 가지고 있던 돈의 가치가 그냥 35분의 1 토막 났다는 뜻이야. 그러니 당연히 망했을 수밖에.

혹시 이런 말 들어본 적 있지 않아? '돈을 모으면 모을수록 더 가난해진다'라는 말.

응, 어딘가에서 들어봤어.

그치? 아마 들어봤을 거야. 그런데 이 말을 들을 때 뭔가 좀 이상하다는 생각해본 적 없어? 뭔가 이상하지 않아? 돈을 쓰지 않고 계속 모으고 있는데, 어제보다 오늘 더 많은 돈을 가지고 있는데 어떻게 어제보다 더 가난해질 수 있다는 거야? 말이 안 되지 않아?

상식적으로 생각을 했을 때 내가 돈을 1개, 1개 모을수록 더 부자가 되어야 해. '모을수록 가난해진다'라는 말 자체가 성립이 되지 않아. 1개를 갖고 있을 때보다 2개를 갖고 있을 때가 부자고, 2개를 갖고 있을 때보다 3개를 갖고 있을 때가 당연히 더 부자여야 해. 그치?

그… 렇지…?

자, 여보는 이미 함정에 빠진 거야. (웃음) '내가 1개, 1개 모을수록 더 부자가 된다'라는 말에는 조건이 생략됐어. 모을수록 부자가 된다는 말이 성립되려면 앞에 이 조건이 붙어야 해. '돈의 총량이 한정되었을 때'.

예를 한번 들어볼게.

세상에 돈이 딱 100개만 존재한다면 내가 돈을 1개, 1개 차곡차곡 모아갈수록 나는 더 부자가 돼. 세상에 존재하고 있는 돈 중에서 내가 가지고 있는 비중이 점점 높아지니까.

$$\frac{1}{100} < \frac{2}{100} < \frac{3}{100}$$

내가 1개, 1개 모을수록 내가 가지고 있는 돈의 가치는 점점 더 늘어난다는 거야.

자, 그런데 세상에 존재하는 돈이 100개로 딱 고정된 것이 아니라 숫자가 계속 늘어난다면 어떻게 될까?

이때는 내가 1개, 1개 더 모은다 하더라도 내가 가지고 있는 것의 가치는 점점 더 줄어들 수 있어. 세상에 존재하는 돈이 갑자기 300개가 되어버리면 이때는 내가 1개를 더 모았다고 하더라도 내가 갖고 있는 것의 가치는 하락해.

$$\frac{1}{100} > \frac{2}{300}$$

즉, 내가 갖고 있는 돈의 개수가 늘어나더라도 세상에 존재하는 돈의 총 개수가 늘어난다면 내가 갖고 있는 돈의 전체 가치는 점점 더 하락한다는 뜻이야. 분명 계속 모으고 있는데 더 가난해진다는 거야. 뭔가 잘못된 게 느껴져?

그러네. 내가 갖고 있는 것을 늘리는 것도 중요하지만 돈 전체의 양이 안 늘어나는 것도 중요하겠네.

그런데 이렇게 돈의 양이 늘어나는 것이 우리에게 어떤 영향으로 돌아오냐면 물가가 오르고, 집값이 올라. 1971년 이후로 소비자물가지수(CPI)는 대충 8배(40 → 320)가 되었어.

집값은 어떻게 됐을까? 말해서 뭐해, 당연히 올랐겠지. 집값은 약 12배(60 → 690)가 됐어.●

엄밀히 말하면 물건이나 집의 가치가 오른 게 아니고 화폐의 가치가 떨어진 거야. 물건의 가치가 올라서 물가가 오르고, 집의 가치가 올라서 집값이 오른 게 아니라는 얘기야. 화폐의 가치가 떨어져서 표시되는 가격이 오른 거라는 거지.

> ● **여기서 잠깐!**
> 집값에 대한 데이터는 1975년부터 집계된 데이터이다. 그 이전의 공식적인 데이터는 제공되지 않기 때문에 부득이하게 이 시점을 기준으로 작성되었다. 미국의 집값은 1975년부터 지금까지 평균적으로 12배가 되었다. ☻

무슨 말이냐면, 1971년 이후로 화폐(달러 등)는 가치 저장의 기능을 잃었다는 얘기야. 지금의 화폐는 교환 수단의 기능만을 유지하고 있

미국 소비자물가지수

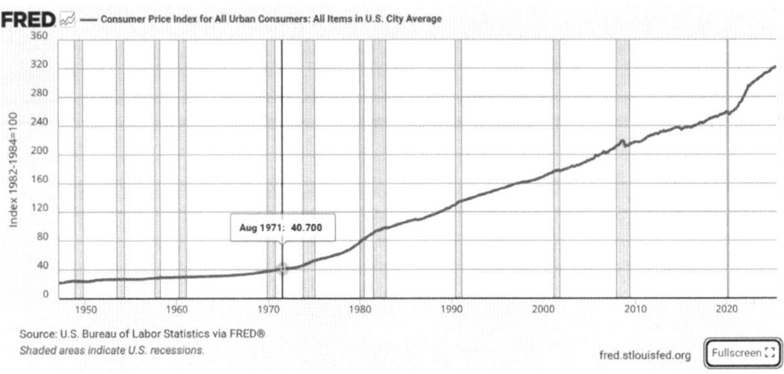

출처 : FRED

미국 주택가격지수

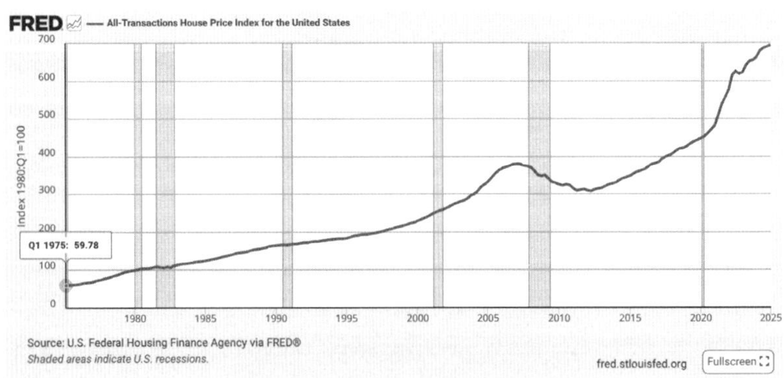

출처 : FRED

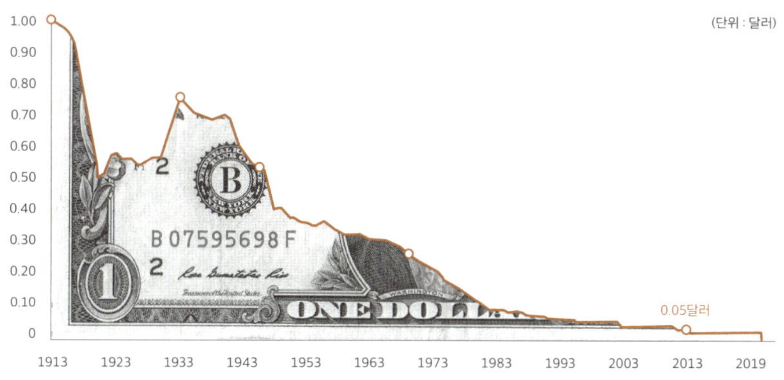

출처 : U.S Bureau of Labor Statistics

어. 지금의 세상에서는 화폐를 가지고 있더라도 그 가치가 보존되지 않아. 매년 가치가 하락하기만 할 뿐이야. 왜냐하면 화폐의 공급은 매년 팽창되기만 하니까.

뭔가 이상한 것 같다고? 그런데 현재의 자본주의 설계 자체가 그래. 위 그래프는 1달러의 구매력이 100년 동안 어떻게 변했는지를 보여주는 그림인데, 이것만 봐도 100년 전과 비교해서 1달러의 구매력이 급격히 0으로 떨어지고 있는 것이 보일 거야.

현존하는 화폐의 대장인 달러도 이 모양인데 다른 나라 화폐들은 어떨까? 말해서 뭐 해, 다 똑같아.

> **● 여기서 잠깐!**
>
> 100년 전인 1925년경에는 1달러로 여러 종류의 물건을 구매할 수 있었다. 1925년에는 빵 한 덩이의 가격이 약 5센트였으며, 우유 한 병은 약 10센트, 커피 한 잔은 약 5센트였다. 따라서 그 당시에 1달러는 빵 20개, 우유 10병 또는 커피 20잔을 살 수 있는 돈이었다. 하지만 2025년 현재 1달러로는 커피 한 잔도 사먹지 못한다.

한국 통화 공급 M2

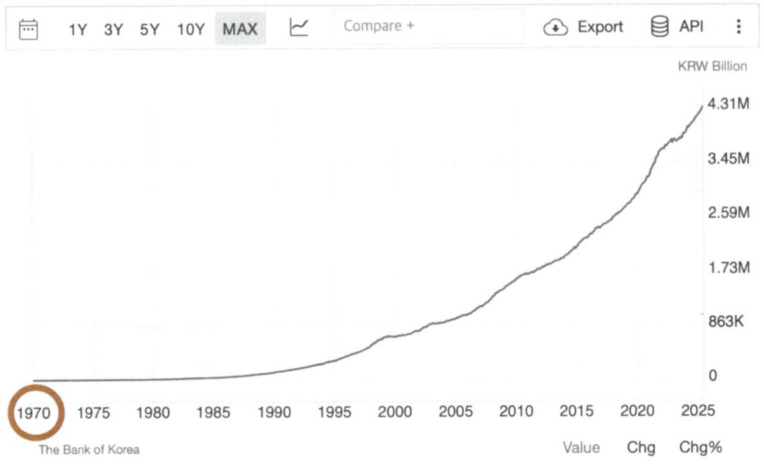

출처 : Trading Economics

한국 통화 공급 M2

남한 통화량(M2)은 은행 내 단기 예금(M1)을 포함합니다.

실제	이전	최고	최저	날짜	단위	업데이트 주기
4314652.60	4278815.60	4314652.60	590.60	1970~2025	KRW : 10억	매월

출처 : Trading Economics

그나마 달러가 훨씬 나은 편이야. 한국을 한번 볼까?

우리나라 통화 공급량(M2)을 찾아보면, 1970년부터 2025년까지 50년 동안 7300배 증가한 것으로 나와. 돈의 양(M2 기준)이 590억 원에서 4,300조 원으로 무려 7300배가 늘었다고.

와… 돈의 양이 7300배가 늘었다고? 전혀 몰랐어, 이런 거.

물론 1970~1980년대 대한민국이라는 나라는 정말로 못살던 나라였고, 한강의 기적이라고 불릴 만큼 50년 동안 어마어마한 경제 성장을 이뤄냈기 때문에 당연히 통화량도 그만큼 팽창했을 거야. 그러니 동일한 시기를 놓고 미국과 단순 비교하기는 어려워.

하지만 만약 1970년부터 지금까지 화폐(원화)를 가지고 있었던 사람이 있다면 그 사람은 지금 어떻게 됐을까? 이거는 결론이 너무나 명확해. 아마 완전히 망했을 거야. 100%의 확률로. 즉, 현재의 자본주의 세상에서 화폐는 가치가 0을 향해 떨어지는 자산이지, 절대로 가치가 저장되는 자산이 아니라는 거야. 우리가 쓰는 화폐는 오로지 교환의 기능만 유지하고 있어(가치 저장의 기능은 없다).

왜냐하면 우리나라 돈뿐만 아니라 전 세계에 존재하는 모든 화폐들의 그 양이 계속 늘어만 가고 있기 때문이야. 실물로 뒷받침되는 것이 없고, 국가의 신용에 의해서 공급되기 때문에 얼마든지 쉽게 찍어낼 수가 있다고.

쉽게 말해, 국가가 찍으면 그냥 돈이 생긴다는 거야. 그렇게 50년 동안 통화량은 7300배가 늘어난 거지. 실물로 뒷받침되는 것이 있었다면 이렇게 양이 늘어날 수 있었을까? 50년 동안 양이 7300배가 늘어난 것이 뭐가 있을까? 나는 상상이 잘 안 가.

그리고 이것이 지금까지 우리가 돈을 모으는 속도보다 집값이 오르는 속도가 더 빨랐던 이유야. 우리가 돈을 모으는 속도보다 더 빠른 속도로 돈의 가치가 떨어지고 있어서. 그런데 우리는 너무도 이상한 이 현상을 너무나 자연스럽게 받아들이고 있어. 적금으로 돈을 아무리 모아도 집값은 그보다 더 빠른 속도로 오른다는 것을, 우리는 아무 생각 없이 너무나 당연하게 받아들이고 있다는 거야.

이것이 우리에게 어떤 영향을 미칠까?

이것이 실제로 우리 삶에 어떤 영향을 미칠까? 자, 이 사진을 한번 보자. 이 사진은 1976년 압구정 현대아파트 분양 광고인데, 광고를 보면 알겠지만 30평짜리 아파트를 당시에는 865만 원에 분양했어. 이 아파트, 지금은 얼마 할까? 55억. 계산하기 쉽게 1976년 당시 분양가가 1,000만 원이었다고 가정하고 계산해도 대충 500배가 넘게 올랐어.

압구정동 현대아파트 분양 광고

와… 아파트 가격이 500배가 올랐어.

어쩌면 이런 생각이 들 수도 있어. '1,000만 원 가지고 저 때 압구정 현대아파트 샀어야 했네'라는 생각.

현대3차 ☆

아파트 / 432세대 / 총 4동 / 1976.11.04 / 108.88㎡ ~ 108.94㎡

최근 매매 실거래가

55억
2025.06.02, 7층, 108㎡

매매가 **53억~60억 5,000**
전세가 **7억 9,500~9억 5,000**

어? 맞아. 나 지금 그 생각 했어. (웃음)

충분히 그런 생각 들 수 있어. (웃음) 그런데 있잖아. 그게 과연 쉬운 일이었을까? 1975년 대한민국의 1인당 국민소득은 놀랍게도 30만 원이었어. 월소득이 30만 원이 아니고 연소득이 30만 원. 월급으로 환산하면 월급 2만 5,000원.

와, 진짜!? 사람들 월급이 그것밖에 안 됐다고??

응. 국가통계포털 사이트 들어가 보면 바로 나와. 연도별로 확인이 가능해. 이 자료를 보면 1975년 한국 사람들의 1인당 국민소득은 연 30만 원이었어. 이것이 뭘 뜻하냐면, 1975년

계정항목별	1975년	2024년
국내총생산(명목, 원화 표시) (십억 원)	10,709.0	2,556,857.4
국내총생산(명목, 달러 표시) (억 달러)	221.3	18,745.6
국민총소득(명목, 원화 표시) (십억 원)	10,623.7	2,593,762.0
국민총소득(명목, 달러 표시) (억 달러)	219.5	19,016.1
요소비용국민소득(명목) (십억 원)	8,772.6	1,810,263.2
국민처분가능소득(명목) (십억 원)	9,849.6	2,019,596.0
국민총처분가능소득(명목) (십억 원)	10,657.1	2,588,759.3
가계총처분가능소득(명목) (십억 원)	8,236.4	1,435,656.3
1인당 국내총생산(명목, 원화 표시) (만 원)	30.4	4,940.7
1인당 국내총생산(명목, 달러 표시) (달러)	627.1	36,222.6
1인당 국민총소득(명목, 원화 표시) (만 원)	30.1	5,012.0
1인당 국민총소득(명목, 달러 표시) (달러)	622.1	36,745.4
1인당 가계총처분가능소득(명목, 원화 표시) (만 원)	23.3	2,774.2
1인당 가계총처분가능소득(명목, 달러 표시) (달러)	482.3	20,338.7
국내총생산(실질성장률) (%)	7.9	2.0

한국 1인당 국민총소득

출처 : 국가통계포털

당시의 1,000만 원은 평균적인 국민이 33년을 일하면서 단 한 푼도 쓰지 않고 모아야 만들 수 있는 돈이었다는 거야(30만 원 × 33년 = 990만 원). 2024년의 1인당 국민소득 5,000만 원으로 비교해보면, 이 당시의 1,000만 원은 현재 가치로는 약 17억 원 정도 되는 돈이었을 거야(5,000만 원 × 33년 = 16.5억 원).

"와, 저 때 1,000만 원으로 압구정 현대아파트를 샀어야 했네!"라고? 아니. 쉽게 그럴 수 없었을 거야. 저 당시에 1,000만 원을 가지고 있었다는 것 자체가 이미 꽤 넉넉한 자산을 가지고 있는 부자였다는 얘

기니까.

자, 1976년에 1,000만 원을 들고 있던 부자가 있었다고 해보자. 그런데 이 부자가 이 돈을 지금까지 그냥 들고만 있었다면 어떻게 됐을까? 이 부자는 1976년에 이 돈을 비밀 금고에 잘 보관했다가 2025년에 꺼내서 사용하기로 마음먹었어. 그리고 시간이 흘러 어느덧 2025년이 되었어. 그리고 부자는 드디어 '때가 되었다'며 이 돈 1,000만 원을 금고에서 꺼내 와.

그런데 웬걸? 2025년의 세상을 보니 1,000만 원은 평균적인 국민이라 하더라도 석 달이면 벌 수 있는 돈이 되어버렸네? (한국인 연평균소득 5,000만 원, 한 달에 410만 원 정도이고, 세 달이면 1,230만 원이 됨.)

50년 전 세상에서 1,000만 원은 33년을 한 푼도 안 쓰고 모아야 모을 수 있는 아주 큰 돈이었는데, 통화량이 급격하게 팽창되어버리니 2025년의 세상에서는 세 달이면 모을 수 있는 돈이 되어버린 거야.

이 부자는 어떻게 됐을까? 뭘 어떻게 돼, 완전히 망했지. 저장해놓은 시간이 거의 다 방전되어버렸어. 33년에 해당하는 부가 거의 다 증발이 되어버렸다고.

당연히 그럴 수밖에 없어. 세상에 존재하는 돈 전체가 590억 원밖에 없을 때의 1,000만 원과 세상에 4,300조 원이 존재할 때의 1,000만 원은 가치가 당연히 다를 수밖에 없어.

590억 원 중 1,000만 원 → 전체 돈 중에서 **내 것의 비율 0.0169%**

4,300조 원 중 1,000만 원 → 전체 돈 중에서 **내 것의 비율 0.000000233%**

즉, 세상에 존재하는 돈의 개수가 계속 증가하는 한, 내가 가진 돈의 가치는 계속 줄어들 수밖에 없다는 거야.

돈이라는 배터리에 아무리 33년이라는 시간을 저장했다 하더라도, 돈의 양이 급격히 늘어나면 이 저장된 시간이 거의 다 방전되고 딱 세 달의 시간만 남게 된다는 거지.

아마 이런 생각이 들 수도 있을 거야.

'아니, 금고에 50년 동안 돈을 쌓아두는 사람이 어디 있다고 그렇게 계산을 하냐? 그 돈을 은행에 넣어두고 이자만 받아도 굉장히 큰돈이 됐을 텐데?'

맞아, 일리 있는 생각이야. 실제로 이 당시에 은행에 돈을 맡기면 20%의 이자를 줬어.

1978년 은행 정기예금 광고

1,000만 원을 1년 동안 은행에 넣어두면 200만 원의 이자를 받을 수 있었다는 얘기야. 그래서 이 1,000만 원을 이 이자로 50년짜리 은행 정기예금을 들었다고 해보자. 그 당시에 이런 금융 상품(금리 20%, 50년짜리 정기예금 상품)이 실제로 있지는 않았겠지만, 그냥 있었다고 가정하고 계산이나 한번 해보자고.

연 20%의 이자를 50년 동안 받았다고 가정해볼게. 여기에 1,000만 원을 넣으면 50년 후에 얼마가 될까?

연 20% 이자로 50년(600개월) 정기예금 상품에 1,000만 원을 가입하면, 50년 후 받을 수 있는 돈은 1억 원이라는 계산이 나와.

'와, 10배가 됐네? 1,000만 원을 넣었는데 1억 원이 되다니!! 이 정도면 괜찮은 거 아닌가!?'라는 생각이 들 수도 있어. 그런데 과연 그럴까?

1,000만 원을 넣어서 50년 후에 받은 이 1억 원은 국민 평균소득이 5,000만 원인 지금 사람들이 2년이면 벌 수 있는 돈이야. 즉, 50년 전에 예금에 가입할 때는 사람들이 33년을 한 푼도 안 써야 모을 수 있었던 돈을 맡겼는데, 그런데 50년 후에 그 돈을 받고 보니 사람들이 2년이면 그냥 모을 수 있는 돈을 받은 거라고.

50년 전에 맡긴 돈 1,000만 원 → **33년**의 시간

50년 후에 받은 돈 1억 원 → **2년**의 시간

그 돈을 모으는 데까지 걸리는 시간이 적어도 15배는 더 빨라진 거야. 그런데 예금에 가입한 것이 과연 잘한 투자라고 봐야 할까? 절대 그렇게 볼 수 없지.

심지어 이 계산은 예금자에게 아주 극단적으로 유리하게 계산된 거야. 모두가 알다시피 이 20%의 이자는 50년 동안 계속 낮아지기만 했어. 금리 20% 예금 상품은 이제 존재하지 않아. 지금 예금 가입하면 이자 5%는 주나? 즉, 앞으로는 예금 상품으로 이런 성과도 못 내게 될 거라는 거지.

또, 이런 생각이 들 수도 있어.

'아니, 1970년대, 1980년대는 우리나라가 빠른 속도로 경제성장을 하고 있을 때의 얘기잖아! 요즘 그 속도로 성장이 안 되는데, 그때의 것을 예로 가지고 오면 안 되지!'

이것도 맞는 얘기야. 그런데 화폐가 팽창되는 것은 그때나 지금이나 똑같아. 속도에 있어 차이가 있을 수는 있어도 방향은 같다는 얘기야. 구체적으로 한번 볼게. 비현실적인 한강의 기적 시절을 제외하고 최근 20년을 한번 보자.

그냥 그래프로만 딱 봐도 최근 20년 동안에도 화폐 공급량이 엄청나게 늘었다는 게 보이지? 구체적인 수치를 보면 20년 전에는 통화량(M2 기준)이 대략 1,000조 원이었는데, 지금은 4,300조 원이 됐어. 최근 20년 동안만 해도 돈의 양이 4.3배로 늘어났다는 거야. 즉, 화폐의 가치가 20년 동안 대략 4분의 1 토막이 났다는 얘기지. 매년 화

한국 통화 공급 M2(2006~2025)

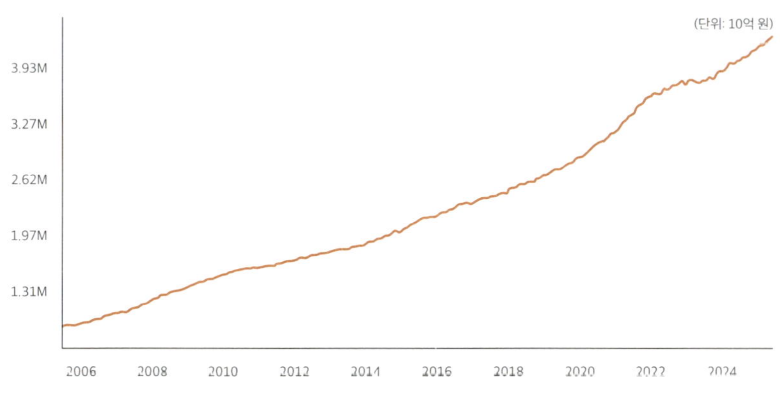

출처 : 한국은행

폐가 얼마나 늘어났는지를 계산해보면 20년 동안 매년 7.5%씩 증가했다는 계산이 나와.

최근 10년을 봐도 마찬가지야.

아래 그래프를 봐도 알겠지? 증가하는 기울기가 거의 비슷해. 10년 전에는 통화량(M2)이 2,200조 원이었어. 그런데 지금 4,300조 원이니 10년 동안 거의 2배로 늘어났어. 화폐의 가치가 대충 반토막 났다는 거지, 10년 동안. 이것도 매년 얼마씩 늘었는지를 계산해보면 매년 7%씩 증가했다는 계산이 나와.

즉, 화폐라는 것은 매년 가치가 7%씩 감소하고 있는 자산이라는 얘기야(평균적으로). 그래서 만약 올해에 100만 원을 들고 아무것도 하

1,000×1.075^20

4,247.8511002391

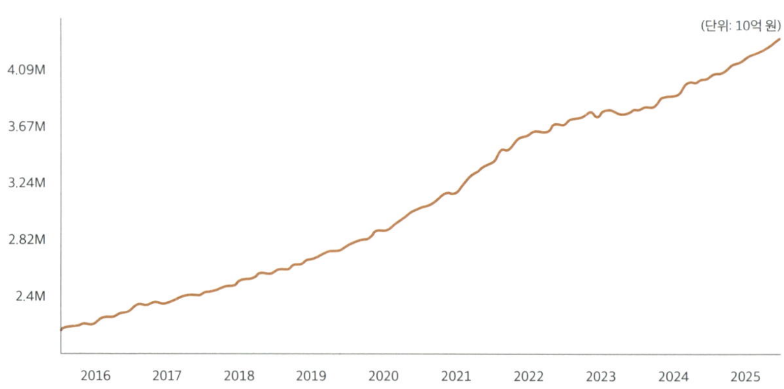

한국 통화 공급 M2(2016~2025)

출처 : 한국은행

지 않으면 내년에는 그 돈의 가치가 93만 원으로 줄어들어. 가지고 있는 돈의 숫자는 여전히 100만 원이겠지.

그런데 구매력 관점에서 보면, 내년의 100만 원은 현재의 93만 원 가치밖에 안 된다는 거야. 심지어 이 화폐 가치는 복리로 줄어들어. 가치가 복리로 매년 7%씩 줄어든다는 얘기야.

이게 무슨 의미냐면, 매년 내 자산을 7%씩 늘리지 못하면 나는 매년 뒤로 가고 있다는 얘기가 돼.

이것이 우리가 재테크를 할 수밖에 없도록 내몰린 이유야. 왜? 우리 연봉이 매년 7%씩 늘어나? 아니잖아. 기껏해야 평균적으로 2% 남짓 올라가. 그러니 아무것도 하고 있지 않으면 매년 5%씩 복리로 계속 뒤로 가는 거야.

절대로 전세 살지 마라

몇 년 전, 한 부동산 유튜버가 '절대로 전세 살지 말라'는 메시지로 대히트를 쳤었어.

어, 나도 그 사람 알아. 설명 엄청 잘 해주잖아.

그 사람이 던졌던 메시지가 무슨 의미였는지, 내가 지금까지 얘기한 내용으로 정확히 설명이 가능해.

어떤 사람이 3억 원짜리 전세를 10년 동안 살았다고 해보자. 그리고 이 사람은 10년 후에 3억 원을 되돌려 받았어. 그러면 다들 손해 본 것이 없다고 생각해. 그런데 절대 그렇지 않아. 10년 후에 3억 원을 그대로 돌려받았다 하더라도, 그 돈의 가치는 반토막이 난 거야. 왜? 매년 화폐의 가치가 7%씩 하락하고 있기 때문에. 10년 후의 세상에서 전세가가 얼마나 더 올랐는지 이런 부분은 아예 다 제쳐

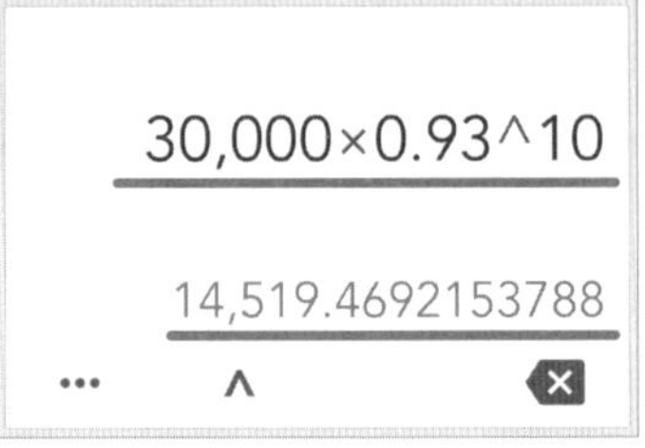

두고라도, 내가 준 3억 원과 내가 받은 3억 원은 아예 다른 가치의 돈이라는 거지.

구매력 관점에서 보면 내가 돌려받은 3억 원은 10년 전의 1억 4,500만 원 정도의 구매력밖에 안 될 거야.

그러니 10년 후에 3억 원을 그대로 돌려받았다고 해서 이게 좋아해야 할 일이야? 절대 아니지. 10년 동안 약 1억 5,000만 원의 가치가 증발했어. 가만히 앉아서 구매력의 50%를 잃은 거야. 평균적으로 1년에 대충 1,500만 원씩 가치가 증발했다고 보면 돼.

나라면 차라리 전세 안 살고, 월세 120만 원짜리 집에 살면서 3억 원을 10년 동안 다른 데에 투자하겠어(월세를 120만 원씩 1년을 내면 1,500만 원쯤 되니 비슷한 비교가 됨).

전세를 살지 않고 전세금 3억 원을 연평균 수익률 10% 나오는 데에 투자해놓고 10년을 굴리면, 그 3억 원이 7억 8,000만 원이 돼. (어떤 투자 자산이 연평균 10% 수익률이 나오는지는 앞으로 계속 설명할 예정이다.)

매달 120만 원씩 월세를 10년 동안 내기는 해야겠지만(총 1억 5,000만 원), 이것이 전세를 사는 것보다 훨씬 합리적인 선택

이야. 만약 10% 이상 수익을 내는 자산을 찾을 수만 있으면 월세 살면서 투자하는 게 훨씬 더 크게 이득이 될 거야.

3억 원 **투자** → 연평균 10% 수익률로 10년 투자 → 7억 8,000만 원이 만들어짐

거기에 월세 비용 1억 5,000만 원을 제하면 → **총 6억 3,000만 원**

vs

3억 원 **전세** → 10년 후 **그대로 3억 원**

차액 : 3억 3,000만 원

정리

현재 우리가 사용하는 화폐는 모두 다 방전이 되는 배터리야. 그 화폐가 달러인지, 원화인지, 베트남 돈인지 그런 거는 상관이 없어. 모든 화폐가 다 그래.

그런데 참 슬프게도 사람들은 화폐를 끌어안고 살아. 재테크를 예금이나 적금으로 한다든지, 애써 모은 돈을 전세금으로 묶어둔다든지 한다는 거지.

그런데 조금만 생각해보면 이것은 굉장히 이상한 의사결정이야. 자 생각해봐? 우리가 왜 재테크를 할 수밖에 없게 내몰렸다고 했지? 돈의 양이 늘어나서라고 했지? 그래서 돈의 가치가 줄어드는 거라고 했잖아.

그런데 돈을 모으고 있으면 어떻게 되겠어? 그러면 돈을 계속 모아봐야 계속 가난해지는 거거든. 그걸 아무리 모아봐야

문제가 해결이 안 돼. 그냥 망하는 길이야.

어떻게 그렇게 확신하면서 얘기하냐고? 우리가 해봤잖아. (웃음) 매달 250만 원씩 적금 넣었었잖아, 우리가. 월급이 별로 많지도 않던 사회 초년생들이 쓸 돈 안 써가면서 그 돈을 매달 모았다고. 10년도 더 된 얘기니까, 아마 그때의 250만 원은 지금으로 치면 적어도 350만 원 이상의 가치는 있을 거야. 그런데 그렇게 모은 결과가 뭐야?

'그렇게 모아봐야 집을 살 수 있기는커녕, 집값이 오른 만큼도 따라갈 수 없었다는 것.'

이게 결과였잖아.

이런 결과가 왜 나온다고? 우리가 돈을 모으는 속도보다 돈이 풀리는 속도가 더 빠르기 때문에.

실제로 서울 아파트 가격은 항상 통화량 증가 속도 이상으로 올랐어. 이러니 적금으로 이 속도를 따라갈 수 있었겠어? 즉,

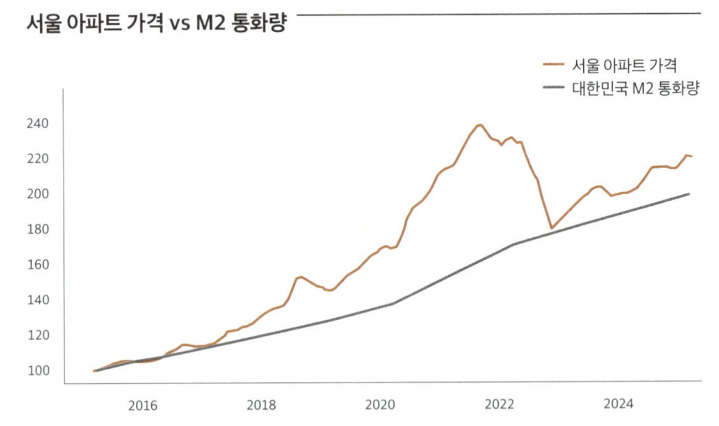

우리는 애당초 불가능한 일을 공들여서 하고 있었던 거야.

그런데 우리는 이 사실을 어디에서도 배우지 못했어. 나는 이 사실을 학교에서도 배운 적 없고 부모님에게도 배운 적이 없어. 아마 다른 사람들도 비슷할 거야. 그래서 사람들이 돈이 생기면 그 돈을 어떻게 해야 할지를 몰라서 적금을 드는 거야. 머릿속에 가장 쉽게 떠올릴 수 있는 선택지가 예금이나 적금이니까.

그런데 예금이나 적금은 화폐야. 그래서 예금이나 적금을 들면 안 돼. 그러면 망해. 예금이나 적금을 많이 오래 들수록 더 빨리 망해. 쉽게 말해 1,000만 원을 50년짜리 정기예금에 가입하면 망한다는 얘기야.

그래서 우리는 화폐가 아닌 다른 방법을 찾아야 해. 예금·적금·전세금, 이런 자산들은 전부 다 화폐 기반의 자산이야. 이런 자산들은 만기가 된다 하더라도 내가 돈을 돌려받을 때 화폐로 돌려받기 때문에 내 자산이 계속 방전되고 있을 가능성이 매우 높아.

그러면 자연스럽게 이런 의문이 생길 거야.

'그래서 어떡하라고?'

'그게 답이 아니면 그러면 도대체 뭘 어떻게 해야 한다는 건데?'

자, 다음 시간부터는 그것을 알려줄게.

오늘은 여기까지.

너무 놀라웠다.

남편이 설명해준 내용 중에서 내가 몰랐던 사실이 이렇게 많을 줄이야.

"화폐가 계속 증가하고 있다"라는 말은 어딘가에서 들어본 적이 있었다. 그리고 그것 때문에 물가가 오른다는 사실도 경험을 통해 알고 있었다.

하지만 지난 50년 동안 돈의 양이 7300배 증가했다는 사실은 전혀 알지 못했다. 남편의 말대로 그 시기는 대한민국이 급속도로 성장하던 시기였으니 어쩌면 그럴 수도 있다고 생각했다. 그런데 더 놀라운 점은 최근 20년 동안에도 화폐량이 4배나 증가했다는 사실이었다. 이것도 처음 듣는 이야기였다.

남편의 설명을 듣고 나니 그동안 집값이 왜 그렇게 오를 수밖에 없었는지 어렴풋이 이해가 되었다. 화폐의 양이 4배로 늘어났다면 그중 상당 부분이 부동산 시장으로 흘러 들어갔을 터.

남편과 내가 결혼을 준비하던 당시 우리는 적금을 들어서 돈을 모으고 결혼 준비를 했다. 그때는 주식이나 펀드 같은 투자 상품을 전혀 알지 못했고, 우리 수준에서 떠올릴 수 있는 가장 안전한 방법이 적금뿐이었다.

결혼을 준비하던 시절 남편과 나는 '우리가 나중에 살고 싶은 집'을 인터넷으로 몇 번 검색해본 적이 있다. 그런데 과장을 조금 보태면, 검색을 할 때마다 집값이 올라 있었다.

예를 들어 우리가 열심히 적금으로 500만 원을 모으면, 집값은 1,000만 원이 올라 있었고, 우리가 1,000만 원을 모으면, 집값은 2,000만 원이 올라 있었다.

당시에는 그 이유를 알지 못했다. '그냥 집값은 원래 이렇게 오르는 건가 보다'라고 막연하게 생각했다.

하지만 이제는 이해가 되었다. 적금으로 모으는 돈보다 더 빠른 속도로 화폐가 풀렸고, 그 돈은 결국 자산 시장으로 흘러 들어갔을 것이다. 그리고 그 결과가 우리가 봤던 집값의 상승이었다.

꽤 놀라운 내용이었다. 적금이 안전한 자산이 아니었다니. 아니, 안전하지 않은 정도가 아니라 오히려 가장 위험한 자산이었다니. 그리고 이쯤 되니 궁금해졌다.

'적금으로 돈 모으는 게 답이 아니면, 그러면 어떻게 해야 한다는 건데?'

본문 중에 50년 동안 한국의 통화량(M2 기준)이 7300배 늘었다는 내용이 있었다.

통화량이 7300배 증가한 지난 50년 동안, 한국에서 가장 우량하다고 평가받는 아파트의 가격은 500배가 올랐고 우리가 즐겨 먹는 짜장면의 가격은 100배가 올랐다.

그러면 이쯤에서 이런 의문이 들 수 있다.

'돈의 양은 7300배가 늘었는데, 물건들의 가격은 왜 그만큼 오르지 않았던 거지? 왜 아파트 가격은 500배, 짜장면 가격은 100배밖에(?) 오르지 않았던 거지?'

충분히 이런 의문을 가질 만하다. 실제로 통화량이 7300배 증가한 지난 50년 동안 가격이 7300배로 오른 물건은 없다. 그 이유가 무엇일까?

그 이유는 다음과 같다.

(1) 돈은 한곳에 몰리지 않고 여러 곳으로 분산된다

경제는 단순한 수학 공식이 아니다. 화폐량이 7300배 증가했다고 해서 모든 가격이 7300배 오르는 것은 아니다. 이는 돈이 한곳으로만 흐르는 것이 아니라 다양한 곳으로 분산되기 때문이다.

이를 쉽게 이해하기 위해 가상의 한 나라를 가정해보자. 이

나라의 국민은 100명이고, 화폐의 총량은 100개라고 하자. 이 나라의 왕은 다음과 같이 선언한다.

"국가의 화폐를 국민들에게 모두 공평하게 나눠주겠노라."

왕이 국민들에게 공평하게 돈을 나눠주면, 한 사람당 1개의 화폐를 갖게 된다.

그런데 이 나라의 화폐량이 200개(2배)로 증가하면 어떻게 될까? 이때는 국민 한 사람당 2개의 화폐를 받게 될 것이다. 만약 화폐량이 200개로 증가하는 동안 국민 수도 200명으로 늘어난다면 어떨까? 그러면 국민 한 사람이 받을 수 있는 화폐의 양은 여전히 1개로 동일하게 유지된다.

즉 돈의 개수는 2배가 되었지만 늘어난 이 돈이 더 많은 곳으로 분산이 되니, 실제로는 배분된 돈의 개수는 변함이 없다는 뜻이다.

현실 경제도 이와 유사한 방식으로 작동한다. 한국의 통화량이 7300배 증가한 이유는 같은 기간 동안 경제도 급속도로 팽창했기 때문이다.

기업들이 해외에서 돈을 벌어오고, 정부는 인프라 건설을 위해 투자를 늘리고, 노동자들은 임금을 받아 소비를 증가시켰다. 이 과정에서 통화량이 팽창된 것이다.

그런데 이렇게 증가한 화폐는 한곳에 집중되지 않고 다양한 산업과 사람들에게로 흘러 들어갔다. 예를 들어 고속도로를 짓는 데에 들어가고, 공항을 짓는 데에 들어가고, 반도체 공장을 짓는 데에 들어가고, 조선소를 짓는 데에 들어간 것이다. 즉, 돈이 이렇게 다양한 곳(기업·산업·사람)으로 분산되었기에 압구정 현대아파트 가격이 500배밖에(?) 오르지 않았던 것이다.

(2) 기업들의 생산성 향상(대량 생산 + 기술 향상)

돈이 많아진다고 해서 모든 상품의 가격이 같은 비율로 똑같이 오르는 것은 아니다. 이는 대량 생산과 기술의 발전 덕분이다.

사람들의 소비가 증가하면 기업들은 더 많은 상품을 만들어낼 필요성을 느낀다. 왜? 만들면 팔리니까.

그런데 같은 물건을 만든다 하더라도 개수를 더 많이 만들게 되면, 생산비용은 낮아진다(생산성 향상). 최근 50년 동안 우리나라 경제가 성장하면서 국민들의 소비도 같이 증가했다. 이에 발맞춰 기업들은 물건을 대량 생산해서 공급했는데, 이 과정에서 기업들은 더 낮은 비용으로 같은 상품을 만들 수 있게 되었다. 이는 결과적으로 상품 가격이 급격하게 오르는 것을 막아주었다.

기술의 발전 또한 물건 가격 상승을 막는 중요한 요인 중 하나다. 예를 들어 50년 전에는 자동차나 가전제품이 매우 비싼 물건이었지만, 지금은 기술이 발전하면서 더 좋은 품질의 제품을 훨씬 저렴한 가격에 구매할 수 있다.

이를 가장 쉽게 이해할 수 있는 분야가 바로 반도체 분야인데, 인텔의 창립자인 고든 무어는 1965년에 다음과 같은 주장을 했다.

> 기술의 발전으로 반도체 집적 회로의 트랜지스터 수는 2년마다 2배로 증가(성능 향상)하는 반면, 같은 기간 동안 가격은 절반으로 떨어진다.(무어의 법칙)

실제로 1970년대 메모리 반도체의 가격은 1MB당 수백 달러였는데, 현재는 1TB(100만 MB)의 SSD가 100달러 이하로 판매되고 있다. 즉, 반도체의 성능이 50년 동안 100만 배가 더 좋아졌는데 가격은 더 저렴해졌다는 뜻이다.

반도체는 대부분의 가전제품 내부에 들어가는 부품이다. 따라서 반도체의 성능이 높아지면서도 가격이 낮아진다는 얘기는, 가전제품도 성능이 높아지면서 가격이 낮아진다는 것과 같은 얘기다.

즉, 기업들의 생산성 향상(대량 생산 + 기술 발전)으로 인해 화폐가 팽창했음에도 불구하고 그만큼 물건의 가격이 상승하지 않은 것이다. 화폐가 팽창되는 속도보다 더 높은 속도로 기술이 발전하면 물건의 품질은 올라가더라도 가격은 그만큼 올라가지 않는다.

(3) 경쟁 상품의 등장

자본주의 세상에서는 수요가 발생하면 언제나 공급도 늘어난다. 다시 말해, 아파트를 찾는 수요가 있으면 누군가가 아파트를 지어 올린다는 뜻이다. 서울에 땅이 없으면 주변에 신도시를 만들어서라도 아파트를 짓는다. 그래서 자연스럽게 가격은 하방 압력을 받게 된다. 이는 아파트뿐만 아니라 모든 재화에 동일하게 적용된다.

50년 전 짜장면은 특별한 날에만 먹을 수 있는 귀한 음식이었다. 외식 문화가 거의 없던 시절이었기 때문이다. 하지만 지금은 수많은 외식 선택지가 존재한다.

1970년대에 사람들이 외식을 할 때는 짜장면이 거의 유일한 선택지였다면, 지금은 치킨, 피자, 패밀리 레스토랑 등 다양한 메뉴들이 생겨났다. 이는 짜장면에 대한 수요를 분산시켜 가격 상승을 제한하는 역할을 했다. 이렇듯 자본주의 세상에서는 수요가 있으면 언제나 경쟁 상품이 등장한다. 그래서 언제나 가격은 하방 압력을 받는다.

결론적으로 50년 동안 통화량이 7300배 증가했지만, 모든 물건의 가격이 그만큼 상승하지 않은 이유는 다음과 같다.

① 풀린 돈이 한곳으로만 들어가지 않고 다양한 곳으로 분
　 산되었기 때문이다.
② 기업들의 생산성 향상(대량 생산 + 기술 발전)으로 인해 물건
　 의 가격 상승이 억제되었기 때문이다.
③ 특정 물건의 수요가 늘어나자 자연스레 공급(경쟁 상품)도
　 같이 늘어나서 수요와 공급이 균형을 이루었기 때문이다.

"물건의 가격은 통화량이 늘어난 만큼 오른다"라는 말은 얼
핏 들을 때에는 그럴듯하게 들린다.

하지만 실제 현실 경제에서는 다르게 작동된다는 것을 알아
야 한다. 실제로 대부분의 물건 가격은 통화량이 늘어나는
것보다 적게 오른다.

그러면 이쯤에서 이런 의문이 들 수도 있다.

'필자 당신이 본문에서 설명하기를, M2 통화량이 4배로 증가
했다면 내가 가진 화폐의 가치도 4분의 1 토막 난 거라고 설
명하지 않았냐?

그런데 방금 당신이 말한 내용대로라면 M2 통화량이 4배가
풀렸다 하더라도 물건의 가격이 4배가 되는 것은 아니라는
것인데, 그러면 내 화폐의 가치(구매력)가 4분의 1 토막이 난
것이 맞냐? 물가상승률만큼만 내 화폐 가치가 하락한 것으
로 봐야 하는 거 아니냐?'

소비자물가총지수와 주요 품목별 소비자물가상승률

(단위 : 2020=100, %)

구분	소비자물가총지수 (2020=100)	소비자물가 상승률(%)
2004	72.4	3.6
2005	74.4	2.8
2006	76.1	2.2
2007	78.0	2.5
2008	81.7	4.7
2009	83.9	2.8
2010	86.4	2.9
2011	89.9	4.0
2012	91.8	2.2
2013	93.0	1.3
2014	94.2	1.3
2015	94.9	0.7
2016	95.8	1.0
2017	97.6	1.9
2018	99.1	1.5
2019	99.5	0.4
2020	100.0	0.5
2021	102.5	2.5
2022	107.7	5.1
2023	111.6	3.6
2024	114.2	2.3

출처 : 지표누리

이는 일리 있는 지적이다. 실제로 통화량이 4배로 늘어난 최근 20년 동안 소비자물가는 58% 오르는 것에 그쳤다.

통화량이 4배로 증가했다 하더라도 물건의 가격이 그만큼 오른 것이 아니기 때문에, 그만큼 화폐 가치가 하락한 것으로 볼 수 없다는 생각일 것이다. 따라서 물건의 가격이 오른 만큼만 내 화폐의 구매력이 감소(계산상 37% 화폐 가치 하락)했다고 생각하는 것이 합리적인 생각일 수 있다는 얘기다. 그리고 실제 경제학적 개념으로도 그렇다.

하지만 필자는 다르게 생각한다.

필자는 여전히 'M2 통화량이 4배로 증가했다면 내가 가진 화폐의 가치도 4분의 1 토막 난 것으로 봐야 한다'라고 생각한다. 필자가 이렇게 생각하는 이유에 대해서는 앞으로 차차 밝히도록 하겠다.

● 화폐 가치 하락률 계산 수식 = 1 - (1/1.58) = 36.7

게임의 판을 뒤집자

다음 강의로 들어가기 전에 지난 시간에 배운 내용을 간단히 한번 정리해볼까? 지난 시간에 배운 내용이 뭐였지?

배터리는 방전된다!

맞아. 그런데 왜 배터리가 방전된다고 했지?

돈의 개수가 계속 늘어나니까!

맞아. 잘 기억하고 있네. 지난 시간에 배운 내용을 간략하게만 정리해보면 이렇게 정리할 수 있을 것 같아.

현대의 화폐 시스템은 시간이 갈수록 화폐가 계속 늘 수밖에 없도록 설계되어 있다. 그런데 어떤 것의 개수가 계속해서 늘어나면 시간이 갈수록 그것의 희소성은 떨어질 수밖에 없다. 희소성이 떨어지면 그것은 가치 저장의 기능을 가질 수 없다. 즉, 우리가 쓰는 화폐(달러·원화 등)에는 가치 저장 기능이 없다.

현재의 화폐는 오직 어떤 것을 교환하기 위한 기능으로만 존재한다. 지금 세상에서는 화폐를 가지고 있다고 하더라도 그 가치가 보존되지 않는다. 매년 그 양이 늘어만 가기 때문이다.

심지어 매년 늘어나는 그 양은 우리가 돈을 모으는 속도로는 따라갈 수 없는 양이다. 화폐의 양은 매년 7%씩 증가하는데, 이것은 10년마다 화폐의 총량이 2배가 된다는 것을 의미한다. 이는 화폐의 가치가 10년마다 절반으로 떨어진다는 것을 뜻한다.

화폐는 눈으로 보이는 숫자로는 그 가치가 유지되는 것처럼 보이나 실제로는 가치가 매년 복리로 하락하고 있는 자산이다(50년 전의 1,000만 원과 지금의 1,000만 원이 가치가 전혀 다른 것처럼. 저장된 시간의 가치 : 33년 → 세 달).

따라서 화폐를 모으는 것은 답이 아니다. 화폐를 많이 모으면 모을수록, 오래 모으면 모을수록 가치가 더 많이 줄어들 뿐이다.

이 정도가 지난 시간에 배운 것의 핵심 내용이었어. 그러면 여기서 이런 질문이 자연스럽게 따라올 거야. "돈 모으는 게 답이 아니면, 대체 뭘 어떻게 해야 한다는 건데?"

자, 앞으로 나는 이 질문에 대해서 굉장히 구체적으로 답해볼 거야. 그런데 일단 그전에 알고 있어야 하는 것이 있어. 이 신용화폐 시스템을 제대로 활용하는 방법이 이미 우리 곁에 있다는 거야. 이 방법을 활용하면 화폐 가치가 계속 떨어지는 것이, 오히려 나에게 유리하게 작동해.

 돈의 가치가 떨어지는 게 나한테 유리하게 작동한다고?

 응. 이걸 알게 되면 '돈을 모아야 한다'라는 우리의 기존 상식

이 '완전히 잘못되었다'라는 것을 깨닫게 돼. 그리고 이 방법을 쓰면 게임의 판이 완전히 바뀌어버려. 돈의 가치가 떨어지는 것이 완전히 나에게 유리한 방향으로 바뀌어버린다는 얘기야. 오늘은 그 방법에 대해서 먼저 알아볼 거야. 그래야 다음 단계로 넘어갈 수 있어.

자, 그럼 시작해볼까?

게임의 판을 완전히 뒤집는 방법

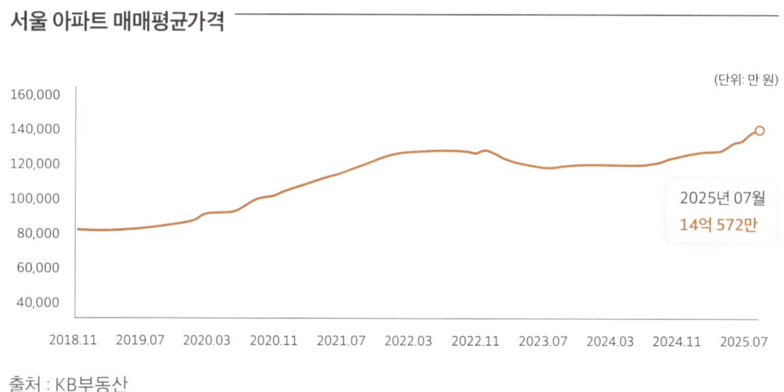 자, 이번에도 질문으로 시작할게. 돈 한 푼 없는 사람이 서울에 아파트를 사려면 돈을 몇 년 모아야 할 것 같아? 한번 계산해볼까? 지금 서울 아파트 가격이 얼마냐면 14억 원이야. 비싼 아파트를 골라서 온 게 아니고 서울 아파트 전체의 평균 가격이 이 가격이래. 우리가 지난 시간에 확인해본 데이터로는 2024년 한국인들의 1인당 평균소득은 5,000만 원이었어. 그러면 5,000만 원을 벌어서 이 돈을

서울 아파트 매매평균가격

출처 : KB부동산

한 푼도 안 쓰고 모으면, 10년이면 5억 원, 20년이면 10억 원, 30년이면 15억 원이 되겠네, 그치?

그런데 서울 아파트 평균 가격은 얼마라고? 14억 원. 그러면 딱 28년이 걸리네. 돈을 벌어서 한 푼도 안 쓰고 28년을 모으면 서울에 아파트 한 채를 살 수 있어. 나는 지금 강남 아파트를 얘기하는 게 아냐. 서울 아파트의 전체 평균을 가지고 얘기하는 거야.

아… 28년…. 집값이 진짜 비싸긴 하다.

그렇지? 그런데 과거에는 어땠을 것 같아? 지금은 28년이 걸리는데 과거에는 이 시간이 더 짧았을까? 평균적인 직장인이 서울에 아파트를 사는 데에 걸리는 시간 말이야.

과거에? 글쎄… 과거에는 지금보다 집값이 쌌을 테니까, 28년보다는 짧게 걸리지 않았을까?

한번 볼까? 1991년 5월 27일 자 〈매일경제〉에는 이런 기사가 실렸어.

내 집 마련이 드디어 평생계획 단계로 접어들었다. 연간 소득이 800만 원인 사람이 서울에서 새로 분양되는 주택을 마련하는 데에는 무려 32년의 세월이 소요되는 것으로 나타났다.

국토개발연구원의 조사·분석에 따르면, 4년제 대학을 졸업하고 군복무를 마친 뒤 현재 연간 800만 원의 소득을 올리고 있는 28세의 세대주가 20평형의 분양주택을 구입하기까지는 서울(상계동 아파트단지)에서는 32년, 수도권 신도시 28년, 대구 26년, 전주에서는 20년이 각각 걸리는 것으로 밝혀졌다.

출처 : "연 소득 800만 원, 내 집 마련 32년 걸려-서울 상계동 20평형 신규 분양 기준", 〈매일경제〉, 1991년 5월 27일

기사 내용을 다 안 읽어봐도 어떤 내용일지 대충 짐작이 가지? 그때는 32년이 걸렸대.

아… 그때는 지금보다 더 걸렸었네?

응, 그랬나 봐. 그동안 집값이 얼마나 오르락내리락했는지는 모르겠지만 이거 하나는 확실하지? '30년 전에도 집값은 비쌌고, 그때도 집 사는 건 어려웠다.'

집 사는 데에 30년이 걸린다는 얘기는, 평균적인 소득의 남자가 나이 57~60세 정도는 되어야 집을 살 수 있다는 뜻이야(서울 기준). 군대 갔다 와서 대학을 졸업하고 바로 취업한다고 해도 27~30세 정도는 될 테니까 말이야.

그렇게 얘기하니까 정말 길긴 길다.

소득이 높으면 상황이 좀 달라질까? 계산해보면, 연봉 1억 원의 고소득 직장인(평균 연봉의 2배)이라 하더라도 서울에 아파트를 사려면 14년이 걸려. 여기서 중요한 것은 월급을 받고 나서 돈을 한 푼도 안 쓰고 모아도 그 정도의 시간이 걸린다는 거야.

그런데 우리가 돈을 안 쓸 수가 있어? 최소한의 생활비는 써야 할 거 아냐. 밥 해 먹고, 관리비 내고, 애 학원 보내는 것은 해야 할 거 아냐. 그러면 이 부분을 고려해서 계산해야 하겠지.

연봉의 절반 정도를 생활비로 쓴다고 가정하면, 평균소득을 버는 직장인은 집 사는 데에 56년(14억 원/2,500만 원)이 걸리고, 연봉 1억 원의 직장인은 집 사는 데에 28년(14억 원/5,000만 원)이 걸린다는 계산이 나와. 연봉 1억 원을 받아도 생활비 쓰고 나면 집 사는 데에 28년이 걸린다고.

지금 나는 강남에 있는 아파트를 얘기하는 게 아냐. 서울에 있는 평균적인 아파트를 얘기하는 거야. 평균적인 아파트를 사는 데에도 이렇게 시간이 걸린다고.

그런데 있잖아. 심지어 이 28년(56년)이라는 기간도 과하게 희망회로를 돌려서 나온 수치야. 왜냐하면 내가 돈을 모으는 28년 동안 집값이 오를 거거든.

내가 지난 시간에 얘기했지? 돈의 양이 늘어나면 집이든 음식이든 물건이든 모든 것의 가격이 다 오른다고. KB부동산에서 나온 자료를 보면 최근 28년 동안 서울 아파트 평균 가격은 312%가 올랐어. 25년 동안 가격이 4.1배가 되었다는 뜻이야.

이게 무슨 얘기냐면, 집을 사려고 아무리 열심히 돈을 모은다 한들 집을 사지는 못하고 앞으로 모아야 할 돈만 더 많아진다는 얘기야. 아래 데이터를 봐봐. 돈을 모으는 동안 집값이 4배가 됐어. 그러면 처음 계획보다 4배를 더 모아야 집을 살 수 있다는 얘기잖아. 이러니 답이 나와? 아마 시간이 갈수록 모아야 할 돈만 훨씬 더 많아지게 될 거야. 나는 지금 강남 아파트를 얘기하는 게 아니야. 평균적인 서울 아파트를 얘기하는 거야.

월간 아파트 매매가격지수

변동률 | ⦿ 전체 ◯ 10년 ◯ 5년 ◯ 2년 (기준:2022.1 = 100.0) ***2025.07 업데이트**

지역명 ▼	.03	2025.04	2025.05	2025.06	2025.07	전기	전년말	전년동월	97.07 ~ 25.07
서울	27	94.953	95.534	96.898	98.142	1.283%	5.184%	8.150%	312.321%

출처 : KB부동산

내가 지금 무슨 얘기를 하고 있냐면, 돈을 모아서 집을 산다는 생각 자체가 애당초에 답이 안 나오는 얘기라는 거야. 심지어 아이가 클수록 교육비가 많이 들어서 모을 수 있는 돈은 더 적어져. 시간이 가면 갈수록 더 답이 안 나온다는 얘기지.

열심히 노력해서 승진하고 연봉이 오르면 상황이 나아져? 상황이 나아는지겠지. 그런데 그 나아지는 게 기껏해야 1~2년 단축시키는 정도이지, 절대로 대세를 바꾸지 못해. 계산기 두드려봐. 그냥 답이 바로 나오잖아.

집값 / (연봉 - 필수 생활비(주거비·식비·교육비 등 포함)) = 집 사는 데 걸리는 연수

그러면 우리는 이쯤에서 한번 진지하게 생각을 해봐야 해. '정말 이 방법이 맞는 건가?' '이거 진짜 가능한 거 맞나?'

우리는 어릴 때부터 이런 말을 들으면서 자랐어. "열심히 공부해서 좋은 회사에 취직해라", "취직하면 차곡차곡 돈 모아서 집을 사라" 이런 말들을 말이야. 그리고 이런 말이 맞는 말인지 틀린 말인지에 대해서 한 번도 의심해보지 않았어. 왜냐하면 너무 맞는 말처럼 들리거든.

그런데 아무리 좋은 회사에 취직을 하고 아무리 연봉을 많이 받아도, 돈을 모아서는 문제가 해결되지 않아. 저 계산 결과를 봐봐. 연봉 1억 원을 받아도 답이 안 나오잖아. 아무리 경쟁에서 이기고 좋은 회사에 취직한다 하더라도 서울에 아파트 하나 사는 게 불가능하다고. 그러면 우리는 근본적으로 한번 의심을 해봐야 해. 우리가 들어왔던

말들이 모두 잘못된 것은 아니었는지에 대해서 말이야.

돈 열심히 모으라고?
웃기지 마라, 돈 모으면 망한다

일단 내가 결론부터 얘기해줄게. 우리가 지금까지 돈과 관련해서 들어왔던 조언은 거의 다 잘못됐어. 완전히.

열심히 아끼고 모아서 집을 사라고? 아니야, 틀렸어. 이 게임은 그렇게 하는 게 아냐. 이 자본주의 게임에서는 돈을 오래 모으면 오래 모을수록 망하게 되어 있어. 30년 모아서 집을 산다? 이 길은 완전히 망하는 길이야.

그 이유를 지금부터 설명해줄게. 지난 시간에 압구정 현대아파트 얘기를 했었지? 이 아파트가 1976년에 분양가가 1,000만 원도 안 됐었다는 얘기. 이 이야기로 한번 돌아가 보자. 지금부터 재미있는 상상을 해볼 거야.

만약에 말이야, 만약에. 1976년에 이 아파트를 살 때 1,000만 원을 모두 대출을 받아서 샀다면 어떻게 됐을까? 아마 그렇게 할 수는 없었겠지만, 가정이라도 한번 해보자고. '모든 돈을 대출받아서 아파트를 샀다'라고.

어떻게 됐는지를 따져보려면, 일단 조건이 있어야겠지. 조건을 극단적으로 불리하게 가정하고 계산을 한번 해볼 거야. 대출이자는 50년 동안 연 25%로 잡아볼게. 와, 대출이자 세지? 50년 동안 연 25% 이자로 1,000만 원을 대출받았다면 얼마의 이자를 내야 했을까?

대출 계산기로 계산을 해봤을 때 1,000만 원을 대출 금리 25%에 50년 만기로 대출받았다면, 50년 동안 내야 하는 총이자가 1억 3,000만 원이야.

대출계산	
대출계산 결과	
대출상환방법	만기일시
대출원금	10,000,000원 1000만원
대출금리	25%
대출기간	600 개월
총상환금액	134,999,999원 1억 3499만 9999원
총대출이자	124,999,999원 1억 2499만 9999원
월평균납입액 (중도상환포함)	224,999원 22만 4999원
월평균이자	208,333원 20만 8333원

'아니 1,000만 원을 대출받았는데, 이자로 1억 3,000만 원을 내야 한다고? 미친 거 아냐? 말이 돼?'라는 생각이 들지? 그런데 말이야. 대출받은 1,000만 원으로 산 압구정 현대아파트는 50년 후에 가격이 55억 원이 되었어. 55억 원에 팔고 이자 비용을 제했다고 하더라도 대충 50억 원 이상이 남아(세금은 고려하지 않음).

사실 50억 원의 이득보다 더 중요한 것은 따로 있어. 내가 지금 하려는 얘기의 본질은 이게 아니야. 서울에는 압구정 현대아파트 말고 다른 아파트들도 많은데, 거기서 딱 이 하나의 아파트 사례를 가지고 와서 일반화시킬 수는 없으니까 말이야(내가 대출받아서 산 아파트가 꼭 압구정 현대아파트라는 보장이 없기 때문에).

내가 지금 얘기하려는 것은 압구정 현대아파트 가격이 올랐다, 어쨌다, 이런 것이 아니고, '대출받은 이 1,000만 원의 가치가 어떻게 변했는지'에 대한 부분이야.

자, 생각해보자. 1976년 당시에 대한민국 1인당 국민소득이 얼마였댔지? 지난 시간에 살펴봤을 때 당시의 1인당 국민소득은 30만 원이었어. 그러면 1976년(50년 전) 대출받을 당시에 이 돈(1,000만 원)의 가치는 일반 국민이 33년 동안 일을 하며 한 푼도 쓰지 않아야 모을 수 있는 돈이었다는 뜻이야.

그런데 2025년에는 어떨까? 2024년 기준, 1인당 국민소득은 5,000만 원이야. 그러면 한 달로 치면 대략 420만 원이 나오고, 이를 역산해 보면 2025년에 1,000만 원은 일반 국민이 두 달 반이면 모을 수 있는 돈이라는 계산이 나와.

즉, 세상에 존재하는 돈의 가치가 전체적으로 하락하다 보니(화폐 가치가 하락하다 보니), 내가 가지고 있는 현금의 가치도 하락했지만, 그것뿐만 아니라 내가 받은 대출의 가치도 같이 하락했다는 얘기야.

봐봐, 대출받은 돈이 대출받은 시점에서는 33년을 모아야 하는 돈이었는데, 대출을 갚을 시점(2025년)에는 두 달 반이면 모을 수 있는 돈이 되어버렸잖아. 대출받은 이 1,000만 원의 가치가 녹아서 거의 사라져버렸다고.

50년 전에 받은 대출 **원금의 가치** : **33년**에 해당하는 시간

갚는 시점(**50년 후**)에서의 대출 **원금의 가치** : **2.5달**에 해당하는 시간

이게 무슨 뜻일까?

내가 지금 무슨 얘기를 하고 있는 거냐면, 돈을 차곡차곡 열심히 모아서 집을 사려는 것 자체가 방법적으로 완전히 잘못됐다는 얘기를 하고 있는 거야. 이 게임(자본주의 게임)은 그렇게 하는 게 아니야. 애당초에 돈을 모아서 집을 사는 그런 게임이 아니라고.

이 게임의 룰을 이해했다면 돈을 모아서 집을 사는 것이 아니라 대출을 받아서 집을 사야 해. 이 게임은 1,000만 원을 33년 동안 모아서 집을 사는 게임이 아니라 먼저 1,000만 원

을 빌려서 집을 사놓고 그걸 33년 후에 갚는 그런 게임이라는 거야. 30년을 모아도 1,000만 원 모으기 어려운 시기에 1,000만 원을 대출받아 집을 먼저 사놓고, 너도나도 한 달에 1,000만 원을 버는 시기가 오면 한 달 만에 벌어서 갚고 퉁쳐버리는 것이 이 게임에서 승리하는 방법이라고. 이렇게 하면 시간이 오히려 나의 편이 되어버려.

예·적금을 할 때는 시간이 내 편이 아니었고, 항상 오르는 자산 가격을 내가 따라가야만 하는 상황이었는데, 이제는 반대로 시간이 나에게 도움을 주는 요소가 되어버린다는 거지. 한순간에 판이 바뀌어버린다고.

이 시스템에서는 돈을 모아서 집을 사려고 하면 안 돼. 웬만한 고소득자가 아니라면, 내가 돈을 모으는 속도로는 집값이 오르는 속도를 따라가지 못해. 왜냐하면 내가 돈을 모으고 있는 그 순간에도 집값이 오르고 있거든(돈의 양이 늘어나서). 그러면 내가 집값 오르는 속도를 따라잡으면서 돈을 더 모아야 한다는 얘기인데, 이게 애당초에 불가능한 미션이라는 거지.

그런데 지금 일단 돈을 빌려서 사놓으면, 시간이 갈수록 돈의 양이 늘어나면서 이 빌린 돈의 가치가 복리로 계속 줄어. 그리고 시간이

지나면 가격이 비싸진 집과 가치가 줄어든 빚을 갖고 있게 되는 거지. 둘 중에서 어떤 방법이 더 현명한지는 굳이 더 설명하지 않아도 명확해.

그런데 우리는 이 게임을 지금까지 완전히 반대로 하고 있었던 거야. 목표는 내 집 마련인데 정작 사람들은 내 집 마련을 어떻게 해야 하는지 방법을 모르고 있어. 왜? 이걸 어디에서도 배운 적이 없어. 아무도 이걸 알려주지 않았다고.

대출은 갚는 것이 아니다, 대출은 녹여서 없애는 것이다

사람들은 보통 대출에 대해서 굉장히 부정적으로 생각해. 이유에는 여러 가지가 있겠지만, 내 생각으로는 아마 어릴 때부터 가정에서 그렇게 배워서가 아닐까 하는 생각이 들어. 나도 그렇게 배웠고. 그런데 현대 자본주의 시스템을 조금만 파보면 알게 돼. 대출은 절대로 나쁜 게 아니야. 나쁜 게 아니라 오히려 이런 결론이 나와. '이 시스템에서는 유지가 가능한 만큼 최대한 많은 대출을 유지하는 것이 게임에서 승리하는 방법이다. 그리고 그렇게 받은 대출은 갚으면 안 된다. 대출은 갚는 것이 아니다. 대출은 녹여서 없애는 것이다.' 이 자본주의 게임의 룰을 이해했다면 대출을 최대한 받아서 가치가 하락하지 않는 자산을 사놓고, 그리고 그 대출을 갚으면 안 돼. 대출은 내가 갚는 게 아니고 화폐 가치 하락분으로 녹여서 없애는 거야. 대출은 내가 열심히 일을 해서 갚는 게 아니라 인플레이션으로 녹여서 없애는 거라고.

예전에 우리 대출받을 때 여보가 그랬지? 대출받는 거 무섭다고. 그런데 내가 그때 걱정하지 말라고 했잖아? 이것은 우리가 이길 수밖에 없는 게임이라고 하면서. 내가 그렇게 얘기했던 이유가 다 있었던 거야.

대출을 받는 것 자체는 문제가 아니야. 중요한 것은 내가 그 대출을 감당할 여력이 되는지, 그리고 내가 그 대출을 받아서 무엇을 하는지(무엇을 사는지)가 중요하지, 대출을 받는 행위 자체는 문제가 아니라는 얘기야. 내가 대출을 감당할 여력이 되고, 내가 대출을 받아서 하는 것이 가치가 꾸준히 우상향하는 자산을 사는 것이라면, 그러면 이 대출은 질 수가 없는 전략이 되어버려.

왜냐하면 화폐의 양은 앞으로도 계속 증가할 거거든. 지금까지도 그랬고, 지금도 그러고 있고, 앞으로도 그럴 거거든. 이 시스템의 설계 자체가 그렇게 되어 있거든. 지금까지 영끌(대출)해서 집을 산 사람들이 모두 승자가 되었던 것은 절대로 우연이 아니야. 화폐의 양이 증가하면서 벌어진 아주 당연한 결과야.

'아니, 이게 나라냐? 그러면 개미처럼 일해서 돈 모으는 사람들은 전부 다 피해자가 되는 것 같고, 욕심부려서 대출받은 사람들은 다 승자가 된다는 건데, 이게 말이 되냐? 이거 완전 사기네. 국가가 나서서 이런 거 못 하게 제재해야 한다. 대출받은 거는 빨리 갚도록 만들어야 한다!'

혹시 이런 생각 들지 않아?

 어, 들어.

 충분히 그런 생각 들 수 있어. 나도 그 마음을 아주 잘 알아. 그런데 웃긴 거 알려줄까? 국가도 이걸 알고 있어. 이걸 알고 있는 것을 넘어서 심지어 국가도 이걸 이용해.

국가도 이걸 이용한다고?

응. 이거 보여?

아래 그래프는 우리나라의 국가 부채(채무)를 나타낸 것인데, 우리나라의 국가 부채는 지금까지 단 한 해도 줄어든 적이 없어. 빚이 매년 계속 늘어만 났다는 뜻이야. 2024년에는 빚이 얼마였을까? 우리나라 국가 부채(채무)는 2024년에 자그마치 1,200조 원이었어. 1997년에는 빚이 60조 원이었는데, 30년도 안 되어서 빚이 20배가 된 거야.

우리나라는 이 1,200조 원의 빚을 갚을 생각일까? 아니. 아마 그럴 생각이 없을 거야. 왜 그럴까? 우리나라가 앞으로 돈을 지출해야 할 곳이 많을까? 아니면 돈을 거둬들일 곳이 많을까?

국가 채무 추이

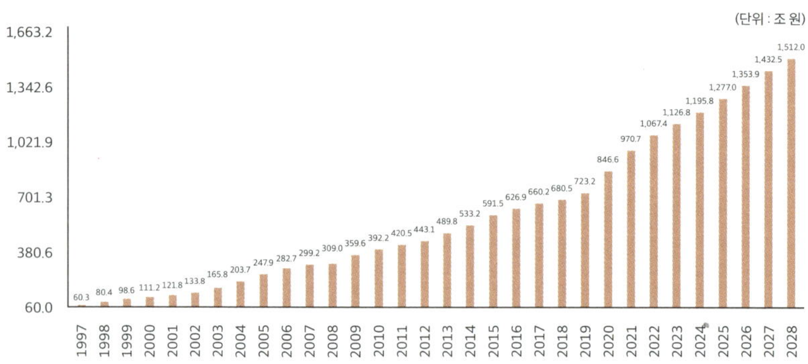

출처 : 지표누리

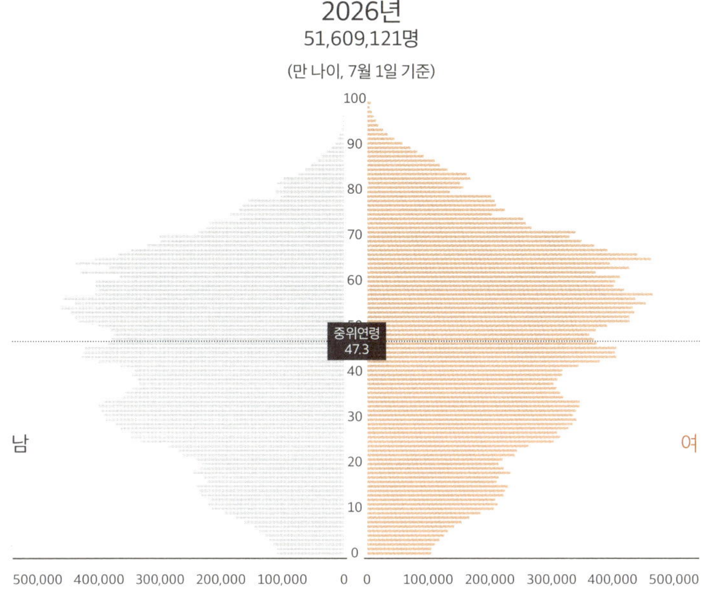

출처 : "인구로 보는 대한민국", 국가데이터처

위 인구 피라미드만 봐도 대충 상상이 될 거야. 국민들의 연령대가 높아지고 생산가능인구가 줄면 나라에 세금을 내는 사람이 줄어들어. 그래서 정부의 수입(세금)이 줄어들게 돼. 그런데 반대로 국가 전체의 사회복지 지출은 늘어나. 노령 인구들을 보살펴야 할 테니 말이야. 다시 말해, 우리나라는 앞으로 수입은 줄어들고 쓸 돈은 많아질 것이 거의 뻔한 상황이라는 거지. 빚을 갚기는커녕 앞으로 빚을 계속 늘려야 하는 상황이라고.

그러면 우리나라는 앞으로 어떤 선택을 하게 될까? 뭘 어떻게 해, 위에서 설명해줬잖아. (웃음)

아마 화폐를 발행해 화폐의 가치를 떨어뜨려서 이 문제를 해결할 가능성이 매우 높아. 화폐를 더 공급해서 이 1,200조 원의 가치를 녹여 없애버리는 선택을 할 거라고.

정부는 절대로 이 빚을 갚을 생각이 없을 거야. 왜? 그렇게 하면 힘들이지 않고도 이 빚을 쉽게 정리할 수 있거든. 화폐만 찍어내면 빚의 크기를 줄일 수 있거든.

마치 1970년대에 1,000만 원을 대출받았다면 당시로는 꽤 큰 금액으로 보였겠지만, 2025년에는 그 1,000만 원의 대출이 별거 아니게 느껴지잖아.

이것과 마찬가지야. 정부 입장에서 보면 1,200조 원의 대출이 지금은 커 보이지만, 화폐를 계속 발행하면 이 1,200조 원의 부담(가치)은 희석될 수밖에 없어.

그래서 몇십 년 뒤의 세상에서는 이 1,200조 원의 빚이 별것 아닌 돈이 될 수도 있다는 거지. 이걸 뻔히 아는데 정부가 굳이 힘들게 허리띠 졸라매고(긴축 재정) 1,200조 원을 갚으려고 할까?

그렇게 하지 않을 거라는 답이 그냥 바로 나오지 않아? 만약 정부가 이런 생각을 가지고 있다면 우리가 들고 있는 예금이나 적금은 어떻게 되는 걸까?

아… 국가가 돈을 찍어내서 빚을 녹여버리려 할 거라고? 그런데 정부가 그래도 되는 거야? 그러면 앞으로 대출받은 사람들만 계속 유리해지는 것 같은데, 우리 같은 소시민들도 하루라도 빨리 대출받는 게 유리한 거 아니야?

그런데 있잖아. 그런 걱정(?)은 하지 않아도 돼. 이미 다들 그러

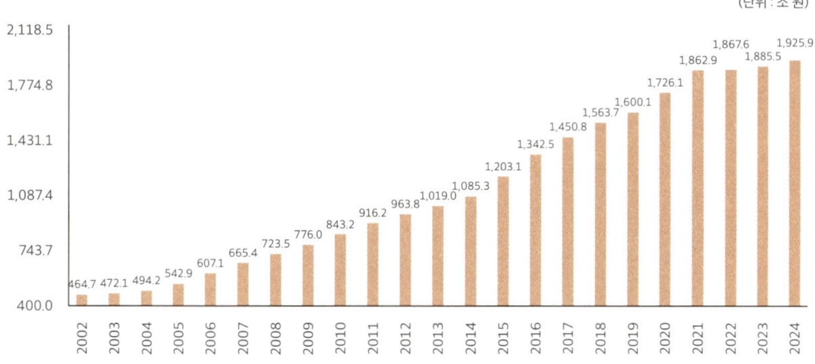

출처 : 지표누리

고 있어. 우리나라 국가 부채가 얼마랬지? 1,200조 원이랬지?

그런데 우리나라 가계가 지고 있는 부채는 국가가 지고 있는 것보다 더 많아. 우리나라 가계 부채는 1,900조 원이 넘어. 이 부분에 대해서 우려하고 있는 사람들이 많아. 관련된 기사도 심심치 않게 계속 나오고.

그런데 한번 생각해보자.

개인의 입장에서 대출을 늘리는 것이 꼭 나쁜 일일까? 다시 말해, 가계 부채가 1,900조 원이라고 해서, 우리가 이것을 잘못됐다고 얘기할 수 있냐는 거야.

내 생각엔 아니야. 절대 그렇게 볼 수 없어. 오히려 사람들이 저만큼의 대출을 내고 있다는 것을 이렇게 해석해야 해.

'통화량을 계속 늘려대는 국가에 대해 사람들이 저항하고 있다. 어떤 방법으로? 빚을 늘리는 방법으로.'

국내은행 원화 대출 부문별 연체율 추이

(단위 : %, %p)

구분		연체율 시계열 (2013.12~2025.5)	2023년 5월 말	2024년 5월 말 (A)	2025년 2월 말	2025년 3월 말	2025년 4월 말 (B)	2025년 5월 말 (C)	증감	
									전년 동월 (C-A)	전월 (C-B)
기업대출			0.43	0.58	0.68	0.62	0.68	0.77	+0.19	+0.09
	대기업		0.12	0.05	0.10	0.11	0.13	0.15	+0.10	+0.02
	중소기업		0.51	0.72	0.84	0.76	0.83	0.95	+0.23	+0.12
	중소법인		0.55	0.75	0.90	0.80	0.89	1.03	+0.28	+0.14
	개인사업자		0.45	0.69	0.76	0.71	0.74	0.82	+0.13	+0.08
가계대출			0.37	0.42	0.43	0.41	0.43	0.47	+0.05	+0.04
	주택담보대출		0.23	0.27	0.29	0.29	0.30	0.32	+0.05	+0.02
	가계신용대출 등		0.75	0.85	0.89	0.79	0.86	0.94	+0.09	+0.08
원화대출계			0.40	0.51	0.58	0.53	0.57	0.64	+0.13	+0.07

* 은행 계정 원화 대출금 및 신탁 대출금 기준

출처 : "'25. 5월 말 국내 은행의 원화대출 연체율 현황[잠정]", 금융감독원 배포 자료

시스템을 이렇게 만들어놓고 가계가 대출받는 것을 나쁘다고 얘기할 수는 없어. 그렇게 얘기하면 안 돼. 정부도 빚을 계속 내고 있는데 왜 개인들은 그러면 안 돼? 그러면 정부 혼자만 이 시스템을 이용하겠다는 거야?

나는 오히려 그게 더 불공정해 보여. 통화량이 이렇게 늘어나는 환경에서 개인들이 대응할 수 있는 방법은 대출을 증가시키는 것 말고는 사실상 없어. 은행에 돈을 모아봐야 국가가 나서서 그것을 방전시켜 버리는데, 그걸 계속 당하고만 있으라는 얘기야?

차라리 최대한 통장에서 돈을 빨리 퍼내고 대출을 최대한 늘려서 자산을 사놓는 게 개인이 할 수 있는 최선의 대응이야. 갚을 여력이 되지 않는 사람들이 무리하게 대출을 받는 것이 문제일 수는 있지만, 사람들이 대출받는 것 자체를 문제라고 할 수는 없다는 거지. 우리나라의 가계 대출이 계속해서 증가하고 있는 것은 사실이지만, 이렇게 늘어난 대출의 대부분이 우량한 대출이야.

금융감독원에서 배포한 자료에 따르면 2025년 가계 대출의 연체율이 0.47%래. 이는 기업 대출 연체율(0.77%)보다 낮은 수치야. 즉, 가계 대출이 1,900조 원이라서 위험하다고 생각할 게 아니라 우리나라 사람들이 엄청 똑똑해서 그렇게 행동을 한다고 해석해야 한다는 거야. 통화량을 늘리는 국가에 개인들이 대응하고 있다고 해석해야 한다고.

그리고 이 시스템은 근본적으로 악한 게, 빈부격차를 늘릴 수밖에 없어. 왜냐하면 가난한 사람들은 대출받는 게 어렵다 보니 화폐 가치가 계속 하락하고 있는 상황에 저항할 방법이 없어. 은행에 돈을 모아봐야 그렇게 모아놓은 돈(시간)을 국가가 방전시켜서 오로지 피해 만 받는다는 거야.

반면, 부자들이나 소득이 높은 사람들은 신용이 좋고 월소득이 높기 때문에 은행에서 대출을 많이 해줘. 그리고 그 사람들은 대출을 받 아서 자산을 사. 그렇게 부자들이 받은 그 대출은 시간이 갈수록 가 치가 증발되고, 반대로 이들이 산 자산(집 등) 가격은 올라. 그러면 어 떻게 되는 거야?

대출을 못 내는 사람들은 더 가난해지고, 대출받아서 자산을 산 사 람들은 더 부자가 되는 거지. 즉, 빈부격차가 커진다고. 통화량이 늘 어나면 늘어날수록 빈부격차가 커진다는 뜻이야.

자, 다시 물어볼게.

대출받는 게 나빠?

👧 아… 그렇게 얘기하기는 어려울 것 같아.

오히려 대출받을 수 있는 여력이 있다면 대출받는 게 현명할 것 같다 는 생각이 드는데.

👦 맞아.

여력이 있는 사람들은 대출을 받는 게 무조건 유리해. 다시 말해, 내 가 대출 없이 집을 살 수 있어도 그렇게 하면 안 된다는 얘기야. 대출 을 감당할 여력이 되면 꼭 대출을 이용해야 해. 왜냐하면 대출을 받 지 않으면 이 시스템의 피해자가 되거든. 시스템 자체가 그냥 그렇게 만들어져 있어.

중요한 것은 대출을 받느냐 마느냐보다 대출을 받아서 무엇을 하는 지야. 대출을 받아서 가치가 떨어지는 것(예를 들어 자동차 등의 소비 품목)을 산다거나, 가치가 떨어지는 자산을 산다면 이것은 그냥 망하는 길이야. 아무리 대출이 나에게 좋은 도구가 된다 한들 대출을 받아서 엉뚱한 거를 사버리면 상황이 나아지기는커녕 가족들을 더 힘들게 할 뿐이라는 거지. 그래서 결국 '대출을 받아도 되는지 안 되는지'에 대한 질문은 '그 대출을 받아서 뭘 살 건데?'라는 질문으로 또다시 이어지게 되어 있어.

이 질문에 대한 답은 어렵지 않아. '가치가 떨어지지 않는 자산을 산다.' 이게 답이야. 그런데 이 답을 내는 것은 어렵지가 않은데, 가치가 떨어지지 않는 자산이 무엇인지를 찾아내는 것은 생각보다 어려워. 무수히 많은 자산들이 우리 주변에서 맴돌고 있기 때문에 그래. 그래서 우리는 앞으로 이 '가치가 떨어지지 않는 자산'이 무엇인지를 찾아 나설 거야.

다음으로 넘어가기 전에 힌트를 잠깐 주자면, 가치가 하락하지 않는 자산이란 '가격이 꾸준히 우상향하는 자산'이라는 뜻이야. 그런데 가격이 우상향한다는 얘기는 화폐가 팽창될수록 돈이 거기로 계속 몰린다는 얘기야. 즉, 그것을 사고자 하는 수요가 항상 있는 자산이라는 얘기지.

지금까지의 내용에서 잠시 언급됐지만 부동산도 그러한 자산 중 하나가 될 수 있고, 다른 자산들도 그중 하나가 될 수 있어. 이제부터 그것들이 뭔지를 찾아 나설 거야.

오늘은 여기까지 할게.

참으로 의아했다.

우리가 모아둔 돈이 있는데도 남편은 추가로 대출을 더 받자고 했다. 집을 살 당시 우리는 어느 정도 자금을 마련해둔 상태였다. 그래서 부동산 잔금을 치를 때 나는 당연히 남편이 그 돈을 쓸 것이라 생각했다. 그런데 남편이 뜻밖의 말을 하는 게 아닌가?

"이 돈은 그대로 두고, 나머지는 모두 대출로 충당할 거야."

나는 이해할 수 없었다. 돈이 없어서 어쩔 수 없이 대출을 더 받는 것도 아니고, 돈이 있는데도 굳이 그 금액을 더 대출받는 이유가 무엇인가.

오히려 가진 돈으로 빚을 줄이는 것이 더 안전한 선택 아닌가? 나는 그것이 상식이라고 믿었다. 빚은 최대한 빨리 줄이고, 안정적인 재정을 유지하는 것이 맞다고 생각했다.

그래서 당시에는 남편의 결정이 참으로 이해되지 않았다. 하지만 오늘 남편의 설명을 듣고 나니, 남편이 왜 그런 의사결정을 했는지 이해할 수 있게 되었다.

"대출은 갚는 게 아니다. 대출은 녹여서 없애는 것이다."

그 말을 듣는 순간 나는 뒤통수를 한 대 맞은 듯한 느낌을 받았다.

지금까지 나는 빚은 가능한 한 빨리 갚아야 하는 것이라고 생각했다. 그렇게 해야 안심이 되고, 그렇게 해야 재정적으로 안전하다고 믿어왔다. 그런데 정작 남편은 완전히 반대의 생각을 하고 있었던 것이다.

사실 남편에게 이런 질문을 몇 번 한 적이 있다.

"투자 수익 난 거 좀 챙겨서 대출 갚는 게 낫지 않아?"

"대출 남은 거 언제 갚을 거야?"

그때마다 남편은 늘 같은 대답을 했다.

"안 갚을 거야. 퇴직할 때나 갚지 뭐."

나는 그 말을 농담으로 넘겼다. 빚을 안 갚는다는 게 말이 되나 싶었다. 하지만 그는 진심이었다. 아마 우리가 맞벌이 부부여서 대출이자와 원리금을 감당하는 것이 충분히 가능했기 때문이었을 것이다.

'대출을 받더라도 시간이 흐르면 부채의 크기는 줄어든다.'

이것이 당시 남편의 생각이었음이 분명하다. 그리고 몇 년이 지난 후 남편은 내게 말했다.

"그 빚 이제 다 갚았어."

나는 처음에는 그게 무슨 말인지 이해하지 못했다. 무슨 소리인가 하고 더 물어보니, 우리가 대출받았던 그 금액만큼 집값이 올라 있었던 것이다. 즉, 남편은 내 생각과는 완전히 다른 방식으로 게임을 해왔던 것이다.

그동안 나는 남편을 조금 무모한 사람이라고 생각했다. 하지만 지금은 알 것 같다. 그의 선택이 무모한 것이 아니라 철저한 계산에서 비롯되었다는 것을. 남편이 왜 대출을 줄이지 않으려 했는지, 그리고 왜 남은 돈으로는 계속해서 투자하려 했는지 이제는 이해할 수 있을 것 같다.

지금도 불안한 마음이 완전히 사라진 것은 아니다. 하지만 한 가지는 분명했다. 이상하게 나도 남편의 생각에 점점 동조되고 있다는 것. 나도 이제 이 게임의 규칙을 이해하기 시작한 걸까?

나는 되고 너는 안 되는 불공정한 게임.

우리나라 가계신용(가계빚)이 2분기 1,953조 원으로 역대 최고치를 경신했다. '영끌'(영혼까지 끌어모아 주택 구입), '빚투'(대출로 투자)를 통한 주택·주식 등 자산 투자가 전분기보다 큰 폭으로 늘면서 증가 폭을 견인한 것으로 나타났다. 19일 한국은행에 따르면 2분기 말 가계신용 잔액은 1,952조 8,000억 원으로 전분기보다 24조 6,000억 원(1.3%) 증가했다. 지난 1분기 가계신용이 1,928조 7,000억 원으로 역대 최대치를 기록한 데 이어 다시 한번 기록을 갈아치웠다.

출처 : "가계 빚 1,953조 원 '역대 최대'…'영끌·빚투'에 24조 6,000억 원 늘었다", 〈중앙일보〉, 2025년 8월 19일

대한민국 가계 부채가 역대 최대라는 뉴스는 심심치 않게 볼 수 있다. 이런 유의 모든 기사 내용은 대동소이하다. 가계 부채가 줄지 않고 계속 늘어가고 있다는 내용이다. 사람들이 빚을 갚지는 않고 계속 늘려만 가고 있다는 지적일 것이다. 어떤 의도와 걱정에서 그런 기사가 작성되는지는 알겠다. 과도한 부채로 인해 경제에 어떤 문제가 생기지 않을까 하는 우려 때문일 것이다. 하지만 필자는 가계 부채가 늘어나는 것을 다른 시각에서 해석해야 한다고 생각한다.

이에 대한 의견을 밝히기 전에 일단 짚고 넘어가야 하는 것

이 있다. 본문에서 설명한 것처럼, 우리나라의 국가 부채는 1,200조 원이다. 이는 대부분 국채를 발행해 빚을 낸 것이다. 그런데 여기서 재미있는 부분이 있다.

국가는 채권이 만기가 되어도 이 돈을 갚지 않는다. 쉽게 말해, 국가가 20년 후에 갚는다고 돈을 빌려가도(20년 만기 채권 발행), 정작 20년 후에는 그 돈을 갚지 않는다는 뜻이다. 이게 어떻게 가능한 것일까?

이것이 가능한 이유는 국가가 대출 돌려막기를 하고 있기 때문에 가능하다. 20년 후에 채권 만기가 도래하면, 국가는 '다른 20년 만기 채권'을 또다시 발행해 돈을 조달한 후 그 돈으로 이전에 발행했던 채권을 상환한다. 즉, 정부가 세금을 아끼고 재정 운영을 잘해서 빚을 갚아 나가는 것이 아니라 새로운 대출을 통해 이전의 빚을 갚는다는 뜻이다.

결론적으로 국가는 채권을 통해 돈을 빌려간 후 그 돈을 갚지 않고 이자만 갚는 형태가 된다. 이것은 마치 우리가 신용대출을 받아서 매달 이자만 갚다가 만기가 도래하면 이 신용대출 만기를 연장하거나 아니면 또 다른 신용대출을 받아서 이전에 빌렸던 돈을 갚는 형국이다. 다시 말해, 국가는 국가라는 신용을 이용해서 신용대출이 무한정 연기되는 상품을 계속 갈아타고 있다고 보면 된다.

그리고 이 과정에서 국가의 빚은 계속 늘어만 간다. 부채가 줄어들지 않고 계속 늘어만 간다는 얘기다. 빚을 갚아야 할 때가 되면 새로운 신용대출로 갱신하면서 매번 돌려막고 있기 때문이다.

그러면 여기서 이 부분을 한번 따져봐야 한다. 국가도 빚을 갚지 않는데 우리라고 왜 갚아야 하나? 빚이 정말로 빨리 없애야만 하는 그런 나쁜 것이라면 국가부터 나서서 빚을 먼저 정리해야 한다. 하지만 그러는 국가는 없다.

그런데 왜 국민들에게는 가계 부채가 늘어나는 것이 문제라고 하는가? 국가도 빚을 매년 늘리면서 왜 국민들에게만 가계 대출 증가가 위험하다고 하는 것인가?

정부가 빚을 늘리든 개인이 빚을 늘리든, 누군가가 빚을 늘리면 모두 통화량이 증가한다. 그런데 이 시스템을 국가가 먼저 만들어놓고 가계에는 빚을 늘리지 말라고 하는 것은 개인들에게 화폐 가치 하락을 오로지 감내하라고 얘기하는 것밖에 되지 않는다.

가계 부채가 늘어나는 것이 진짜 문제일까?

앞에서 설명했지만 대출 자체는 문제가 아니다. 그것보다는 사람들이 그 대출을 갚을 수 있는지, 사람들이 대출받은 돈으로 무엇을 하는지, 이런 것들이 중요한 것이지 대출 자체는 문제가 아니라는 얘기다.

현재 우리나라 가계가 지고 있는 부채는 1,900조 원이다. 하지만 이 빚의 거의 대부분은 고소득 계층이나 자산을 많이 가지고 있는 사람들이 지고 있다.

가계 부채 1,900조 원 중에서 거의 70% 이상의 빚이 고소득,

취약 차주 비중[1] 및 차주 특성별 가계대출 구성비[2] ────────

(단위 : %)

구분		2022년	2023년	2024년				2025년
				1/4	2/4	3/4	4/4	1/4
취약 차주	차주 수	6.3	6.6	6.4	6.5	6.6	6.9	7.0
	대출 금액	5.0	5.3	5.1	5.1	5.1	5.3	5.3
신용 등급[3]	저	3.4	3.9	3.6	3.7	3.9	4.0	4.2
	중	18.9	18.5	17.8	17.8	17.8	17.8	17.5
	고	77.7	77.6	78.6	78.5	78.3	78.2	78.3
소득 수준[4]	저	11.0	11.0	11.1	11.1	10.9	10.9	10.8
	중	25.5	26.6	26.4	26.2	25.9	25.8	25.6
	고	63.5	62.5	62.6	62.8	63.1	63.3	63.5

주 :
1) 시점별 가계대출 전체 차주 수 및 대출금액 대비
2) 대출금액 기준
3) 고신용(신용점수 840점~), 중신용(665~839점), 저신용(~664점)
4) 고소득(상위 30%), 중소득(상위 30~70%), 저소득(하위 30%)

출처 : 〈금융안정보고서〉, 한국은행, 2025년 6월

고신용 가계에 집중되어 있다는 얘기다. 고소득, 고신용자들은 자산도 충분히 보유하고 있고, 대출 상환 능력도 높다. 다시 말해, 은행들이 갚을 능력이 있는 사람들에게만 대출을 해준 상황이라는 뜻이다. 이를 위험한 상황이라고 볼 수 있는가?

앞서 보았듯이 현재 가계 대출의 연체율(0.47%)은 기업 대출 연체율(0.77%)보다도 훨씬 낮은 수치다. 다시 말해 우리나라의 가계 부채가 매년 증가하고만 있는 것은 명백한 사실이지만, 이 부채가 위험한 상황이 절대로 아니라는 것이다. 이는 필자의 의견이 아니라 한국은행의 의견이다.

한국은행은 2025년 6월에 발표한 〈금융안정보고서〉에서 "우리나라의 금융 시스템(가계 부채를 포함한)은 전반적으로 안정된 모습을 유지하고 있다"라고 명확히 밝히고 있다.

따라서 가계 대출이 늘어나는 것을 다르게 해석해야 한다고 필자는 생각한다.

가계 부채가 늘어나는 것을 위험한 신호로 해석할 것이 아니라 화폐가 계속 늘어나는 이 환경에 대응하기 위해 사람들이 능력 내에서 최대한 대출을 일으키고 있다고 해석해야 한다는 것이다.

부채가 늘어나면 생기는 문제

필자의 주장은 가계 부채가 과도하게 늘어도 상관이 없다는 말이 아니다. 부채의 위험을 판단할 때는 부채의 질도 같이 평가해야 한다는 얘기다. 현재 우리나라의 가계 부채가 늘어나고 있는 것은 명백한 사실이지만, 그렇다고 해서 그렇게 늘어난 부채가 꼭 위험하다고 볼 수는 없다.

지금 중요한 문제는 그런 것이 아니다.

진짜 중요한 문제는 다른 데 있다. 세상의 부채가 늘어나면 대출받지 않은 사람들은 계속 뒤처지게 된다. 이것이 가계 부채 증가의 진짜 문제다.

누군가의 부채(대출)가 늘어나면 통화량은 증가한다. 그런데 통화량이 증가하면 화폐의 가치가 하락하며 물가가 오르고, 집값이 오른다. 그래서 대출을 받아 자산을 산 사람들은 이 과정에서 큰 경제적 이득을 보는 반면, 대출을 받지 않고 묵묵히 돈을 모아온 사람들은 큰 경제적 타격을 받게 된다.

자본시장연구원에서 발표된 보고서 「부동산가격 상승이 가계의 자산·부채에 미치는 영향과 시사점」(《이슈보고서》 22-27, 2022)에서도 이 부분을 명확하게 지적하고 있다. 부동산 가격 상승으로 인해, 부채를 활용한 사람과 그렇지 않은 사람의 부의 격차가 확대되었다고 보고서는 지적하고 있다. 필자가 생각하기로는 이것이 가계 부채가 증가하는 것의 진짜 문제다. 만약 당신이 대출받기를 거부한다면, 이 보고서의 지적대로 당신과 당신의 가족은 점점 뒤로 밀려날 수밖에 없다. 지금 이 순간에도 화폐는 당신이 돈을 모으는 것 이상의 속도로 세상에 풀려 나오고 있기 때문이다.

이제 당신은 여기서 어쩔 수 없이 선택을 해야 한다. 화폐를 끌어안으면서 살 것인가? 아니면 대출을 끌어안으면서 살 것인가?

이 게임의 공략법

이 자본주의 게임에는 명백한 공략법이 존재한다. 그 방법대로 가면 생각보다 쉽게 퀘스트 달성이 가능해지는 반면, 반대 방향으로 가면 퀘스트 달성이 극도로 어려워진다.

감당이 가능한 건강한 대출이라면, 대출은 이 자본주의 게임을 공략하기 위해서 반드시 필요한 도구다. 내가 대출을 감당할 여력이 되는지 점검해보고 대출이자나 원리금을 갚고도 충분히 여력이 남는 수준의 대출이라면, 반드시 그 대출을 '이용'해야 한다. 그래야 이 게임에서 이길 수 있다.

"은행에 돈을 모으면서 이자를 받느니, 차라리 대출을 받고 나서 이자를 갚아라. 그리고 그 돈으로 가치가 하락하지 않는 자산을 사라."

이것이 필자의 주장이다.

이것을 알고 모르고의 차이가 자본주의에서 10년 이상의 격차를 만든다. 그러면 아마 이렇게 주장하고 싶은 사람도 있을 것이다.

"대출을 그렇게 권장하다 보면 무분별한 대출을 내는 사람도 생기고, 그 과정에서 큰 피해를 보는 사람이 생길 수 있다."

이는 매우 타당한 지적이다.

그 지적에 필자도 완전히 동의하는 바다. 레버리지(대출)는 양날의 검이다. 잘 사용하는 경우에는 나에게 도움을 주지만, 잘못 사용하는 경우에는 나를 파산의 길로 이끌 수도 있다. 따라서 무분별한 대출은 반드시 경계해야 한다. 100% 맞는 얘기다.

하지만 필자는 '대출을 내면 안 된다. 돈은 성실하게 모아야 하는 거다. 성실하게 돈을 모아서 집을 사야 한다'라는 주장에는 절대로 동의할 수 없다. 단 1%도 말이다. 이 주장은 완전히 틀린 명백히 잘못된 주장이다. 이 방법으로는 아무리 열심히 살아봐야 제자리걸음만 할 뿐이다.

손을 베일까 봐 요리할 때 칼을 쓰지 말라고 하는 것은 올바른 접근이 아니다. 우리는 어떻게 하면 손을 베이지 않으면서도 칼을 잘 사용할 수 있는지를 배워야 한다. 그것이 올바른 접근이다.

마찬가지로 우리는 대출을 잘 활용하는 방법을 배워야 한다. 대출은 위험하니 무조건 받지 말아야 하는 것이 아니라, 어떻게 해야 리스크를 낮추면서도 현명하게 대출을 잘 활용할 수 있는지를 배워야 한다는 것이다.

그리고 우리가 자녀에게 가르쳐야 하는 것은 대출을 잘 사용하는 방법, 부채가 과도해지지 않도록 잘 관

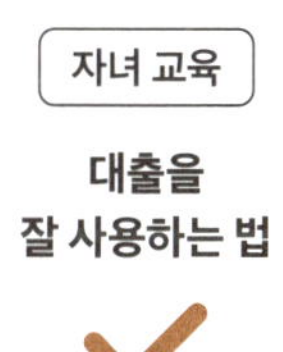

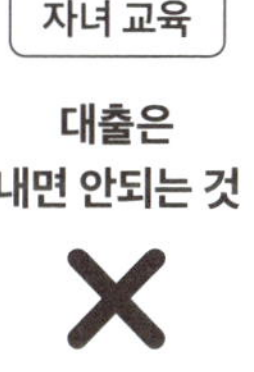

리하는 방법이지, 절대로 '대출을 받지 말라'는 가르침이 아니다.

거듭 강조해서 말하지만 대출 여부보다 중요한 것은 그 대출을 내가 감당할 수 있는지, 그리고 대출을 받아서 무엇을 하는지다. 감당이 가능한 대출이라 하더라도 잘못된 것을 사면 그것은 잘 되기 어렵다. 반대로 좋은 자산을 산다 하더라도 대출이 감당되지 않으면 이것도 잘 되기 어렵다. 따라서 우리는 어떻게 해야 대출을 나의 편으로 만들 수 있을지를 끊임없이 고민해야 한다.

가치가 떨어지지 않는 자산

😊 자, 이제부터 본격적으로 가치가 떨어지지 않는 자산, 가격이 우상향하는 자산을 찾아 나설 거야. 방전되지 않는 배터리 말이야. 대충 머릿속에서 생각나는 게 있지?

😊 응. 부동산 얘기하는 거 같아. 그거로 계속 설명했었잖아.

😊 맞아.

그런데 우리가 투자할 수 있는 자산이 부동산만 있는 게 아니지? 주식·채권·보험·예금·적금 등 여러 가지가 있잖아. 그러면 이 중에서 뭐는 투자해도 되고, 뭐는 안 되는 자산일까? 이거를 판단하려면 일단 이 자산들을 구분해야 해.

😊 구분? 부동산이랑 금융 자산, 뭐 이런 식으로 구분하라는 말이야?

😊 그런 건 아니고, 우리는 지금부터 조금 다른 방식으로 이 자산들을 한번 구분해볼 거야. 내가 지난 시간까지 계속하던 얘기가

뭐였지?

 화폐는 방전된다?

 맞아.

지난 시간까지 계속 설명했던 내용의 요지는 '돈(화폐)을 모으지 마라'는 거였어. 여기서부터가 출발이야. 지금부터 하는 작업은 이 생각을 확장시켜서 좀 더 구체화시켜보는 작업이야.

일단 우리가 자산이라고 부르는 것들에는 돈(화폐)을 기반으로 하는 자산이 있고, 그렇지 않은 자산이 있거든? 예를 들어볼게. 여보가 2년짜리 적금을 들었다고 해보자. 그럼 2년 후에 만기가 되어서 은행에 통장을 들고 가면 은행은 여보한테 뭘 줘?

 돈?

 그렇지.

적금 만기가 되면 우리는 돈을 받아. 그런데 돈(화폐)은 어떻게 된다고 했지? 시간이 갈수록 방전이 된다고 했잖아. 그 말은 곧 적금이라는 자산은 시간이 갈수록 방전이 되는 자산이라는 얘기야. 만기가 돼서 받아봤자 받은 것이 방전이 되고 있는 돈이기 때문에 이런 자산을 '화폐를 기반으로 한 자산'이라고 할 수 있어.

다른 예도 한번 들어볼까? 보험은 어때? 예를 들어 암보험이라고 치자. 만약 내가 암에 걸리면 나는 뭘 받아?

 돈…?

 그렇지. 그러니 보험도 '화폐를 기반으로 한 자산'이야. 다른 걸 생각해볼까?

아파트는 어떨까? 우리가 아파트를 하나 사서 그곳에서 20년을 살았

다고 해볼게. 그럼 20년 후에 우리는 뭐를 받아?

그건 누구한테 뭐를 받는 그런 개념은 아니지. 그냥 아파트를 들고 있는 거지.

맞아. 우리가 아파트를 팔아서 현금화시키지 않는 한, 우리가 갖고 있는 이 아파트는 변하지 않아. 아파트가 우리의 자산으로 그대로 유지되고 있어. 이거는 돈을 갖고 있는 거랑은 달라.

쉽게 말해 5억 원짜리 아파트를 갖고 있다고 해보면, 여기서 본질은 '5억 원'이 아니라 '아파트'라는 거지. 20년 뒤에 이 아파트가 5억 원이 되든, 1억 원이 되든, 20년 뒤에도 내가 가지고 있는 것은 그냥 이 아파트야.

"아파트 5억 원어치 가지고 있다", "아파트 1억 원어치 가지고 있다" 이렇게 말을 안 한다고.

땅은? 내가 100평짜리 땅을 가지고 있다고 해봐. 시간이 지나면 이 땅이 변해? 안 변해. 10년 후든, 20년 후든, 30년 후든 이 땅은 늘어나지도 않고, 줄어들지도 않아.

사람들이 땅을 가지고 있다고 얘기할 때 "땅 1,000만 원어치를 가지고 있다, 땅 1억 원어치를 가지고 있다" 이렇게 얘기하는 사람 본 적 있어? 없지? 대부분 "××에 땅 100평 가지고 있다" 이런 식으로 얘기를 하지, "땅 얼마어치 가지고 있다" 이런 식으로 얘기를 안 한다고. 왜? 돈으로 표시되는 얼마어치, 이거는 본질이 아니거든.

이런 식으로 세상에 존재하는 모든 자산들을 '화폐를 기반으로 한 자산'과 '화폐를 기반으로 하지 않은 자산'으로 구분해볼 수가 있거든? 그런데 이 작업은 생각보다 아주 많이 중요해.

왜 그러냐면 재테크로 뭘 해야 하는지에 대한 그 시작점이 바로 여기에 있기 때문에 그래. 뭘 사야 하는지, 반대로 뭘 사면 안 되는지를 결정할 때 이 개념이 정말 큰 기준점이 되거든.

화폐를 기반으로 한 자산은 그 본질이 결국 화폐(돈)이기 때문에 돈의 총량이 늘어나는 리스크에 직접적으로 노출이 되어 있어. 그래서 화폐 기반의 자산은 화폐 가치 하락을 방어하지 못해. 아무리 모아봐야 돈을 기반으로 하기 때문에 받고 나면 그 가치가 방전되어 있다는 거지.

어떤 자산을 선택하든 선택한 그 자산이 화폐를 기반으로 한 자산이라면, 시간이 갈수록 가치가 줄어들게 되어 있어. 어떤 자산인지에 따라 방전되는 속도가 차이 날 뿐 방향은 방전이 되는 쪽이라는 거야. 즉, 화폐를 기반으로 하는 자산들은 모두 다 방전되는 자산이라는 얘기지.

반면 화폐를 기반으로 하지 않은 자산인 경우에는 돈의 양이 늘어나는 리스크에서 자유로울 수 있어. 화폐를 기반으로 하지 않는 자산들은 오히려 늘어나는 돈을 가격으로 흡수하는 경우가 많아. 그런데 여기서 오해하면 안 되는 게 화폐를 기반으로 하지 않은 자산이라고 해서 모든 자산의 가격이 다 오르는 것은 아니라는 거야. 화폐를 기반으로 하지 않은 자산이라고 해도 가격이 떨어질 수 있어.

아파트를 생각해봐. 직관적으로 생각해봐도 아파트는 너무나도 비화폐 자산이거든. 그런데 모든 아파트 가격이 다 올라? 아니지? 가격이 떨어지는 아파트도 있어. 시골에 나 홀로 떨어져 있는 아파트들은 오히려 가격이 떨어지는 경우도 많잖아.

그러니 화폐를 기반으로 하지 않은 자산이라고 해서 모든 자산들이 다 가격이 오른다고 생각하면 안 돼.

반대로 또 화폐 기반 자산이라고 해서 모든 자산의 가격이 떨어지는 게 아니야. 예를 들면 예금에 가입하면 은행에서 이자를 주잖아? 그러면 엄밀히 말해 명목적으로 보이는 가격은 오른 거라고 봐야지.

이렇듯 화폐를 기반으로 하지 않은 자산이라고 해서 무조건 가격이 오르는 것도 아니고, 화폐를 기반으로 한 자산이라고 무조건 가격이 내리는 것도 아니야.

그래서 화폐 기반이 아닌 자산을 아무거나 사서도 안 되고, 반대로 화폐 자산이라고 해서 무조건 사면 안 되는 것도 아냐. 이 중에서도 구분이 필요하다는 얘기야.

그런데 이것은 화폐 기반 자산, 화폐 기반이 아닌 자산을 구분하고 난 이후의 단계야. 뭐가 화폐 기반 자산이고, 뭐가 화폐 기반이 아닌 자산인지도 구분이 안 되어 있는데 거기서 뭘 골라야 할지 선택할 수는 없잖아. 그러니 자산을 구분해보는 작업이 먼저 이뤄져야 한다는 거지.

처음에는 어려울 수 있는데 조금만 해보면 크게 어렵지 않아. 이걸 쉽게 판단하려면 '마지막에 무엇을 가지고 있는지'를 기준으로 생각해보면 돼. 마지막 순간에 돈을 갖고 있게 되면 그것은 화폐 기반의 자산이고, 마지막 순간에 실제적으로 존재하는 그 무언가를 갖고 있게 되면 그것은 화폐 기반이 아닌 자산이야.

○× 문제야 그냥. 화폐 자산이냐, 화폐 자산이 아니냐.

그럼, 한번 해볼까?

(1) 예금과 적금

 예금과 적금은 무슨 자산일까?

이거는 더 말할 것도 없어. 예금과 적금은 그냥 화폐 기반 자산이야. 은행에 예금을 들든, 적금을 들든 내가 그것을 찾으러 가면 은행은 돈을 주잖아? 그러니 더 말할 것도 없지, 이거는. 지금까지 설명했던 내용이 전부 다 이 내용이었잖아. 예금과 적금은 화폐여서 방전이 된다는 얘기. (웃음)

이거는 답 나왔네. 예금과 적금은 무슨 자산? 화폐 기반 자산.

예금과 적금 = 돈(화폐)을 기반으로 하는 자산

(2) 보험

 보험은 어떨까?

아까 예를 들어 얘기했지? 암보험에 가입되어 있는 상태에서 내가 암에 걸리면 나는 뭐를 받아?

 돈. 보험금.

 맞아.

보험은 보장을 돈으로 받는 상품이야. 암보험에 가입하면 암 걸렸을 때 돈으로 보상을 받고, 생명보험에 가입하면 사망하게 되는 경우에 돈으로 보상을 받아.

그럼, 보험은 뭐야? 화폐 기반 자산.

보험 = 돈(화폐)을 기반으로 하는 자산

(3) 아파트(부동산)

 부동산은 어떨까? 만약 내가 집을 한 채 갖고 있으면 나중에 누가 이걸 돈으로 바꿔서 우리한테 줘? 아니지? 내가 가지고 있는 집은 10년, 20년이 지나도 그 상태 그대로 내 거야. 내가 이 집을 누군가에게 팔지 않는 한 이 집은 그대로 내 소유로 남아 있다고. 그러면 아파트는 무슨 자산이야?

아파트 = 화폐 기반이 아닌 자산

(4) 채권

 채권은 어떨까? 일단 채권이 뭐냐면 국가나 기업들이 돈을 빌릴 때 쓰는 증서를 채권이라고 해. 개인들이 돈을 빌릴 때 쓰는 차용증 같은 거야. 정부나 회사들에서 돈이 필요할 때 이런 채권(차용증)을 발행해서 돈을 빌려.

예를 들어 내가 A회사에 돈을 빌려주면 A회사는 나에게, '돈을 빌려주십시오. 돈을 빌려준다면 이자를 연 5%로 드리고, 그리고 10년 후에는 원금을 돌려드리겠습니다.' 이렇게 써 있는 증서를 준다는 거야. 이게 채권이야.

그러면 보자. 내가 돈을 빌려주고 A회사로부터 저 증서를 받았어. 그러면 10년 후에 내가 이 증서를 A회사에 가지고 가면 회사는 나에게 뭐를 주지?

돈?

맞아. 내가 10년 전에 빌려줬던 돈이랑 이자를 줘. "10년 전에 빌려준 돈을 땅으로 갚겠습니다. 10년 전에 빌려준 돈을 공장으로 갚겠습니다." 이렇게 안 한다는 얘기야. 돈을 빌려갔으니 당연히 돈으로 갚겠지. 그러면 채권은 뭐겠어?

화폐 기반 자산?

맞아. 채권은 화폐 기반 자산이야. 개념상으로 보면 예금이랑 다를 바가 없어. 예금이 은행에 돈을 빌려주는 개념이라고 한다면, 채권은 국가나 회사에 돈을 빌려주는 개념이라고 보면 돼. 그리고 만기가 되면 그 돈을 돌려받는 거야. 그러니 채권이 화폐 기반의 자산이라는 거지.

여기서 한 가지만 미리 언급을 하면, 채권은 '원금과 이자를 돌려받는 것이 보장된다'라는 점에서 안전자산이라고 평가받거든? 특히 국가가 발행하는 채권 같은 경우에는 더더욱 그래. 국가가 돈을 떼어먹을 일은 없을 테니까 말이야.

그런데 일단 내 생각에 채권은 전혀 안전자산이 아니야. 이것도 앞으로 찬찬히 설명해줄게. 채권이 왜 안전자산이 아닌지 말이야. 이것도 채권이 화폐 기반의 자산이라는 점과 관련이 있어.

일단 채권은 뭐다? 화폐 기반 자산이다. 자, 다음.

(5) 주식

주식은 무슨 자산인 것 같아?

화폐 기반이 아닌 자산.

왜 그렇게 생각해?

주식도 내가 팔지만 않으면 계속 끝까지 유지되는 거 아니야?

맞았어. (맞춰서 놀람.)

많은 사람들이 보통 주식을 화폐 기반 자산이라고 오해하거든? 아마 증권 앱 들어가면 바로 주식 잔고가 얼마 있는지 실시간으로 보여서 그렇게 오해를 하는 거 같아. 마치 은행 계좌 잔고를 보면서 '잔액이 얼마 있네?'라고 생각하듯이 주식 계좌 확인할 때도 '잔고가 얼마 있네?'라고 생각하는 것 같달까? 주가가 매일 오르락내리락하고 이 잔고가 매일 변하니까, 사람들이 이걸 돈으로 느낀다는 거지.

그런데 주식은 화폐를 기반으로 한 자산이 아니야.

왜 그럴까? 이 얘기는 앞으로 설명할 거라서 여기서는 간단히만 짚고 넘어갈게. 주식이라는 것은 그 회사 전체에 대한 소유권을 의미하거든?

예를 들어 내가 B전자 주식을 보유하고 있다고 해볼게. 편의상 B전자의 전체 주식 수를 100개라고 하고, 나는 B전자 주식을 1개 가지고 있다고 해보자.

그러면 내가 B전자의 전체 주식 100개 중에서 1개를 가지고 있으니까, 나는 B전자 회사를 100분의 1만큼(1%) 소유하고 있는 거야. B전자에는 땅도 있고, 공장도 있고, 건물도 있고, 이미 만들어놓은 물건도 있고, 지적재산권도 있어. 이 모든 것들이 다 내 것이야. 얼마만큼? 딱 100분의 1만큼. 이게 주식을 소유한다는 개념이야.

그러면 우리가 핸드폰 주식 앱으로 보는 숫자(잔고)들은 뭘까? 화면에 나오는 숫자들은 우리가 가지고 있는 주식의 현재 시장가격을 보여주는 거야.

만약 B전자 주식 1개의 가격이 1만 원이면, 우리가 보는 주식 앱에서 잔고가 1만 원으로 찍혀. 왜? 내가 1주를 가지고 있으니까. 그런데 B전자 주가가 폭락해서 1주당 가격이 9,000원이 되면 어떻게 돼? 내 주식 앱에 보이는 잔고가 9,000원으로 찍히겠지. 왜? 나는 주식 1개를 가지고 있고, 그것의 시장가격이 9,000원이 되었으니까.

즉, 우리가 주식 앱으로 보는 잔고에는 내가 가진 주식의 현재 시장가격이 나온다는 거야.

자, 그러면 주식 계좌를 30년 지나서 열어봤다고 해볼게. 30년 뒤에 확인한다고 해서 내 주식 계좌에 있는 'B전자 주식 1주' 이것이 변해? 안 변해. 1주를 가지고 있으면 20년 뒤든, 30년 뒤든 내가 가지고 있는 것은 그대로 1주야(증자나 액면 분할을 하지 않았다고 가정). 지분율도 여전히 100분의 1이겠지.

만약 그때의 B전자 주식 1주당 가격이 1억 원이면 내 주식 잔고에는 1억 원이 찍혀 있을 뿐이고, 1주당 가격이 1,000만 원이면 잔고에는 1,000만 원이 찍혀 있을 뿐이야.

즉, 주식을 소유한다는 것의 본질은 시장가격이 아니라 내가 가진 주식의 개수(지분율)에 있다는 얘기야. 1만 원이든 1,000만 원이든 1억 원이든 이런 것들은 본질이 아니라고. 왜냐하면 주식을 소유한다는 것은 '그 회사를 소유한다'라는 뜻이지, '그 회사 주식 ××원어치를 소유한다'라는 뜻이 아니거든.

'아파트를 보유하고 있다'는 것의 본질은 아파트 자체에 있지, 아파트의 가격이 아니잖아? 주식도 마찬가지야. 가격이 위아래로 움직이는 정도가 부동산과 차이가 있을 뿐, 주식도 부동산과 마찬가지로 실물자산이라고. 왜? 주식은 회사 그 자체거든.

이 얘기는 곧 주식이 화폐를 기반으로 한 자산이 아니라는 것을 의미해. 내가 아까 화폐/비화폐 자산을 구분하려면 마지막에 내가 무엇을 들고 있는지를 보면 된다고 했지?

생각해봐. 30년 뒤에 내가 계좌를 열어봤을 때 내가 돈을 받아? 아니지? 그냥 B전자 1주가 계좌에 찍혀 있겠지? 그래서 주식은 화폐 기반의 자산이 아닌 거야. 돈이 아니니까.

(6) 귀금속(골드바 등)

실물 금은 어떤 것 같아? 이거는 쉬울 것 같은데?

생각해봐. 사람들이 돌잔치에서 아이 금반지를 받으면 "돌잔치 선물로 금반지 ×개 받았다"라고 얘기하지, "돌잔치 선물로 금반지 ××만 원어치 받았다"라고 안 하지? (웃음) 그리고 아이가 크면 받았던 금반지 숫자가 늘어나나? 아니지? 받은 거 그대로 있을 거 아냐.

그러면 뭐야?

귀금속은 무슨 자산? '화폐 기반이 아닌 자산'.

(7) 예술품(그림 등)

다른 투자 자산으로 그림 같은 예술품이 있어. 이것도 쉬워.

사람들이 얘기할 때 "나 ×× 작가 그림 1점 가지고 있어"라고 얘기하지, "나 ×× 작가 그림 100만 원어치 가지고 있어"라고 얘기해? 안 하지?

이 그림 1점이 갑자기 2점으로 늘어나거나 돈으로 변한다거나 하지 않잖아. 그림의 가격이 어떻게 변하든 간에 내가 이 그림 1점을 가지고 있는 사실은 변하지 않는다고. 그러면 예술품(그림 등)은 무슨 자산이야? '화폐 기반이 아닌 자산'.

다른 자산들도 있지만 사람들이 보통 '재테크 대상'이라고 생각하는 자산은 이 정도인 것 같아. 그래서 일단은 이 정도를 가지고 한번 생각해보자고.

● **화폐 기반 자산**

  ⑴ 예금·적금

  ⑵ 보험

  ⑷ 채권

● **화폐 기반이 아닌 자산**

  ⑶ 아파트

  ⑸ 주식

  ⑹ 귀금속(골드바 등)

  ⑺ 예술품(그림 등)

결론부터 말하면, 평범한 개인들이 재테크를 할 때 '화폐를 기반으로 한 자산'만 피해도 일단 50점은 먹고 들어가. 다시 말해, 이 자산들 중에서 예금과 적금, 보험, 채권만 재테크 대상에서 지워버려도 재테크할 때 50점은 맞고 들어간다는 얘기야.

그러면 그 이유에 대해서 알아야겠지. 그래서 지금부터 이 자산들을 하나씩 좀 더 자세히 뜯어볼 거야.

예금과 적금에 대해서는 더 이상 이야기하지 않아도 될 것 같아. 지금까지 계속했던 얘기가 그 얘기였잖아. '돈의 양이 계속 늘어나기 때문에 돈(화폐)이라는 배터리는 시간이 갈수록 방전이 된다. 그러니 돈을 모으지 마라'는 얘기. 그래서 이 부분에 대해서는 추가로 설명하지 않을게.

다음으로 넘어가자.

먼저 보험.

보험은 구매력이 높은 돈으로 지불하고
구매력이 낮은 돈으로 받는 것

나 종신보험 갖고 있는 거 알지?

응 알아.

여보 옛날에 '그거 해지할까 말까' 엄청 고민했었잖아.

맞아.

그런데 내가 그때 왜 그런 고민을 했을까? 이 보험, 2000년대 초반에 엄마가 가입해준 보험이거든? 보험회사에 매달 17만 원씩 총 20년을 내면, 만약 내가 80세 전에 사망하면 보험회사에서 나에게 1억 원을 보험금으로 주는 그런 보험이야.

그런데 한번 생각해보자. 내가 만약 지금 사망하면 보험회사는 나에게 1억 원을 줄 거야, 그렇지? 그런데 내가 지금으로부터 30년 뒤에 사망하면 그때 보험회사는 얼마를 줄까?

 똑같이 1억 원 주는 거 아니야?

 그렇지.

내가 지금 사망하든, 2055년에 사망하든 보험회사는 똑같이 1억 원을 줘. 그런데 말이야, 이걸 생각해봐야 해. "30년 뒤의 1억 원이 지금의 1억 원과 가치가 같을까?"

엄마가 이 보험에 가입해준 시점(2000년대 초반)에는 1억 원이 적은 돈이 아니었어. 그 당시는 서울 시내의 신축급 아파트가 3~4억 원 하던 시절이었거든, 그러니 그 당시 사람들의 시선으로는 1억 원이라는 돈이 적은 돈이 아니었을 거야. 그래서 엄마도 이 보험에 가입한 거겠지. 1억 원이라는 돈이 커 보였으니까.

그런데 20년 후 세상이 어떻게 됐지? 지금 서울 시내 아파트 가격이 10억, 15억 원씩하고, 20년 전에는 의사 같은 전문직 정도는 되어야 받을 수 있던 연봉 1억 원을 지금은 상당히 많은 직장인들이 연봉으로 받고 있어.

즉, 20년 전에는 1억 원이 매우 큰 돈이었는데, 지금은 예전처럼 큰돈이 아니게 됐다고. 물론 지금도 1억 원이 큰돈이기는 하지만, 확실히 예전 같은 느낌은 아니야.

그리고 여기서 시간이 20년쯤 더 흐르면 어떻게 될 것 같아? 아마 내가 사망해야 받는다는 그 1억 원은, 20년 후에는 별 의미가 없는 금액일 거야. 왜? 돈의 양이 계속 늘어서 돈의 가치가 계속 방전될 거거든.

보험이라는 상품은 기본적으로 구매력이 높을 때 돈을 지불하고, 구매력이 낮은 돈으로 돌려받아. 이것이 보험의 기본 구조야. 내가 이 보험의 보험료를 내기 시작한 시점이 2008년쯤이었던 것 같아. 통화량(돈의 양) 증가를 확인해보면, 2008년부터 지금까지 우리나라의 통화량은 3배가 되었어(M2 기준).

이를 바꿔서 얘기하면 그 당시에 내가 내던 17만 원은 대략 지금의 40~50만 원의 가치(구매력)는 있었을 거라는 얘기야. 그 당시에 사회 초년생으로 월급 200만 원도 안 되는 돈 받아서 이 보험료 내느라 아주 고달팠던 기억이 나. 거의 한 달 급여의 10%에 가까운 돈을 보험료로 내고 있었으니까.

이 돈을 왜 내고 있었다고? 사망 보험금 1억 원이 커 보여서, 그래서 이 보험을 유지하고 있었던 거지. 그런데 2055년이 되면 이 1억 원의

한국 통화 공급 M2

* 2008년 1인당 국민소득은 2,800만 원이었다. 월급으로 환산하면 240만 원 정도다.
출처 : Trading Economics

가치가 어떻게 된다고? 엄청 줄어든다고. 왜? 앞으로도 돈의 가치는 매년 7%씩 복리로 하락할 테니까.

무슨 얘기 하는지 감이 와? 보험이라는 상품은 기본적으로 내가 보험료를 낼 때는 가치가 높은 돈을 내고, 나중에 받을 때는 가치가 떨어지는 돈으로 받게 된다는 거야. 왜? 보험이라는 상품 자체가 화

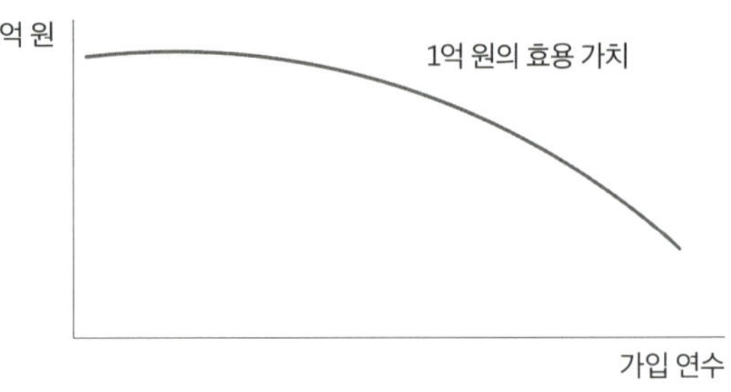

폐 기반의 자산이거든. 만기가 되든, 수령 조건이 되든 보험회사로부터 보상받을 때는 돈(화폐)으로 보상을 받기 때문에.

그래서 보험은 기본적으로 화폐 가치 하락을 방어하지 못해. 보험은 가입 초반에만 나에게 유리한 상품이지, 가입 이후에 시간이 많이 지나면 지날수록 나에게 불리한 상품이야.

"보험 가입 기간 동안 화폐 가치가 10분의 1 토막 났군요. 그러니 이를 감안해서 사망 보험금으로 당신에게 1억 원이 아닌 10억 원을 드리겠습니다."

보험회사가 이렇게 안 해준다고.

여보, 그런데 이런 사망보험 말고 저축성 보험도 있지 않아? 광고 보면 "이 보험 가입하면 사망하거나 병에 걸렸을 때 보험회사에서 보험금을 준다. 그리고 보험회사에서 내가 낸 돈으로 투자까지 해준다. 그래서 수익이 난다. 몇 년 뒤에 얼마 된다." 이런 식으로 얘기하던데. 보험 기능도 있고 투자도 해준다니까 나쁘지 않아 보였어.

맞아. 보험에도 정말 다양한 상품들이 있어. 변액보험이니, 저축성 보험이니 하는 것들 있잖아. 이름만 들어서는 무슨 말인지 모르겠는 그런 상품들.

어려운 이름들이 붙어서 이해하기 어려워 보이기는 한데, 사실 조금만 뜯어보면 설계 구조는 거의 다 비슷해. 이런 상품들을 이해하려면 먼저 이것부터 구분해야 해. 보험은 보장성 보험과 저축성 보험으로 구분할 수 있어.

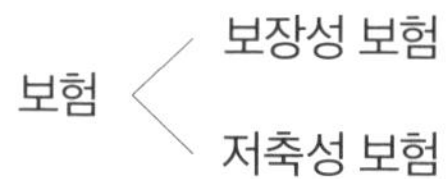

보장성 보험은 뭐냐면, 쉽게 말해서 위험에 대비하는 보험이야. 보험의 기본 기능이 뭐야? 아프거나 다치거나, 사망하는 경우처럼 예상하지 못한 상황이 닥쳤을 때 경제적인 손실을 보전해주는 게 보험 상품의 기본 목적이야. '혹시 모를 상황에 대비하기 위한 상품', 이게 보험인 거지. 이런 것에 대비하기 위한 보험이 보장성 보험이라고 생각하면 돼. 흔히 말하는 실손보험, 암보험, 사망(종신)보험 이런 것들이 다 보장성 보험이야.

이 보험들은 기본적으로 이런 구조로 돌아가. 암보험이 있다고 해보자. 10명의 사람이 있어. 그리고 이 10명에게 모두 보험료로 각각 10만 원씩 걷는다고 해볼게. 10명의 사람이 각각 10만 원씩 보험료를 내면 보험사에는 100만 원이 쌓이겠지?

그런데 이 10명 모두가 한꺼번에 암에 걸릴 확률은 매우 낮을 거 아냐. 만약 이 중에서 1명이 암에 걸리면, 보험사는 이 1명에게 큰 금액을 보상해줘. 병원비 같은 데 쓰라고.

보장성 보험은 이런 식으로 위험을 사람들끼리 서로 나누는 시스템이야. 많은 사람들이 조금씩 돈을 내고, 어떤 위험이 현실이 된 일부 사람에게 도움을 주는 그런 구조인 거지.

이런 보험 상품은 반드시 필요해. 내가 아까 보험을 선택에서 지워버려야 한다고 얘기했던 것은 재테크의 선택지에서 보험을 지워버려야 한다는 것이었지, 보험 자체에 가입하면 안 된다는 말은 아니었어.

예를 들어 어떤 사람이 가장이고 집에서 일하는 사람이 그 사람밖에 없는 상황인데, 그 사람이 큰 병에 걸리거나 크게 다치면 가정 경제가 한 번에 무너질 가능성이 있잖아? 이런 상황에 대비하기 위한 목적으로 보험(보장성)에 가입해두는 것은 가족을 위한 적절한 선택일 수 있어.

내가 보험에 대해서 부정적으로 얘기하는 부분은 이 보장성 보험 상품에 대한 것이 아니야. 나는 오히려 이런 보험이 꼭 필요하다고 생각하는 사람이야. 문제는 다른 데에 있어.

자, 봐봐? 한국에 보험사가 얼마나 있을까? 엄청 많겠지? 세계적으로는 더 많겠지? 이들이 다 보장성 보험 상품을 사람들에게 제공하다 보니 무슨 문제가 생겼냐면, 보험사들이 보장성 보험으로는 돈을 못 버는 상황이 되어버렸어. 경쟁이 심해서.

쉽게 말해 암보험, 실손보험 같은 거로는 보험사가 돈을 못 벌게 되었다는 얘기야. 특히 실손보험은 보험사에 손해를 끼치는(?) 대표적인 상품으로 알려져 있어.

그래서 보험사들이 눈을 돌린 곳이 바로 저축성 보험이야. 보장성 보험으로는 이익이 안 나오니까, 돈이 될 만한 다른 상품을 만들어낸 거야. 그리고 문제는 여기서부터 시작돼.

어떤 문제일까?

저축성 보험은 짬짜면 같은 것이다

보장성 보험이 돈이 안 되자, 그때부터 보험사들이 앞다퉈서 각종 저축성 보험(변액보험 등)을 내놓기 시작했어.

그리고 무수히 많은 상품들이 생겨났어. 암보험(보장성 보험)에도 다양한 상품이 있듯이 저축성 보험도 종류가 진짜 다양해. 상품들이 진짜 수십 가지 이상은 되는 것 같아.

문제는 이런 상품들은 모두 다 피해야 하는 상품이라는 거야. 저축성 보험 중에서 대표적으로 많이 알려진 상품이 '변액보험' 같은 거거든? 이런 상품은 모두 피해야 해.

내 친구들 중에 변액보험 가입한 애들 진짜 많았거든? 그게 유행이었나 봐, 2000년대 후반에서 2010년대 초반에. 여보도 그때 어떤 사람한테 추천받아서 변액보험 가입했었잖아. 그거 가입해서 한 달에 100만 원 가까이 내고 있었다며. 여보가 가입했던 그 변액보험, 내가 강제로 손절시킨 거 기억하지? (웃음)

어, 기억나.

그때 그 보험 해약하면서 손해가 꽤 났었어. (실망)

가입한 지 2년인가 3년밖에 안 돼서 내가 그거 바로 손절시켰 잖아. (웃음) 근데 나는 그때 그거 해약하면서 생긴 손해 전혀 아깝지 않았어. 아마 그거 해약 안 했으면 손해는 시간이 갈수록 더 커졌을 거야.

대부분의 저축성 보험(변액보험)은 대략 이런 구조야. 아마 그때 여보 가 이 상품에 대해서 설명을 들을 때 설계사는 이런 내용으로 설명 했을 가능성이 매우 높아.

"고객님, 이 보험에 가입하시면 혹시나 나중에 암 걸리게 되면 암 보 장도 해주고요, 납입한 금액으로 저희 보험회사에서 투자를 해서 높 은 수익률도 '기대'할 수 있습니다. 그래서 이 보험에 가입하시면 두 마리 토끼를 한번에 잡는 거예요."

저축성 보험 = 보장성 보험의 기능 + **저축(투자)의 기능**

사실 이 말이 잘못된 사실을 전달한 것은 아니야. 그런데 잘못된 사실 은 아닌데 틀린 말이야. (웃음) 이런 저축성 보험들 대부분은 보장성 기 능이 포함된 저축(투자) 상품인데, 만약 소비자가 이 보험에 가입하면 보장성 보험과 저축성 상품을 한꺼번에 가입하는 것이라고 보면 돼.

예를 들어 내가 월 20만 원 납부하는 변액보험에 가입했다면, 보장성 보험에 10만 원, 그리고 저축(투자) 상품에 10만 원 가입된다는 거지 (비율은 상품마다 다름. 설명을 위한 예시임).

납입 보험료 20만 원 → 보장성 보험에 10만 원 + 저축에 10만 원 문제는 내가 보험금을 받을 일이 없으면 보장성 보험에 낸 돈이 그냥 사라진다는 데에 있어.

예를 들어 보장성 보험 중에서 대표적인 상품이 실손보험이거든? 여보가 실손보험에 가입했다고 해보자.

그런데 이 보험을 10년 동안 유지했는데 그동안 한 번도 병원에 가지 않았다면 어떻게 돼? 10년간 낸 보험료를 보험회사에서 돌려줘? 아니야, 안 돌려줘. 내가 낸 보험료가 없어져.

"×× 님은 10년 동안 병원에 한 번도 가지 않으셨네요? 그래서 10년 동안 낸 보험료를 돌려드리겠습니다."

보험회사에서 이렇게 안 해준다고.

그래서 내가 매월 20만 원을 납부하는 변액보험에 가입하면 이 중에서 10만 원은 없어지는 돈이라는 거야. 왜? 이 10만 원이 보장성 기능으로 들어가면서 사라져버렸거든. 그리고 나머지 10만 원만 저축되고 투자가 이뤄지는 거지.

물론 엄밀하게 말하면 보장성 보험에 가입된 돈이 사라지는 돈이라고 볼 수는 없겠지. 왜냐하면 보장성 보험의 본래 목적은 '돈을 돌려받기 위함'이 아니라 '혹시 모를 상황에 대비'하는 것이잖아. 내가 그 돈을 내고 있으면 보험회사로부터 어떤 '보장'을 받기 때문에(보험회사가 제공하는 서비스를 이용하고 있기 때문에) 엄밀히 말하면 사라지는 돈이라고 볼 수는 없을 거야.

그런데 이것이 저축의 개념은 아니기 때문에 저축이나 자산 증식 측면에서만 보면 사라지는 돈이 맞아.

여보 그때 그 변액보험 계약하고 앱 열어봤을 때, 항상 여보가 낸 돈보다 보이는 금액이 적지 않았어? 이것이 그 이유였던 거지. 여보가 낸 돈 중 일부가 보장성 보험으로 계속 들어가고(사라지고) 있었으니까. 여보는 20만 원을 매달 저축하고 투자하고 있다고 생각했겠지만, 실상은 10만 원밖에 저축이 안 되고 있었던 거야.

그리고 또 다른 문제는 이런 상품 대부분은 사업비라는 것을 따로 떼어가.

맞아, 그때 사업비 때문에 초반에 손해가 엄청났었어.

어. 맞아.

설계사 수수료라든지, 보험 운영비라든지, 이런 명목으로 돈을 또 떼어가는 건데, 안 그래도 보장성 보험으로 돈이 새어 나가는데, 저축하는 돈에서도 사업비를 또 떼어간다고.

보장성 보험에 10만 원,

나머지 10만 원 중에서도 사업비를 또 떼어감

쉽게 말해 20만 원 중에 10만 원은 보장성 보험으로 나가고, 나머지 10만 원은 그래도 저축이 되고 있다고 생각했는데, 그게 아니라 이 10만 원 중에서도 사업비를 따로 또 가져간다는 거지.

그래서 이런 보험의 특징이 뭐냐면 중도 해지하면 손실이 엄청 커. 왜? 낸 보험료에서 10만 원은 이미 보장성 보험으로 사라졌고, 나머지 10만 원 중에서 사업비를 제외한 돈만 돌려받을 수 있기 때문에.

아… 맞아. 중도 해지할 때 손해 엄청 컸었어.

사람들은 보통 이렇게 생각해.

'저축성 보험에 가입하면 저축도 되지만, 덤으로 보장(암, 기타 질병 등)도 받는다. 그래서 두 마리 토끼를 잡는 거다.'

근데 아니야. 틀렸어. 실상은 이 보험에 가입하면 보장성 보험에 가입을 하고, 덤으로 저축(투자)이 이뤄지는 느낌에 가까워(실제로는 다르지만, 소비자 입장에서는 그렇게 느껴진다).

보험사에서는 보장성 보험에 쓰고 남은 이 10만 원을 가지고, 그걸 나눠서 자기들 수수료로 쓰고 나머지는 저축하고 투자하는 건데, 이걸 장기간 유지하니 본전이 간신히 찾아지는 그런 구조인 거야. 저축성 보험 상품이 대부분 이런 식이야. 상품에 따라 약간의 차이는 있겠지만 큰 틀에서는 비슷해.

그래서 보험사들은 큰 금액을 가입하는 게 유리하다고 설명하거든? 틀린 말은 아닌 게, 예를 들어 20만 원을 가입하면 10만 원이 보장성 보험으로 들어가고 나머지 10만 원만 저축에 들어가지만, 만약 100만 원을 가입하면 보장성 보험에 10만 원, 저축에 90만 원 이렇게 가입이 돼. 그래서 아무래도 10만 원이 저축되는 것보다 90만 원이 저축되는 것이 효율적으로 보일 수는 있지. 20만 원 가입하는 것과 비교해서 상대적으로.

그런데 문제가 뭐야? 이렇게 저축되는 돈은 원금 손실 가능성이 없는 엄청 안정적인 곳에 투자되거든? 은행 예금이나 채권 같은 것들 말이야.

그러면 한번 생각해보자.

이렇게 수십 년 동안 모아진 자금이 돈(화폐)으로 모여져 있겠지? 그러면 어떻게 되는 거야? 맞아, 이 돈이 녹는다는 얘기야. 돈을 적게 넣는 것보다 많이 넣는 것이 유리한 게 맞기는 한데, 근데 그렇게 많이 넣으면 그만큼 더 많은 돈이 녹는다는 거지. 즉, 유리한 게 유리한 게 아니라는 거야.

그러니 이런 보험 상품에 가입할 이유가 있어?

나라면 차라리 필요한 보장성 보험(암보험, 실비보험 등)을 소멸형 보험에다가 들어놓고 남은 금액을 다른 자산에 투자하겠어. 시간이 갈수록 가치가 녹아 없어지지 않는 그런 자산에 말이야.

만약 나에게 별일이 생기지 않는다면 보장성 보험(소멸형)에 가입한 돈은 없어지는 돈이겠으나 근데 저축성 보험(변액보험)에 가입해도 그 돈이 없어지는 것은 똑같다고. 단지 상품 구조가 복잡해서 눈에 안 보이기 때문에 사람들이 그 돈이 어딘가에 저축이 되어 있다고 믿고 있는 거야.

내가 왜 보험을 재테크의 선택지에서 지워버려야 한다고 얘기했는지 알겠지? 보험으로 재테크를 하게 되면 내가 낸 돈이 쪼개져서 모이고, 그렇게 모인다 하더라도 이것이 화폐 기반의 자산이기 때문에 화폐 가치 하락(인플레이션)을 방어하지 못해.

그래서 보험 상품은 재테크의 목적으로 좋은 자산이 아니야. 이런 상품들은 장기간 유지할 때 세금 혜택을 받을 수는 있기는 한데, 종합적으로 살펴보면 보험이라는 상품(자산) 자체가 화폐 기반의 자산이기 때문에 이것은 기본적으로 화폐 가치 하락(인플레이션)을 방어하지 못해.

그래서 이런 상품들은 재테크의 목적으로 제 기능을 하기 어려워. 차라리 개인 상황에 맞춰서 필요한 만큼만 보장성 보험(실비보험, 암보험 등)을 따로 들고, 나머지는 다른 자산에 투자하는 것이 훨씬 나을 거야. 그게 보험을 현명하게 이용하는 방법이야.

자, 다음 자산으로 가볼까?

독자들이 나중에 보험에 가입할 일이 있을 때 도움이 될 것 같아, 약간의 내용을 덧붙인다. 이 내용을 알면 어떤 보험을 선택해야 하는지, 어떤 보험을 피해야 하는지 스스로 판단할 수 있을 것이다. 보험의 종류는 크게 2가지로 나뉜다. 보장성 보험과 저축성 보험.

1. 보장성 보험

그런데 보장성 보험에 가입할 때도 소비자가 선택할 수 있는 두 가지가 있다.

소멸형 보험 vs 만기환급형 보험

(1) 소멸형 보험

소멸형 보험은 보험사가 계약기간 동안 보장을 제공하고, 만기가 되면 보험금 지급 없이 계약이 종료되는 보험이다. 즉, 소멸형 보험은 계약 기간 내에 보험금을 받을 일이 없으면 납입한 보험료를 돌려받을 수 없다. 실비보험이나 자동차보험 같은 상품들이 대표적인 소멸형 보험이고, 암보험이나 다른 상해보험도 소멸형 보험으로 가입할 수 있다.

(2) 만기환급형 보험

만기환급형 보험은 '보장성 보험 + 환급의 기능'을 결합한 형태라고 볼 수 있다. 만기환급형 보험도 소멸형 보험과 마찬가지로 보험사가 일정 기간 보장을 제공한다. 그러나 만기환급형 보험은 계약 기간 내에 보험금을 받을 일이 없더라도 만기가 되면 일정 금액(만기환급금)을 환급해준다.

쉽게 생각해 소멸형 보험은 보험사의 서비스(보장)를 받는 대신에 내는 보험료(돈)는 없어지는 순수 보장 기능에만 집중한 상품이라고 보면 된다. 따라서 보험료가 저렴하다. 대신 만기 시에 돌려받을 돈은 없다.

반면, 만기환급형 보험은 소비자가 낸 보험료 중에서 일부분을 떼어 보험사가 보관하고 있다가 만기 시에 이 돈을 소비자에게 돌려준다. 물론 보험 자체의 기능인 보장 기능도 제공해주면서 말이다.

얼핏 보기에는 만기환급형 보험이 더 나은 상품이라는 생각이 들 수 있다.

하지만 그렇지 않다. 소멸형 보험은 보험료가 저렴한 반면, 만기환급형 보험은 보험료가 비싸다. 만기환급형 보험의 보험료가 비싼 이유는 보험사가 더 많은 보장을 제공하기 때문이 아니다.

소멸형 보험이든 만기환급형 보험이든 보험사 입장에서는 소비자에게 보장 기능을 제공할 때 들어가는 비용은 비슷하다. 소멸형 보험이라고 보장 기능에 싼 비용이 들어가거나, 만기 환급형 보험이라고 비싼 비용이 들어가는 것이 아니라는 뜻이다. 차이가 나는 부분은 만기환급형 보험은 소비자가 낸 보험료(돈)의 일부를 보장성 기능을 제공하는 데에 쓰고, 나머지 일부는 나중에 환급해주기 위해 보험사에서 보관한다는 점이다.

쉽게 말해 만기환급형 보험은 소비자가 돈을 더 내면 보험사가 그 돈을 보관하고 있다가 돌려주는 개념이라고 이해하면 크게 틀리지 않는다.

이는 앞서 설명했던 저축성 보험과 유사한 구조로 운영되기 때문에 소비자 입장에서는 불필요한 추가 납입이라고 할 수 있다.

소비자들이 만기환급형 보험을 선택하는 이유는 '저렴하다는 생각'이 들기 때문이다. 나중에 일정 부분 돈을 돌려받기 때문에 그렇게 느껴지는 것이다.

하지만 이는 착각이다. 보험사가 소비자에게 보장성 기능을 제공하는 데 필요한 비용은 소멸형이든 만기환급형이든 차이가 없다. 따라서 보장성 보험에 가입한다면 소멸형 보험을 선택하는 것이 유리하다.

2. 저축성 보험

한편, 저축성 보험은 보장의 목적보다는 '저축과 자산 축적'의 목적이 더 강한 보험이다. 보장 기능을 제공하기는 하지만 주목적 자체가 '저축과 자산 축적'이다. (반면, 보장성 보험의 만기환급형 보험의 경우 '저축과 자산 축적'의 목적보다는 '보장'의 목적이 더 크다.)

저축성 보험에도 원금보장형과 변액형 두 종류가 있다.

앞서 본문에서 설명했듯이 저축성 보험은 '보장성 보험의 기능 + 저축의 기능'으로 이뤄져 있는데, 이 보험에 가입하면 보장성 보험에 가입된 금액을 제외한 돈은 대부분 저축에 이용된다. 그리고 저축은 원금이 보장된 은행 예금이나 채권에 주로 투자된다. 그래서 장기간 유지 시에 원금이 보장되는 그런 개념이다. 그래서 이를 원금보장형 보험이라고 표현하기도 한다.

한편, 저축성 보험 범주 안에는 변액보험이라는 것도 있다. 변액보험은 '보장성 보험의 기능 + 투자의 기능'으로 이뤄져 있는 보험을 말한다.

변액보험 상품에 따라 가입자가 임의대로 펀드를 선택(주식형, 채권형 등)해서 투자할 수 있는데, 그런데 펀드는 원금보장이 되지 않는 상품이기 때문에 당연히 펀드의 운용 성과에 따라 원금보장이 되지 않을 수 있다. 즉, 펀드의 운용 성과에 따라 이 변액보험의 전체 성과도 달라질 수 있다는 것이다.

하지만 변액보험의 펀드가 높은 성과를 내더라도, 본문에 언급된 것처럼 납입한 보험료가 분산(보장 기능과 투자 기능으로)이 되어 운영되기 때문에 전체 성과 측면에서 보면 총 적립된 금액은 미미할 가능성이 높다.

실례로 필자가 유지 중인 '변액 유니버설 종신보험'의 경우, 펀드는 19년 동안 약 64%의 수익률을 기록했다. 그에 따른 총자산(적립된 투자 금액)은 2,700만 원인데, 그런데 필자가 20년 가까이 납입한 원금은 3,800만 원이 넘는다.

펀드가 64%의 수익률을 거뒀음에도 불구하고 펀드에 적립된 금액이 필자가 납입한 금액보다 적은 이유는, 필자가 납입한 금액의 상당 부분이 보장성 기능(종신보장)으로 들어갔기 때문으로 추측할 수 있다. 즉, 변액보험이 투자한 펀드의 수익률이 높아도 보험 상품의 구조상 전체 성과는 부진할 가능성이 매우 높다는 뜻이다.

또한 여기서 주목할 점은 펀드의 수익률이 통화량 증가분을 초과하지 못했다는 것이다. 이 보험의 펀드는 19년간 64%의 수익을 냈는데, 이는 연평균 4.75%의 수익률이다. 반면 같은 기간 동안 대한민국의 통화량(M2)은 매년 평균적으로 7% 이상 증가해 통화량이 약 4배로 증가했다.

즉, 보험사가 펀드를 장기간 운용했음에도 불구하고 통화량 증가를 초과하는 수익률을 거두지 못했다. 이는 사업비와 펀드 운영 수수료가 펀드 수익률의 발목을 잡았기 때문이라고 추측할 수 있다. 즉, 보험 상품이나 펀드의 구조, 통화량 증가 정도를 볼 때 보험 상품은 화폐 가치 하락을 방어하지 못하는 상품이다.

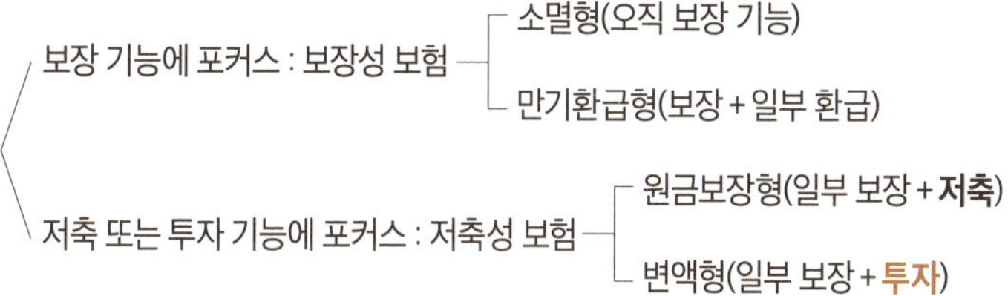

따라서 만약 보험이 필요한 상황이라면 무조건 보장성 보험에, 그중에서도 소멸형 보험에 가입해야 한다.

보험에 가입한다고 하면 아마 보험회사에서는 저축성 보험을 권유할 가능성이 높은데, 이는 저축성 보험의 보험사 마진이 높기 때문이다. 하지만 필자는 저축성 보험을 모두 피할 것을 권한다. 왜냐하면 원금보장형이든 변액형이든 이 보험 상품들은 기본적으로 화폐 가치 하락을 방어해주는 상품이 아니기 때문이다.

보험은 딱 보험(보장)의 목적으로만 저렴하게 가입(소멸형)하고, 남은 돈으로는 따로 투자하는 것이 훨씬 현명한 판단이다.

한 번 유산했던 경험이 있어서인지 더 이상 아이를 잃을 수 없다는 마음이 간절했다. 어떻게든 아이를 지키고 싶었다. 출산이 가까워지자 자연스럽게 태아(어린이) 보험에 대한 고민도 깊어졌다. 상품을 검색해보며 정말로 다양한 보험 상품이 있다는 것을 알게 됐는데, 여러 경로로 꽤 많은 견적을 받아봤던 것이 기억난다.

상품 중에는 보험료가 비싼 대신 나중에 아이가 크면 얼마를 환급해준다는 상품(만기환급형)도 있었고, 그런 조건(?) 없이 딱 보장의 기능만 포함된 순수보장형 상품(소멸형)도 있었다.

결론적으로 우리는 보장성 기능만 포함된 가장 저렴한 보험(소멸형)을 택했다. 당시에 만기환급형 보험은 소멸형 보험보다 5~7만 원 정도가 더 비쌌던 것으로 기억한다. 만기환급형으로 가입을 했다면 아마 보험회사에서는 그 돈을 적립했다가 나중에 돌려준다는 의미였을 것이다.

당시에 남편은 이런 얘기를 했다.

"그거 어차피 우리가 더 낸 돈 적립했다가 나중에 돌려주는 거야. 의미 없어 그거."

그러고는 남편은 어딘가에 가서 2,000만 원을 대출받아왔다. 보험회사에 보험료를 적립하느니, 차라리 대출을 받아 아이에게 미리 증여(투자)하고 그 이자를 갚겠다는 얘기였다.

당시에는 저금리 시절이라 2,000만 원을 빌려도 매달 내는 이자가 7만 원을 넘지 않았던 것으로 기억한다. 만기환급형 보험으로 가입을 했었다면 추가로 냈어야 할 돈과 비슷한 수준이었다.

그로부터 몇 년이 지난 지금, 아이 계좌에 증여된 2,000만 원은 꽤 큰 돈이 되었다. 대출받은 2,000만 원 이상의 수익이 났음은 물론이고, 수익금이 환급형 보험에 가입했을 때 보험회사에서 아이가 크면 환급해주기로 했던 돈을 훌쩍 뛰어넘은 지 이미 오래다.

남편의 주장대로라면 아이가 성인이 될 즈음에는 이 돈이 서울에 아파트 한 채를 살 수 있는 금액이 될 거라고 한다. 믿거나 말거나.

채권에 대해서

6장

가격을 갖는 자산

예금과 적금 그리고 보험까지 이야기했어. 이제 남은 것은 채권·주식·부동산·예술품·귀금속, 이 5가지야. 이 중에서 채권은 화폐 기반 자산이라고 했고 주식·부동산·예술품·귀금속은 화폐 기반 자산이 아니라고 했었지?

화폐 기반 자산 : 채권

화폐 기반이 아닌 자산 : 주식·부동산·예술품·귀금속

그런데 말이야, 이렇게 나눠져 있어도 이 5가지 자산에는 하나의 공통점이 있어. 화폐 기반 자산과 화폐 기반이 아닌 자산으로 서로 구분되어 있지만, 그래도 공통점이 있다는 거야. 그게 뭘까?

공통점? 글쎄 잘 모르겠는데….

이렇게 물어보니까 답하기 어렵지? 먼저 답을 알려줄게. 이 5가지 자산들의 공통점은 바로 '가격을 갖는다'라는 거야.

아… 가격….

'가격을 갖는다'라는 얘기는 이걸 사고팔 수 있다는 뜻으로 쉽게 이해하면 돼. 가격이 있다는 것은 누군가가 그 가격에 거래를 했다는 뜻이니까.

보험을 한번 생각해보자. 보험에 가입한다는 것은 보험료를 내고 보험사의 상품(내가 예상치 못했던 상황에 대한 대비)을 사는 거랑 비슷한데, 그런데 우리가 가입한 그 보험을 다른 사람한테 되팔 수 있나?

예를 들어 "내가 10년 전에 가입한 암보험이 있습니다. 혹시 이 보험 이어받아 가실 분 계신가요? 얼마에 팔겠습니다!" 이렇게 내가 가입한 보험을 누군가에게 팔 수 있냐는 거야.

그건 안 되겠지. 왜냐하면 보험은 보험사에서 개인 건강 상태나 가족력 같은 것을 꼼꼼하게 살펴본 상태에서 가입을 받아주잖아.

그렇지. 그렇게는 안 해주지. 보험은 보험사와 소비자 간에 1:1로 맺는 계약이라서 이걸 다른 누군가에게 팔 수가 없어. 이걸 사주는 사람도 없고. 이걸 누가 사간다고 해도 보험사에서 보장해줄 리가 없지. 그래서 보험은 가격을 갖지 않아. 내가 가입한 금액이 있어도 이걸 누구에게 돈 받고 팔 수가 없다는 얘기야.

그러면 예금이나 적금은 어떨까? 만약 내가 예금에 가입하면 이 예금을 다른 사람들한테 팔 수 있어? 예를 들어 "내가 1년 전에 100만 원짜리 정기예금을 들어놓은 것이 있습니다. 이 정기예금을 팔겠습니다. 저한테 100만 원을 주시면 이 예금 통장을 드리겠습니다."

이렇게? 당연히 안 되겠지? 100만 원을 주고 통장을 사간 사람이 있다 해도 은행에서 그 사람에게 100만 원을 내주지 않을 거야. 왜? 금융실명제 위반이거든.

예금과 적금이라는 상품은 기본적으로 가입자 본인만 해지할 수 있고 제삼자에게 양도할 수 없어. 그래서 보험과 마찬가지로 예금이나 적금도 가격을 갖지 않아. 가입하고 만기가 되어 맡긴 원금과 일정한 이자를 받고 나면 거기서 거래는 끝이야.

즉, 예금이든 적금이든 보험이든 모두 가격을 갖지 않는다는 얘기야. 그런데 남아 있는 5가지 자산들(채권·주식·부동산·예술품·귀금속)은 모두 가격을 가져. 예금과 적금, 보험과는 달리 이 5가지 자산들은 가격을 갖는다고.

예금·적금·보험은 **가격을 갖지 않음**

채권·주식·부동산·예술품·귀금속은 **가격을 가짐**

 아, 사고팔 수 있어야 가격을 갖는다는 얘기구나.

자본주의 세상에서 부자란?

이것을 이해하는 게 굉장히 중요해. 왜냐하면 이것이 부자가 되는 것과 매우 밀접하게 연관이 되어 있기 때문에 그래. 한번 생각해보자. 자본주의 세상에서 어떤 사람이 부자인 것 같아?

자산을 많이 가지고 있는 사람?

그렇지, 자산을 많이 가지고 있는 사람. 자본주의 세상에서는 자산을 많이 가지고 있는 사람이 부자야.

자본주의 세상에서 부자가 되려면 자산을 사야 해. 이거는 별로 특별한 얘기도 아냐. 정말로 많이 들어봤던 얘기일 거야. 그런데 이 생각 해본 적 있어? 왜 자산을 사야 부자가 될까?

일단 답을 먼저 얘기해주면, 이 시스템에서 부자는 내가 '되는 것'이 아니라 남이 '만들어주는 것'이기 때문에 그래. 예를 들어 어떤 지역에 집이 있다고 해볼게. 그런데 이 지역에 집이 딱 두 채만 있어. 이 두 집은 거의 똑같은 집이야. 바로 옆집이고, 평수도 똑같고, 입지도 똑같아. 그냥 똑같은 집이라고 가정해보자고.

나는 이 두 집 중에서 한 집을 사서 여기에서 20년 동안 살고 있었어. 그런데 지나가다가 우연히 옆집 아저씨를 만나서 이런저런 얘기를 하는데, 옆집 아저씨가 자기 집을 팔았다는 거야. 그래서 아저씨한테 물어봐.

"아, 그래요? 그런데 집은 얼마에 파셨어요?"

"100억 원에 팔았어요."

옆집 아저씨가 자기 집을 100억 원에 팔았대. 그럼 내 집도 대충 100억 원은 한다고 유추해볼 수 있겠지? 바로 옆에 있는 똑같은 집이니까 말이야. 그럼 나도 부자가 된 거네? 내가 살고 있는 집이 100억 원 가치가 있다는데 그럼, 나도 부자인 거잖아.

자, 그런데 한번 생각해보자. 이 과정에서 내가 한 게 있어? 내가 스스로 부자가 된 거야? 아니야. 다른 사람이 만들어준 거야. 다른 사람이 옆집을 100억 원에 샀기 때문에 내 집의 가치도 100억 원이 된 거고, 그래서 내가 부자가 된 거라는 거지. 나는 그 집을 그냥 갖고 있었을 뿐이야.

즉, 자본주의 세상에서는, 내가 가지고 있는 것을 누군가가 비싸게 사줄 때 그때 부자가 되는 거야. 이것을 이해하는 것이 매우 중요해.

부자는 남이 만들어주는 것이다

자본주의 세상에서 부자가 되는 과정은 거의 대부분이 이런 모습이야. 부동산 말고 다른 자산이라고 다를까? 아니야, 똑같아. 내가 어떤 회사의 주식을 1만 주 가지고 있다고 해보자. 1주당 1만 원에 총 1억 원어치를 샀어. 그런데 시간이 20년이 지났더니 이 회사 주가가 100배 올라 1주에 100만 원이 됐네? 그러면 내가 가지고 있는 주식의 가치는 얼마야? 100억 원(100만 원 × 1만 주).

그러면 나는 부자가 된 거지? 이 과정에서 내가 스스로 부자가 된 거야? 아니야. 다른 사람이 나를 부자로 만들어준 거야.

다른 사람들이 이 회사 주식을 1주당 100만 원에 사줬기 때문에 내가 부자가 된 거라고.

이것이 아주 중요한 개념인 이유가 우리가 부자로 가는 경로가 바로 이 지점에 있기 때문에 그래. 자본주의 세상에서 부자가 되려면 '가격을 갖는 자산'을 사야 해. 그래야 부자가 될 수 있어. 가격을 갖지 않는 자산을 아무리 모아봐야, 그것은 부자 되는 것과는 전혀 상관이 없어.

다시 말해, 예금·적금·보험 이런 자산(가격을 갖지 않는 자산)들을 아무리 모아봐야 부자가 못 된다는 거야. 생각해봐. 부자는 남들이 내가 가지고 있는 것을 비싸게 사줄 때 내가 부자가 되는 건데, 그런데 내 것을 다른 사람에게 팔 수가 없는데 어떻게 부자가 되겠어.

아… 다른 사람이 비싸게 사줄 자산을 가지고 있어야 부자가 된다는 얘기구나.

그렇지. 자본주의 세상에서 부자가 되려면 남들이 비싼 값을 주고 살 자산을 내가 선점해두고 있어야 한다는 얘기야.

그래서 우리는 재테크 선택지에서 예금·적금·보험을 모두 지워버리고, 가격을 갖는 저 5가지 자산 중에서 골라야 해. 채권·주식·부동산·예술품·귀금속 중에서 말이야. 사고팔 수 있는 자산 중에서 재테크 대상을 골라야 한다는 거지. 그래야 남들이 비싸게 사줄 가능성이 조금이라도 올라가지 않겠어?

그런데 여보, 다른 자산들은 그래도 이해가 돼. 주식·부동산·예술품·귀금속 이런 자산들 말이야. 이런 것은 다 사고팔 수 있잖아. 그런데 채권도 사고팔 수가 있어?

채권은 '돈을 빌려준 증서'라면서? 그러면 채권도 예금처럼 만기 날에 받을 돈(원금 + 이자)이 정해져 있는 거니까, 은행 예금처럼 거기서 딱 끝나는 거 아니야? 이게 가격을 갖는다고?

응, 채권은 가격을 가져. 예금과 채권은 둘 다 원금을 빌려주고 이자를 받는 거라서 비슷하게 보일 수가 있는데, 그런데 이게 약간

달라. 차이가 있어.

예금과는 다르게 채권은 가격을 가져. 사고팔 수가 있어.

'돈을 빌려주세요. 돈을 빌려준다면 이자를 연 몇 %로 쳐서 매년 드리고, ×년 후에는 원금을 돌려드리겠습니다.' 이렇게 돈을 빌려준 증서(돈을 받은 권리)를 다른 누군가에게 팔 수 있다는 얘기야.

 아, 이 증서를 팔 수가 있어? 사는 사람은 그걸 왜 사는 거야? 사람들이 다른 자산을 사는 거는 이해가 돼.

예를 들어 ××전자 1주를 사면 이 1주의 가격이 오를 수도 있고 내릴 수도 있지만, 그런데 오를 거라고 생각하니까 사는 거잖아. 아파트를 사는 것도 마찬가지고.

그런데 돈을 빌려준 증서(돈을 받을 권리)를 산다고? 개념적으로 보면 채권을 산다는 것은 누군가의 예금 통장을 사는 거랑 똑같은 거 아냐? 100만 원이 들어 있는 통장을 사는 거랑, '100만 원을 받을 권리'를 사는 거랑 똑같은 거 같은데 이걸 왜 사는 거야?

××전자 주식(1만 원짜리)은 가격이 1만 1,000원, 1만 2,000원으로 오르는 걸 기대하고 사는 거라고 치자. 그런데 누가 100만 원 받을 권리를 110만 원에 사고, 120만 원에 사가냐는 거지.

 그렇지? (웃음) 상식적으로 생각해보면 그럴 것 같잖아? 그런데 놀랍게도 그걸 사는 사람들이 있어. '100만 원 받을 권리'를 110만 원에도 사고, 120만 원에도 사는 사람들. 그냥 있는 정도가 아니고 이런 사람들이 엄청나게 많아. (웃음)

에?? 왜?? (진심 놀람)

'사람들이 이걸 왜 사는지'에 대한 내용이 지금부터 시작할 채권에 대한 이야기야.

채권에 대해서

100만 원의 가격이 어떻게 110만 원도 되고, 120만 원도 되는 걸까? 일단 가격이 오른다는 것은 그 올라간 가격에도 사는 사람이 있다는 얘기거든? 누군가가 그 가격에 샀기 때문에 그 가격이 된 거니까.

자본주의 세상에서는 언제나 수요가 공급을 초과하면 가격이 올라. 예를 들어 한정판 가방이 있다고 생각해보자. 이런 한정판 가방은 수량 자체가 적기 때문에 사고 싶어 하는 사람이 많아질수록 가격이 올라. 심지어 이런 물건은 중고라 하더라도 가격이 출시 당시의 새 상품 가격보다 비싸지기도 해.

가방뿐만 아니라 운동화, 시계, 아파트도 다 마찬가지야. 이 로직을 가지고 다른 자산들을 생각해보면 이해하는 게 크게 어렵지 않아. 자산뿐만 아니라 거래가 일어나는 모든 것들을 한번 생각해보면 이게 무슨 말인지 바로 알게 돼. 수긍이 된다고.

그런데 100만 원을 110만 원에 사는 것은 이건 좀 얘기가 달라. 100만 원짜리 가방을 내가 110만 원에 사는 거, 이거는 그럴 수가 있다고 느껴지거든? 내가 그 가방을 사고 싶은데 살 수 있는 가방이 그거 하나밖에 없으면 110만 원을 주고서라도 살 수도 있겠다 싶어.

그런데 돈 100만 원을 110만 원에 산다? 이거는 조금 다른 차원의 문제야.

맞아. 내가 이해 안 되는 것도 그 부분이야. 100만 원을 왜 110만 원에 사는 거지? 그걸 사면 사자마자 10만 원이 손해나는 것 같은데. 그럴 거면 차라리 안 사고 가만히 있으면 10만 원 손해 보는 거를 막을 수 있는 거 아니야?

응, 그게 정상적인 생각이야. (웃음) 그런데 그 시장이 엄연히 형성되어 있어. 원금 100만 원을 받을 권리가 120만 원, 150만 원에도 매매 가격이 형성되어 있다는 얘기야.

'가격이 있다'라는 말은 뭐라고 했지? 원금 100만 원짜리를 120만 원, 150만 원에도 사는 사람들이 있다는 얘기야. 이 사람들은 도대체 이걸 왜 120만 원, 150만 원에 사는 걸까?

그러게 말이야. 왜 그런지 알려줘.

일단 답부터 말해주면, 시간 개념이 들어가서 그래.

시간 개념?

응, 그렇게 어려운 개념은 아니야. 지금까지 했던 얘기의 연장선상에 있어. 내가 전에 설명할 때 '1970년의 1,000만 원과 2020년의 1,000만 원은 가치가 다르다'고 했었지?

어, 그랬었어. 돈의 양이 계속 늘어나서, 시간이 갈수록 돈의 가치가 줄어든다고.

잘 기억하고 있네. 자, 한번 생각해보자. 오늘의 100만 원과 1년 뒤의 100만 원은 가치가 같을까?

다르겠지?

어떻게 다를까?

1년 뒤의 100만 원이 가치가 더 적을 것 같아.

그렇지. 똑같은 돈 1,000만 원이라 하더라도 지금의 1,000만 원이 50년 전의 1,000만 원보다 가치가 더 적은 것처럼, 1년 뒤의 100만 원이 지금의 100만 원보다 가치가 더 적을 거야. 당연히 10년 뒤의 100만 원이 지금의 100만 원보다 가치가 더 적을 거고, 20년 뒤의 100만 원이 지금의 100만 원보다 가치가 더 적겠지. 그렇지?

돈의 가치(구매력)

2025년의 1,000만 원 < **1970년**의 1,000만 원

2035년의 100만 원 < **2025년**의 100만 원

50년 전에는 1,000만 원으로 강남 아파트를 살 수 있었다.

반면 지금은 평범한 직장인 석 달 치 월급이다.

응, 그럴 거 같아. 여보가 계속하는 얘기가 그 얘기니까.

응, 그게 이유야. 그럼 끝났어. 다 이해한 거야. (웃음)

뭐!? 나는 아직 이해 못 한 거 같은데??

아니야. 다 이해한 거야. 거꾸로 한번 생각해봐. 누가 여보한테 와서 이렇게 얘기했다고 생각해보자. "돈 좀 빌려주세요. 저한테 100만 원을 빌려주시면, 10년 뒤에 100만 원으로 돌려드리겠습니다." 여보는 이 사람한테 돈 빌려줄 거야?

아니, 안 빌려줄 것 같아.

그렇지. 안 빌려주겠지? 2035년에 100만 원을 돌려받으면 그때 그 돈은 지금의 100만 원보다 가치가 훨씬 적을 테니 말이야. 미래의 돈이 현재의 돈보다 가치가 적다는 말을 바꿔서 생각해보면, 현재의 돈은 미래의 돈보다 가치가 높다는 뜻이야.

즉, 미래에 받을 돈보다 지금 가지고 있는 돈의 가치가 높기 때문에 가치가 높은 이 돈을 빌려줄 이유가 없다는 거지. 가치가 높은 돈을 빌려주고 가치가 낮은 돈으로 돌려받는다는 건데 그런 거래를 할 이유가 없잖아.

그렇지. 그래서 여보가 보험도 하지 말라고 했잖아.

맞아. 이 개념이랑 별로 다르지 않아. 채권에 대한 모든 이야기는 이 지점에서부터 시작돼.

모든 것은 미래의 돈과 현재의 돈이 가치가 다르다는 점에서 시작된다

자, 그럼 다시 물어볼게. 여보한테 누가 와서 이렇게 얘기했어. "돈 좀 빌려주세요. 저한테 100만 원을 빌려주시면, 1년 뒤에 100만 원으로 돌려드리겠습니다."

아마 그냥은 안 빌려줄 거야. 왜? 방금 얘기했듯이, 나중에 받는 돈이 지금 빌려주는 돈보다 가치가 낮으니까. 그러면 여보는 어떻게 하면 이 사람한테 돈을 빌려줄 것 같아?

이자를 받아야 할 것 같아. 내가 빌려준 돈의 가치가 하락하는 정도만큼은 이자를 받아야 내가 빌려준 돈의 가치가 그대로 유지될 거잖아.

그렇지? 100만 원을 빌려줬다가 그대로 100만 원으로 돌려받으면, 빌려주는 사람 입장에서는 무조건 손해를 보게 돼. 나중에 내가 돈을 돌려받을 때 빌려줄 당시보다 가치가 하락한 돈을 받게 되니까. 그래서 돈을 빌리려는 사람은 빌려주는 사람이 손해 보는 부분을 반드시 보상해줘야 해. 그래야 사람들이 돈을 빌려주지 않겠어?

그렇지. 그 부분을 보상받아야지.

응, 그 손해나는 부분을 상쇄시켜주는 것이 바로 이자야. 만약 이자를 받지 않으면 빌려주는 사람이 무조건 손해이기 때문에 이 거래는 일어날 수가 없어. (지인 관계가 아니라면) 이자로 얼마를 받는 것이 적당한지에 대한 얘기는 좀 나중으로 미루자. 이걸 얘기하기 시작하면 논점을 많이 벗어나. 그거는 조금 이따가 알려줄게.

그런데 어쨌든 돈을 빌리려면 빌려주는 사람한테 금전적인 손실에 대한 보상(이자)을 해줘야 해. 그래야 사람들이 돈을 빌려줄 테니까. 그래서 돈을 빌리는 사람은 이런 식으로 돈 빌리는 조건을 걸어.

원금 : 100만 원

이자 : 연 8%

만기 : 1년

만약 여보라면, 이런 조건이라면 돈을 빌려줄 거야?

이자 8%? 그러면 빌려줄 만할 것 같은데?

그렇지? 1년에 돈의 양이 평균적으로 7~8% 정도 늘어나니까, 이 조건이면 그래도 빌려줄 수도 있겠다는 생각이 들잖아. 이 정도 이자를 받고 돈을 빌려주는 것은 그래도 합리적이라는 생각이 들어.

현재의 돈은 미래의 돈보다 가치가 높음

가치가 **높은** 돈 **100개** ≠ 가치가 **낮은** 돈 **100개**

이것은 거래가 안 이루어짐

가치가 **높은** 돈 **100개** = 가치가 **낮은** 돈 **108개**

이것은 거래가 이루어질 수 있음

내가 이 조건으로 어떤 회사에 돈(100만 원)을 빌려주면, 회사는 이렇게 써 있는 종이(증서)를 나에게 줘.

액면가 : 100만 원(만기 때 받는 원금)

이자 : 연 8%

만기 : 1년

이게 채권이야. 쉽게 말해서 그냥 '돈을 빌려준 증서'라고 보면 돼. 이 증서에 보면 갚기로 한 돈(액면가, 예시에서는 100만 원)이 적혀 있고 발행일, 상환일, 이자와 이자 지급일자 같은 것들이 적혀 있어. 이게 뭐랑 비슷하냐면 개인들끼리 금전거래할 때 쓰는 차용증이랑 비슷해.

개인들끼리 돈을 빌릴 때는 이런 차용증을 써서 주지만, 회사나 국가가 돈을 빌릴 때는 채권을 써서 줘.

그리고 만기가 되면 회사는 원금과 이자를 빌려준 사람에게 지급하고, 그리고 저 증서(채권)는 파기돼.

채권은 예금이나 적금과 마찬가지로 원금과 이자 지급이 보장돼(단, 돈을 빌린 사람이 망하지 않는 한). 그래서 돈을 빌려준 사람은 만기 날에 빌려준 원금을 돌려받을 수 있어. 회사가 채권을 발행할 때는 보통 은행 이자보다 좀 더 높은 이자를 조건으로 내걸어. 보편적으로 채권의 이자가 은행 예금의 이자보다는 조금 더 높아.

왜냐하면 채권은 갚아야 하는 사람이 망해버리면 휴지 조각이 돼버려. 은행에 넣어놓으면 원금과 이자를 떼일 일은 없는데(은행이 망하지 않는다는 가정), 회사에 돈을 빌려줬다가 그 회사가 망하면 나는 원금도 다 날려버리게 된다는 뜻이야.

그러니 은행 이자와 돈 빌리는 회사가 제시하는 이자가 같으면, 굳이 회사에다 돈을 빌려줄 이유가 없는 거지.

생각해봐. 은행이 망할 위험이 크겠어? 아니면 일반 회사가 망할 위험이 크겠어? 회사가 망할 위험이 더 크잖아. 그런데 이자가 똑같다면, 돈을 빌려주는 사람 입장에서는 굳이 회사에 빌려줄 필요가 있겠어? 은행에 넣어놓고 말지.

그래서 회사 입장에서는 보통 돈을 빌릴 때 은행 이자보다는 조금이라도 좋은 조건(높은 이자 등)을 제시해야 해. 이렇게 해야 돈을 빌려주는 누군가는 은행 말고 이 회사에 돈을 빌려줄 가능성이 있겠지? 다시 말하면, 채권은 은행에 예금을 맡기는 것보다 이자를 약간 더 높게 받을 수 있다는 장점이 있다는 거야.

여기서 중요한 문제가 하나 있어. 채권은 1년 만기도 있지만 10년, 20년, 30년 만기도 있거든? 돈을 짧게 빌려줄 수도 있지만 장기간 빌려줄 수도 있다는 거야. 그런데 문제는 이렇게 돈을 빌려주게 되면 만기가 될 때까지 이 채권은 중도에 해지가 안 돼.

다시 말해, 만기가 되기 전에는 빌려준 사람이 회사로부터 원금을 돌려받을 수 없다는 얘기야. 이게 문제야. 만약 내가 돈을 30년 만기로 누군가에게 빌려주면, 내가 중간에 아무리 돈이 필요해진다 하더라도 만기가 되기 전에는 나는 그 돈을 받을 수 없어.

에?? 빌려준 돈을 중간에 받을 수 없다고? 그러면 좀 문제가 있는 거 아니야?

어, 돌려받을 수 없어. 그런데 이게 그럴 수밖에 없는 게, 돈을 빌리는 사람 입장에서 한번 생각해봐.

어떤 회사가 채권을 발행했다고 해볼게(채권을 발행했다 = 돈을 빌렸다). 회사는 돈을 왜 빌렸을까? 그 돈으로 공장 짓고, 기계 사고, 최신 장비 들여와서 물건을 더 많이 만들어 이익을 더 많이 남기려고 빌렸겠지?

회사는 그런 것을 하려고 돈을 빌렸는데, 그런데 갑자기 채권자(돈을 빌려준 사람)가 돈을 돌려달라고 하면 돌려줄 수 있겠어? 못 돌려줄 거 아냐. "빌려준 돈, 공장으로 받아가라." 이렇게 말을 할 수가 없잖아.

그래서 일반적으로 채권은 '만기가 되기 전에 중도에 원금을 돌려받을 수 없다'가 기본이야. 그런데 생각해봐. 회사에 돈을 빌려줬는데 중간에 내가 갑자기 돈이 필요해지면 어떡해? 20년, 30년 만기로 돈을 빌려줬는데, 이 기간 동안 돈을 돌려받을 수 없다면 나는 어떻게 되는 거야? 그 돈을 쓸 수가 없는 거야.

채권은 이런 단점이 있다는 거지. 그리고 이것은 생각보다 엄청나게 큰 단점이야. 이자 1%, 2% 더 받는 걸로는 상쇄가 안 되는 단점이라고.

그럴 것 같아. 살다 보면 돈이 필요한 일이 많을 텐데, 그런데 돈을 빌려주면 중간에 내가 내 돈을 못 쓴다는 거 아냐. 20년, 30년 만기로 빌려주면 안 될 것 같은 생각이 들어.

그렇지? 그렇게 생각할 수 있는데, 그런데 그게 꼭 그렇지는 않아. 채권은 '가격을 갖는다'고 했지? 가격을 갖는다는 얘기는 사고팔 수 있다는 뜻이라고 했어. 사고팔 수 있다는 얘기는 그러면 내가 이 채권을 살 사람만 찾으면 나는 채권을 팔아서 돈을 만들 수 있다는 얘기가 돼. 그 사람한테 팔면 되니까.

아, 회사에서는 돈을 못 돌려받아도 다른 사람한테 팔아서 돈을 만든다는 거구나.

응, 그렇지. 이 채권을 사겠다는 사람만 찾으면 그 사람한테 채권을 팔고 돈을 만들 수 있다는 얘기야. 내가 채권을 팔면 채권자의 권리는 채권을 산 사람에게로 넘어가. 그러면 채권을 발행한 회사는 이제 그 사람에게 돈을 갚으면 되는 거야. 왜냐하면 채권을 갖고 있다는 것이 곧 '돈을 받을 권리'를 가지고 있다는 것을 뜻하거든.

그래서 쉽게 말하면, 채권을 산다는 것은 돈 받을 권리를 사는 것과 같다고 보면 돼. 돈 받을 권리를 샀으니 그 사람이 돈을 빌려준 사람이 되는 거고. 직접 돈을 빌려주지 않았더라도 말이야.

그러면 채권 가격이 오른다는 것은 무슨 뜻일까?

채권은 만기 때 원금과 이자 지급이 보장되어 있는 상품이야 (흔히 말하는 원금 보장 상품). 돈을 빌린 사람(회사 또는 국가)이 망하지만 않으면 돈을 빌려준 사람은 빌려준 돈을 보장받을 수 있어.

그런데 채권은 가격을 갖는다고 했잖아? 가격을 갖는다는 것은 가격이 오를 수도 있고, 떨어질 수도 있다는 뜻이야. '원금이 보장된 상품인데 가격이 떨어질 수도 있다.' 뭔가 매칭이 안 되는 말 같지?

응, 맞아. 매치가 안 돼. 가격이 떨어진다는 것은 원금 보장이 안 된다는 말 아니야? 좀 언밸런스한 말 같은데?

그렇게 들리기 쉬운데, 그런데 그게 꼭 그렇지는 않아. 자, 여보가 이 조건으로 A라는 회사에 돈을 빌려줬다(채권을 샀다)고 해보자.

● 채권

액면가 : 100만 원(만기 때 받는 원금)

이자 : 연 8%

만기 : 1년

1년 뒤에 이자 8만 원을 받을 생각을 하면서 기분 좋게 잠을 자고 일어났는데, 그런데 하루아침에 시중금리(이자)가 20%가 된 거야. 그럼 아마 이런 생각이 들 수 있겠지?

'아 뭐야! 하루만 기다렸다가 채권을 샀으면 이자를 20만 원 받을 수 있었는데, 하루 먼저 사서 이자를 8만 원밖에 못 받네.'

그런데 이거는 단순히 이자를 얼마 못 받는 문제가 아니야. 만약 이런 상황이 된다면 여보는 엄청나게 큰 손실을 입게 돼. 여보가 가지고 있는 것은 분명 원금과 이자 상환이 보장된 상품(채권)인 데도 큰 손실을 입는다는 얘기야.

이게 무슨 뜻일까? 시중이자가 20%가 되었다는 얘기는 A회사가 돈을 새로 또 빌리려면 적어도 20% 이자를 지급한다는 조건을 내걸어야 한다는 뜻이거든?

- A회사가 새로 발행하는 채권

  액면가 : 100만 원(만기 때 받는 원금)

  이자 : 연 20%

  만기 : 1년

왜냐하면 안 그러면 이 회사는 돈을 못 빌려. 시중이자가 20%인데 나 혼자 8%를 내걸면 아무도 돈을 빌려주지 않을 테니까 말이야. 그런데 A회사가 이자 얼마를 주고 돈을 빌려야 하는지는 회사 사정이고, 나랑은 상관이 없잖아? 내가 돈을 빌리는 게 아니니까.

응. 내가 돈을 빌리는 게 아닌데 이게 중요해? 별로 상관없을 거 같은데.

그렇게 생각할 수 있는데, 근데 이게 상관이 없지 않아. 왜 그럴까? 여보가 돈이 필요해진 상황이라고 해보자.

갑자기 돈이 필요해서 갖고 있는 채권을 다른 사람에게 팔아야 해. 채권은 중도에 해지가 안 되니까 다른 사람에게 팔아야 현금화시킬 수 있다고 했잖아. 그러면 여보는 이 채권을 얼마에 팔아야 할까? 만약 여보가 B한테 찾아가서 이렇게 얘기했다고 해보자.

"제가 A회사 채권을 가지고 있습니다. 원금 100만 원에 이자는 8%이고, 만기는 1년입니다. 이 채권을 100만 원에 사세요. 그러면 1년 후에 108만 원(원금 100만 원 + 이자 8만 원)을 받을 수 있습니다."

이 조건이라면, B는 이 채권을 살까?

아니. 안 살 거 같아.

그치? A회사가 새로 발행하는 채권(이자 20%짜리)을 사면 이자 20만 원을 받을 수 있는데, 여보가 가지고 있는 채권(이자 8%짜리)을 사면 이자를 8만 원밖에 못 받잖아. 그러니 B 입장에서는 이 채권을 살 이유가 없지.

아마 이렇게 얘기할 거야.

"지금 A회사에서 새로 발행된 채권은 이자를 20% 준다는데요? 그런데 내가 왜 8% 이자를 주는 채권을 사야 하죠?"

아… 그럼 내가 갖고 있는 채권을 못 파는 거야?

아니, 그렇지는 않아. 팔 수 있어. 가격을 깎아서 팔면 돼.

아. 가격을 깎아서….

자, 만약 B한테 이런 제안을 하면 어떨까?

"제가 A회사 채권을 가지고 있습니다. 이 채권을 가지고 있으면 1년 후 만기에는 A회사로부터 108만 원을 받으실 수 있습니다. 그런데 현재 시중 이자가 20%인 점을 감안해서 이 채권을 B님에게 90만 원에 팔겠습니다. 그러면 B님은 90만 원(B가 채권을 산 가격)의 20% 이자(18만 원)를 받는 셈 치실 수 있어요. 90만 원을 주고 채권을 사시면 이자 20%를 받을 수 있다는 얘기입니다."

B가 90만 원에 채권을 사면 1년 후에 받는 금액 = 108만 원

→ B가 채권을 산 원금 90만 원 + 이자 18만 원(90만 원의 20%)

이런 제안을 한다면 B 입장에서는 이 채권을 살 수도 있지 않을까? A회사가 새로 발행하는 채권이랑 조건이 똑같으니까(이자 20%).

아… 90만 원에 팔아야 한다고.

그렇게 가격을 깎아서 판다고 하면 사는 사람이 나올 거야.

그럼, 손해 본 거네?

응. 손해 본 거야.

여보는 분명 원금 상환이 보장된 채권에 투자를 했어. 그런데 10만 원의 손실이 생겼네? 만기가 되기 전에 이 채권을 팔아야 하니까 10만 원의 손실이 생겼다고(-10%). 여보는 분명 원금 손실이 없다는 채권에 투자했는데 말이야.

여보 근데, 만기까지 기다리면 108만 원을 받을 수 있는 거 아냐? 다른 사람은 이자를 20% 받는데 나는 8%밖에 못 받아서 기분은 좀 나쁘겠지만, 근데 그냥 1년 기다리면 되는 거 아닌가? 그때는 원금이랑 이자 합해서 108만 원을 받을 수 있다면서.

맞아. 만기가 될 때까지 기다리면 채권은 손실이 없어. 여보가 만기가 될 때까지 이 채권을 들고 있으면 손실 없이 108만 원을 돌려받아(빌려준 돈 100만 원 + 이자 8만 원(8%)).

그런데 문제는 아까 내가 채권 중에는 20년 만기, 30년 만기 이런 채권도 있다고 했었지?

이게 문제야. 만약 그 기간 안에 내가 돈이 필요하다면? 1년이야 어떻게 버티면서 기다리지, 근데 20년을 버티면서 기다려?

아… 채권을 팔 수밖에 없구나(만기일까지 기다릴 수 없기 때문에).

그렇지. 팔 수밖에 없는 거지. 만기까지 갖고 가면 원금 손실 없는 거 알아. 그런데 지금 돈이 필요해서 팔려고 보니, 가격을 깎아서 팔 수밖에 없게 되었다고. 즉, 지금 팔아야 하니까 손실이 나는 거라고. 자, 그런데 채권 가격이 왜 내려갔을까? 여보가 왜 손해 보면서 채권을 팔 수밖에 없는 상황이 됐지?

만기가 길어서?

아, 여보가 채권을 팔 수밖에 없게 된 이유는 그게 맞는데, 그것이 여보가 손해를 본 근본적인 이유는 아니야.

여보가 채권을 팔면서 손해를 본 이유는 시중금리(이자)가 올라가서야. 시중금리가 오르는 바람에 내가 가지고 있는 채권(상대적으로 낮은 금리)이 다른 사람이 살 이유가 없는 채권이 되어버려서, 남들이 사줄 만큼의 가격으로 깎아야 했기 때문에 여보가 손해를 본 거라고. 만기가 길다는 이유로는 채권 가격이 하락하지 않아. 채권 가격은 시중금리가 올라가서 떨어지는 거야.

아, 금리가 올라가서 예전에 발행됐던 채권의 가치가 떨어져버린 거구나.

 그렇지.

새로 발행되는 채권을 사면 20% 이자를 받을 수 있는데, 여보가 가지고 있는 8%짜리 채권을 왜 사겠어. 그래서 남들과 같은 조건으로 맞춰주기 위해 가격을 깎을 수밖에 없었던 거지. 그러면 반대의 경우는 어떻게 될까?

 금리가 내려갈 때를 말하는 거야?

응.

금리가 내려가면 채권 가격은 어떻게 될 것 같아? 로직은 똑같아. 반대로 생각하면 돼. 여보가 이 채권을 가지고 있어.

- 채권

  액면가 : 100만 원(만기 때 받는 원금)

  이자 : 연 8%

  만기 : 1년

근데 자고 일어났는데, 하루아침에 시중금리(이자)가 갑자기 0%가 됐네? 만약 이 상황이 된다면 여보가 가지고 있는 채권은 가격이 어떻게 되겠어? 시중금리가 0%로 떨어졌다는 것은, A회사가 누군가에게 새롭게 돈을 빌릴 때도 0% 이자로 돈을 빌릴 수 있다는 뜻이 돼. 즉, A회사가 돈을 빌리기 위해 새로 발행하는 채권은 이런 조건이라는 거지.

- A회사가 새로 발행하는 채권

  액면가 : 100만 원(만기 때 받는 원금)

  이자 : 0%

  만기 : 1년

그러면 여보가 가지고 있는 채권의 가격은 어떻게 될까? 만기 때 받는 돈을 한번 생각해보면 이해하기 쉬워. 새로 발행되는 A회사 채권은 100만 원을 빌려줘도 이자가 0%라서, 만기 때 돌려받는 돈이 100만 원(원금 100만 원 + 이자 0원)이야.

그런데 여보가 가지고 있는 채권은 이자 8%짜리잖아? 여보가 가지고 있는 채권은 만기 때 108만 원(원금 100만 원 + 이자 8만 원)을 돌려받는 채권이라고. 즉, A회사에게 돈을 빌려주고 싶은 사람은 A회사가 새로 발행하는 채권을 사는 것보다, 여보가 가지고 있는 채권을 사는 게 훨씬 유리한 상황이 된 거지.

그러니 이 사람은 당연히 여보한테 채권을 사려고 할 거야. 그러면 여보라면 이걸 그냥 팔 거야? 그러지 않겠지. 프리미엄을 붙여서 팔겠지. 프리미엄을 붙여도 사겠다는 사람이 나올 거야.

새로 나오는 채권을 사면 이자를 하나도 못 받는데, 여보가 가지고 있는 채권을 사면 107만 원에 사도 108만 원을 받을 수 있으니, 1만 원 이득을 보는 거잖아. 그래서 이 상황이 되면 여보가 가지고 있는 채권은 가격이 108만 원 근처에서 형성될 가능성이 높아.

아, 그러면 내 입장에서는 시중금리(이자)가 떨어지는 게 유리하겠네.

그렇지. 채권을 가지고 있는 사람 입장에서는 시중금리가 떨어지는 게 좋아. 금리가 떨어지면 채권 가격이 오를 테니까. 그런데 가만 보면, 금리와 가격이 반대로 움직이지? 아까 시중금리가 올랐을 때는 내 채권의 가격이 떨어졌는데, 지금은 시중금리가 내려가니까 내 채권의 가격이 올라갔잖아.

응, 그러네?

'채권의 가격이 오른다', '채권의 가격이 내린다'라는 얘기는 바로 이 얘기야. 채권의 가격이 변했다는 것은 시중금리가 변했다는 얘기야. 채권 가격은 금리에 따라 변해. 어떻게? 이렇게.

시중금리 **상승** → 내가 가지고 있는 **채권**의 **가격은 하락**

시중금리 **하락** → 내가 가지고 있는 **채권**의 **가격은 상승**

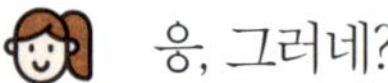

미국채 10년물 가격과 시중금리

출처 : TradingView

실제로 금리와 채권 가격 차트를 겹쳐놓고 보면, 시중금리와 채권 가격은 완전히 반대로 움직여. 거의 데칼코마니라고 보면 돼.

192쪽 그래프와 같이 위의 선이 채권 가격이고 아래의 검은색 선이 시중금리인데, 딱 봐도 거의 데칼코마니처럼 반대로 움직이는 게 보이지? 그래서 그냥 외우면 돼.

금리가 오르면 채권 가격은 떨어진다. 금리가 내리면 채권 가격은 오른다(이는 반대로도 해석이 가능하다. 채권 가격이 떨어졌다는 것은 금리가 올랐다는 뜻이고, 채권 가격이 올랐다는 것은 금리가 내려갔다는 뜻이다).

만기에 따라 채권 가격 움직임이 다르다

그런데 여기서 꼭 짚고 넘어가야 하는 부분이 있어. 똑같이 금리가 오르거나 내려도 만기에 따라 채권 가격이 다르게 움직인다는 거야. 쉽게 말하면, 금리가 1% 오르면 만기 1년짜리 채권은 가격이 별로 안 떨어지는 반면, 만기 30년짜리 채권은 가격이 크게 떨어진다는 뜻이야.

왜냐하면 채권이라는 상품 자체가 만기까지 기다리면 원금 손실 없이 이자를 받을 수 있는 게 보장된 상품이라서 그래. 시중금리가 올라서 채권 가격이 하락한다 하더라도 사람들은 '에이 기껏해야 1년인데, 그냥 1년 버텨서 만기까지 기다렸다가 원금 찾지 뭐.' 이런 생각으로 채권을 팔지 않고 만기까지 가지고 가는 거지. 그래서 1년짜리 채권 가격은 금리가 올라도 가격이 별로 안 떨어져.

그런데 만기가 20년, 30년 이런 채권들은 얘기가 달라. 이렇게 만기가 긴 채권(장기 채권)들은 금리가 1%만 올라도 가격이 엄청 크게 하락해.

한번 생각해봐. 1년 만기짜리 채권이라면, 남들보다 1년 이자 10만 원 덜 받더라도 '에이 그래도 원금 손실은 없으니까'라는 생각으로 훌훌 털어버릴 수가 있어.

그런데 매년 10만 원씩 이자 덜 받는 게 30년 누적이 된다고 생각하면, 이건 얘기가 좀 다르잖아.

1년에 10만 원씩 이자를 덜 받게 되면, 이게 30년이면 300만 원이야(다른 사람보다 30년 동안 매년 10만 원의 이자를 덜 받음). 1년짜리는 이자 못 받는 게 10만 원이지만 30년짜리는 300만 원이라고. 30년 동안 이자를 못 받는 기회비용이 300만 원인데, 당연히 이런 부분이 채권 가격에 반영될 수밖에 없지 않겠어?

그래서 만기가 긴 채권일수록 금리 변화가 생길 때 채권 가격의 변동폭이 커.[•] 금리가 1%만 올라도 만기가 긴 채권의 가격은 크게 하락한다는 얘기야. 만기가 길수록 금리가 몇 퍼센트만 올라도 채권 가격이 20~30% 이상 떨어진다고 보면 돼. 이자를 못 받는 부분이 장기간 누적돼서 그만큼이 다 손실로 쳐져서 그런 거야.

그런데 반대로 금리가 하락할 때는 가격 상승폭이 훨씬 커져(만기가 긴 채권일수록).

실제로 어떻게 움직이는지 한번 볼까?

- **1년** 만기 채권

  액면가 : 100만 원(만기 때 받는 원금)

  이자 : 연 8%

  만기 : 1년

시중금리가 20%로 올라갈 때는 이 채권의 가격이 90만 원이 됐고, 반대로 시중금리가 0%로 내려갈 때는 108만 원이 됐잖아? 같은 금리 변동 조건에서 장기 채권의 가격이 어떻게 변하는지를 계산해보면, 이렇게 나와.

- **10년** 만기 채권

  액면가 : 100만 원(만기 때 받는 원금)

  이자 : 연 8%

  만기 : 10년

  시중금리 상승(8% → 20%) 시 채권 가격 : 49만 6,000원

  시중금리 하락(8% → 0%) 시 채권 가격 : 180만 원

- **20년** 만기 채권

  액면가 : 100만 원(만기 때 받는 원금)

  이자 : 연 8%

  만기 : 20년

시중금리 상승(8% → 20%) 시 채권 가격 : 41만 5,000원

시중금리 하락(8% → 0%) 시 채권 가격 : 260만 원

● **30년** 만기 채권

액면가 : 100만 원(만기 때 받는 원금)

이자 : 연 8%

만기 : 30년

시중금리 상승(8% → 20%) 시 채권 가격 : 40만 2,000원

시중금리 하락(8% → 0%) 시 채권 가격 : 340만 원

만기가 길어질수록 금리 움직이는 것에 따라 채권 가격이 움직이는 정도가 심해지는 게 보이지?

 와, 그렇네.

채권도 가격이 -60%가 될 수 있고, 반대로 가격이 3배가 될 수도 있구나(100만 원 → 340만 원).

응, 맞아.

만기에 따라 가격이 어떻게 움직이는지 보여주려고 금리 변화를 좀 극단적으로 가정하고 계산해본 것이기는 하지만, 그래도 만기에 따라 가격이 어떤 식으로 움직이는지 명확하게 보일 거야.

계산 결과에서 나오는 것처럼, 장기 채권의 경우 시중금리가 내려가면 기존에 발행됐던 채권의 가격은 크게 올라. 이자를 더 받는 것(금리 차이)이 20년, 30년씩 누적이 되면, 그것만으로도 엄청나게 이득이

생길 거잖아. 새로 발행되는 채권보다 매년 이자 10만 원을 더 받으면, 이게 30년이면 300만 원이잖아. 이런 부분이 채권 가격에 반영되는 거야.

그리고 이것이 사람들이 원금 100만 원 받을 권리를 130만 원, 150만 원에 사는 것도 모자라서 300만 원에도 사는 이유야.

그런데 반대의 경우, 금리가 상승하면 내가 매년 덜 받는 이자(금리 차이)가 20년, 30년 치가 누적이 되니까 그런 부분이 가격에 반영되면서 엄청난 손실이 발생해. 금리가 급격하게 올라버리니 채권 가격이 60만 원(-60%)이나 하락하는 거지.

"채권은 원금 손실 안 난다면서요!?"

이런 주장은 금리 상승 시기에는 아무 의미 없는 외침이 되어버려. 그럼, 아마 이렇게 얘기하겠지.

"그러면 만기(30년) 될 때까지 기다렸다가 원금 받아가세요."

그래서 장기 채권을 살 때는 정말로 신중하게 생각해야 해. 아무리 원금이 보장된 상품이라도 금리 변화에 따라 가격 변화(하락) 폭이 엄청나게 크기 때문에, 중간에 내가 채권을 팔아야 할 때 금리가 올라간 상태라면 큰 손실을 볼 수 있어.

채권은 중간에 해지가 안 되기 때문에 채권을 매도해야 돈을 만들 수 있는데, 그런데 마침 그때가 시중금리가 올라간 상태라면 장기 채권 같은 경우에는 큰 손실을 보고 채권을 매도해야 할 수도 있는 거야.

채권은 원금 손실 볼 일이 없다고 생각했는데, 꼭 그렇다고 생각하면 안 되겠구나.

채권에 투자하는 2가지 방법 중 ① 만기까지 채권 보유

채권에 투자하는 방법(전략)은 2가지가 있어.

채권을 만기까지 보유하는 전략과 금리의 움직임을 예상하면서 채권을 사고파는 전략.

우선 채권을 만기까지 보유하는 전략에 대해서 살펴볼까? 예전에 회사 선배 한 분이 나한테 채권에 대해서 물어본 적이 있어. 퇴직이 얼마 안 남으신 분이었는데, 퇴직금 받으면 그 돈으로 채권을 사서 노후에 이자 받으면서 사시겠다는 거야. 회사채 사면 국채보다 이자를 좀 더 줘서 괜찮은 것 같다고. 이거에 대해서 어떻게 생각하냐고.

일단 결론부터 말하면, 나는 "그거 하지 마시라"고 했어. 왜 그랬을까? 사실 그분이 왜 그런 생각을 하셨는지는 이해가 돼. 퇴직금은 굉장히 중요한 자산이잖아. 은퇴하시는 분들에게는 '원금이 훼손되지 않는 것'이 아주 중요하거든. 이거 잘못 투자해서 크게 손실을 보면 그 나이에는 거의 회복이 불가능한 타격을 입게 되니까 말이야. 그래서 그분도 그런 생각을 하시게 된 걸 거야. 채권은 원금이 보장된 상품이니까(아니, 그렇게 믿고 있으니까).

그런데 아까 만기에 따라 채권 가격이 어떻게 변하는지 봤지? 시중금리가 급격하게 상승하니까 30년 만기 채권 가격은 60%나 하락했잖아. 채권도 원금 손실을 볼 수 있는 자산이라고.

그런데 여기서 잠깐. 아까 그 얘기는 채권을 팔았을 때 가격 손실을 볼 수 있다는 얘기였잖아? 그런데 채권을 안 팔고 30년을 가지고 가면 손해가 없는 거잖아. 그러면 시중금리가 어떻게 변하든 나는 만기

(30년)가 되면 원금을 돌려받을 수 있는 거 아닌가?

사실 나도 그런 생각이 들기는 해. '중간에 가격이 하락하더라도 내가 중간에 그 채권을 팔지만 않으면 나중에 원금을 모두 돌려받을 수 있는 거 아닌가'라는 생각. 근데 또 매년 이자는 나오니까, 노후 대비용으로는 괜찮다는 생각?

응, 그래서 은퇴를 앞둔 사람들이 실제로 그런 생각을 많이 해. '만기까지 가져가면 원금도 보장되는데 은행보다 높은 이자를 준다고? 그럼 괜찮은 거 아닌가?'

그런데 결론부터 말하면 그렇게 쉽게 생각해서는 안 돼. 여기서 일단 2가지를 고민해봐야 하는데, 첫째, 채권은 누군가에게 돈을 빌려주는 거야. 자, 내가 어떤 회사에 돈을 빌려줬어. 30년 만기로 빌려줬다고 해보자. 30년 동안 정해진 이자를 매년 받겠지?

응.

그런데 만약 그 30년 안에 회사가 망하면 어떻게 돼? 내 돈은 누가 돌려주지?

아, 회사가 망하면 돈을 못 돌려받나?

응. 못 돌려받아. 한번 생각해봐. 여보가 어떤 사람한테 돈을 빌려줬는데, 그 사람이 완전히 망해버려서 파산 신청을 해버렸어. 사업도 망했고, 집도 다 팔았고, 직장에 다니는 것도 아니어서 더 이상 돈 나올 구석이 없대. 이 상황이면 여보는 돈을 받을 수 있을까?

못 받을 것 같아.

그렇겠지? 아무리 '매년 이자 얼마를 지급하고, ×년 뒤에는 원금을 돌려드리겠다'라고 약속을 하고 차용증(채권)을 썼어도, 이 약속이 지켜지겠냐는 거야. 아마 약속이 안 지켜질 가능성이 높겠지. 회사가 망하면 이 차용증은 사실상 의미가 없어졌다고 봐야 해. 휴지 조각이 되어버린 거라고.

채권은 이런 리스크가 있는 거야. 가격이 하락하는 리스크도 있지만 돈을 빌려간 주체가 디폴트(파산)가 나버리면 받은 채권이 사실상 무의미해지는 리스크.

👩 　아. 이거는 채권 가격이 하락하는 거랑은 완전히 다른 차원의 리스크인데?

👨 　그렇지? 그러면 여보가 어떤 회사에 돈을 빌려주려면(채권을 사려면) 어떻게 해야 되겠어?

👩 　돈을 잘 갚을 회사들한테만 빌려줘야 할 것 같은데?

👨 　그런 생각이 들지?

왜냐하면 돈 빌려간 회사가 파산해 돈 안 갚고 배 째라고 나오면, 이 채권은 휴지 조각이 되어버리잖아. 그래서 돈을 빌려주기 전에(채권을 사기 전에) 이 회사가 배 째라고 나올 회사인지 아닌지를 판단해야 한다는 거지. 이걸 어떻게 판단해야 할까?

👩 　글쎄….

👨 　이런 걸 판단하려면 재무제표에 대한 분석도 할 줄 알아야 해. 이 회사가 가지고 있는 자산이 얼마고, 빚이 얼마고, 1년에 버는 돈이 얼마고, 그중에 내야 하는 이자가 얼마고 이런 거를 읽을 줄 알아야 한다는 거지.

👩 　아, 좀 복잡해지는데…? (웃음)

👨 　그렇지? (웃음) 그런데 그거면 될까? 앞으로 이 회사의 사업이

애플트리 주식회사(재무제표 샘플)

애플트리 주식회사

(샘플 수치·내부 검토용) — 비교재무제표 형식

재무상태표(2025.12.31 / 2024.12.31)

단위 : 백만 원

과목	2025	2024
자산(Assets)		
현금 및 현금성자산	14,200	12,500
단기금융자산	6,000	5,000
매출채권	20,500	18,000
재고자산	11,300	10,500
기타 유동자산	2,200	2,000
유동자산 소계	54,200	48,000
유형자산(순액)	45,500	42,000
무형자산	6,200	6,500
장기금융자산	4,500	4,000
사용권자산(ROU)	3,100	3,500
이연법인세자산	900	1,000
비유동자산 소계	60,200	57,000
자산 총계	114,400	105,000
부채(Liabilities)		
단기차입금	7,000	8,000
매입채무	12,500	11,000
리스부채(유동)	1,100	1,200
미지급비용 등	3,600	3,300
기타 유동부채	1,400	1,500
유동부채 소계	25,600	25,000
장기차입금	17,000	18,000
리스부채(비유동)	2,400	2,800
충당부채	1,100	1,200
이연법인세부채	1,700	2,000
비유동부채 소계	22,200	24,000
부채 총계	47,800	49,000
자본(Equity)		
자본금	10,000	10,000
자본잉여금	5,000	5,000
이익잉여금	52,300	42,000
기타 포괄손익누계액	-700	-1,000
자본 총계	66,600	56,000
부채와 자본 총계	114,400	105,000

• 자산 총계 = 부채 총계 + 자본 총계

손익계산서(당기 : 2025 / 전기 : 2024)

과목	2025	2024
매출액	120,000	110,000
매출원가	72,000	66,000
매출총이익	48,000	44,000
판매비와 관리비	20,000	19,000
연구개발비	7,000	6,500
기타영업수익	1,000	600
영업이익	22,000	19,100
이자수익	400	300
이자비용	1,800	1,600
기타 영업외손익	200	100
법인세차감전이익	20,800	17,900
법인세비용	5,500	4,900
당기순이익	15,300	13,000

현금흐름표(2025)

과목	2025	비고
영업활동 현금흐름		
당기순이익	15,300	
감가상각비 등	5,200	
리스 관련 비현금 항목	1,000	
운전자본 변동	-3,500	
영업활동으로 인한 순현금흐름	18,000	
투자활동 현금흐름		
유형자산 취득(매입)	-8,500	
무형자산 취득	-500	
기타 금융자산 취득	-1,300	
투자활동으로 인한 순현금흐름	-10,300	
재무활동 현금흐름		
차입금 상환	-1,800	
리스부채 상환	-1,200	
배당금 지급	-3,000	
재무활동으로 인한 순현금흐름	-6,000	
현금 및 현금성자산의 증가	1,700	(기초 12,500 → 기말 14,200)

• 본 표는 교육/서식 예시입니다. 실제 작성 시 기준서(예: K-IFRS) 및 주석 공시를 함께 확인하세요.

잘될지도 예상을 해봐야지. 지금은 돈을 그럭저럭 잘 벌어서 이자를 줄 수 있지만 앞으로는 사업이 어려워질 수도 있잖아. 사업 환경이 완전히 바뀌어버릴 수도 있으니까.

예를 들어보자.

20년 전만 해도 영화관 사업이 엄청 잘되는 사업이었지? 그런데 지금은 어때? 사람들이 영화관 안 가고 넷플릭스로 보잖아.

그러면 영화관 운영하는 회사에 돈을 빌려주려면 이런 부분도 고려해야 하지 않을까? 영화관 업종이 앞으로 잘될지 안될지도 따져봐야 할 것 같지 않아?

듣고 보니 그래야 할 것 같아. 지금은 사업이 잘돼도 30년 뒤에는 어떤 일이 생길지 모르는 거니까.

그것만 생각하면 될까? 아니야. 앞으로의 시중금리가 어떻게 될지도 생각해봐야 해.

회사들은 보통 채권을 통해서 빚을 내는데, 문제는 돈을 벌어서 차곡차곡 모아놓고 그 돈으로 만기 날에 빚을 갚는 게 아니라 만기가 되기 전에 또 다른 채권을 발행해서 이전에 빌린 돈(이전의 채권)을 갚거든?

쉽게 얘기하면 나한테 100만 원을 빌려갔다가 만기가 되면, 누군가한테 100만 원을 또 빌린 다음에 그 돈으로 나한테 갚는다는 거야.

그런데 만약 나중에 돈 갚을 때가 되어서 돈을 다시 빌리려고 봤더니 시중금리가 엄청 올라 있으면 어떻게 해? 더 비싼 이자를 주면서 돈을 빌려야 되겠지?

다시 말해, 예전에 3% 이자로 빌린 돈을 갚으려고 채권을 발행하려

하는데, 시중 이자가 8%라면 누군가에게 8%의 이자를 내고 돈을 빌려서 예전에 진 빚(3% 이자)을 갚아야 한다는 거지. 그러면 회사가 그 차이를 감당할 수 있는지 아닌지도 따져봐야 한다는 얘기야(이 예에서 5%의 이자 차이).

아, 엄청 복잡하네. (웃음)

어, 복잡해. (웃음)

짧게 1년 정도 돈을 빌려주는 거면 모르겠는데, 길게 20~30년 돈을 빌려주려면 이런 것까지 다 따져봐야 한다는 거야.

왜냐하면 회사가 부도가 나거나 디폴트를 선언하면, 시중이자(금리)와는 별개로 채권 가격이 0원을 향해 떨어지게 될 거라서 그래. 돈을 안 갚겠다는데 채권 가격이 어디 있어. 회사가 돈을 안 갚는다고 하면 채권은 그냥 0원(휴지 조각)이 되는 거야.

아까 설명한 시중금리가 하락하면 채권 가격이 올라간다는 얘기는 부도 위험이 없는 일반적인 채권에 해당하는 얘기이지, 부도날 회사의 채권은 다른 얘기가 되어버려. 금리가 하락해도 회사가 부도날 것 같으면 그 회사채 가격은 폭락해.

음. 쉽게 볼 게 아니네.

맞아. 그래서 일반적으로 채권에 투자하는 사람들은 신용도 높은 회사들의 채권을 위주로 투자하거나 디폴트 위험이 거의 없는 국채에 투자해.

그런데 문제는 신용도 높은 채권들은 이자가 적어. 그래서 사람들이 좀 더 리스크를 취하면서 좀 더 높은 이자를 주는 채권(회사채)을 선택하는 거거든.

그런데 문제는 위에서 얘기한 이런 리스크가 있다는 사실 자체를 모르고 있다는 거야. 아까 얘기했던 그 선배님도 이런 부분을 아예 생각을 안 하고 있더라고.

그냥 단순히 '이자 얼마에 원금 보장된다. 그러면 매년 얼마의 이자를 받을 수 있다' 이렇게만 생각하고 있어서, 내가 '그거 하지 마시라'고 했던 거야. 너무 위험해 보였거든. 심지어 투자하려던 회사채의 신용 등급도 모르고 있더라고.● 투자하려는 채권(회사채)이 위험하다는 게 아니라 투자를 결정하는 과정 전체가 '묻지 마 투자' 같아 보였달까.

어떤 리스크가 있는지를 알고 나서 그럼에도 불구하고 좀 더 높은 이익을 내기 위해 투자를 결정하는 것과 리스크가 있는지 자체를 모른 채 묻지 마 투자를 하는 것은 이거는 아예 다른 얘기잖아.

그리고 채권을 만기까지 보유하는 전략을 쓸 때 또 고려해야 하는 점이 뭐냐면, 그건 바로 '채권이 화폐 기반의 자산'이라는 점이야. 사실

회사채 신용 등급은 다음과 같이 나뉜다.

회사채 신용 등급 체계

신용 등급에는 크게 투자등급(Investment Grade)과 투기등급(Speculative Grade)이 있다.

등급	의미	투자 안전성
AAA	최상위 등급, 지급 능력 최고	매우 안전
AA	지급 능력 매우 우수	안전
A	지급 능력 우수	비교적 안전
BBB	지급 능력 양호	다소 위험
BB	투자 부적격, 지급 능력 부족 가능	위험
B	지급 능력 낮음, 상황 악화 시 채무불이행 가능	매우 위험
CCC	지급 불확실성 큼	채무 불이행 위험 큼
CC	매우 불안정, 부도 가능성 높음	극도로 위험
C	지급 능력 거의 없음	거의 부도 수준
D	이미 채무 불이행 상태	디폴트(부도)

추가 설명
• '+' 또는 '-' 기호 : 등급 내에서 상대적 차이를 표시(예 : AA+, AA, AA-)
• BBB 이상은 투자등급, BB 이하부터는 투기등급(Junk Bond)

신용 등급이 가장 높은 것은 AAA 등급(Triple A)이다. 그다음은 AA(Double A), A 순으로 등급이 낮아진다. 그다음으로는 BBB 등급으로 내려가는데, AAA부터 BBB 등급까지는 투자등급으로 분류가 되어 안정적인 채권(우량 기업)으로 취급된다. 그리고 BBB 미만부터(BB부터)는 투기 등급으로 분류가 되어, 상대적으로 부도 위험이 높은 고위험 고수익 채권으로 분류된다.

따라서 보수적인 채권 투자자들은 일반적으로 BBB 이상의 등급에만 투자하는 것을 선호한다. 알파벳 등급 옆에 +와 -를 붙이기도 하는데, 이는 등급 내에서 상대적인 차이를 나타내기 위함이다. (예 : AA+ 〉AA 〉AA-) ✿

이게 제일 중요해.

채권 이자는 기본적으로 복리가 아니라 단리로 주거든? 은행 예금과 마찬가지로 채권은 이자를 복리로 주지 않아.

- 10년 만기 채권

  액면가 : 100만 원(만기 때 받는 원금)

  이자 : 연 7%

  만기 : 10년

만약 이런 채권이 있다면, 단리 7%로 10년 동안 이자를 준다는 얘기야(7만 원씩 10번, 총 70만 원).

만약 여보가 이 채권을 사면, 여보는 매년 7만 원씩 이자를 9년 동안 받다가 만기일(10년째 되는 날)에 마지막 이자와 원금을 같이 돌려받게 돼. 총 170만 원(이자 70만 원 + 원금 100만 원). 그러면 지금의 100만 원이 10년 후에 170만 원이 되었다고 봐야 하는 거지.

9년 동안 매년 7만 원씩 이자를 받다가
만기 날에 107만 원(원금 + 마지막 해의 이자)을 받고 끝냄(총 170만 원)

투자금 100만 원 → 내가 취한 돈 170만 원

그런데 내가 앞에서 설명할 때 뭐라고 했지? 돈의 양은 매년 7%씩 복리로 늘어나고 있다고 했었지? 그래서 10년이 지나면 세상에 존재하는 돈의 양이 2배가 된다 그랬잖아(7.2%씩 복리로 증가하면 10년이면 2배가 된다).

$$100 \times 1.072^{10} = 200.423$$

이게 무슨 말이냐면, 100만 원을 어디에 넣고 10년 동안 투자를 했는데 그게 200만 원이 되면, 그것은 이득을 본 게 아니라 본전을 했다는 뜻이야. 그런데 아까 7% 이자 주는 10년 만기짜리 채권을 사면 10년 후에 얼마가 만들어진다고?

170만 원(이자 70만 원 + 원금 100만 원)

즉, 무슨 얘기냐면, 이 채권은 화폐 가치 하락을 방어하지 못하는 자산이라는 얘기가 돼. 100만 원으로 200만 원을 만들어야 본전인데 채권에 투자하면 취할 수 있는 돈이 170만 원밖에 안 되니까.

그러면 채권을 통해서 화폐 가치 하락을 방어하려면 몇 퍼센트 이자를 주는 채권을 사야 하는 걸까? 지금과 같은 속도로 돈의 양이 늘어난다면 채권을 통해서 10년 동안 총액(이자 + 원금)을 2배로 만들면 돼(같은 기간 화폐의 양이 2배로 늘어나므로 이를 상쇄하기 위해). 즉, 채권을 사서 10년 동안 받은 이자가 원금만큼 되면 본전이라는 얘기지.

채권 이자는 단리이기 때문에 연 10% 이자를 주는 채권을 사면 10년 후에는 원금만큼 이자를 받게 되거든? 그러면 원금 + 이자 해서 원금의 2배가 돼(매년 10%에 해당하는 이자를 10번 받으면, 원금과 같은 액수의 총이자를 받게 되므로).

만약 원금이 100만 원이면 1년에 이자 10만 원씩 10년 동안 받아서 이자의 총액이 100만 원이 돼. 그러면 원금 100만 원 + 이자 100만 원 해서 총 200만 원이 만들어져.

연이자 10%를 주는 채권 투자. 말로만 들었을 때는 괜찮다고 느껴지지? 그런데 이게 진짜 괜찮은 게 맞을까? 내가 볼 땐 아니야. 10년 동안 이자 100만 원을 받아서 총액 기준 200만 원이 되었다 하더라도, 같은 기간 동안 돈의 양이 2배가 되었기 때문에 이득이라고 할 수 없어. 간신히 본전치기를 한 거야.

즉, 이자 10%를 주는 채권을 사도 화폐 가치 하락을 간신히 막아주는 정도에 그친다는 거야.

기간이 더 늘어나면 어떻게 될까? 20년으로 한번 계산해볼게. 화폐의 양은 복리로 증가하기 때문에 매년 7%씩 20년 동안 복리로 화폐가 늘어나면 화폐의 양이 4배가 돼.

즉, 채권에 투자해서 20년 동안 화폐 가치 하락을 방어하려면 채권 이자를 가지고 원금의 4배로 만들어야 한다는 뜻이야.

다시 말해, 100만 원을 가지고 채권을 사면, 이 돈을 총 400만 원으로 만들어야 한다는 얘기야(원금이 100만 원이면, 20년 동안 이자를 300만 원 받아야 한다는 뜻).

그러면 1년에 이자를 15만 원씩 받아야 한다는 얘기가 돼. 그렇게 20년 동안 받아야 300만 원이 될 테니까. 즉, 20년 동안 채권으로 화폐 가치 하락을 방어하려면 연이자 15%를 주는 채권을 사야 한다는 뜻이야.

화폐 가치가 하락하는 것을 따라가기 위한 이자 차이가 10년짜리 채권보다 더 커졌지? 이렇게 차이가 나는 이유는 화폐의 가치는 복리로 하락을 하지만, 우리가 받는 채권(예금) 이자는 단리이기 때문에 그래. 그래서 연수가 늘어나면 이 차이는 더 커져.

그런데 문제는 이렇게 고금리를 주는 채권이 없다는 거야. 10년 만기 이자 10%, 20년 만기 이자 15% 이런 채권이 어디 있냐고. (웃음) 이런 채권은 사실상 없다고 보면 돼. 디폴트가 날 우려가 적은 채권(신용 등급이 좋은) 중에서 이런 이자를 주는 채권은 없어.

채권 중에 가장 안전하다고 평가받는 채권이 국채거든? 국가가 디폴트를 내고 돈을 안 갚을 가능성은 사실상 0에 가까우니까, 원금 손실 가능성은 거의 없다고 보는 채권이 국채야.

그런데 지금 우리나라 국채 금리가 얼마냐면 10년 만기, 20년 만기 둘 다 3%가 안 돼. 안정적인 회사채의 경우에는 이보다 약간 더 높은 수준이야. 그래도 절대로 10%, 15% 이렇게 되지는 않아. 투기 등급에 있는 채권들도 그렇게 되기는 어려워. 그러면 이를 종합하면 무슨 얘기가 되냐면, 채권을 만기까지 보유하는 것은 사실상 화폐 가치 하락을 방어하지 못하는 전략이라는 얘기가 돼.

채권은 기본적으로 '화폐 기반 자산'이기 때문에 화폐 가치 하락을 방어하지 못해. 만기 때 가치가 하락해 있는 돈으로 원금을 돌려받게 되니까. 이자로 가치 하락분을 약간 상쇄시키는 수준이지, 그걸로는 화폐 가치 하락 자체를 방어할 수 없다는 말이야. 그래서 채권을 만기까지 가지고 가는 전략은 사실상 별로 의미가 없어.

나한테 채권에 대해 물어본 그 선배님, 그분이 나한테 물어보실 때 퇴직금 2억 원으로 채권을 사서 이자 1,200만 원 정도를 받겠다고 했는데(대략 6%), 아마 20년 동안 대충 월 100만 원씩 이자를 받는 것으로 계산했던 것 같아(연금 같은 개념으로).

그런데 그 선배가 생각하지 못한 게 20년 후에 돌려받는 원금 2억 원의 가치 부분이야. 이 부분을 전혀 고려하지 않고 있더라고. 20년이 지나면 세상에 존재하는 돈의 양이 4배가 되어서 돈의 가치가 4분의 1 토막이 날 건데, 그러면 그때 원금 2억 원을 돌려받아도 그 돈은 지금의 5,000만 원 정도밖에 안 되는 돈일 가능성이 매우 높은 거지.

20년 전 세상이 어땠는지를 한번 생각해봐. 2005년에는 서울에 있는 아파트가 3억 원 정도였는데, 지금은 어때? 10억 원, 15억 원씩 하잖아. 20년 동안 물가는 또 얼마나 올랐어. 이런 걸 전혀 고려하지 않고 매월 이자 100만 원을 받으니 노후 대비용으로 괜찮은 투자다? 내 생각에는 전혀 아니야.

여기서 또 고려해야 하는 게 뭐냐면, 매달 받는 이자 100만 원의 가치도 매년 줄어든다는 사실이야. 지금은 월 100만 원 받는 게 커 보이지만 20년 뒤에 받는 100만 원도 지금과 같은 가치일까? 그 돈도 똑같이 4분의 1 토막 난다고 생각해보면, 20년쯤 뒤에 받는 월 이자 100만 원은 지금의 25만 원 정도 되는 돈일걸?

무슨 얘기냐면, 채권에 대한 투자(만기까지 채권을 보유하는 전략)가 그럴

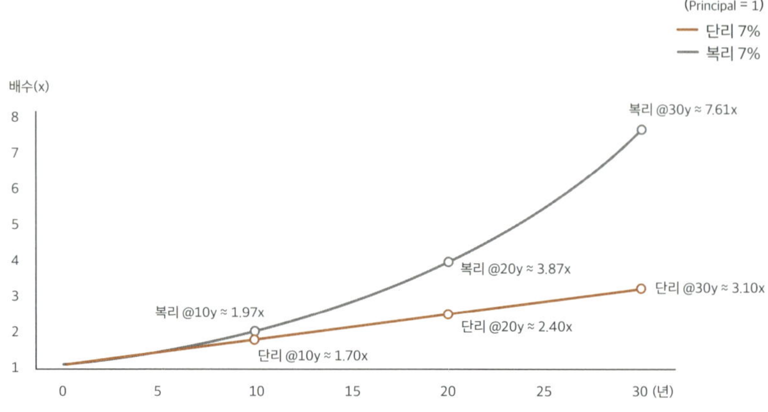

듯해 보이지만, 그럴듯한 투자가 아니라는 얘기를 나는 지금 하고 있는 거야. 채권을 이자 받아먹는 용도로만 생각하면 장기적으로 화폐 가치 하락을 이길 수 없어. 돈의 가치는 복리로 하락하지만 내가 받는 채권 이자는 단리이기 때문에 그래. 시간을 길게 늘이면 늘일수록, 이 차이는 더 심해져. 단리와 복리의 차이로 인해.

그러면 채권 투자는 하지 말아야 하는가?

그러면 여보는 채권 투자에 대해서 부정적으로 생각하는 거야?

그렇지는 않아. 그렇게 단정 지어서 말하기는 어려워. 그런데 이렇게 말해도 되나 싶기는 한데, 여보한테는 채권에 투자하는 것을 추천하지 않아. 왜냐하면 이게 너무 어려워. 내 생각에는 채권 투자가 주식 투자보다 훨씬 더 어려운 것 같아.

이유가 뭐냐면 안정적인 채권(국채 등)은 수익률이 너무 낮아서 회사채 같은 것을 찾아야 하기 때문에 그래. 국채는 기껏해야 이자율이 3~4%밖에 되지 않잖아. 이 수익률로는 화폐 가치 하락을 방어하지 못하기 때문에 다른 것을 찾아야 하거든. 그러다 보면 좀 더 높은 이자를 주는 채권을 찾게 되고, 그러다 결국 회사채를 찾게 되어 있어. 그런데 회사채에 투자할 때는 이 회사가 돈을 잘 갚을 회사인지 아닌지를 잘 따져봐야 하거든. 회사가 돈을 얼마나 버는지, 자산은 얼마나 있는지, 빚은 얼마나 있는지, 매달 갚는 이자는 얼마나 되는지 이런 것들을 알아야 한다는 얘기야.

쉽게 말해서 회사 재무제표를 읽을 줄 알아야 한다는 건데, 그런데 이게 여보가 회사 다니면서 잠깐잠깐 뉴스 보면서 투자하는 그런 범위를 넘어가는 부분이라서 여보한테 추천하기가 어려워. 여보한테 지금부터 재무제표 읽는 법을 공부하라고 얘기할 수는 없잖아. 그리고 또 재무제표를 읽을 줄 안다고 해서 무조건 다 좋은 성과를 내는 것도 아니야. 최근에 홈플러스가 어려워졌다는 얘기 들었지?

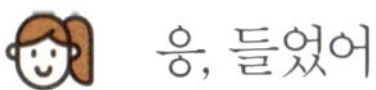 응, 들었어.

기업회생절차에 돌입한 홈플러스의 기업어음(CP)과 전자단기사채 투자자들이 수천억 원대 손실을 볼 가능성이 제기됐다. 홈플러스가 살아나지 못하면 국민연금도 수천억 원의 손실을 볼 수 있다. 개인에게 판매된 홈플러스 단기 채권은 수백억 원 규모로 추정된다.

출처 : 명지예·나현준·박홍주, "파장 커지는 홈플러스 사태…수천억 손실 위기라는 채권투자자", 〈매일경제〉, 2025년 3월 5일

국내 금융기관들이 홈플러스 채권에 투자를 많이 했었는데, 그런데 홈플러스가 어려워지니까 거기에 투자했던 채권 투자자들이 수천억 손실을 볼 위기에 처했대.

그런데 한번 생각해보자. 이 금융기관들이 재무제표를 읽지 못해서 홈플러스 채권에서 손실 볼 위기에 처해 있는 걸까?

그럴 리가 없겠지? 아마 내부적으로 많은 검토를 한 이후에 홈플러스 채권에 대한 투자가 이뤄졌을 거야. 그런데 금융기관들조차도 홈플러스에 돈을 빌려줬다가 원금 손실을 볼 위험에 처해 있는데, 우리 같은 일반 개인들이 이자 조금 더 준다고 섣불리 들어가기에는 이게 너무 무모하다는 거지. 개인들이 회사채에 투자하는 데는 이런 리스크가 있는 거야.

이자를 높게 주는 회사채가 왜 그런 높은 이자를 주겠어? 낮은 이자로는 돈을 못 빌리니까 더 높은 이자를 제시하는 거 아니겠어? 신용등급이 좋지 않거나 돈을 못 갚을 가능성이 높은 상태여서 낮은 이자로는 아무도 돈을 안 빌려주니까 높은 금리를 제시해서라도 돈을 빌리는 거야.

일반 개인을 한번 생각해봐. 카드 계속 연체하고, 카드값 돌려막기하는 사람이 신용대출 받으려면 은행에서 낮은 이자로 돈을 빌려줄까? 그렇지 않겠지. 회사채도 마찬가지야. 높은 이자를 주는 데는 뭔가 이유가 있는 거야. 그러니 개인들이 이자 좀 더 준다고 섣불리 들어가는 것은 너무 무모하다는 거지.

솔직히 나는 회사채들이 그 정도로 리스크를 감수하고 들어갈 만한 투자 대상인지를 잘 모르겠어. 그래서 여보한테 채권에 투자하라고 권하기가 좀 그래. 안정적인 채권은 화폐 가치 하락(인플레이션)을 방어할 수 없고, 그렇다고 리스크를 감수하고 더 높은 이자를 주는 채권에 투자하는 것은 여보가 할 수 없는 영역인 것 같거든. 설령 그것을 할 수 있다 하더라도 그게 이득인지도 잘 모르겠고.

아… 여보는 할 수 있지만, 나는 안 된다?

아, 그런 뜻은 아니야. 사람들은 보통 화폐 가치가 하락하는 거는 잘 생각 안 하고, 이자를 4% 준다, 5% 준다 이렇게 얘기하면 그냥 하거든. 안정적이라고 생각하면서. 그런데 나는 그 장점을 모르겠다는 거야.

내 인식으로는 이자 10%씩 10년을 받아도 본전인 게임이야(10년이면 화폐의 양이 2배가 되므로). 그래서 어떤 회사채가 이자를 10% 줘도 그게 이득인지 모르겠다는 얘기야. 안정적으로 복리 7% 주는 채권이 있다면 긍정적으로 검토는 해보겠는데, 그런 채권은 세상에 없거든. (웃음) 다시 얘기해서, 나는 만기까지 채권을 보유하는 것이 투자로서는 별로 의미가 없는 전략이라고 생각한다는 거야.

채권에 투자하는 2가지 방법 중 ② 채권 매매

"그러면 채권 투자는 하면 안 되냐?"라고 물어보면, 또 그렇다고 얘기하기는 어려워. 왜냐하면 앞에서 설명했지만, 시중금리가 하락하는 시기에는 채권의 가격이 크게 오르기 때문이야. 진짜로 '시기를 잘 만나면' 주식보다 채권 가격이 더 많이 올라.

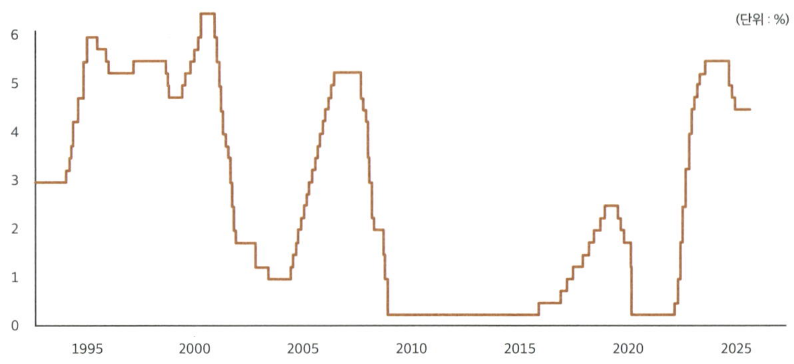

출처 : Trading Economics

아까 봤지? 시중금리가 8%에서 0%로 하락하니까 30년 만기 채권의 가격이 3배 이상 오른 거. 그게 뭘 뜻하냐면, 시중금리가 내려갈 것으로 예측할 수 있는 사람은 채권(특히 장기 채권)에 투자하면 단기간에 큰 시세 차익을 볼 수 있다는 얘기가 되거든. 금리가 내려가기 전에 장기 채권을 사놓고 금리가 내려가면 그때 팔아서 시세 차익을 거두는 거지(채권 가격이 엄청나게 올라 있을 테니).

그리고 실제로 금리가 그렇게 급격하게 하락하는 시기가 종종 찾아오거든? 위 그래프는 미국 기준금리 추이인데, 그래프를 보면 알겠지만, 금리가 급격하게 내려가는 구간이 몇 번 보이지?

이런 시기에는 채권의 가격이 엄청나게 올라. 그래서 앞으로의 금리 움직임을 맞힐 수 있는 투자자에게는 채권이 엄청나게 좋은 투자 자산이 될 수도 있다는 거야. 금리가 내려가기 전에 채권을 사면 되니까. 반대로 금리가 오르는 시기도 있지? 이런 시기에는 채권 가격이 급격하게 하락할 것이기 때문에 금리가 오를 것을 알고 있는 사람은 그 날이 오기 전에 채권을 팔아서 미리 빠질 수가 있어. 즉, 금리가 오르내리는 것을 정확하게 예측할 수 있는 사람이 있다면, 그 사람에게는 채권도 아주 좋은 투자(트레이딩) 대상이 된다는 거야. 가격이 오르기 전에 샀다가 가격이 내리기 전에 팔면 되니까.

아, 그렇겠네. 금리가 내려가기 전에 채권을 샀다가 금리가 올라가기 전에 팔면 돈을 벌 수 있겠네.

그렇지.

특히 장기 채권은 금리 변동에 따른 가격 변동이 크기 때문에 금리 움직임을 잘 맞히기만 하면 채권으로도 큰돈을 벌 수 있어. 그런데 문제는 그 금리를 맞히기가 엄청나게 어렵다는 거지.

아, 금리가 앞으로 오를지 내릴지를 맞히기가 어렵다고?

응, 그걸 맞히는 게 엄청나게 어려워.

왜냐하면 금리는 그 나라의 전체 경제 상황에 따라서 시시각각으로 변하기 때문에 그래. 금리를 맞힌다는 것은 그 나라 경제 상황 전체를 맞힌다는 것과 비슷해. 이 말을 이해하려면 일단 금리가 뭔지를 알아야 해. 금리라는 게 뭘까?

은행에 돈을 맡기면 주는 이자가 금리 아니야?

그렇지. 은행에 돈을 맡기면 주는 이자가 금리야. 금리가 무슨 뜻인지 정의를 찾아보면 '돈의 가격'이라고 나오거든?

금리란 한마디로 돈의 가격이다.

출처 : 한경 경제용어사전

금리는 돈의 가격인데, 무슨 가격이냐 하면 돈을 빌리는 가격이라고 생각하면 쉬워. 우리가 은행에 예금을 맡기면 은행은 금리(이자율)만큼 이자를 주지? 은행이 이자를 줄 수 있는 이유는 우리한테 그 돈을 빌려서 다른 사람에게 더 높은 이자로 빌려주고 그 차익을 가져가기 때문이거든.

즉, 우리가 가입하는 예금은 사실상 은행이 우리한테 돈을 빌려가는 거라고 보면 돼. 그래서 은행이 우리에게 돈을 빌려간 대가로 이자를 주는데, 그 이자율을 금리라고 생각하면 이해하기 쉬워.

은행의 사업 모델

개인에게 돈을 빌려서 → 다른 사람에게 더 높은 이자를 받고 돈을 빌려준다

자, 그러면 금리는 왜 오르는 걸까? 또, 반대로 왜 내리는 걸까? 자본주의 세상에서 어떤 것의 가격이 오르는 이유는 언제나 수요가 공급을 초과하기 때문이야. 금리도 마찬가지야. 금리도 돈을 빌리는 '가격'이라고 본다면, 금리가 오르는 이유는 돈을 빌리는 사람이 돈을 빌려주는 사람보다 많기 때문이라고 얘기할 수 있는 거지.

여보가 은행이라고 해보자. 여보가 빌려줄 수 있는 돈이 100만 원 있는데, A도 와서 100만 원 빌려달라고 하고, B도 와서 빌려달라고 하고, C도 와서 빌려달라고 하고 이렇게 한 10명이 와서 돈을 빌려달라고 하면서 줄을 서 있어. 그러면 여보는 이자를 얼마 받고 돈을 빌려줄 거야? 사람들이 줄을 서 있는데, 싸게 줄 거야?

 그러면 이자를 비싸게 받아도 될 것 같은데…?

그렇지? 너도나도 돈을 빌리겠다고 줄을 서 있는 상황에서 돈을 싸게 빌려주는 사람은 없어. 그래서 돈을 빌려주려는 사람보다 돈을 빌리려는 사람이 많으면 금리가 올라. 이게 금리가 오르는 이유야. 그러면 앞으로 돈을 빌리려는 사람이 많을지를 맞히면 금리가 오를지를 맞힐 수 있다는 뜻이겠네?

자, 그럼 사람들은 언제 돈을 빌리려고 할까? 여보가 회사를 운영하는 사람이면 돈을 언제 빌리려고 할 것 같아?

공장을 지을 때…?

공장을 왜 지어?

물건을 많이 만들려고?

물건을 왜 많이 만들려고 해?

장사가 잘된다고 생각하니까?

그렇지. 지금 물건이 잘 팔리니까, 물건을 많이 만들기만 하면 돈을 더 벌 수 있을 것 같으니까 공장을 더 지으려고 하는 거야. 이게 무슨 말이냐면 경제가 호황기인 경우(경기가 좋은 경우) 금리가 올라간다는 뜻이야. 왜? 너도나도 돈을 빌리려고 할 테니까. 만들어놓은 물건이 팔리지도 않고 경제가 안 좋다고 생각하는데 돈을 빌려서 공장 짓고 물건을 더 많이 만들 사람이 있겠어?●

경제가 호황인 상황에서는 너도나도 돈을 빌려서 사업을 확장하려 하기 때문에 돈을 빌리겠다는 사람이 많아져. 그래서 금리가 올라. 5% 이자로 빌리겠다는 사람이 넘쳐나면, 빌려주는 사람이 6%, 7%,

8% 이렇게 이자를 계속 올린다는 거지. 언제까지? 그 가격에 빌린다는 사람이 없어질 때까지(빌리는 사람과 빌려주는 사람의 균형이 맞을 때까지).

그럼, 반대로 금리는 언제 내릴까?

👧 돈을 빌리는 사람이 없을 때?

👦 그렇지! 그러면 사람들이 언제 돈을 안 빌리려고 할까?

👧 경제가 안 좋을 때?

👦 맞았어.

돈 빌려서 공장 짓고, 물건 많이 만들어도 이 물건들이 팔릴 것 같지 않다면 사람들이 굳이 돈 빌려서 공장을 지으려 하지 않겠지. 즉, 경기가 불황이거나 경제 주체(기업, 개인)들의 경제 심리가 좋지 않을 때는 금리가 낮아져. 왜? 돈을 빌리는 사람이 적어지니까.

은행 입장에서 보면, '제발 좀 누가 돈을 빌려갔으면 좋겠는데 아무도 돈을 빌려가겠다고 찾아오지 않는 상황'이라고 볼 수 있는 거지. 은행이 5% 이자로 대출해준다고 조건을 내걸었는데, 그 조건에 돈을 빌려가겠다는 사람이 없으면, 은행 입장에서는 가격(금리)을 4%, 3%, 2% 이렇게 낮출 수밖에 없어. 그래야 빌려갈 테니.

그래서 경제가 안 좋아지면 금리가 낮아지는 거야. 왜? 빌려가는 사람이 없어서. 지금 은행에서 돈을 빌리는 것을 가지고 설명했지만, 채권 금리(이자)도 마찬가지야.

국가나 회사는 채권 시장에서 돈을 많이 빌리는데, 채권 시장에서 돈을 빌리는 사람이 많으면 금리는 올라가고 돈을 빌리는 사람이 없으면 금리는 내려가. 움직이는 메커니즘은 모두 같아.

정리하면, 경제가 좋으면 금리가 올라가고 경제가 안 좋으면 금리가 낮아져. 그래서 금리가 그 국가의 경제 상황 전체와 아주 밀접한 관련이 있다고 얘기하는 거야. 그 나라의 금리의 방향을 맞춘다는 얘기는 그 나라 경제 상황 전체를 맞춘다는 얘기와 거의 비슷해. 이게 쉬울까?

어려울 것 같아.

어. 엄청나게 어려워. 왜 어렵냐면 금리의 움직임은 후행 지표라서 그래. 다시 말해, 금리가 낮아지는 시점은 사람들이 돈을 안 빌리기 시작하고 나서 시간이 좀 지난 후라는 얘기야.

은행 입장에서 한번 생각해보자.

사람들이 갑자기 돈을 안 빌리기 시작해. 그런데 은행 입장에서는 이게 일시적인 현상인지, 아니면 진짜로 경제가 어려워져서 돈을 안 빌리는 건지를 판단을 해야 하잖아?

슈퍼에서 물건이 안 팔리기 시작한다고 주인이 바로 가격을 내려? 아니잖아. 좀 지켜보잖아. 이게 일시적인 건지, 사람들이 진짜로 이 물건을 안 사는 건지를 말이야. 그러다가 진짜로 사람들이 물건을 안 산다는 것이 확인되는 순간 그때부터는 이제 떨이로 판매하려고 가격을 낮추잖아.

마찬가지야. 은행도 사람들이 돈을 안 빌려가기 시작하면 한동안은 일단 지켜봐. 그러다가 이게 일시적 변화가 아닌 구조적인 변화라고 판단되면, 그때서야 비로소 금리를 낮추기 시작해. 이처럼 은행이 상황을 판단하는 데에 시간이 걸린다는 거야.

그래서 금리가 낮아지기 시작하는 시점은 경제가 안 좋아진 것이 어느 정도 진행된 시점일 가능성이 높아. 다시 말해, 경제가 안 좋아지는 것과 금리가 낮아지는 것에는 시차가 있다는 거지. 그래서 이걸 맞히는 게 어렵다는 거야. 이것을 정확히 판단하기도 쉽지 않거니와 그 시점을 정확히 예측하는 것은 더욱 어려운 일이야.

왜냐하면 지금 좋은 것과 나쁜 것, 앞으로 좋아지는 것과 나빠지는 것 이 2가지는 엄연히 다른 차원의 문제이기 때문에 그래. 지금 좋은지 나쁜지는 맞힐 수 있어. 사업하는 사람들한테 물어보면 돼.

"지금 장사 잘돼요?" → "네, 지난달보다 매출이 늘었어요."
"지금 장사 잘돼요?" → "아니요, 지난달보다 매출이 줄었어요."

이런 거는 직접 물어보면 알 수 있어. 그런데 앞으로 좋아질지 안 좋아질지는 아무도 정확히 몰라. 자기가 장사를 하고 있어도 앞으로 장사가 잘될지 안될지를 모른다는 거야.

"앞으로 장사 잘될 것 같아요?" → "글쎄요."
"앞으로 장사 잘 안될 것 같아요?" → "글쎄요."

앞으로 상황이 좋아질지, 앞으로 장사가 잘될지 이런 거는 그때 가봐야 알아. 그런데 앞으로 금리가 어떻게 움직일지를 정확히 맞힌다는 것은 한두 개의 회사가 아니라 그 나라 전체 경제 주체들의 앞으로의 상황을 모두 다 정확히 맞힌다는 것과 비슷해.
이게 쉬울까? 당연히 어렵겠지. 그래서 금리가 내려가는 시점을 정확히 예측해서 채권을 산다는 생각이, 이론적으로는 쉬워 보이지만 실제로는 엄청 어려운 일이라는 거야. 지금 경제가 좋은지 안 좋은지는 현재 채권 가격(금리)에 반영되어 있어.

그런데 이건 지금의 가격이잖아. 투자자들이 궁금한 것은 '앞으로의 가격'이라고. 앞으로의 채권 가격(금리)에 영향을 미치는 것은 '앞으로 경제가 좋아질지, 안 좋아질지' 여부인데, 아무도 미래를 정확히 예측할 수 없듯이 이것 또한 마찬가지야. 아무도 이것을 정확히 맞힐 수 없어.

경제가 잘 돌아가는 것 같다가도 갑자기 코로나19 같은 게 터져서 하루아침에 경기 침체가 와 금리가 순식간에 내려가기도 하고, 반대로 경제가 안 좋다가 어느 한순간에 사람들의 심리가 좋아져서 금리가 갑자기 오르기도 해.

참고로 지금의 금리(미국 금리)는 꽤 높은 수준인데, 불과 몇 년 전까지만 하더라도 미국 금리가 이렇게 높게 치솟을 거라고 예측한 사람은 거의 없었어.

2020년에 코로나19가 터지면서 경기가 급속도로 얼어붙었거든. 사람들이 밖에 나가지도 못하고 집에만 틀어박혀 있으니까, 경제가 돌지 않았던 거지. 그래서 그때 시중금리가 거의 0.5%까지 떨어졌어(미국 10년물 국채 금리 기준)(222쪽 위 그래프 참조).

그러다가 각국 정부가 경기 부양책을 엄청나게 썼잖아? 막 재난지원금 같은 거도 주고 그랬잖아. 돈 쓰라고. 그러니까 조금씩 경제가 돌기 시작하면서, 금리가 슬금슬금 올라와. 그러더니 이게 점점 과열되면서 물가도 엄청나게 오르고, 금리도 엄청나게 오르기 시작하더니,

미국 10년물 국채 금리 하락

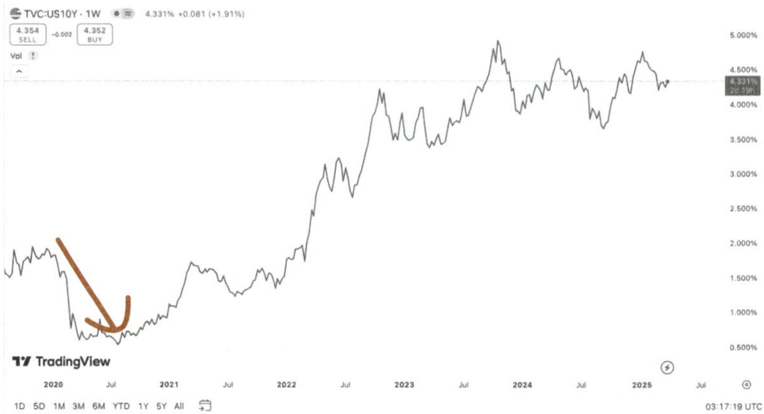

출처 : TradingView

미국 10년물 국채 금리 상승

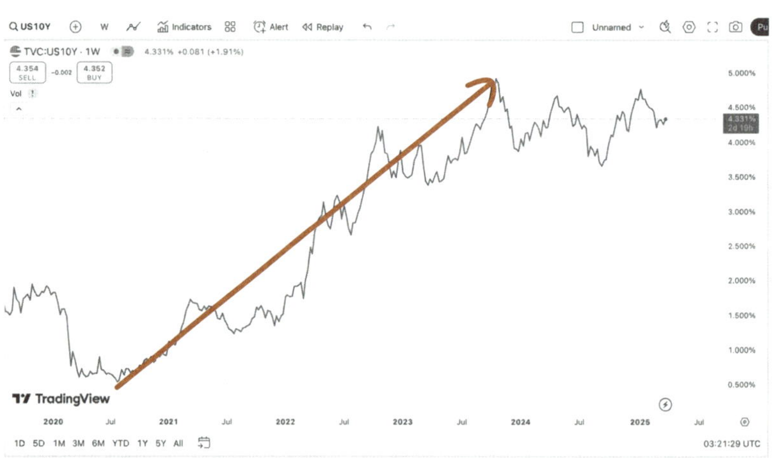

출처 : TradingView

이게 2023년 10월에 5%까지 치솟게 된 거지(222쪽 아래 그래프 참조).

그런데 이걸 예상한 사람이 그 당시에는 없었어. 경제가 살아나기 시작하고 물가가 오르기 시작할 때, 경제 전문가들이 전부 이게 일시적인 현상이라고 얘기했다고. 그러면 이 기간 동안 장기 채권 가격은 어떻게 됐을까?

떨어졌을 것 같아.

당연하겠지. 금리가 이렇게 폭등했다는 것은 장기 채권 가격이 폭락했다는 얘기야. 같은 기간 동안 장기 채권 가격은 거의 50% 폭락했어.

시중금리가 갑자기 오르니까 장기 채권 가격이 완전히 폭락한 거야. 시중금리가 이렇게 오를 거라는 것을 미리 알아봤어야 이 폭락을 피

미국 TLT ETF 가격

TLT iShares 20+ Year Treasury Bond ETF 2020. 8. 3 - 2020. 10. 23

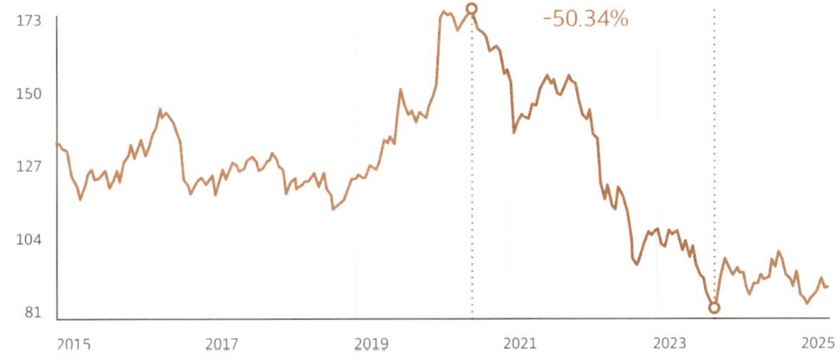

출처 : TradingView

할 수 있었어.

그런데 2020년 당시에 앞으로 미국 금리가 5%까지 치솟을 거라고 예측한 사람이 있었을까? 아까 얘기했지? 그때는 대부분의 사람들이 물가와 금리가 슬금슬금 오르는 것이 일시적인 현상이라고 생각했었다고. 구조적인 저금리 저물가 시대에 돌입했다고 언론에서 떠들던 게 불과 몇 년 전인데, 그런데 한순간에 방향이 바뀌어버렸다고. 즉, 맨날 경제 지표만 들여다보는 사람들도 이걸 못 맞힌다는 거지. 그런데 여보가 이걸 맞힐 수 있을까?

 못 할 것 같아.

여보를 무시해서 하는 말이 아냐. 아무도 못 해. 주식 가격이 오를지 내릴지 맞히는 것보다 이게 더 어려워. 주식이 좋아질지 안 좋아질지는 딱 그 회사 하나만 맞히면 되잖아?

그런데 금리는 국가 경제 전체를 예측해야 해. 미국 월스트리트의 전설적인 투자자로 불리는 사람이 있는데 이 사람이 금리를 전망하는 것에 대해 뭐라고 얘기했냐면, 정확히 이렇게 얘기했어.

"연준 의장도 못하는 금리 예측을 당신이 어떻게 하냐?"(피터 린치)●

> ● **여기서 잠깐!**
>
> 여기서 연준은 연방준비제도를 말하는데, 쉽게 말해 미국의 중앙은행이라고 보면 된다. 피터 린치의 말을 좀 더 풀어서 얘기하자면, 미국의 기준금리를 결정하는 연준 의장조차도 미국의 금리 방향을 정확히 못 맞힌다는 뜻이다.

채권 투자로 이득을 보려면

미국 국채는 안전자산으로 일컬어지는 대표적인 자산이야. 그런데 금리가 폭등하는 그 시기에 미국 장기 국채 투자자들이 모두 -50% 손실을 봤어. 왜? 금리 예측을 하지 못해서. 분명 안전자산에 투자를 했는데도 -50% 손실을 봤다는 얘기야.

물론 만기까지 가지고 가면 원금 손실이야 없겠지. 그런데 방금 얘기했지? 만기까지 가지고 가는 전략으로는 화폐 가치 하락을 방어할 수 없다고(받는 이자로는 통화량이 증가하는 속도를 따라잡을 수 없기 때문에). 그러면 보자.

금리는 경제 상황에 따라 오르기도 하고 내리기도 해. 그런데 채권을 만기까지 가지고 가면 화폐 가치 하락을 방어하지 못해. 그러면 어떻게 해야 한다는 말일까?

맞아. 채권 투자자는 금리 변화를 예측해서 채권을 적절한 시점에 사고파는 대응을 필수적으로 해야 한다는 말이야. 금리가 오르기 전에 채권을 팔아야 한다고. 왜? 만기까지 가지고 가면 화폐 가치 하락을 방어하지 못하니까.

그러니 당연히 만기까지 가지고 가면 안 되고, 중간에 가격이 오르면 정리를 해야 한다는 거지. 이거를 잘하지 못하면 채권 투자로 재미 보기가 힘들어.

실제로 결과가 어떻게 나왔는지를 한번 보여줄게.

최근 20년 동안 금리(미국)가 어떻게 움직였는지를 한번 보면, 2000년대 초반 5% 정도이던 미국 시장금리는 2020년 0% 부근까지 내려갔다가, 2020년 7월을 기점으로 다시 올라와서 지금은 다시 5% 약간 아래에서 머물고 있어. 다시 말해, 금리가 한 사이클 내려갔다가 올라왔다는 거야.

미국 시장금리 사이클

출처 : TradingView

TLT ETF 가격과 10년물 미국 국채 금리

출처 : TradingView

같은 기간 동안 채권 가격이 어떻게 됐냐? 바로 226쪽 아래와 같이 됐어. 금리가 내려오는 시기(2002~2020)에는 채권의 가격이 상승했다가, 금리가 올라가자(2020~2025) 채권의 가격이 다시 하락해서, 지금은 채권 가격이 거의 원점(2002년 가격)이 되었어. 금리가 큰 사이클을 그리며 내려갔다가 올라오니까 채권 가격이 그냥 제자리가 되었다는 얘기야.

그런데 그러는 동안 화폐의 양은 얼마나 늘었다고? 4배. 20년 동안 4배가 늘었다고. 통화량은 4배가 늘었는데 내가 가지고 있는 자산의 가격은 제자리인 상황. 이게 무슨 뜻이야? 20년 동안 화폐 가치 하락을 전혀 방어하지 못했다는 얘기야.

물론 이 기간 동안 채권 이자는 받았을 거야. 그런데 나는 이런 걸로는 화폐 가치 하락을 방어할 수 없다고 했어. 이자 5%를 20년 동안 받았다 하더라도, 받은 이자를 모두 합한 금액이 원금 수준 정도밖에 안 될 거야(5% × 20년 = 100%). 20년 동안 투자 결과가 기껏해야 2배 정도 되었을 거라고.

예시

채권에 투자한 금액 100만 원 → 20년 동안 받은 이자 100만 원 → 총합 200만 원 (원금 100만 원 + 이자 100만 원)

즉, 전체 투자 성과가 통화량 증가의 절반 수준에 그쳤다는 거지. 그러면 실제로는 투자 성과가 반토막이 난 거라는 뜻이야.

다시 말해, 채권은 Buy & Hold 하며 투자를 지속하기에는 적절한 자산이 아니라는 얘기야.

채권은 Buy & Hold만으로는 화폐 가치 하락을 방어하지 못해. 적절한 시기에 사고파는 대응이 반드시 있어야 해. 금리 변화를 예측해서 채권을 적절하게 사고팔아야 한다는 뜻이야. 그게 아니라면 채권 투자로 재미 보기는 힘들어. 금리 예측을 잘하지 못하면 좋은 결과를 내기가 어렵다는 얘기야. 오로지 (거의) 금리에 따라 가격이 결정되기 때문에, 이거를 잘못 판단하면 잘못된 투자 결과가 나온다는 거지. 226쪽 위 그래프를 한번 봐봐. 금리가 한 사이클 돌고 나니 가격이 원점으로 돌아갔잖아.

따라서 채권을 통해 화폐 가치 하락을 방어하려면 사고파는 기술과 이와 관련한 지식이 필요해. 금리 예측을 잘하지 못하면 채권을 사고파는 전략이 제대로 작동하지 않을 거야.

그래서 내 생각에는 여보는 일단 채권을 선택지에서 지워도 된다고 생각해. 왜냐하면 금리의 방향을 예측하는 것이 주식 예측하는 거보다 더 어렵거든. 주식이 차라리 나아. 주식은 사람들이 일반적으로 잘 아는 주식을 사거든?

아이폰이 좋아서 혹은 앞으로도 사람들이 아이폰을 좋아할 것 같아서 애플 주식을 사거나, 유튜브가 앞으로도 더 잘될 것 같아서 구글(알파벳) 주식을 사거나, 사람들이 앞으로도 쿠팡을 더더욱 이용할 것 같아서 쿠팡 주식을 사거나 뭐 이런 식으로 말이야. 일상에서 이런 힌트를 얻을 수가 있다는 거지.

그런데 채권(금리 예측)은 그런 게 없어. 그런 거 없이 국가 경제 전체를 예측해야 한다는 거야.

앞으로 한국 경제가 좋아질지 안 좋아질지, 앞으로 미국 경제가 좋아질지 안 좋아질지 이런 거를 예측해야 한다고. 이런 것들에 따라 금리가 변하니까(매달 발표되는 경제 지표들을 추적하면서 앞으로의 경제 상황을 '추정'해내야 한다).

그런데 내 생각으로는 여보가 아이 키우면서 이런 것을 할 수 있을 것 같지가 않아. 그래서 내가 여보한테 채권을 선택지에서 지우라고 얘기한 거야. 내가 없는 상황에서 여보가 스스로 경제 상황과 금리 변화에 맞춰서 채권을 적절하게 사고팔 수 있을 것 같지가 않다고.

여보를 무시해서가 아니라 나도 그걸 할 자신이 없어. 연준 의장도 못 한다는데 내가 무슨 수로 그걸 하겠어.

차라리 나는 다른 방법을 찾겠어. 무지성으로 Buy & Hold가 가능한 자산(방법)을 찾는 거야. 무지성으로 Buy & Hold를 해도 화폐 가치 하락을 방어해주는 자산이 의외로 많거든. 그런 것만 사도 최소 50점은 먹고 들어가.

그리고 지금부터는 그런 자산이 뭔지에 대해서 알아볼 거야.

그럼, 오늘 수업은 여기까지 할게.

채권 시장은 투자 시장 중에서 부동산 다음으로 규모가 큰 시장이다. 전 세계 자산 시장은 약 900조 달러 정도 되는데, 이 중에서 부동산 시장이 330조 달러, 채권 시장이 300조 달러를 차지하고 있다. 즉, 전 세계 자산 시장에서 채권이 3분의 1을 차지하고 있는 것이다.

이는 '그만큼 채권에 매력을 느끼고 투자하려는 수요가 많다'라고 해석할 수 있다. 투자 자산으로서의 매력(장점)이 없다면 이렇게 많은 자금이 여기에 몰렸을 리가 없기 때문이다. 채권은 분명 많은 사람들에게 매력적인 투자 상품이며, 채권 투자로 이미 큰 성공을 거둔 투자자들도 많다.

그래서 필자가 채권 투자에 대해 부정적인 의견을 피력하고 있는 것에 대해 의아함을 느끼는 독자도 많을 것이다. '채권이 별로 좋지 않은 투자처라면 왜 사람들이 이렇게 채권 시장에 몰리겠어?' 충분히 이런 생각을 할 수 있다는 것이다.

하지만 그럼에도 불구하고 필자는 여전히 채권 투자에 대해 부정적인 생각을 가지고 있다. 이는 단순히 하루이틀 생각하고 내린 결론이 아니다. 아래와 같은 고민을 수없이 해보고 내린 결론이다.

'나는 좋게 보지 않는 것을 다른 사람들은 좋게 보고 있다. 혹시 내가 보지 못한 것이 있는 건가?'

많은 사람들이 긍정적으로 생각하는 투자 자산에 대해 필자
는 왜 부정적인 의견을 내는 걸까? 그리고 이 생각의 차이는
어디에서 오는 걸까?

사람들이 채권을 매력적인 상품이라고 생각하는
이유

사람들이 채권을 매력적인 상품이라고 생각하는 이유는 바로
채권 이자가 물가상승률(인플레이션)을 초과하기 때문이다. 채
권에 투자하면 물가가 상승하는 것보다 더 많은 이자를 받기
때문에 그럭저럭 이득이 되는 투자라고 생각하는 것이다.
이자에서 물가상승률을 뺀 값을 실질금리라고 하는데, 예를
들어 채권 이자로 7%를 받았는데 그해의 물가상승률(인플레
이션)이 5%라면 실질적으로는 2%의 금리를 받고 있다는 그
런 개념이다.

실질금리 = 우리가 받는 이자 - 인플레이션율

간혹 채권(혹은 예금) 금리가 물가상승률보다 적은 경우가 발
생하기는 하지만(마이너스 실질금리), 보통의 경우 우리가 받는

이자는 그해의 물가상승률(인플레이션)을 초과한다. 보통의 경우 물가상승률보다 좀 더 높은 이자를 준다는 뜻이다. 그래서 많은 사람들이 채권을 매력적인 투자 상품이라고 생각하는 것이다.

하지만 필자는 이 생각이 아주 잘못된 생각이라고 주장하고 싶다. 왜일까? 일단 가장 주된 이유는 인플레이션(물가상승률) 통계가 실제 현실을 제대로 반영하지 못하기 때문이다.

우리가 흔히 듣는 인플레이션 수치는 소비자물가지수(CPI)를 기반으로 계산되는데, 문제는 이 CPI에는 자산가격 상승이 반영되지 않는다. 다시 말해, 부동산·주식 등의 자산가격이 크게 올라도 이것이 공식적인 인플레이션 수치에 반영되지 않는다는 말이다. 따라서 자산가격이 크게 오르더라도 공식적인 인플레이션 수치는 낮게 나타날 수 있다.

앞에서 설명했듯이 돈의 양이 증가하면 이 돈은 어디로든 가게 되어 있다. 물가지수를 측정하는 상품으로 흘러 들어갈 수도 있고, 부동산 시장으로 혹은 주식 시장으로 흘러 들어갈 수도 있다.

증가한 돈이 흘러 들어간 쪽은 필연적으로 가격 상승이 발생하기 쉬운데, 문제는 증가된 통화량(돈의 양)이 자산 시장으로 급격하게 쏠릴 경우 통화량이 크게 증가했다 하더라도 CPI는 오르지 않을 수 있다는 것이다.

예를 들어 통화량이 증가해 이 중 상당 부분이 부동산 시장으로 흘러 들어간다면, 집값은 크게 올라도 소비자물가는 오르지 않을 수 있다. 그런데 통화량이 늘어 집값이 10% 올라도, 소비자물가가 2% 오르면 공식적인 인플레이션 통계는 2%로 잡힌다.

실제로 2014년부터 2024년까지 한국의 통화량은 106% 증가했는데, 이 기간 서울의 아파트 가격은 177% 오른 반면 소비자물가지수는 22% 오르는 데 그쳤다.

즉, 돈의 양이 2배로 증가하는 동안 서울의 아파트 가격은 약 3배로 뛰었지만, 우리가 보는 공식적인 물가상승률은 22% 오른 것에 그쳤다는 것이다.

그러면 만약 이 기간에 채권에 투자했다면 어떤 결과가 나왔을까? 2014년 한국 10년물 국채 금리는 3% 정도였다. 만약 2014년에 이 채권에 투자했다면, 10년 후 2024년에는 약 30%의 이자 수익을 거둘 수 있었다는 뜻이다. 같은 기간 소비자물가지수는 22%밖에(?) 오르지 않았으니, 채권을 샀다면 소비자물가상승률보다 약 8% 높은 수익을 거둘 수 있었다.

그런데 이것이 과연 괜찮은 투자였을까? 조금만 더 구체적으로 이야기해보자. 가상의 사례를 만들어보겠다. 당신이 2014년에 5억 원의 돈을 가지고 있었다고 가정하자. 당시의 서울 아파트 평균 가격은 5억 원이었다. 그런데 당신은 이 돈을 가지고 서울 아파트를 사지 않고 3% 이자를 주는 10년 만기 한국 국채(채권)를 샀다고 해보자.

그러면 당신은 매년 3% 이자(1,500만 원)를 10년간 받았을 것(1억 5,000만 원)이고, 2024년 만기가 도래할 때 원금 5억 원도 돌려받았을 것이다. 총액 기준으로는 6.5억 원이 된다(원금 5억 원 + 이자 1.5억 원). 10년 동안 원금 5억 원 대비 30%가량 이득을 본 것이다.

하지만 2014년 5억 원이던 서울의 아파트 평균 가격은 10년 후 14억 원으로 거의 3배가 되었다. 당신은 2014년에는 가지고 있던 5억 원으로 서울에 아파트 한 채를 구매할 수 있었지만, 10년 후인 2024년에는 살 수 없게 되었다.

당신은 분명 소비자물가상승률보다 높은 이자를 주는 자산에 투자했다. 그런데 소비자물가상승률을 초과하는 투자를 10년 동안 했음에도 불구하고 이런 결과가 나왔다. 그러면 당신은 채권 투자를 통해 구매력을 유지했다고 말할 수 있는 것인가?

"소비자물가지수는 22%밖에 안 올랐는데, 나는 30%의 수익을 거두었으니 괜찮은 투자를 했다"고 말을 할 수 있냐는 뜻이다.

실질금리를 가지고 화폐 가치 하락을 평가하는 것은 이런 오류를 범할 수 있다. 공식 인플레이션율에는 자산가격 상승이 반영되지 않기 때문에, 이러한 방식으로 계산된 실질금리는 화폐의 실제 구매력 감소를 정확하게 측정하지 못한다.

그런데도 소비자물가상승률보다 높은 이자를 받고 있다고 좋아해야 할 일인가? 필자는 이에 대해 수년 동안 고민했지만 모두 같은 결론이 내려졌다.

'실질금리를 가지고는 화폐 가치와 구매력의 관계에 대해 명쾌하게 설명하지 못한다', '채권으로는 화폐 가치 하락을 방어(헷지)할 수 없다'라는 결론 말이다.

많은 사람들에게 채권은 여전히 안정적인 수익을 제공하는 투자 수단으로 여겨지지만, 필자에게는 전혀 매력적인 자산이 아니다. 채권 이자로는 화폐 가치 하락이 방어되지 않기 때문이다.

아무리 실질금리가 플러스라 하더라도 플러스 금리를 상쇄하는 통화량 증가로 인해 내가 가진 돈의 구매력(자산가격을 고려한 실질 구매력)은 지속적으로 감소한다.

실제로 그동안 금리나 소비자물가상승률보다 훨씬 더 빠른 속도로 통화량(돈의 양)이 늘어났고, 이렇게 늘어난 돈이 누군가의 계좌로 흘러 들어갔다. 다시 말해, 나 말고 다른 누군가는 그 돈을 가져갔다는 얘기다(나 말고 그 사람이 부자가 됐다!). 따라서 소비자물가가 오르지 않았더라도 통화량이 늘어나는만큼 내가 가지고 있는 돈의 구매력이 감소했다고 봐야 한다. 당연히 이 돈들이 자산 시장으로 흘러 들어갔을 테니 말이다.

이런 얘기를 하고 있으면 반드시 다음과 같은 질문이 따라온다. "채권은 가격이 오르잖아! 이자 받아먹다가 채권 가격이 오를 때 팔면 거기서도 이익이 생기는데, 왜 그 부분은 고려를 안 하냐?"

일리 있는 주장이다.

그러나 필자의 결론으로는 채권 가격이 오르는 것을 모두 고려한다 하더라도 채권은 화폐 가치 하락을 방어하지 못한다. 앞에서 설명했듯이 채권은 시중금리가 하락하는 시기가 오면 가격이 오르는데, 특히 장기채를 가지고 있다면 이런 때 채권 가격에서 큰 이익을 볼 수도 있다. 그렇기 때문에 '채권 투자는 이자 받는 것만 생각하면 안 되고 가격이 상승하는 것까지 같이 놓고 판단을 해야 한다'라는 주장은 일면 타당하다.

그러니 이 부분도 한번 따져볼 필요가 있다. 금리가 장기간 하락하는 시점에 장기 국채에 투자한 투자자들은 어떤 성과를 거뒀을까?• 어쩌면 채권 가격이 상승해서 결국은 화폐 가

미국의 장기 국채 ETF인 TLT를 가지고 분석을 할 예정이다. 상대적으로 가격 비교가 쉽기 때문이다. TLT ETF 출시일이 2002년 7월임을 고려해서 이 시점부터의 성과를 판단해보겠다. 2000년대 초반부터 2020년까지는 미국의 금리가 추세적으로 하락하고 있었던 시기(채권 가격이 추세적으로 오르던 시기)이므로 적절한 비교 사례가 될 것으로 생각한다.

미국 10년물 국채 금리

출처 : TradingView

미국 10년물 국채 금리와 TLT 가격

출처 : TradingView

치 하락을 방어할 수 있지 않았을까?(채권 가격 상승 + 매년 받는 이자를 통해)

2002년 7월 4%대 중반이던 미국 10년물 국채 금리는 장기 우하향하기 시작해 2020년 7월에는 0%대 중반까지 내렸다. 이 기간 미국 장기채의 가격은 꽤 큰 폭으로 올랐다(약 20년에 걸쳐 금리가 4.5%에서 0.5%까지 점진적으로 내려갔으니). 장기채 가격을 실제로 살펴보면, 이 기간 미국 장기 국채(TLT 기준)는 가격이 100% 정도가 올랐다.

20년 동안 시장금리가 우하향하다 보니 채권 가격이 2배로 오른 것이다. 그리고 이와 더불어 이자도 매년 받았을 것이므로 이 부분도 고려해야 한다. 20년 동안 이자는 얼마를 받았을까?

채권을 언제 샀는지에 따라 받을 수 있는 채권 이자(금리)가 달라지기 때문에 이자를 얼마 받았는지 정확히 계산하기는 어렵다. 다만 대략 5%의 이자를 20년 동안 받았다는 것을 가정하고 계산을 해본다면, 원금의 약 100%에 해당하는 이자를 받은 것으로 예상할 수 있다(5% × 20년 = 100%). 즉, 20년 동안 원금에 해당하는 돈만큼 이자를 받았다는 것이다.•

이제 가격이 얼마나 올랐는지를 알아냈고 이자를 얼마나 받았는지 알아냈다. 그러면 결론을 도출할 수 있다.

만약 2002년에 100만 원으로 TLT를 샀다고 가정하고 계산해보면, 채권 가격이 100만 원에서 200만 원이 되어 100만 원 수익(채권 가격 상승), 20년 동안 이자로 100만 원을 받아 이자 수익 100만 원, 그리고 원금 100만 원. 즉 100만 원을 가지고 채권에 투자해서 총 300만 원을 만들었다는 계산이 나온다(원금이 대략 3배가 된 것).

이를 나쁘지 않은 성과라고 결론 내릴 수도 있지만 이런 결론을 내리기 전에 같은 기간 동안 통화량이 얼마나 늘었는지도 따져봐야 한다.

이 기간 미국 달러의 통화량(돈의 양)은 얼마나 늘었을까? 미국의 통화량(M2)은 2002년 7월 약 5조 4,000억 달러에서 2025년 1월 약 21조 5,614억 달러로, 약 300% 증가했다. 23년 동안 달러의 통화량(돈의 양)이 4배가 된 것이다. 돈의 양은 4배가 되었는데 내가 채권에 투자해서 거둔 전체 성과는 3배. 이것을 과연 잘한 투자라고 얘기할 수 있을까?

필자의 견해로는 단지 '가만히 돈을 가지고 있었으면 구매력이 4분의 1 토막이 났을 상황인데 채권에 투자해서 간신히 4분의 3 토막 난 것으로 막은 상황'일 뿐이다.

심지어 이 결과는 장기적으로 금리가 하락하던 시기(채권 가격이 오르던 시기)를 두고 계산을 해본 것으로, 만약 금리가 추세적으로 하락하는 시기가 아니었다면 이런 결과조차 나오지 않았을 것이 확실하다. 왜냐하면 채권 가격은 별로 오르지 않았을 것이기 때문에.

이를 종합해보면, 채권 투자자에게 아주 유리했던 시기를 기준으로 계산해봐도 채권 투자는 화폐 가치 하락을 방어하지 못한다는 결론이 나온다. 따라서 어떤 방식으로 생각을 해봐도 채권은 매력적인 투자 대상이 아니다. (지극히 필자의 개인적인 생각이다.)

필자의 견해로는 연평균 복리 7%의 수익을 내지 못하는 투자 자산은 투자 대상으로의 가치가 없다. 투자 자산이 연평균 7%를 넘는 성과를 보여주지 못한다면 화폐 가치 하락을 막아내지 못한다. 통화량 증가율이 연평균 7% 정도이기 때문에 그렇다(대략 10년에 2배, 20년에 4배).

그런 면에서 보면 채권은 현금보다 조금 더 나을 뿐 채권 또한 방전되는 배터리인 것은 분명하다. 채권은 태생이 '화폐 기반의 자산'이기 때문에 그렇다. 재테크라는 것은 연평균 수익률 7%(복리)를 만들어내기 위한 싸움이다. 채권은 이 수익률을 충족시키지 못한다.

채권을 가지고 위험을 분산해야 한다?

어떤 사람들은 이런 주장도 한다.

"자산 포트폴리오에서 주식과 채권을 분산해놓으면 하락기에 든든한 버팀목이 되어준다."

이 말도 일면 타당하다. 왜냐하면 채권은 '경제 상황이 좋지 않을 때 가격이 오르는 특징'이 있기 때문이다. 금리는 경기가 좋으면 오르고 경기가 안 좋으면 내린다. 그런데 이 말은 다음과 같이 바꿔서 표현할 수 있다.

경기가 좋으면 채권 가격이 내린다(금리가 오르므로)

경기가 안 좋으면 채권 가격이 오른다(금리가 내리므로)

채권의 이러한 특징은 투자를 하는 데에 있어 엄청나게 유리한 방향으로 작용할 수 있다. 왜냐하면 주식이 하락하는 시기에 채권은 반대로 가격이 올라가기 때문이다. 이 메커니즘은 어떤 식으로 작동이 되는 걸까?

사람들이 주식에 투자하는 이유가 무엇인가? 사람들은 앞으로 경제 상황이 좋아질 것 같을 때 주식을 산다. 기업들의 이익이 잘 나올 것으로 기대되기 때문에 적극적으로 주식을 사는 것이다.

그래서 경기가 좋은 상황에서는 기업들 주식의 가격이 오른다. 또 이런 시기에는 금리도 같이 올라간다. 기업들이 돈을 빌리려는 수요도 많아지기 때문이다. 그런데 금리가 오르면 뭐가 내린다고? 채권 가격. 채권 가격이 내린다. 그래서 경기가 좋은 시기에는 주식 가격이 오르는 반면, 채권 가격은 내려간다.

만약 반대의 상황이라면 어떨까? 경기가 좋지 않은 상황이라면? 이런 시기에는 주식의 가격이 내려간다. 기업들의 이익이 안 좋게 나올 것이기 때문에 적극적으로 주식을 사려는 사람들이 적어지기 때문이다. 이런 시기에는 금리도 낮아지는데(기업들이 돈을 빌리려 하지 않아서), 그런데 금리가 낮아지면 뭐가 오른다고? 채권 가격. 채권 가격이 오른다. 그래서 경기가 좋지 않은 시기에는 주식 가격은 내리는 반면, 채권 가격은 오른다.

요약하면 "경제 상황이 좋으면 주식 가격이 오르는 대신 채권 가격이 내리고, 경제 상황이 안 좋으면 주식 가격이 내리는 대신 채권 가격이 오른다"라고 할 수 있다.

이 메커니즘은 한 가지 특징을 보여주는데, 그것은 바로

미국 기준금리

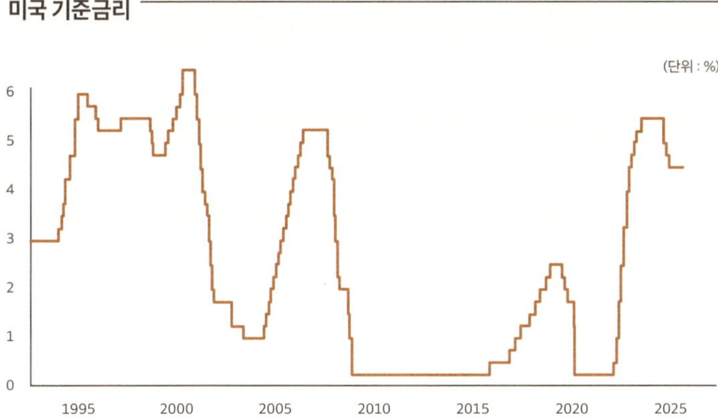

출처 : Trading Economics

미국 기준금리와 미국 10년물 국채 금리(시중금리)

출처 : TradingView

주식 가격의 방향과 채권 가격의 방향이 반대로 움직인다는 점이다. 주식 가격이 약세일 때는 채권 가격이 강세를 보이고, 채권 가격이 약세일 때는 주식 가격이 강세를 보인다. 즉, 상호 보완이 되는 관계라는 것이다.

실제 사례를 가지고 한번 살펴보자.

2007년 8월부터 서브프라임 모기지의 부실이 본격화되기 시작하자, 2007년 9월 미국 연준은 5.25%이던 미국의 기준금리를 빠르게 떨어뜨렸다. 미국의 기준금리는 2008년 12월에 0~0.25%까지 떨어졌다(약 1년 만에).

이 시기 시중금리는 시차를 두고 서서히 하락했는데, 이때부터 미국 경제 주체들의 심리가 빠르게 하락했다고 짐작해볼 수 있다(243쪽 아래 그래프 참조).

금융 시장에 이상 신호가 감지되자 경제 주체들의 심리는 빠르게 얼어붙었고, 실물 경제 또한 나빠지기 시작했다. 그래서 이 기간(2007년 10월~2009년 2월) 미국 주식의 대표 지수인 S&P 500이 약 50% 하락했다('미국 주식 가격이 평균적으로 50% 떨어졌다'라는 의미로 이해하면 된다)(243쪽 위 그래프 참조).

반면 채권의 가격은 어땠을까?

약 1년 3개월 만에 금리가 5% 하락을 하니, 미국의 장기 국채 가격(TLT 기준)은 약 35% 상승했다. 주식이 50% 하락하는 동안 채권은 35%가 올랐다는 얘기다.

S&P 500 주가

출처 : TradingView

S&P 500과 TLT 가격

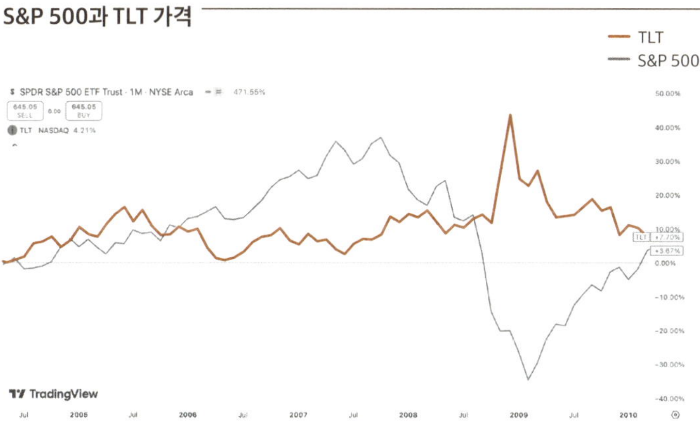

출처 : TradingView

전통적인 포트폴리오 이론에서는 주식 60 : 채권 40의 분산을 추천하는데, 만약 추천대로 이 시기에 주식과 채권을 60 : 40으로 분산했다면, 경제가 크게 안 좋아졌던 이런 시기에도 큰 자산 손실을 피할 수 있었을 것이다.

구체적으로 한번 계산해보면 이 시기에 자산을 주식 60 : 채권 40으로 나눠놨다면 다음과 같은 결과를 내게 된다.

60 → 30 (**-50%**)

40 → 54 (**+35%**)

총 84

주식에 투자된 60은 엄청난 하락장을 만나 30이 되었지만(-50%), 금리 하락으로 인해 채권에 투자된 40은 가격이 상승해 54(+35%)가 되었다. 그러면 총합으로는 84가 되어 전체 자산 기준으로 손실률은 -16%가 된다.

만약 주식에만 투자했다면 50% 손실을 보았을 수도 있는데 채권에 분산했기 때문에 -16% 수준으로 손실을 막았다고 볼 수 있다. 이것이 많은 경제 전문가들이 주식과 채권에 적절히 분산해놓으라고 조언하는 이유다. 주식과 채권에 분산해놓으면 경기 흐름이 변하는 환경이 오더라도 안정적으로 투자할 수 있기 때문에.

이는 틀린 말이 아니다. 완전히 맞는 말이다. 주식과 채권으로 적절하게 자산을 배분해놓는다면 경기 흐름이 크게 변하는 상황에서도 안정적인 자산 운용이 가능하다. 하지만 필자는 이마저도 추천하지 않는다.

왜일까? 포트폴리오 분산(자산 배분)이라는 것은 기본적으로 '위험을 분산'해서 손실을 최소화하고 그 안에서도 적절히 만족스러운 수익률을 추구하는 개념이다. 그런데 이것은 막대한 자산을 운용하는 기관 투자자들에게나 효율적인 방식이지, 우리 같은 개인 투자자들에게는 효율적인 방식이 아니다.

왜 그럴까. 기관 투자자 입장에서 한번 생각해보자. 기관 투자자들은 높은 수익률을 내는 것보다 큰 손실을 보지 않는 것이 훨씬 더 중요하다. 왜냐하면 큰 손실을 보게 되면 회사 자체가 파산해버릴 수도 있기 때문이다.

그래서 '원금 보장'이라는 채권의 특징이 기관 투자자들에게는 생각보다 아주 중요한 요소이다. 채권이라는 것은 결국 원금이 보장되는 상품이고 만기까지 채권을 가지고 간다면 손실을 보지는 않기 때문에, 그래서 기관이 운용 중인 포트폴리오에서 채권의 비중이 높으면 망할 위험이 현저히 낮아진다.

이자를 받는 기간 동안 화폐 가치가 얼마나 하락했는지와 같

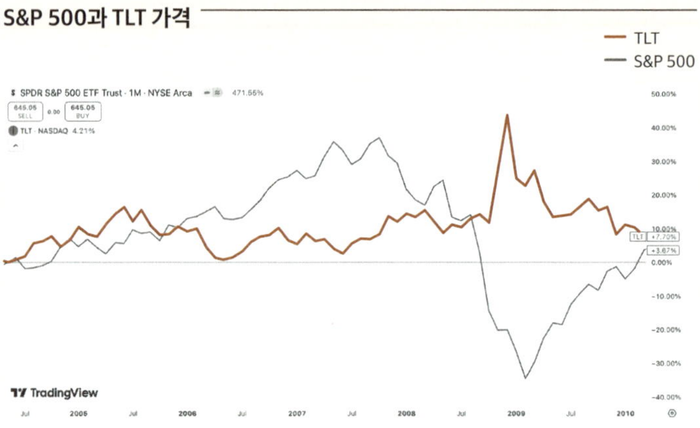

출처 : TradingView

은 것들은 모두 차치하고서라도 일단 망할 일은 없다. 원금이 훼손되지는 않으니까. 게다가 경기가 안 좋아지는 경우에는 채권 가격이 상승을 해주니 얼마나 든든하겠는가.

그런데 만약 경기가 좋아지기 시작하고 주식 상승장이 온다면 어떻게 될까? 이때는 완전히 반대의 상황이 펼쳐진다. 아까의 사례를 이어서 가져와 보자. 미국에서 금융위기(2008)가 터지자, 미국 연준은 이에 적극적으로 대응했다. 그러자 경제 주체들의 심리가 서서히 살아나기 시작했다.

연준의 적극적인 대응 이후 1년 동안 S&P 500 지수는 약 50% 상승했다(2008년 12월~2009년 12월). 반면, 주식이 50% 상승하는 동안 채권은 25% 하락했다.

만약 이 시기에도 전통적인 포트폴리오 이론에 따라 자산을

주식 60 : 채권 40으로 분산했다면, 다음과 같은 결과가 나
오게 된다.

$$60 \rightarrow 90\ (\textbf{+50\%})$$

$$40 \rightarrow 30\ (\textbf{-25\%})$$

$$총\ 120$$

주식에 투자된 60은 엄청난 상승장을 만나 90이 되었지만
(+50%), 채권은 하락해 채권에 투자된 40은 30이 되었을 것
(-25%)이다. 주식이 50%가 올랐지만, 전체 자산은 100에서
120으로 오르는 것에 그친다는 것이다. 그러면 전체 자산 기
준으로 수익률은 +20%가 된다. 이는 주식이 한 해에 50%가
올랐다고 해도, 전체 자산 가치에서는 20% 상승만 일어난다
는 뜻이다(참고로 주식 시장이 한 해 50% 오르는 일은 자주 일어나는
일이 아니다).

이렇듯 주식과 채권에 분산해 투자하면, 하락기에는 손실이
커지는 것을 막는 효과가 있는 반면, 상승기에는 상승의 과
실을 온전히 취할 수 없는 단점도 같이 생기게 된다. 이를 바
꿔 말하면 주식과 채권으로 분산하는 것은 망하지 않는 방
법이지 최고의 결과를 가지고 오는 방법은 아니라는 뜻도
된다.

기관 투자자들에게는 '망하지 않는 것'이 생각보다 아주 중요하다. 그래서 이들이 포트폴리오(자산)를 주식과 채권으로 분산해서 운용하는 것이다. 회사가 망하는 것보다 수익을 좀 덜 가져가는 것이 훨씬 낫기 때문에.

그런데 개인 투자자들의 경우에는 얘기가 조금 다르다. 포트폴리오를 분산한다는 것은 안 그래도 적은 내 시드머니가 거기서 또 분할된다는 것을 뜻한다. 그런데 만약 이렇게 분할된 돈 중에서 40이나 되는 돈이 채권(화폐 가치 하락을 방어하지 못하는 자산)에 투자된다면, 이는 '실제로 내 자산 중에서 유의미한 성과를 낼 가능성 있는 돈은 60에 그치게 된다'는 소리가 된다.

그렇다면 60의 돈으로 높은 성과를 내서, 집값이 오르는 속도를 따라잡아야 한다는 결론이 나오는데, 이는 생각보다 매우 어려운 일이다. 집값은 천만 단위, 억 단위로 오르는데, 60으로 아무리 높은 성과를 낸다 한들 적은 자본(분산된 자본)으로는 이 속도를 따라잡기가 매우 힘들기 때문이다.

자산 가격이 상승하는 시기에는 보통 집값도 같이 오르기 마련인데(돈이 풀리기 때문에), 이런 시기에 설사 주식이 50%가 오른다 하더라도 그것의 효과가 내 자산 전체에 미치는 영향이 20%밖에 되지 않는다면, 이는 '집값을 따라잡기 위해 내가 내야 하는 성과'가 점점 더 커져야 함을 의미한다.

그래서 '상승기에 과실을 모두 취할 수 없다'라는 특징은 일반적인 개인 투자자들에게 생각 이상으로 엄청나게 큰 단점이 되어버린다. 우리에게는 '안정적인 투자'보다 '집값 오르는 것을 따라갈 수 있는 투자'가 훨씬 더 중요하기 때문이다. 기관 투자자들과 개인 투자자들은 목표가 아예 다르다.

기관 투자자들의 목표 : 망하지 않는 것

개인 투자자들의 목표 : 집값 오르는 것을 따라가는 것

목표가 다른데 같은 전략을 사용하면 될까? 기관 투자자가 운용자금 1,000억 원을 분산해서 600억 원은 주식에 400억 원은 채권에 투자하는 것과, 직장인이 시드머니 1,000만 원을 분산해서 600만 원은 주식에 400만 원은 채권에 투자하는 것은 완전히 다른 차원의 게임이다.

기관 투자자

600**억 원** 주식 / 400**억 원** 채권

개인 투자자

600**만 원** 주식 / 400**만 원** 채권

필자의 생각으로는 이 전략(주식 60 : 채권 40 전략)은 우리 같은 개인 투자자들에게 최고의 결과를 가져오는 조언이 아니다. 절대로 아니다. 그래서 필자는 채권으로의 분산을 권하지 않는다.

프로선수의 기량 유지 훈련과 앞으로 프로선수가 되려는 사람의 훈련이 같아서는 안 된다. 프로선수가 설렁설렁 훈련하는 모습을 보면서 '저 사람도 저렇게 훈련하니까 나도 저렇게 하면 되겠구나'라고 생각한다면, 아마 그 사람은 프로가 되지 못할 가능성이 매우 높다.

마찬가지다. 기관 투자자들이 설렁설렁 대충 여기저기 분산해놓는다고 우리도 그렇게 해야 한다고 생각한다면, 아마 목표에서 점점 멀어지기만 하는 본인의 모습을 발견하게 될 가능성이 높다.

우리에게는 다른 전략이 필요하다. 지키기 위한 전략이 아닌 살아남기 위한 전략이. 우리 같은 일반 사람들에게 어떤 자산과 어떤 전략이 필요한지는 앞으로 설명을 이어 나갈 예정이다.

여기서 오해를 하면 안 되는 점이 있다. 필자의 주장은 '분산을 하지 마라'는 것이 아니다. '분산을 하더라도 그 돈이 채권으로 들어가면 안 된다'라고 얘기하는 것이다. 자본을 채권으로 분산한다면 내 돈이 녹아내리는 부분만 더 커질 뿐 전체 성과에서 유의미한 결과를 가져오기 어렵다.

우리 같은 개인 투자자들은 채권을 투자 대상에서 제거해야 한다. 아니, 범위를 더 확장해서 얘기한다면 '화폐 기반의 자산'은 모두 투자 대상에서 제거하는 것이 현명하다. 화폐 기반 자산은 기본적으로 화폐 가치 하락을 방어하지 못하기 때문이다.

때로는 정답을 찾아내는 것보다 확실한 오답을 제거하는 것이 더 효율적일 때가 있다. 오답을 확실히 제거한 후 남은 선택지 중에서 가장 나은 선택을 한다면, 어쩌면 그 선택은 정답에 가까운 선택일 수 있다.

여기서 아마 이렇게 주장하고 싶은 사람도 있을 것이다.

"주식이 오를 때는 주식을 가지고 있다가, 주식이 내리고 채권이 오를 때는 채권으로 바꿔놓고, 다시 주식이 오를 때 채권을 팔고 주식을 사면 되는 거 아니냐? 당신이 그걸 못한다고 해서 투자 자산 자체를 안 좋게 이야기하는 게 맞냐?"

이 말 또한 맞는 말이다. 가격의 움직임 자체만 놓고 보면, 주식이 떨어지기 전에 주식을 모두 팔아서 채권을 사놓고, 다시 채권 가격이 오르면 그때 오른 채권을 팔아서 다시 주식을 사면 수익률이 극대화된다고 생각할 수 있다.

예를 들어 2007년 당시에 주식을 모두 팔고 채권을 산 후, 2008년 12월 35% 오른 가격에 채권을 모두 팔고, 50% 하락

해 있는 주식으로 바꿔 주식의 상승을 모두 취했다면 수익
률은 어마어마했을 것이다.

100 → 135 (채권 가격 **+35%**)

채권 매도, 주식 135 매수 → 주식 가격 **+50%** 오름

총 202

2년 반 남짓 되는 기간에, 100%를 넘는 수익률을 거둘 수 있
었을 것이다. 아무리 피터 린치가 "연준 의장도 못하는 금리
예측을 당신이 어떻게 하냐?"라고 했다 한들 그건 피터 린치
얘기고, 어쩌면 나는 그것을 맞힐 수도 있지 않았을까?

과거 차트를 복기해보면 충분히 이런 생각을 할 수 있다. 그
런데 이 생각에서 한번 따져봐야 할 것들이 있다. 그중 하나
는 '사후 확신 편향'이라는 개념이다. 이는 심리학에서 이미
많이 연구된 주제로, 무언가가 이미 일어난 뒤에는 마치 그
일이 처음부터 예측 가능했던 것처럼 느끼는 착각을 말한다.

사후 확신 편향(Hindsight Bias)
어떤 사건이나 일에 대하여 결과를 확인하고, 마치 사전에 결과를
예측할 수 있었던 것처럼 생각하고 말하는 심리이다.

쉽게 말해, 일이 일어난 뒤 그 결과가 예측 가능했다고 느끼

는 착각을 말한다. 이 심리학적인 현상으로 인해 인간은 어떤 안 좋은 일을 겪었을 때 이 일을 사전에 피하는 것이 가능했다고 생각하는 경향이 있다.

마치 이런 심리다.

"리먼브라더스는 망할 줄 알았어"

"그때 금리 떨어졌으니, 채권 사는 게 당연했지."

하지만 이것은 우리가 결과를 알고 있기 때문에 그렇게 느끼는 것일 뿐, 당시에는 어느 누구도 그 방향을 확신할 수 없었다. 당시에는 '자본주의 시스템 자체가 붕괴할 것'이라는 공포가 세상을 지배하고 있었고, 모두가 패닉에 빠져 있는 상태였다.

이 일이 얼마나 걷잡을 수 없는 사태로 확산되어갈지 당시에는 아무도 정확히 알지 못했다. 주식이 언제까지 얼마나 떨어질지 알 수 없었고, 연준이 어떤 대응책을 가지고 있는지도 알지 못했으며, 금리 인하가 장기채 가격을 얼마나 끌어올릴지도 불확실했다. 심지어 자본주의 시스템이 붕괴되면 채권들도 모두 휴지 조각이 되는 것 아닌가 하는 공포까지도 있었다.

"2007년에 주식을 팔아 채권을 사고, 2008년 말에 채권을 팔고 다시 주식을 샀으면, 2배 수익이었겠네!"

그래서 이런 말은 들을 때는 그럴듯하지만, 당시 모든 것이 불확실한 상황이었다는 점을 무시한 생각이다. 그뿐만 아니라 매도와 매수 시점을 정확히 맞혔으리라는 보장도 없다. 지나고 난 후에 데이터를 보면 그것이 보이지만 혼돈의 한복판에서 그런 선택을 한다는 것이 사실상 매우 어려운 일이라는 것이다.

예를 들어 운이 좋게도 금융위기가 터지기 전에 자산을 모두 채권으로 바꿔놓았다 하더라도, 주식 시장이 50%까지 하락하리라고는 예상하지 못했을 수 있다.

그래서 20~30% 하락한 시점에서 '이제 슬슬 주식으로 바꿔도 되겠네'라는 생각이 들 수도 있었을 것이고, 어떤 시점에서는 이 생각을 실제로 실행에 옮겼을 가능성도 높다. 그러나 주식 시장은 그 시점으로부터도 30%가량 추가로 하락했고 따라서 좋지 못한 결과를 얻었을 가능성도 높다.

즉, 지나고 난 후에 데이터를 보면서 '그 시점에 나는 그런 판단과 선택을 할 수 있었을 거야'라고 생각하는 것은 현실적인 생각이 아니라는 뜻이다. 왜냐하면 세상이 무너질 것 같은 공포 속에서 합리적인 판단을 내린다는 것은 매우 어려운 일이기 때문이다.

또 다른 것은 확증 편향에 관한 내용이다. 사람들은 '자신이 이미 가지고 있는 믿음이나 기대에 부합하는 정보'만을 받아들이는 특징이 있다. 이를 심리학적 용어로 '확증 편향'이라

하는데, 이는 쉽게 얘기해서 사람들은 자기가 보고 싶고 받아들이고 싶은 정보만을 받아들인다는 뜻이다.

이렇게 비유하면 이해하기 쉽다. 무주택자였던 사람이 영끌해서 집을 사면 그때부터 이 사람은 '집값이 오른다는 기사'만 찾아본다. 그 기사를 보는 것이 마음의 위안이 되기 때문이다. 반면, 유주택자이던 사람이 집을 팔고 무주택자로 돌아가면, 그때부터 이 사람은 '집값이 내린다는 기사'만 찾아본다. 왜냐하면 그런 기사를 봐야 내 마음이 안정되기 때문이다.

그래서 똑같은 상황을 두고 무주택자는 '가계 대출이 위험해서 세상이 망할 것'이라고 판단하게 되고, 유주택자는 '대출이 이렇게 늘어나는데 당연히 집값이 오르지'라고 판단하게 되는 것이다.

마찬가지로 채권 투자자들과 주식 투자자들은 성향이 완전히 다르다. 이는 '돈이 어떤 상황에서 벌리는지'와 관련이 있는데, 대개의 경우 채권 투자자들은 '앞으로 경제가 안 좋아질 것이라는 사실'에만 관심을 집중한다. 왜냐하면 경제가 안 좋아져야 금리가 내리고, 금리가 내려야 자기가 가지고 있는 채권의 가격이 오를 것이기 때문이다. 그래서 채권 투자자들은 '경제가 안 좋다는 뉴스'가 보이면 환호하고 '경제가 좋다는 뉴스'가 보이면 애써 이를 외면하게 된다.

그러나 주식 투자자들의 경우는 반대다.

주식 투자자들의 경우에는 경제 상황이 좋아져야 주가도 오르고 자신에게 유리한 상황이 만들어진다. 그래서 이들은 낙관적인 상황이라고 얘기하는 뉴스에만 관심을 갖고, 부정적인 상황이라고 얘기하는 뉴스에는 애써 눈을 감는다. 즉, 똑같은 현상을 두고 이 사람들은 완전히 다른 가치 판단을 하게 된다는 것이다. 돈이 벌리는 상황이 정반대이기 때문에.

따라서 채권 투자자는 '앞으로 경제가 안 좋아질 것'이라고 주장하고, 주식 투자자는 '앞으로 경제가 좋아질 것'이라고 주장한다. 좀 더 와닿게 표현하면 채권 투자자는 부정론자, 주식 투자자는 긍정론자에 가깝다는 뜻이다.•

그런데 중요한 것은 돈은 부정론자가 아닌 긍정론자가 벌기 쉽다는 것이다. 긍정론자라는 것은 앞으로의 상황을 낙관한다는 얘기이고, 앞으로의 미래를 낙관한다는 것은 내가 가진 자산의 가격도 미래에 올라갈 것이라는 기대를 하고 있다는 뜻인데, 그런데 이 생각이 전체적인 큰 그림상 맥락에 맞기 때문에 그렇다.

왜냐하면 현대 자본주의 시스템은 돈의 양이 계속 늘어나도록 설계되어 있기 때문에 좋은 자산의 경우 대부분 가격이 우상향하며 올라간다. 경제 상황에 따라 오르내리는 과정에 부침은 있겠으나 결국 큰 흐름은 가격이 오르는 쪽으로 향한다는 얘기다. 그런 면에서 보면 채권 투자는 전체 투자의 마인드까지 해칠 수 있다(지극히 필자의 개인적인 생각이다).

채권 투자에 비중을 실으면 사람이 자연스럽게 '그날'을 기다리게 된다. 모두가 힘들어지는 그날이 오면 내가 가진 자산의 가격이 오르기 때문에.

그래서 '앞으로 경제가 안 좋아질 것'이라고 얘기하는 목소리에 점점 더 관심이 가고, 그러다 보면 투자해놓은 다른 자산(주식 등)에 대한 확신도 점점 더 약해질 수 있다.

생각과 반대되는 행동을 하는 데는 굉장한 자제력이 필요하다. 세상이 망할 거라고 생각하는데 투자를 지속하는 것은 에너지가 많이 소모되는 일이다.

투자는 장기전이다. 그런데 이렇게 에너지가 많이 드는 일이라면 장기적으로 지속하기 어렵다. 이는 곧, 좋지 않은 결과로 이어질 가능성이 높다는 뜻이다.

만약 자신의 투자 포트폴리오에서 채권의 비중이 높다면 은연중에 부정적인 생각을 하고 있을지도 모른다. 어쩌면 앞으로 경제가 잘못되리라고 기대하고 있을지도 모른다.

그런데 이런 기대는 앞으로의 투자 성과를 좋지 않게 만들 가능성이 높다. 세상이 망해야 수익이 나는 자산을 갖고 있으면 세상이 망한다는 뉴스만 보게 될 가능성이 높고, 그러다가 갖고 있는 주식도 쉽게 팔아버리게 된다.

한번 생각해보라.

주식에 투자를 해놓고도 세상이 망한다는 뉴스에 관심이 가는 상황이라면 이 투자의 결과가 좋게 나올 리가 있겠는가? 그만큼 언밸런스하다는 것이다.

따라서 필자는 채권에 대한 투자 자체를 추천하지 않으며, 다른 방법을 찾으라고 권하고 싶다. 이러한 단점을 모두 받아들이면서까지 투자를 고집할 만큼 채권은 매력적인 자산이 아니다. 시기를 잘 만나도 화폐 가치의 하락 속도가 잠시 늦춰질 뿐 화폐 가치 하락 자체를 방어하지는 못한다. 따라서 우리는 이런 '화폐 기반의 자산' 말고 더 나은 다른 자산을 찾아야 한다.

다행인 점은 그런 자산이 이미 널리 알려져 있고, 우리 같은 개인 투자자들이 그 자산에 효율적으로 투자하는 방법도 이미 다 나와 있다는 것이다. 단지 이 시장 자체에 소음이 너무 많아 우리가 그 방법을 가려내지 못하고 있을 뿐이다. 필자는 그 방향으로 여러분을 안내할 것이다.

금리에 대해서

금리를 설명할 때 '금리는 시장에서 결정된다'라고 했다. 돈을 빌리려는 수요가 많으면 금리가 오르고 수요가 적으면 금리가 떨어지기 때문에, 그래서 경기가 좋을 때는 금리가 오르고 경기가 나쁠 때는 금리가 내린다고. 그런데 사실 이는 반만 맞는 얘기다.

필자가 설명했던 것은 '시장금리(시중금리)'에 대한 내용인데, 사실은 금리에는 시장금리만 있는 것이 아니다. 평소 경제 뉴스를 관심 있게 보는 독자라면 아마도 이런 기사를 본 적이 있을 것이다.

경기부터 살린다… 한은 기준금리 0.25%p 깜짝 연속 인하

출처 : 신호경·한지훈·민선희, 〈연합뉴스〉, 2024년 11월 28일

한국은행에서 금리를 낮췄다는 뉴스 기사다. 아니 이게 무슨 소리인가? 분명 '금리는 자금 수요에 의해 시장에서 결정된다'고 하지 않았었나? 그런데 한국은행이 금리를 낮췄다니, 이게 도대체 무슨 말인가? 답부터 먼저 말하면, 다른 종류의 금리가 있기 때문이다.

금리에는 2가지 종류가 있다. 하나는 기준금리이고, 다른 하나는 시장금리이다. 똑같이 '금리'라는 이름이 붙어 있지만, 이 2가지 금리는 서로 다르다.

기준금리 vs 시장금리

앞에서 설명했던 돈을 빌리려는 수요에 의해 자연스럽게 결정되는 금리를 '시장금리'라고 한다. 그러면 기준금리는 무엇일까? 금리는 시장에서 자연스럽게 결정되기도 하지만, 국가(정확히는 중앙은행)에서 의도적으로 방향을 움직이기도 한다. 이를 기준금리라고 하는데, 다른 용어로는 '정책금리'라고도 한다. 즉, 정책에 따라 누군가가 올리고 내리고 할 수 있는 금리를 뜻한다. 그러면 여기서 2가지 질문이 따라온다.

● 기준(정책)금리는 누가 올리는 것인가? (누가 내리는 것인가?)
● 기준(정책)금리는 왜 올리는 것인가? (왜 내리는 것인가?)

앞서 설명한 것처럼, 금리는 시장에서 정해지는 것이 맞다. 돈의 수요에 따라 시장금리는 오르기도 하고 내리기도 한다. 그런데 이렇게 정해진 시장금리는 '시장에서 지금 형성된 금리'이지, '현재 상태에서 적절한 금리'라고 얘기할 수는 없다.

이게 무슨 소리일까? 어떤 국가에 경제위기가 왔다고 해보자. 당연히 경제 상황이 나빠질 테니 돈을 빌리려는 수요가 줄어들어 시장금리가 알아서 내려갈 것이다.

보통의 경우 시장금리는 돈의 수요에 따라 서서히 하락하거나 서서히 상승하는 경향을 보이는데, 이는 시장에서 경제 주체들이 서로 돈을 빌려주고 빌릴(회전될) 때 어느 정도 시간이 필요하기 때문이다. 그런데 문제는 이렇게 금리가 '알아서 서서히 떨어지는 것'을 기다리면 안 되는 상황이 생각보다 꽤 자주 생긴다는 것이다.

예를 들어 2020년 2월 코로나19가 걷잡을 수 없이 확산되자 경제 주체들의 심리가 급속도로 얼어붙기 시작했다. 시장에서는 돈을 빌리려는 수요가 한순간에 완전히 사라졌지만, 이 같은 돈의 수요 공백이 시장에서 시장금리 변화로 확인될 때까지는 시간이 꽤 오래 걸릴 터였다.

다시 말해, 지금 시장의 상황은 금리가 0%여도 돈을 빌릴 사람이 없는데 금리가 내려오는 속도가 더뎌 여전히 금리가 2%로 유지되고 있는 상황. 이런 상황에서는 경제위기가 상당히 오랫동안 지속될 수 있다.

왜냐하면 아무리 경제가 어려워졌다 하더라도 그래도 누군가는 돈을 빌려 공장을 짓고 사업을 계속 영위해 나가야 경제위기도 탈출이 되는 것인데, 그런데 만약 '현재 금리로 돈을 빌리면 도저히 수지타산이 안 맞는다'라는 계산이 나오면 그나마 용기를 가진 사람도 생각을 접고 다음을 기약하는 상황이 생기기 때문이다.

안 그래도 적극적으로 사업을 늘려가려고 하는 사람이 부족한데 그마저도 더 없어지는 상황이 된다.

이런 상황에서는 누군가가 금리를 빠르게 잡아 내려줘야 한다. 그러지 않고 '자연스럽게 시장에서 금리가 내려오기'를 기다린다면 경제위기를 벗어나는 데는 상당한 시간이 필요해진다.

돈의 수요가 줄었기 때문에 '가만히 놔둬도' 금리가 알아서 떨어지기야 하겠지만, 지금의 경제적 상황이 금리가 서서히 떨어질 때까지 기다릴 여유가 없기 때문에 누군가가 나서서 경제 상황과 금리 수준을 적절하게 맞춰줘야 한다는 것이다. 이 역할을 하는 것이 각국의 중앙은행들이다.

각국의 중앙은행들은 그 나라의 경제 상황에 맞게 시장금리가 적절하게 조절될 수 있도록 어떤 기준점을 제시한다. 그것이 바로 기준금리이다. 경제 상황에 맞춰 중앙은행들이 기준(단기)금리를 정하는 것이다. 그러면 시차는 다소 있겠지만 시장(장기)금리도 그에 상응하도록 조정된다.

다시 말해, 한국은행에서 금리를 0%로 낮춘다는 발표를 하는 순간, 시장금리도 빠르게 떨어질 거라는 얘기다. 한국은행에서 금리를 0%로 맞춘다는데 시장금리가 10%에 머물지는 않을 것 아닌가. 아마 채권 가격이 폭등하면서 시장금리 또한 빠르게 내려올 가능성이 높다.

이렇게 중앙은행들은 '원하는 수준으로 시장금리를 맞추기 위해서' 기준금리를 조절한다. 국가 경제를 안정적으로 성장시키기 위해 기준금리 조절이라는 카드를 사용하는 것이다.

경제 상황이 좋지 않으면 정부가 나서서 경기 부양책을 펼친다. 국채를 발행해서 정부 지출을 늘리고 통화량을 늘린다. 중앙은행은 이를 거들며 기준금리를 인하한다. 그러면 시장금리도 빠르게 따라 내려오면서 시장에 돈이 조금씩 풀리기 시작한다. 서서히 경제 주체들의 심리가 살아나기 시작하고, 그러다 일정 시간이 지나면 경제는 바닥을 다지고 회복한다.

반대로 경제 상황이 너무 과열되어 있다면 어떨까. 경기가 좋을 때는 기업들이 장사가 잘되기 때문에 일반 개인들도 소득이 높아진다(급여 인상). 그러면 개인들은 더 많은 소비를 하게 된다. 사람들이 물건을 많이 구매하니 자연히 물가도 따라 오르고, 기업들은 '이때다! 하는 생각'으로 돈을 빌려 사업을 확장한다.

다른 기업들도 비슷한 생각을 하고 있는 상황일 터이니 시장금리도 같이 오른다. 물건을 만드는 대로 팔리니 높은 이자로 돈을 빌려 사업을 확장해도, 그 이자보다 더 많은 돈이 벌린다. 이는 근로자들의 임금인상 요구로 이어지고, 기업들은 이를 받아들일 수밖에 없게 된다. 그러면 개인들의 소득이 높아지면서, 또 소비가 늘어난다. 이런 행복한

출처 : TradingView

(?) 상황이 계속 이어진다.

그런데 이런 상황에서도 누군가는 이것이 과열되지 않도록 관리를 해줘야 한다. 왜냐하면 기업들이 무리하게 확장을 해놓은 상태에서 어떤 충격이 오면 경제 심리가 빠르게 식어버리게 되고, 그러면 그동안 기업들이 빚을 내어 확장해놓았던 공장이 모두 애물단지가 되기 때문이다. 수요가 없어져 물건이 잘 팔리지 않게 되면 그간의 투자(잘될 때 빚내서 지은 공장)가 모두 손실이 되어버린다.

이러한 현상이 국가 전체로 확산하게 되면 국가 경제 전체가 크게 휘청거릴 수 있다. 부채가 과도했다면 파산하는 기업도 생기게 되고 이 과정에서 경제는 빠르게 어려워진다. 그래서 중앙은행은 이런 상황이 오기 전(호황일 때)에 금리를 적절히 올려 시장금리가 올라가도록 유도한다. 그러면 높아진 금리에 부담을 느끼는 기업들은 굳이 빚을 내어 사업을 확장하려 하지 않으려 할 테고 이 과정에서 거품이 서서히 빠지기 때문이다.

이렇듯 중앙은행은 경기가 안 좋은 상황에서는 구원투수 역할을 하기도 하지만, 경기가 과열된 상태에서는 거품이 생기지 않도록 적절히 관리하는 담임 선생님 역할도 한다는 것이다. 그리고 중앙은행이 이렇게 경제를 관리하는 수단이 바로 '기준금리 조절'이다. 기준금리 조절을 통해 시중금리의 조절을 유도한다.

실제로 기준금리와 시장금리의 움직임을 차트로 살펴보면, 시장금리가 시시각각으로 변하기는 하지만 결국 큰 틀에서는 중앙은행이 정한 기준금리를 따라서 움직인다는 것을 알 수 있다 (264쪽 그래프 참조).

중앙은행이 기준금리를 내리면 시장금리도 시차를 두고 서서히 같은 방향으로 내려오고, 기준금리를 올리면 시장금리도 시차를 두고 서서히 같은 방향으로 올라간다. 그리고 시장금리는 중앙은행이 정하는 기준금리 수준에서 크게 벗어나지 않는 선에서 결정된다.

그럼, 이제 이 기사의 헤드라인을 다시 읽어보자.

경기부터 살린다… 한은 기준금리 0.25%p 깜짝 연속 인하

한국의 경제 성장이 더뎌지고 경기 상황이 좋지 않자, 한국은행이 기준금리를 낮췄다는 내용이다.

이렇게 중앙은행이 기준금리를 인하해서 시장에 부담을 덜어주는 것을 '완화적 통화정책'이라고 하고, 반대로 중앙은행이 기준금리를 인상해서 시장에 어떤 압박을 가하는 것을 '긴축적 통화정책'이라고 한다.

통화정책에 따라 채권 가격이 변한다

경제는 일반적으로 상승과 하락의 사이클을 거치면서 주기적으로 어떤 일정한 흐름을 타고 움직인다. 경기는 일반적으로 회복 → 호황 → 후퇴 → 불황의 과정을 거치는데, 이를 경기순환주기라고 한다.

이 주기에 따라 중앙은행은 통화정책을 사용하게 되는데, 1970년 이후 지금까지 우리나라에는 약 11번의 경기순환이 있었다.

266쪽 아래 그래프를 보면 그동안 우리나라의 경기는 호황과 불황을 반복하며 움직였다는 것을 알 수 있다. 이 움직임 속에서 한국은행은 경기가 안 좋을 때는 완화적 통화정책(기준금리 인하)을, 경기가 좋을 때는 긴축적 통화정책(기준금리 인상)을 사용하면서 경제가 원

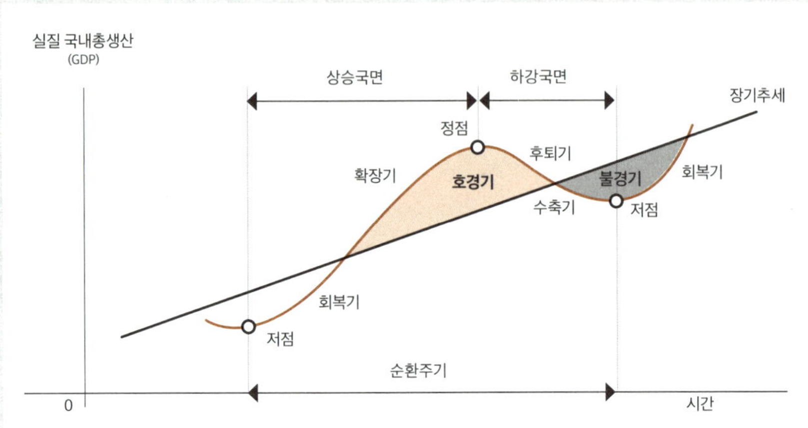

출처 : 한국은행 경제교육센터 교육개발, 《일반인을 위한 한국은행의 알기 쉬운 경제이야기》, 2020

우리나라의 경기순환주기

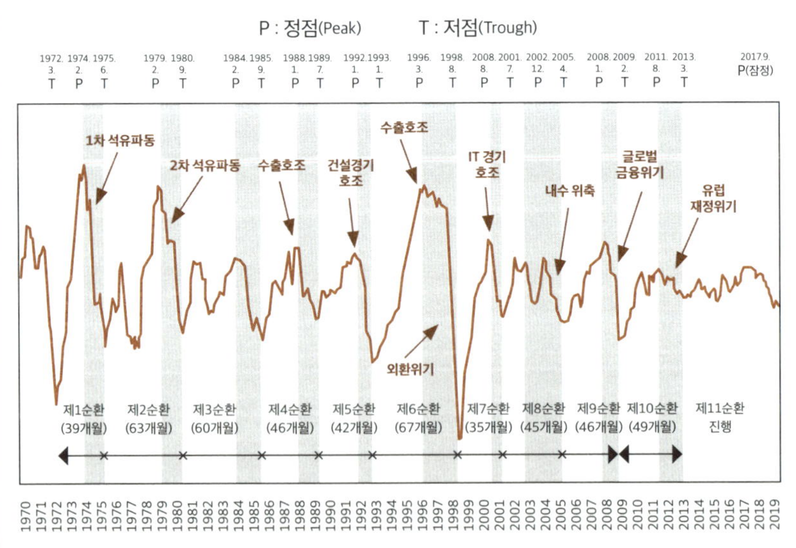

출처 : 한국은행 경제교육센터 교육개발, 《일반인을 위한 한국은행의 알기 쉬운 경제이야기》, 2020

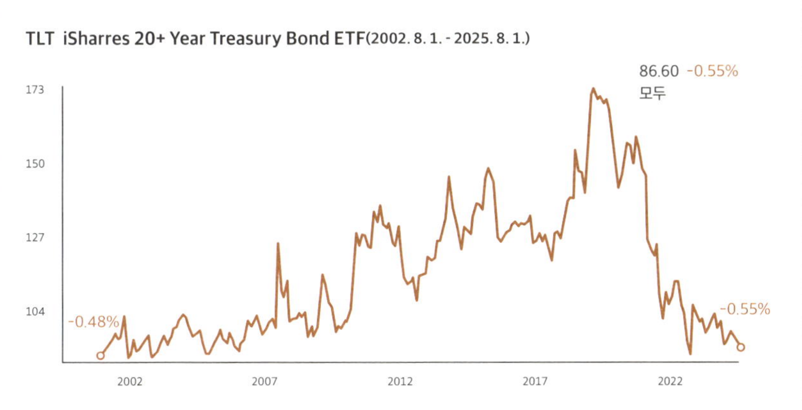

출처 : TradingView

활히 돌아가도록 돕는다.

이 움직임(경기 사이클)은 채권 투자자들에게 아주 중요하다. 왜냐하면 이는 곧 경기 사이클에 따라 채권 가격이 오르내린다는 의미가 되기 때문이다. 경기 사이클에 따라 중앙은행이 통화정책을 변경(기준금리 인상/인하)하면 시장금리가 영향을 받고, 이는 곧 채권 가격 변화로 이어진다.

그렇다면 결론적으로 채권 투자로 성과를 내기 위해서는 경기의 방향(사이클)과 중앙은행의 통화정책 방향을 맞춰야 한다는 얘기가 된다. 이것이 채권 투자가 가진 단점이다.

'투자 성과가 내가 어찌해볼 수 없는 어떤 외부 변수(경기 사이클)에 따라 좌우되는 것'. 이 단점은 생각보다 큰 의미를 가지는데, 이것이 곧 '채권은 Buy & Hold 방식으로 투자하면 안 되는 자산'이라는 결론으로 이어지기 때문이다.

다시 말해, 채권으로 재미를 보려면 경기 사이클에 맞춰 적절히 사고팔아야 한다는 얘기다. 그렇지 않으면 경기 사이클에 따라 금리가 한 사이클 돌고 나면 어느 시점에서는 그 투자 성과가 거의 원점으로 돌아온다.

앞에서 설명했듯이 미국의 장기 국채 가격은 금리가 내려가는 20년 동안에 가격이 2배로 올랐다가, 금리가 상승하자 20년 전 가격으로 돌아왔다. 즉, 채권 Buy & Hold로는 화폐 가치 하락을 전혀 방어하지 못한다.

문제는 긴축적 통화정책을 사용해도 통화량(돈의 양)은 늘어난다는 것

경기순환주기에 대해 설명하다 보면 이런 생각을 하는 사람들을 종종 본다. '중앙은행이 완화적 통화정책을 사용하면 돈의 양이 늘어나고, 중앙은행이 긴축적 통화정책을 사용하면 돈의 양이 늘어나지 않는다.'

그러나 이 생각은, 틀린 생각이다. 쓰는 통화정책에 따라 늘어나는 속도에 차이가 있을 뿐 긴축적 통화정책을 사용하더라도 돈의 양은 계속 늘어난다.

266쪽 아래 그래프에서 보듯이 11번의 경기순환에서 한국은행은 완화적 통화

대한민국 통화공급량 M2

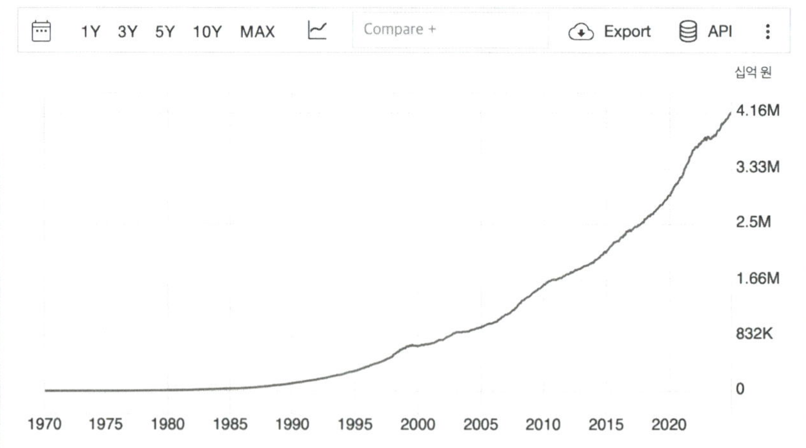

출처 : 한국은행

정책과 긴축적 통화정책을 번갈아가면서 사용했다(경기가 하강 국면일 때는 완화적 통화정책, 경기가 상승 국면일 때는 긴축적 통화정책). 그런데 같은 기간 통화량은 어떻게 되었을까?

분명 경기 상승 국면이 10차례 이상 지나갔지만(긴축적 통화정책 국면), 통화량은 그와 상관없이 지속적으로 늘기만 했다. 사람들은 보통 이렇게 생각한다. '완화했다가 긴축하면 +10과 −10을 더하면 0이 되니까, 돈이 안 늘어나는 거 아닌가?'라고.

하지만 실제 경제는 그렇게 작동하지 않는다. 실제로는 '+10(완화)과 +1(긴축)이 더해져 총 +11이 되는 그림'처럼 움직인다. 중앙은행이 긴축적 통화정책을 사용한다고 해서 돈이 안 늘어나는 것이 아니다.

돈은 항상 계속 늘어난다. 단지 완화적 통화정책 국면일 때보다 '덜' 늘어나는 것이다. 늘어나는 속도만 다를 뿐 방향이 같은 방향인 것은 분명하다. 이것을 아는 것이 중요하다. 통화량은 긴축적 통화정책 국면에서도 증가한다.

그런데 같은 기간 동안 채권 가격은 내려간다(금리가 올라가므로). 이것이 채권이 화폐 가치 하락을 방어하지 못하는 이유다. 통화량 증가를 가격 상승으로 반영하지 못하기 때문이다.

즉, 이 모든 내용을 가지고 결론을 내리면 이런 결론이 나온다.

'채권은 장기적으로 화폐 가치 하락을 방어하지 못한다.'

채권은 화폐 가치의 하락으로 인해 가격이 오르는 자산이 아니다. 그래서 금리 움직임에 따라 반드시 채권을 사고 팔아야 유의미한 성과를 거둘 수 있다. 이 점을 잊어서는 안 되겠다.

인플레이션을 이기는
가장 확실한 방법

7장

재테크를 잘한다는 것

혹시 '재테크를 잘한다', '투자를 잘한다'라는 말이 무슨 말인지 생각해본 적 있어?

재테크를 잘한다? 글쎄… 돈을 잘 번다는 얘기 아니야?

그렇지, 투자로 돈을 잘 번다는 얘기지. 그러면 어떻게 하면 돈을 잘 벌 수 있을까?

구체적으로 생각해본 적은 없는데…. 쌀 때 사서 비쌀 때 팔면? (웃음)

그렇지, 싸게 사서 비싸게 팔면 돈 벌지. (웃음)

경제 방송을 보면 전문가들이 나와서 주식 차트 띄워놓고 어떤 주

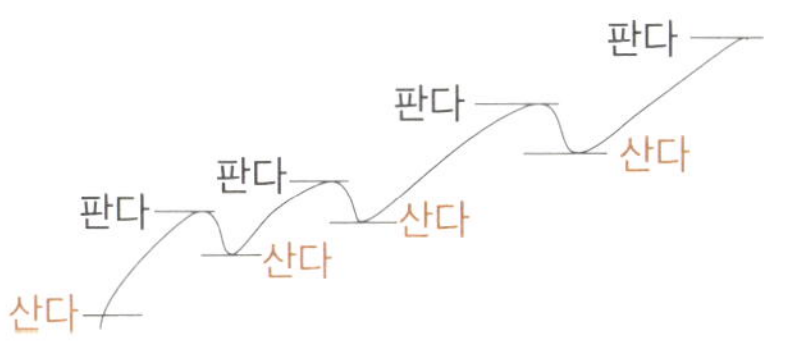

쌀 때 사서 비쌀 때 판다

식을 언제 사야 하고 언제 팔아야 하는지 막 이런 얘기하잖아. 그런 방송을 보다 보면 그 사람들 엄청 대단하게 보이거든. 저 사람들은 내가 모르는 걸 다 알고 있는 것 같고, 또 내일 가격이 오를지 내릴지도 다 아는 것 같아 보이고 막 그래.

"언제 사야 한다", "얼마까지 가격이 빠지기를 기다렸다가 사야 한다", "가격이 어디까지 오르면 슬슬 정리해야 된다" 뭐 이런 얘기를 하거든. 그리고 이런 얘기를 듣다 보면 점점 '투자는 내가 할 수 없는 영역인 것 같은' 생각이 든단 말이지.

어, 맞아. 그거 보고 있으면 그런 생각이 들어.

그런데 말이야. 혹시 내가 지난번에 '가격'에 대해서 설명할 때 했던 얘기 기억나? 부자는 내가 되는 게 아니라 남이 만들어주는 거라는 말.

응, 기억나. 내가 가지고 있는 자산을 다른 사람이 비싸게 사 주면 내가 부자가 된다고 했었어.

잘 기억하고 있네. 그러면 말이야. 여기서 이 생각을 반드시 한 번 해봐야 해. '꼭 무언가를 팔아야 재테크를 잘하는 걸까?' 다시 말해, 경제 방송에 전문가들 나와서 얘기하는 것처럼 꼭 무언가를 사서 비쌀 때 '팔아야' 그게 재테크를 잘하는 거냐는 질문이야.

음…?

한번 생각해봐, 내가 갖고 있는 것을 팔지 않고도 재산 불리는 사람들 많잖아? 예를 들어 내가 1억 원짜리 집을 사서 살다가 이 집이 10억 원이 되면, 이 집을 팔지 않더라도 내 재산은 불어나는 거 아닌가?

그렇지…?

그러면 무언가를 팔지 않았는데 내 재산이 불어난 거네? 자산적 이득이라는 것은 내 자산을 다른 사람한테 팔 때 생길 수도 있지만, 굳이 내 자산을 팔지 않더라도 다른 사람들이 사고파는 과정에서 내 자산의 가격이 올라간다면 사실상 같은 결과가 나온 것으로 볼 수 있지 않을까? 집을 팔아 10억 원을 챙겨서 돈을 벌 수도 있지만, 다른 한편으로는 이 집을 팔지 않더라도 내가 돈을 번 것은 변함이 없는 거니까(자산의 평가액이 올라가므로).

그런 것 같아. 단지 집을 사서 오래 살았을 뿐인데 집값이 올랐다는 이유로 부자가 된 사람들도 많으니까.

응. 그런데 이게 별 얘기 아닌 거 같고 당연한 얘기 같지만, 이게 생각보다 재테크에 있어 엄청난 차이를 만들어내거든? 왜냐하면 모든 재테크의 전략이 여기서부터 파생이 되어서 그래. 방금 얘기한 것을 가지고 재테크 전략을 구분해본다면 다음과 같이 구분할 수 있을 거야.

● 투자로 돈을 버는 2가지 경로

① 내 자산을 다른 사람한테 내가 직접 팔아서 돈을 번다(Buy & Sell 전략)

② 사놓고 끝까지 안 판다(Buy & Hold 전략)

이게 투자에 있어 생각보다 큰 차이를 만들어내. 일단 가장 큰 차이가 뭐냐면 행위의 주체가 달라. Buy & Sell 전략은 내 것을 내가 직접 다른 사람한테 팔아서 돈을 버는 거거든? 그런데 Buy & Hold 전략

은 내가 팔지 않더라도 다른 사람이 내가 가지고 있는 것을 비싸게
사주기 때문에 내 자산의 가치가 올라가면서 돈이 '벌리는' 거야.
즉, 행위의 주체가 다르다는 뜻이야.

재테크 전략

Buy & Sell 전략 : 행위의 주체 **나** (내가 비싸게 판다)

Buy & Hold 전략 : 행위의 주체 **너** (남이 비싸게 판다)

둘 중에 뭐가 더 쉬울 것 같아?

Buy & Hold 전략?

물론 둘 다 어렵지만 초보자에게는 Buy & Hold 전략이 좀 더
낫다는 생각이 들지? Buy & Sell을 하려면 경제 방송에 나온 전문가
들처럼 경제에 대해서 잘 알아야 할 것 같고, 차트도 잘 그려야 할 것
같고 막 그런 생각이 들잖아.

그런데 Buy & Hold 전략은 사서 가지고만 있으면 되니까 좀 쉽게 느
껴진다는 거지. (웃음) 사실 뭐가 더 쉽다, 뭐가 더 어렵다 이렇게 결
론 짓기는 힘들어. 지난 시간에 채권에 대해 설명할 때 내가 여보한
테 채권 하지 말라고 했었잖아. 그때 내가 왜 하지 말라고 했었지?

채권은 화폐 가치가 하락하는 것을 방어하지 못한다고 했어.

맞아. 그런데 그것보다도 '채권으로 화폐 가치 하락을 방어하
려면 금리 변동에 따라 채권을 잘 사고팔아야 한다'라는 것이 더 큰
이유였어. 이것을 다시 얘기하면 채권은 Buy & Hold 전략을 쓰면 안
되고 Buy & Sell 전략을 써야 하는 자산이라는 얘기가 되거든? 채권

은 장기간 보유한다 해도 화폐 가치 하락을 방어하지 못하기 때문에, 그래서 채권이라는 자산 자체가 적절한 시점에 잘 사고팔아야 하는 자산이라는 거지.

이게 무슨 의미냐면, 투자할 때 무조건 '어떤 전략을 써야 한다'라고 섣불리 결론 내리기가 어렵다는 뜻이야. 왜냐하면 어떤 전략을 써야 하는지가 투자하는 사람보다는 투자하는 자산이 무엇인지에 따라 달라지기 때문에 그래.

아무리 투자를 잘하는 사람이라도 채권을 무지성으로 Buy & Hold 하면 좋은 결과를 보기는 어려울 거야. 투자 실력과 무관하게 채권은 자산 자체가 사이클에 따라서 중간에 사거나 팔아야 하는 자산이라는 거지. 이처럼 자산 중에는 Buy & Hold 전략을 쓰면 안 되는 자산이 있고, Buy & Hold 전략을 써도 되는 자산이 있어.

그런데 투자를 함에 있어서 이게 생각보다 정말 정말 중요해. 왜냐하면 만약 내가 가지고 있는 자산이 Buy & Hold 전략을 써도 되는 자산이라면 중간에 사고팔 필요 없이 그냥 내가 끝까지 보유만 하면 된다는 뜻이 되거든. 굳이 내가 머리 아프게 쌀 때 사서 비쌀 때 파는 거를 반복할 필요가 없다는 뜻이고.

즉, 누가 투자하는지보다 무엇에 투자하는지에 따라서 투자 전략 자체가 완전히 달라진다는 거야. Buy & Hold가 가능한 대표적인 자산으로 부동산(아파트)을 들 수 있는데, 이런 자산들은 중간에 파는 것이 굉장히 잘못된 선택일 수 있어. 왜냐하면 이런 자산들은 내가 고점에 팔았다 하더라도 시간이 지나면 가격이 결국 더 올라가는 방향으로 움직일 가능성이 크거든(돈의 양이 계속 늘어나니까).

혹시 이런 말 들어본 적 있지 않아? "집값이 많이 오른 것 같아서 팔았는데, 팔고 나서도 가격이 계속 올라 내가 판 가격으로 다시는 안 내려온다."

👩 응, 많이 들어봤어. ××네 그래서 엄청 힘들어했었잖아. 집값이 올라서 집 팔고 전세로 이사 갔는데, 집값도 오르고 전세도 올라서 지금 손해가 엄청 막심하다고.

👨 그런 일이 왜 벌어지냐면 통화의 양이 늘어나면 이게 가격으로 반영돼서 그래. 사람들이 돈이 많아지면, 집값이 올라도 올라간 금액에 계속 사주니까 가격이 또 올라. 그래서 이런 자산(Buy & Hold가 가능한 자산)들은 시간이 갈수록 가격이 계속 올라가는 특징(통화량이 늘어나는 것이 가격으로 흡수되는 특징)이 있어. 즉, 자산 자체가 화폐 가치 하락을 방어한다는 얘기야.

그러면 이런 결론을 내릴 수도 있지 않을까? 'Buy & Hold가 가능한 자산이 무엇인지 찾아낼 수만 있다면 굳이 머리 아프게 자산을 사고팔지 않아도 화폐 가치 하락을 방어할 수 있다'라는 결론, 그리고 'Buy & Hold가 가능한 자산을 사서 팔지 않고 끝까지 가지고 가는 전략도 괜찮은 전략이다'라는 결론.

👩 응, 나한테는 그게 더 쉬울 것 같아. 지난 시간에 여보가 경제(금리) 움직이는 거에 따라서 채권을 사고팔아야 한다 그래서 엄청 머리가 아팠거든.

그런데 사놓고 가만히 들고만 있어도 되는 자산이 있다면 나도 아이 키우면서 충분히 따라 할 수 있을 것 같다는 생각이 들어.

👨 그렇지? 그러면 내가 지금 하는 얘기를 바꿔서 말하면 결국

이런 뜻이 돼. "재테크라는 것은 Buy & Hold가 가능한 자산이 뭔지를 찾아내는 게임이다." 이런 자산이 뭔지를 찾아낼 수만 있다면 휘황찬란하게 차트 그려가면서 언제 사서 언제 팔고, 또 언제 다시 샀다가 어디서 다시 파는, 이런 골치 아픈 행위들을 할 필요가 없다는 얘기거든. 그러면 결론이 조금씩 좁혀지지?

응, 무슨 말인지 알겠어. 안 팔아도 되는 자산을 가지고 있으면 알아서 재테크가 된다는 뜻이잖아. 언제 사야 하고 언제 팔아야 하는지, 나는 이런 거 잘 모르니까.

자, 그런데 사실 우리는 이와 관련된 얘기를 이미 한 번 하고 지나왔어.

아, 그래? 언제?

혹시 지난번에 우리가 자산을 '화폐 기반의 자산'이랑 '화폐 기반이 아닌 자산'으로 나눴던 거 기억나? 우리 그때 자산을 2가지로 나눴었잖아.

- 화폐 기반의 자산 : 예금·적금·보험·채권
- 화폐 기반이 아닌 자산 : 아파트·주식·예술품(그림 등)·귀금속(골드바 등)

아, 기억나. 이게 그 얘기구나.

나는 그때 자산을 이렇게 구분할 수 있다고 했었어.

- 화폐 기반의 자산
- 화폐 기반이 아닌 자산

일단 여기서 화폐를 기반으로 한 자산은 모두 선택지에서 지우라고 했어. 왜? 화폐 기반 자산은 화폐 가치 하락을 방어하지 못하기 때문에. 그나마(?) 투자 가치가 있는 자산이 채권인데, 그런데 이 채권도 Buy & Hold가 안 되는 자산이라고 했잖아. 그러니 화폐 기반 자산 전체를 일단 선택지에서 지우라는 거지.

그러면 이제 아파트, 주식, 예술품, 귀금속이 남네? 즉, 여보가 재테크 자산을 고를 때는 이 안에서 고르면 된다는 뜻이야. 그런데 여기서 '화폐 기반이 아닌 모든 자산을 Buy & Hold가 가능한 자산'이라고 오해하면 안 돼.

이 중에도 가격이 떨어지는 것이 있어. 예를 들어 아파트라고 하더라도 모든 아파트가 다 오르는 것은 아니야. 지방이나 시골에 있는 나홀로 아파트들은 가격이 떨어지는 것들도 많잖아.

즉, 화폐 기반이 아닌 자산 중에서도 고르면 안 되는 것들이 있다는 뜻이야. 그러면 이제 우리가 해야 할 일은 이 '화폐 기반이 아닌 자산' 중에서, Buy & Hold가 가능한 자산이 무엇인지를 구분해내는 것, 이것이 지금부터 우리가 해야 할 일이야.

지금부터 우리는 이걸 찾아 나설 거야. 화폐 기반이 아닌 자산 중에서 Buy & Hold가 가능한 자산이 뭔지.

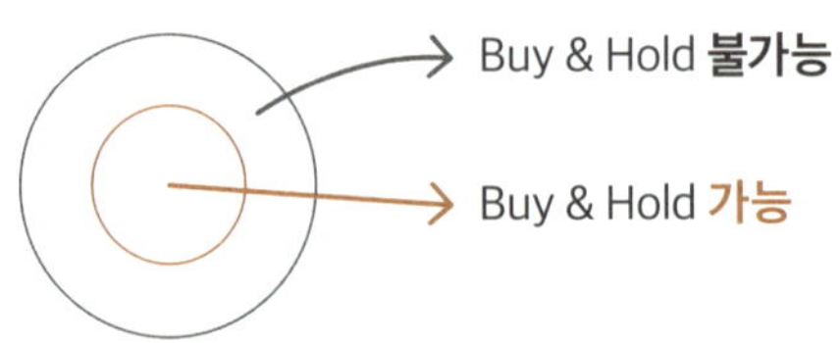

일단 Buy & Hold가 가능한 자산이 되려면 통화량 증가가 가격 상승으로 반영이 되어야 해. 돈의 양이 늘어나면 자산의 가격도 같이 올라야 한다는 뜻이야. 그래야 Buy & Hold가 가능하지 않겠어? 이를 '화폐 가치 하락을 방어하는 자산'이라고 표현을 하는데, 어떤 사람들은 이것을 '인플레이션을 헤지하는 자산'이라고 얘기하기도 해.

그런데 사실 엄밀히 말하면 화폐 가치 하락과 인플레이션은 다른 의미야. 내가 6장에서 설명할 때 인플레이션에는 부동산 등의 자산 가격 상승이 반영되지 않는다고 했잖아? 그래서 집값이 많이 올라도 그게 인플레이션에는 반영이 안 된다고.

이렇듯 '화폐 가치 하락'이 '인플레이션'보다 좀 더 큰 개념이기 때문에 어떤 자산이 인플레이션을 헤지한다 하더라도 그게 또 화폐 가치 하락을 방어한다고 얘기할 수는 없어.

예를 들어 채권 이자가 인플레이션율보다 높다면, 이 채권은 '인플레이션을 헤지한다'라고 표현할 수는 있지만 내가 계속 설명했다시피 채권은 기본적으로 화폐 가치 하락을 방어하지는 못하거든. 그래서 내 인식으로는 '화폐 가치 하락을 방어한다'와 '인플레이션을 헤지한다'가 정확히 같은 표현은 아니야.

그런데 사람들은 보통 이 두 문장을 거의 비슷한 의미로 받아들여. 그래서 책이나 뉴스를 볼 때 '인플레이션을 헤지한다'라는 말이 나오면, '아, 이 사람은 화폐 가치 하락을 방어한다는 뉘앙스로 말하는구나'라고 생각하면 크게 틀리지 않아.

즉, 'Buy & Hold가 가능한 자산 = 화폐 가치 하락을 방어하는 자산 = 인플레이션을 헤지하는 자산'이라고 생각한다면, 큰 틀에서는 비슷하다는 거야. 이를 다시 얘기하면 우리는 사람들이 얘기하는 이 '인플레이션을 헤지하는 자산'을 찾으면 된다는 뜻이 돼. 그걸 사서 Buy & Hold 하면 된다고.

그러면 한번 찾아볼까? 이런 자산에는 뭐가 있을까? 사람들은 어떤 자산을 '인플레이션을 헤지하는 자산'이라고 얘기할까?

주식이 인플레이션을 헤지하는 이유

세계에서 투자 잘하는 것으로 제일 유명한 사람이 누구지? 왜, 그 할아버지 있잖아.

워런 버핏?

맞았어. 투자 잘하는 걸로는 아마 이 할아버지가 세계에서 제일 유명할 거야. 이 할아버지가 옛날에 이런 말을 했어.

"인플레이션을 이기는 가장 확실한 방법은 훌륭한 사업에 투자하는 것이다(The best protection against inflation is a great business)."(1981)

인플레이션을 이기려면 회사 때려치우고 사업을 해야 한다는 얘기인가? 그게 아니고, 훌륭한 사업을 하는 회사의 지분을 취득하라는 뜻이야. 자본주의 세상에서 회사의 지분을 취득한다는 것은 그 회사의 주식을 산다는 것을 의미하거든? 그래서 워런 버핏 할아버지가 훌륭한 사업에 투자하라고 한 말은 훌륭한 사업을 하는 회사의 주식을 사라는 말로 해석이 가능해.

다시 말해, 이 할아버지는 주식을 인플레이션을 헤지하는 자산으로 본다는 거야. 모든 주식이 아니고 훌륭한 사업을 하는 회사의 주식, 이게 인플레이션을 헤지하는 자산이라고. 그런데 이 할아버지가 그렇게 얘기했다고 그게 무조건 정답은 아닐 수 있잖아? 뭔가 이유가 있을 거 아냐, 그렇게 보는 이유가. 그걸 먼저 따져봐야지.

그래서 지금부터 우리는 2가지를 알아볼 거야.

- 훌륭한 회사의 주식이 인플레이션을 헤지하는 이유
- 훌륭한 회사를 찾는 방법

어쩌면 우리가 찾아 떠나는 재테크라는 긴 여정의 답이 여기에 있을지도 몰라.

이 할아버지는 왜 주식이 인플레이션을 헤지하는 자산이라고 생각하는 걸까?

돈의 양이 늘어나면 주식이 올라서 그런가?

돈의 양이 늘어나면 주식이 왜 오르는데?

돈이 많아지면 사람들이 주식을 많이 살 테니까…?

그 말도 맞는데 좀 더 근본적인 이유는 따로 있어. 통화량이 늘어나면 주식 가격이 오르는 이유는 통화량이 늘어나면서 회사의 가치가 근본적으로 오르기 때문이야. '돈의 양과 회사의 가치가 상관이 있나?'라고 생각할 수 있는데, 이게 상관이 있어.

왜 상관이 있냐면 일단 통화량이 늘어나면 물건 가격이 올라. 그런데 회사는 뭐 하는 집단이지? 물건을 팔아서 돈을 버는 집단이야. 그래서 물건의 가격이 오르면 같은 개수를 팔더라도 회사의 이익이 늘어나. 그래서 사업의 가치가 올라가는 거야.

예를 들어볼게. 어떤 회사가 있어. 이 회사의 물건은 1년에 100개가 팔려. 물건 1개당 가격은 1만 원. 그러면 이 회사의 1년 매출은 100만 원이 되겠지?

자, 그런데 시간이 흘러서 화폐 가치가 하락했다고 해볼게. 화폐 가치가 하락해서 물건 1개의 가격이 2만 원이 되었어. 그럼, 이 회사의 매출은 얼마야? 200만 원. 왜? 이 회사는 물건을 100개 파는 회사니까. 물건 가격이 2배가 되니까 매출도 2배가 되었어. 이익도 당연히 2배 정도 되었겠지. 회사의 가치는 이익으로 평가를 받는데, 이익이 2배가 되었다는 것은 회사의 가치도 2배가 된다는 뜻이야.

즉, 통화량이 늘어서 화폐의 가치가 떨어지면 물건의 가격이 오르는데, 물건 가격이 오르면 회사의 매출과 이익도 같이 올라서 회사의 가치가 올라간다는 거지. 주식(주가)도 그 가치에 따라서 오르는 거고. 그래서 워런 버핏 할아버지는 주식을 인플레이션을 헤지하는 자산이라고 보는 거야.

통화량이 늘어남 → 화폐의 가치가 줄어듦 → 물건의 가격이 오름 → 회사의 이익이 늘어남 → 회사의 가치가 올라감 → 회사의 가격(주가)이 올라감

아… 물건 가격이 오르면 매출이 늘어나니까.

그렇지. 그런데 여기에 맹점이 하나 있어. 이 논리대로라면 '통화량이 늘어나면 모든 주식의 가격이 다 그만큼 올라가야 한다'라는 결론이 나오는데, 현실은 그렇지 않거든?

한국의 통화량이 지난 10년 동안 2배, 20년 동안 4배로 늘어났다고 했잖아? 그렇다고 모든 주식의 가격이 10년 동안 2배가 되고, 20년 동안 4배가 됐나? 아니야. 절대 그렇지가 않아. 10년, 20년 동안 오히려 가격이 떨어진 주식도 많아. 왜 이런 현상이 나타날까?

그러게…. 물건이 덜 팔려서 그런가?

그 답이 일단 맞기는 한데, 조금 부족해. 화폐 가치가 하락하는 만큼 모든 회사의 가치(주가)가 오르지 않는 이유는 크게 2가지야.

(1) 회사가 물건 가격을 올리지 못한다

앞에서 설명할 때, 물건의 가격은 화폐 가치가 하락하는 만큼 똑같은 비율로 올라가지는 않는다고 했지? 예를 들어 지난 50년 동안 돈의 양은 7300배가 늘었는데, 짜장면 가격은 100배밖에(?) 오르지 않았다고 했잖아. 이렇게 물건 가격은 통화량이 늘어나는 것을 모두 반영하면서 오르지는 않아.

이유는 2가지인데, 일단 가격이 올라가면 수요가 줄어. 쉽게 생각해봐. 짜장면 한 그릇 가격이 10만 원이면 여보는 이거 사 먹을 수 있겠

어? 10만 원에 사 먹는 사람이 없으면 짜장면 가격은 자연스럽게 떨어질 수밖에 없어. 어디까지? 사람들이 보편적으로 사 먹는 가격대까지. 왜? 장사하는 사람이 팔릴 때까지 가격을 낮출 거거든.

또 다른 이유는 공급하는 사람의 수가 많아져도 가격이 못 올라. 예를 들어 우리 집 앞에 짜장면 가게가 5개 있다고 해봐. 그런데 그중 한 곳이 가격을 7,000원에서 8,000원으로 올렸어. 그러면 사람들은 어떻게 할까? 다른 중국집 가겠지? 맛이 비슷한데 가격이 더 비싸면 사람들이 굳이 거기서 안 사 먹을 거 아냐.

보통의 경우 자본주의 세상에서는 같은 물건을 나 혼자만 만드는 경우는 없어. 어떤 사업이 돈이 된다 싶으면 너도나도 그 사업에 뛰어든다는 얘기야. 그래서 물건 공급자들의 수가 많아지면서 가격은 하방 압력을 받아.

화폐 가치가 줄어들고 있음에도 판매자들이 가격을 올리지 못하는 이유는 가격을 올리면 그 물건이 팔리지가 않기 때문이야. 판매자들이 돈의 가치가 줄어드는 것을 몰라서 가격을 안 올리는 게 아냐. 자기가 물건 떼 오는 비용이 늘어나고 있는 게 뻔히 보이는데 그걸 모르겠어? 그게 아니고, 가격을 올리면 그 가격에는 물건이 팔리지 않기 때문에 가격을 올리지 못하는 거야.

이 얘기는 한 나라의 경제에만 국한된 얘기가 아니야. 예를 들어 아무리 내가 100원에 물건을 만들어도, 누군가가 중국에서 비슷한 품질의 물건을 70원에 만들어 우리나라에 팔면 내가 만든 100원짜리 물건은 잘 팔리지 않을 거야. 그러면 나는 가격을 낮출 수밖에 없어. 그래야 살아남을 테니까.

이런 이유로 인해서 물건의 가격은 통화량이 늘어난 만큼 같은 비율로 올라가지 않는 거야.

(2) 판매 개수를 늘리지 못한다

화폐 가치는 엄청 하락하고 있는데 그만큼 가격을 올리지 못해. 그러면 나는 어떻게 해야 해? 내가 회사 가치를 유지할 수 있는 방법이 뭐야? 판매 개수를 늘리는 방법 말고는 없어. 화폐 가치가 하락하는 만큼 내가 물건 가격을 올리지 못한다면 더 많이 파는 것 말고는 방법이 없다는 거야.

예를 들어 화폐 가치가 반토막이 나는 동안 물건 가격을 하나도 올리지 못했다면, 판매 개수라도 2배로 늘려서 매출(이익)을 2배로 만들어야 한다는 거지.

판매 개수 **100개** × 개당 가격 **2만 원** = 매출 200만 원

판매 개수 **200개** × 개당 가격 **1만 원** = 매출 200만 원

그런데 이게 쉬울까? 물건을 갑자기 2배 더 파는 게 쉬울 리가 없잖아. 이게 이유야. 화폐 가치가 하락하는 만큼 모든 기업의 주가(가치)가 오르지 않는 이유. 화폐 가치가 하락하는 만큼 가격을 올릴 수 없거나 가격을 못 올리는 부분을 상쇄할 만큼 판매 개수를 늘리지 못해서.

통화량은 10년이면 2배가 돼. 그러면 회사는 10년 동안 물건 가격을 2배로 올리면서 같은 개수를 팔든가, 물건 가격을 그대로 유지하면

서 판매 개수를 2배로 늘리든가, 아니면 이 2가지를 적절히 잘 조합해서 매출이나 이익을 2배로 만들어야 해. 그래야 그 회사가 화폐 가치 하락을 간신히 방어했다고 얘기할 수 있어.

이게 쉽지가 않은 거야. 10년 동안 매출(또는 이익)을 2배로 만드는 게 어렵다고. 많은 기업이 매출(또는 이익)을 2배로 만들지 못해. 왜? 물건 가격을 올리지 못하거나 판매 개수를 그만큼 늘리지 못해서.

그런데 여기서 문제가 또 있어. 10년에 2배만 하면 돼? 20년에 4배만 하면 될까? 아니야. 그건 간신히 본전치기한 거야. 왜냐하면 10년, 20년 동안 통화량이 늘어나는 게 그만큼이거든. 그래서 매출(이익)을 10년에 2배, 20년에 4배를 늘렸어야 그게 본전인 거라고.

이건 엄청 잘한 게 아니라 간신히 돈의 가치가 줄어드는 것 정도를 방어한 수준에 그친다는 거지. 즉, 화폐 가치 하락을 뛰어넘는 유의미한 성과를 내려면 10년에 2배, 20년에 4배 정도로는 안 되고, 매출과 이익을 그보다 더 늘려야 한다는 거야.

아… 엄청 어려워 보이는데?

그치? 쉽지 않겠지? 그래서 모든 회사의 주가가 화폐 가치가 하락하는 만큼 올라가지 않는 거야. 10년에 2배, 20년에 4배 이런 성과를 내지 못하는 회사(주식)가 엄청나게 많다고.

그래서 아무리 주식이 '화폐 기반이 아닌 자산'이라 하더라도 모든 주식이 인플레이션을 헤지한다고 보기는 어려워. 주식 중에 인플레이션을 헤지하는 주식이 있는 거지, 인플레이션을 헤지하지 못하는 주식도 많아. 마치 강남 아파트의 가격이 우상향한다고 해서 지방 아파트를 포함한 모든 아파트의 가격이 우상향한다고 얘기할 수는 없는 것과 같아.

이 시점에서 워런 버핏 할아버지의 말을 다시 들어보자. "인플레이션을 이기는 가장 확실한 방법은 훌륭한 사업에 투자하는 것이다."

이 할아버지는 모든 주식을 인플레이션을 헤지하는 자산으로 보지 않았어. 이 할아버지의 말에서 포인트는 '훌륭한 사업을 하는 회사'이지, 그냥 '회사'가 아니야. 이를 다시 풀어서 말하면, 화폐 가치 하락을 헤지하지 못하는 주식을 아무리 Buy & Hold 해봐야 그 투자는 인플레이션을 이기지 못한다는 뜻이 돼.

주식도 아무거나 사서 Buy & Hold 하면 안 된다는 뜻이구나. 그럼, 회사를 엄청 잘 골라야겠네. 너무 당연한 얘기겠지만….

그렇지. 근데 워런 버핏 할아버지는 주식 투자할 때 장기 투자를 하라고 엄청 강조하거든? 심지어 옛날에 이런 얘기를 했어.

"우리가 훌륭한 기업의 지분을 소유할 때 우리가 가장 선호하는 보유 기간은 '영원'이다."(《버크셔 해서웨이 연례 주주 서한》, 1988)

즉, Buy & Hold(장기 투자) 하라는 거지. 언제까지? 영원히.

아… 팔지 말라고 영원히.

이게 엄청 유명한 조언인데, 이걸 한번 풀어서 설명해보면 이렇게 돼.

"훌륭한 회사는 내가 별다른 대응을 하지 않더라도 알아서 인플레이션을 헤지해주기 때문에, 나는 그걸 사서 가만히 가지고만 있어도 이 게임에서 이긴다."

그런데 많은 사람들이 이 조언을 잘못 해석해. 주식을 샀는데 가격이 떨어지면 '워런 버핏 할아버지가 장기 투자하랬어. 나는 이 주식

끝까지 안 판다'라고 많이들 생각하는데, 이거는 어쩌면 엄청 위험한 생각일 수 있어.

여기서 포인트는 '장기 투자(Buy & Hold)'가 아니라 '훌륭한 회사(인플레이션을 헤지하는 주식)'거든. 포인트를 잘못 잡고 자기한테 유리하도록 해석을 하는 것일 수도 있다는 거지. 주식을 사서 아무리 장기 투자(Buy & Hold)한다 하더라도 인플레이션을 헤지하지 못하는 회사의 주식을 사면 좋은 성과를 내기는 어려워.

👧 좋은 회사를 잘 찾는 것이 중요하겠네.

👦 응, 그래서 우리가 해야 할 것은 훌륭한 회사를 찾는 거야. 그런 뒤 그 회사 주식을 사서 장기 투자(Buy & Hold)하면 우리도 인플레이션을 이길 수 있어. 90 넘은 할아버지가 증명해주잖아. 그럼, 여기서 이 질문이 당연히 따라 나와야겠지.

"그 훌륭한 회사라는 게 구체적으로 뭔데?"

인플레이션을 헤지하는 주식을 찾는 방법

👦 일단 그 훌륭한 회사라는 게 구체적으로 무슨 의미냐면 '10년 동안 매출(이익)을 2배, 20년 동안 매출(이익)을 4배 이상으로 늘릴 수 있는 회사'를 뜻해. 우리는 이런 회사를 찾아서 그 회사 주식을 사면 돼. 그러면 우리도 인플레이션을 이길 수 있어. 그러면 게임이 끝나. 그런데 문제는 그런 회사를 어떻게 찾느냐는 거지! (웃음)

👧 그렇지, 그게 쉬우면 다들 투자로 성공하지 않았을까?

얼핏 생각해보면 그럴 것 같잖아? 근데 꼭 그렇지는 않아. '10년 동안 매출(이익)을 2배, 20년 동안 매출(이익)을 4배 이상으로 늘릴 수 있는 회사'를 모두 다 찾아내는 것은 어려운 게 맞는데, '10년 동안 매출(이익)을 2배, 20년 동안 매출(이익)을 4배 이상으로 늘릴 수 있는 회사'를 몇 개 찾는 것은 생각보다 크게 어려운 일이 아니야.

이게 뭐랑 비슷하냐면 '앞으로 가격이 오를 한국의 아파트'를 모두 다 찾아내는 것은 어려운 일인데, '앞으로 가격이 오를 한국의 아파트'를 딱 몇 개 찾아내는 것은 생각보다 어렵지 않은 것과 비슷해. 예를 들어볼까? 앞으로 압구정 현대아파트 가격이 어떻게 될 것 같아? 오를 것 같아? 내릴 것 같아?

오를 것 같아.

아무래도 그럴 가능성이 크겠지? '얼마에 사서 얼마를 벌면 수익률이 어떻게 된다.' 이런 복잡한 얘기 빼고, 가격이 오를지 내릴지만 생각해보면 압구정 현대아파트는 앞으로 가격이 오를 가능성이 크잖아. 이건 모두가 알고 있는 사실이야.

그럼, 잠실에 있는 ××아파트는?

그것도 오를 것 같아.

그럼, 지방에 있는 ××아파트는?

음… 그건 잘 모르겠네?

왜? 거기도 지금 제조업 일자리 많고 호재도 많은데, 왜 모르겠어?

앞으로 인구도 줄어든다고 하고 지방 소멸 이슈도 있으니까. 앞으로 가격이 오를지 안 오를지는 시간이 지나봐야 알지 않을까?

그치? 쉽게 말을 못 하겠지?

아무리 지금 그 지역에 제조업 일자리가 많다고 해도 그 제조업이 앞으로 어떻게 될지 확신하기 어렵잖아. 그러니 그 지역 집값이 어떻게 될지 쉽게 결론 내릴 수가 없는 거지.

이게 무슨 얘기냐면, 우리나라에 있는 모든 아파트를 다 분석한 다음 그중에서 가격이 오를 가능성이 큰 아파트를 모두 다 찾아내는 것은 어려운 일이 맞는데, 전국에 있는 아파트 중에서 가격이 오를 가능성이 가장 높은 아파트 단 하나를 찾는 것은, 생각보다 어려운 일이 아니라는 거야.

주식도 이거랑 굉장히 비슷해. 인플레이션을 이겨내는 주식을 모두 다 찾아내는 것은 어려운 일이 맞는데, 인플레이션을 이겨내는 주식 몇 개를 찾는 것은 생각보다 크게 어려운 일이 아니야. 주식에서 압구정 현대아파트 같은 걸 찾으면 된다고.

아. 그런 거 몇 개만 찾아서 그것만 Buy & Hold 하면 인플레이션을 이길 수 있다?

그렇지.

그러면 한번 찾아볼까? 내가 아까 설명할 때 회사가 인플레이션을 이기지 못하는 이유가 뭐라고 했지? ① 화폐 가치가 하락하면 가격을 올려야 하는데 그러지를 못해서. ② 가격을 못 올리면 판매 개수라도 늘려야 하는데 그러지를 못해서.

이걸 바꿔 얘기하면, 화폐 가치가 하락하는 것에 대응하면서 가격을 올릴 수 있는 회사를 찾거나, 그만큼 가격을 못 올리더라도 판매 개수를 늘릴 수 있는 회사를 찾으면 된다는 뜻이야. 그리고 이런 회사만 찾으면 전 세계 경제를 다 이해하고, 산업을 전반적으로 다 이해하고, 어려운 경제 개념들을 다 이해하고, 이럴 필요가 없어. 그런 거 다 못 해도 이런 회사만 찾으면 된다고.

그러면 이런 회사는 어떤 회사들일까?

어떤 회사가 매출을
10년에 2배, 20년에 4배 이상으로 늘릴 수 있는가?

자, 일단 핵심은 '물건 가격을 얼마나 올릴 수 있는지'야. 화폐 가치가 떨어지는 것에 대응해서 물건 가격을 올리지 못하면 더 많은 개수를 팔아야 하는데, 그러면 더 어려운 게임이 시작되거든. 그래서 모든 기업들은 물건 가격을 올리고 싶어 해.

그런데 문제는 모든 기업들이 물건 가격을 올릴 수 있는 게 아니라는 거야. 가격이 비싸면 안 팔리는 물건이 있고, 가격이 비싸도 잘 팔리는 물건이 있어. 아니, 심지어 가격이 싼데도 안 팔리는 물건도 많아. 예를 들어볼게. 우리 길거리 다니다 보면 길에서 양말이나 잡화 같은 거 파시는 분들 있잖아. 양말 몇 개 묶어놓고 5,000원 이런 식으로. 보면 엄청 싸. 그런데 여보는 이거 산 적 있어?

없는 것 같은데?

그치? 나도 없는 것 같아. 근데 이거 왜 안 사? 엄청 싼데?

필요가 없어서?

엥? 우리가 양말이 필요 없어?

그건 아닌데, 양말은 집에 필요한 만큼 있으니까.

아, 필요한 만큼 있으면 더 안 사? 그럼, 집에 가방 많이 있는데 지난번에 왜 가방 사야 한다고 그랬어? 새로 산 가방, 내가 볼 땐 집에 있는 거랑 비슷해 보이던데.

아니, 그거랑 이거는 다른 얘기지.

오해하지 말고요. (웃음) 내가 이걸 말하는 이유는 가방 있는데 왜 또 샀냐고 따지는 것이 아니고 면박을 주려는 것도 아냐. 우리가 '물건을 사는 이유'에 대해서 한번 깊게 고찰해보자는 의미야. 오해하지 마. 여보가 최근에 산 그 가방 브랜드, 내가 알기로는 가격이 크게 비싸지 않으면서도 품질이나 브랜드 측면에서는 크게 떨어지지 않는 가성비 좋은 브랜드거든? 맞지?

어, 맞아. 아니, 좋은 거나 사주고 이런 얘기 들으면 진짜 억울하지나 않아요, 아저씨.

일단 좋은 거 못 사줘서 미안하고요. 머지않아 꼭 좋은 거 사드리겠습니다. 하던 얘기 계속하죠. (웃음)

잠시만 상상을 한번 해보자. 내가 여보한테 가방을 사라고 1,000만 원을 줬다고 해볼게. 그리고 여보는 이 돈을 모두 다 가방 사는 데 써야 해. 절대로 돈을 남기면 안 되고 모두 다 써야 해. 단, 1,000만 원짜리 가방 하나를 사도 되고, 아니면 그동안 예쁘다고 생각했던 가방을 종류별로 10개를 사도 돼.

자, 그럼 1,000만 원을 가지고 어떤 가방을 살 거야? 에르메스 가방을 살 거야? 아니면 그때 샀던 브랜드로 10개를 살 거야?

에르메스 살 거야.

왜? 이유는?

이 기회 놓치면 여보가 다시 안 사줄 거 같아서? (웃음)

아니, 나중에 사준다니까~! (웃음) 진지하게! 농담 말고 진짜 이유가 뭐야?

나 지금 진지한데? (미소) 에르메스 가방은 여자들이 보통 갖고 싶어 하니까. 비싸서 못 사는 거지, 누가 사준다는데 그걸 마다할 사람이 있나? 여보도 누가 포르쉐 사준다고 하면 냅다 받을 거 아냐.

그렇지, 냅다 받지. (웃음) 자, 근데 지금 우리 웃으면서 얘기하는 동안 중요한 포인트들이 모두 다 나왔어.

중요한 포인트?

응. 내가 아까, 회사가 물건 가격을 얼마나 올릴 수 있는지가 핵심이라고 했지? 화폐 가치 하락에 대응해서 물건 가격을 올릴 수 있어야 그래야 그게 인플레이션 헤지가 되는 회사라고 했잖아. 그런데 물건 가격이 오른다는 것은, 가격이 올랐는데도 불구하고 사람들이 그 물건을 사준다는 뜻이야. 무슨 이유에서인지는 모르겠지만 물건이 비싸졌는데도 사람들이 그 물건을 사준다는 거지.

이걸 조금 어려운 말로 '가격 전가력'이라고 해. 가격을 '전가한다', 즉 원가가 오르거나 인플레이션으로 생산비용이 오를 때, 그 부담을 그대로 제품 가격에 반영할 수 있는 힘을 얘기해. 다시 말해서 가격 전가력이 높은 회사는 "물건 만드는 비용이 올라서 제품 가격 10% 올릴게요"라고 해도 소비자들이 그냥 사주는 회사라는 거지. 즉, 비싸게 팔아도 물건이 잘 팔리는 회사. 잠깐. 가격이 비싸도 잘 팔린다고? 지금 뭔가 비슷한 맥락이 지나가지 않았나?

 에르메스?

그렇지! 여보가 1,000만 원 있으면 에르메스 가방 살 거라며. 그러면 에르메스는 가격 전가력이 높은 회사라고 볼 수 있는 거지. 여기서 잠시 기사 하나를 보고 오자.

명품 브랜드 업체들의 배가 갈수록 두둑해진다. 금융감독원에 따르면 명품 3대장인 에르메스·루이비통·샤넬(에·루·샤)이 한국 시장에서 벌어들이는 수익은 해마다 증가하고 있다. 명품 위의 명품이라 불리는 에르메스는 2020년 4,181억 원이던 국내 매출이 2021년 5,275억 원으로 늘었고(25.9%), 루이비통 매출은 1조 468억 원에서 1조 4,681억 원으로 40.2% 증가했다.

샤넬도 9,296억 원이던 매출이 1조 2,238억 원으로 늘어났다(31.6%). 영업이익은 더 크게 늘었는데, 이 기간 에·루·샤의 영업이익 신장률은 각각 27.8 %, 98.7%, 66.9%에 이른다.

■ 왜 자꾸 오르나 = 명품 브랜드 업체들이 이처럼 폭발적으로 몸집을 키울 수 있었던 건 1년에도 몇 차례씩 가격 인상을 단행하며 배를 불려온 덕이다. 매년 1월 가격을 올리는 에르메스는 지난해 가격을 4% 올린 데 이어 올해는 인상 폭을 5~10%로 확대했다.

샤넬은 지난해에만 총 4차례(1·3·8·11월) 가격을 끌어올렸다. 그 결과, 2021년 11월 1,124만 원이던 클래식 플랩백 미디엄은 1,316만 원이 됐다. 1년 만에 192만 원이 오른 셈이다. 루이비통도 조만간 큰 폭으로 가격을 올릴 거란 소문이 돌고 있다.

어디 에·루·샤뿐일까. 2021년과 2022년에 각각 4차례, 2차례 가격을 올렸던 이탈리아 명품 브랜드 불가리는 지난 1일에도 주요 제품의 가격을 4~7%가량 끌어올리며 올해 가격 인상의 포문을 열었다. 펜디 역시 지난해 10월 가격을 6% 올린 데 이어, 또 한 차례 가격 인상을 예고했다.

그렇다면 명품 브랜드 업체는 왜 자꾸 가격을 올리는 걸까. 그들이 내세우는 이유는 늘 거기서 거기다. '원부자재 가격 상승', '인건비 상승'에서 크게 벗어나지 않는다. 하지만 알 만한 사람들은 "진짜 이유는 다른 데 있다"라고 입을 모은다. 가격을 아무리 올려도 그걸 사려는 사람들이 언제나 줄을 서기 때문 이라는 거다.

고물가 기조가 장기화 조짐을 보이면서 올해는 명품 소비가 다소 주춤할 거 란 분석이 나오긴 하지만, 신상품만 론칭하면 오픈런 행렬이 줄지 않는다. 계 속 가격을 올려도 살 사람은 사기 때문에 명품 브랜드 업체들이 배짱 장사를 이어간다는 얘기다.

출처 : 김미란, "'툭하면 가격 올려도 오픈런' 명품과 MZ, 기묘한 소비학", 〈더스쿠프〉, 2023년 2월 25일

명품 브랜드들이 가격을 올려도 엄청나게 잘 팔린다는 기사야. 가격을 아무리 올려도 사람들이 줄 서서 산대.

그런데 말이야, 일반적인 다른 회사들도 그럴까? 다른 회사들도 가 격을 올려도 물건이 잘 팔릴까? 절대 아니야.

오히려 가격을 올려야 되는 상황인데도 시장 눈치를 보면서 가격을 못 올리는 회사들이 태반이야. 왜? 시장에는 대안이 많거든. 쉽게 얘 기해서 새우깡 가격이 올라가면 새우깡 사 먹던 사람들이 다른 과자 사 먹는다고.

그래서 실제로 기업들은 물건 가격을 올리는 것에 상당히 높은 장벽 을 느껴. 대부분의 회사들은 가격 전가력이 높지 않다는 뜻이야. 그 런데 기사 내용처럼 가격 전가력이 높은 회사에게는 그 장벽이 엄청 나게 낮다는 거지. 놀라운 점은 또 있어. 이런 회사들은 오히려 경기 가 안 좋아지면 물건이 더 잘 팔리대. 위 기사에는 다음의 이 내용도 포함되어 있어.

■ 왜 계속 사나 = 하지만 그것만으론 이런 현상을 온전히 이해하기 어려운 게 사실이다. 이영애 인천대(소비자학) 교수는 '경기 침체'에서 그 이유를 찾았다. 무슨 말일까. "경제가 어려우면 중저가 상품이 팔리지 않고, 소비가 양극화한다. 기능이 중요한 상품들은 초저가, 초초저가 가격대 소비가 늘어나지만, 그와 동시에 스스로에게 보상한다는 심리로 명품을 구매하려는 과시형 소비도 나타난다."

출처 : 김미란, "'툭하면 가격 올려도 오픈런' 명품과 MZ, 기묘한 소비학", 〈더스쿠프〉, 2023년 2월 25일

상식적으로 생각해봤을 때 경기가 안 좋아지고 사람들이 먹고살기 팍팍해지면 비싼 물건을 안 사고 싼 물건을 살 것 같잖아? 아니. 오히려 그 반대로 행동한대.

절대 가격 측면에서 생각을 해봐도 50~100만 원짜리 가방이 즐비한 시장에서 1,000만 원짜리 가방은 많이 안 팔려야 정상인 것 같은데, 그런데 그게 아니라 오히려 엄청나게 많이 팔린다는 거야. 심지어 가격을 올려도, 경기가 안 좋아도. 이 회사들은 뭔가 다른 게임을 하고 있는 것 같지 않아?

1,000만 원짜리 에르메스 가방이 다른 중가 브랜드들 가방보다 품질이 10배 더 좋아? 그건 아니겠지. 그런데 왜 사람들이 10배가 넘는 돈을 주면서도 명품 가방을 살까?

그 가방을 사는 사람들을 '비합리적인 소비자'라고 깎아내릴 게 아니야. 그런 사람이 한두 명이 아니라 엄청나게 많다는 것은 분명 무언가 이유가 있다는 거야. 어쩌면 그 이유에 답이 있을지도 몰라.

가격이 10배임에도 사람들이 줄 서서 사는 이유

일단 사람들이 물건을 사는 이유는 2가지야. 첫째, 필요해서. 둘째, 갖고 싶어서.

(1) 사람들이 물건을 사는 이유, 필요해서

사람들이 언제 물건을 사냐면 일단 필요할 때 사. 아까 들었던 예시로 돌아가 볼게. 우리나라에 양말 안 신는 사람이 있을까? 아마 거의 없을 거야. 양말은 생활필수품이야.

사람들은 양말을 사서 신다가 낡아서 구멍이 나면 새로운 걸 또 사서 신지, 아예 안 사지는 않아. 사람마다 구매 주기가 다를 뿐, 어쨌든 사서 신는다고.

왜? 필요하니까. 즉, 사람들이 물건을 사는 가장 근본적인 이유는 '필요해서'야. 양말이 필요하니까 양말을 사는 거라고.

그런데 여기서 하나 물어볼게. 여보가 지금 양말이 필요한 상황이라고 해보자. 갖고 있는 양말이 모두 다 해지고 구멍이 나서 새로 사야 한다고 해볼게.

그런데 양말을 사려고 봤더니 한 켤레에 20만 원이네? 그럼, 여보는 이 양말 살 거야?

아니, 20만 원짜리 양말을 어떻게 사. (웃음)

지금 필요한 상황인데도?

그래두, 양말 하나에 20만 원은 너무 비싸지.

그치? 나도 그렇게 생각해. 양말 한 켤레를 20만 원 주고 살 생각은 없어. 아무리 필요해도 말이야. 내가 지금 무슨 말을 하고 싶은 거냐면, 사람들이 물건을 사는 이유가 '필요해서'이긴 한데 '필요하다고 해서 무조건' 사는 건 아니라는 얘기야. 사람들은 가격이 납득되어야 그 물건을 사. 즉, 우리는 어떤 물건에 대해서 나름대로의 가격 인식 같은 거를 가지고 있다는 얘기지.

예를 들어 '양말은 하나에 얼마 넘으면 안 되지', '치약은 하나에 얼마 넘으면 안 되지', '화장지는 하나에 얼마 넘으면 안 되지' 이런 인식이 있다고.

이런 인식이 왜 생기냐면 그 물건이 아무거나 사도 되는 물건이기 때문에 그래. 나는 정말로 양말 아무거나 신어도 되거든? 그냥 양말의 기능을 잘 해주기만 하면 돼. 그래서 이 양말이든 저 양말이든 상관이 없어. 마찬가지로 치약도 아무거나 써도 되고, 세제도 아무거나 써도 되고, 화장지도 아무거나 써도 돼. 이 물건에 대해 다른 생각을 하는 사람들도 있겠지만 적어도 나는 그래. 아마 나랑 비슷하게 생각하는 사람들이 많을 거야.

그런데 여기서 중요한 점은 이렇게 필요성만 충족시켜주면 어떤 것을 써도 상관없는 물건이라면, 이런 물건은 가격을 올리기 쉽지 않다는 거야. 왜? 가격을 올리면 사람들이 더 싼 물건으로 갈아타거든. 비슷한 물건이 시장에 엄청나게 많잖아. 쿠팡에 '양말' 치면 진짜로 수십 가지의 브랜드가 나온다고. 이 상황에서 가격을 올릴 수 있겠어?

그러면 양말 만드는 회사 입장에서 한번 생각을 해보자. 가격을 올리지 못하면 판매 개수를 늘려야 해. 그런데 판매 개수를 늘리기 위해서는 가격을 더 낮춰야 해. 그런데 이게 또 반대로 내가 판매 개수를 더 늘려야 하는 요소로 작용을 해.

가격을 못 올린다 → 판매 개수를 늘려야 한다 → 판매 개수를 늘리려면 타사 제품 대비 가격 경쟁력이 있어야 한다 → 가격을 오히려 더 낮춰야 한다 → 판매 개수를 더 늘려야 한다 → 악순환이다

즉, 이런 악순환에 빠진다는 얘기지. 그래서 이런 물건을 만드는 회사들은 화폐 가치 하락을 이겨내기가 어려워. 물건 가격을 올리지 못하니 이걸 이겨내기가 너무 빡센 거야. 무거운 짐을 하나 짊어지고 산을 오르는 느낌이라고 해야 하나? 많은 회사들이 자국 시장을 넘어 해외 시장으로 눈을 돌리는 이유가 여기에 있어. 물건 가격을 못 올리니 다른 나라에 팔아서라도 판매 개수를 늘리려고.

(2) 사람들이 물건을 사는 또 다른 이유, 갖고 싶어서

우리는 지금 '가격이 10배임에도 불구하고 사람들이 줄을 서서 사는 이유'에 대해서 알아보고 있잖아? 그런데 일단 그 답이 '필요해서'는 아니야.

여보도 양말이 필요해도 가격 20만 원이면 안 산다면서. 이처럼 사람들은 필요하다는 이유만으로는 10배의 가격을 지불하지 않아.

사람들이 10배 넘는 돈을 지불하면서도 물건을 사는 이유는 그 물건이 인간의 어떤 욕망을 건드리기 때문이야. 그 물건을 갖고 싶다는 욕망. '필요'에 의해 물건을 살 때는 사람들이 이성적으로 판단을 해. 가격이 합리적인지, 성능이 어떤지를 비교하고 고민한다는 거야.

그런데 '갖고 싶다'라는 감정이 올라오면 이때부터는 이야기가 완전히 달라져. 어떤 물건이 '갖고 싶다'라는 욕망을 건드려버리면 완전히 다른 게임이 시작되는데, 이때부터는 가격이 중요한 게 아니라 이 물건을 손에 넣는 게 더 중요해져. '필요'에 의한 소비는 이성의 영역이지만 '욕망'에 의한 소비는 감정의 영역이라는 거지. 사람들은 필요한 물건을 살 때는 계산기를 두드리지만 갖고 싶은 물건 앞에서는 계산기보다 마음이 먼저 반응한다고.

그러면 이 욕망은 어디에서 오는 걸까? 어떤 학자는 인간이 '과시욕'을 갖도록 진화했다고 얘기해. 원시 시대에는 무리에서 지위가 높을수록 더 많은 자원을 안정적으로 확보할 수 있었기 때문에 자신의 우월함을 외부에 드러내는 것이 생존에 유리했을 거라는 거지. 타인의 인정을 통해 더 많은 기회와 자원을 확보할 수 있었던 사회 구조에서는 '과시'가 단순한 허영이 아니라 생존을 위한 전략이었다는 거야. 그래서 인간은 자연스럽게 자신의 능력이나 지위를 드러내도록 진화했다는 주장이야.

솔직히 말해서 여자들이 명품 가방을 갖고 싶어 하는 이유가 이런 과시욕이랑 관련이 없을까? 나는 절대 그렇지 않다고 생각해. 남자들이 외제차를 갖고 싶어 하는 이유도 다 마찬가지야.

내가 예전에 유튜브 영상을 하나 봤는데, 현대차에서 만든 전기차 아이오닉이랑 포르쉐에서 만든 전기차 타이칸의 성능을 비교하는 내용이었거든? 놀랍게도 성능 차이가 크게 나지 않더라고.

현대차에서 만든 차는 대중들이 살 만한 가격대의 차였고, 포르쉐에서 만든 차는 억 단위가 넘어가는 차였는데도 그랬어. 물론 절대적인 가격 차이가 있다 보니 성능의 차이가 아예 안 나지는 않았는데, 그런데 내가 보기에는 그 차이가 절대로 몇천만 원에서 억 단위로 나지는 않았어.

그런데도 남자들은 몇천만 원, 억 단위의 돈을 더 주고서라도 포르쉐를 사고 싶어 해. 누군가는 성능이나 품질 차이가 그 돈 이상으로 난다고 얘기할 수도 있겠지만, 나는 이게 '과시욕과 관련이 없다'라고 얘기할 수 없을 것 같아. 품질의 차이보다도 욕구의 차이라는 거지.

프랑스의 철학자 르네 지라르는 이런 얘기를 했어.

"인간은 스스로 무언가를 욕망하는 것이 아니라 다른 사람이 원하는 것을 욕망한다."

즉, '내가 이걸 원한다'가 아니라 '다른 사람이 원하니까 나도 이걸 원한다'가 인간 욕망의 본질이라는 거야. 이 얘기를 소비와 연결해 다시 해석해보면 '사람들이 값비싼 물건을 사는 이유는, 내가 진짜로 이 물건을 원해서라기보다는 내가 이 물건을 가지고 있는 모습을 다른 사람에게 보여주기 위함이다'라는 얘기가 돼. 비싼 물건을 구매하는 심리 기저에는 이게 있다고.

물건이나 브랜드 중에서 인간의 이런 욕망을 건드리는 것들이 있거든? 아마 명품 브랜드들이 이것의 대표적인 예가 되겠지. 이런 브랜드들은 가격을 쉽게 올릴 수 있어. 왜냐하면 가격을 올려도 사람들이 사주거든. 가격을 10배 비싸게 받아도 팔려. 아니, 10배가 아니라 100배가 비싸도 팔려. 왜? 과시를 해야 하니까. 우리가 그렇게 진화되었으니까.

이게 과장이 아닌 게, 여보는 아까 양말 20만 원이면 안 산다고 했잖아? 20만 원짜리면 아마 보통 사람들이 신는 것보다 최소 10~20배 이상은 비싼 양말일 거야, 그렇지? 그런데 혹시 100만 원짜리 양말도 있는 거 알아? 여보가 비싸서 안 사겠다던 20만 원짜리 양말보다도 5배나 더 비싼 양말.

진짜? 100만 원짜리 양말이 있어?

어, 샤넬에 가면 100만 원짜리 양말이 있더라고. 그리고 있잖아, 심지어 그게 팔려. 그 100만 원짜리 양말을 사는 사람이 그걸 살 때 품질을 보고 살까? 아마 그 사람에게 양말 품질은 고려 대상이 아닐 거야.

우리가 골라야 하는 회사

세상에는 물건을 만드는 다양한 회사들이 있어. 비싼 명품 가방이나 비싼 스포츠카를 만드는 회사도 있지만, 비싸지는 않지만 사람들이 꼭 필요로 하는 물건을 만드는 실용적인 회사들도 있어. 어쩌면 우리에게 꼭 필요한 회사는 비싼 사치품을 만드는 회사보다 실용적인 물건을 만드는 회사일지도 몰라. 그게 우리의 삶에 더 도움이 되니까.

그런데 말이야, 투자자의 시선이라면 어떨까? 어떤 회사를 응원하는 것과는 별개로, 내가 돈을 넣고 투자를 해야 한다면 내 돈을 어느 쪽에다 걸어야 하겠어? 물건 가격을 올릴 수 없는 회사와 물건 가격을 쉽게 올릴 수 있는 회사 중에서.

가격을 쉽게 올릴 수 있는 회사.

그렇지? 그게 너무나 당연한 판단이야. 왜냐하면 가격을 올릴 수 없는 회사는 판매 개수를 늘리기 위해서 더 많은 노력을 해야 하거든. 그래야 화폐 가치 하락을 방어할 수 있어. 이게 큰 짐을 짊어지고 산을 꾸역꾸역 올라가는 느낌이라는 거지.

반면에 가격을 쉽게 올릴 수 있는 회사는 인건비가 오르면 물건 가격을 올리고, 재료비가 오르면 물건 가격을 또 올려서 그 비용을 가격에 전가할 수 있어. 그러면 다른 회사보다는 판매 개수 늘리는 데 포커스를 덜 둬도 돼. 즉, 상대적으로 훨씬 쉽게 산을 오를 수 있다는 뜻이야. 이 둘 중에서 내 돈을 어디에 넣어야 하는지를 생각해보면 크게 어렵지 않게 결론이 나와. 가격을 올려도 제품이 팔리는 회사를 골라야 해. 이건 너무나 당연한 선택이야.

워런 버핏 할아버지는 여기에 대해서 뭐라고 조언했는지 한번 들어볼까?

"사업을 평가할 때 가장 중요한 요소는 '가격 결정력'이다. 가격을 올려도 고객이 경쟁사로 이탈하지 않는다면 그것은 아주 훌륭한 사업이다. 반대로 가격을 10%만 올리려 해도 걱정부터 해야 하는 사업이 있다면 그것은 엉망인 사업이다."(금융위기조사위원회 인터뷰, 2010)

이 할아버지도 가격을 올릴 수 있는지 없는지가 중요하다고 얘기하고 있지?

가격을 올려도 제품이 팔리는 회사 = 가격 전가력이 높은 회사 =
가격 결정력을 가지고 있는 회사

그러면 여기에다가 아까 내가 위에서 소개했던 조언들을 이어서 붙여볼까?

이 조언들을 조합하면 결국 이런 결론이 나와.
"물건 가격을 쉽게 올릴 수 있는 훌륭한 사업체를 영원히 소유(Hold)하면, 우리도 인플레이션을 이길 수 있다."

그러면 진짜로 이 회사들은 인플레이션을 이겼을까?

자, 그러면 이런 회사들은 실제로 인플레이션을 이겼을까? 어떻게 됐는지 한번 살펴볼까?

이걸 평가하려면 뭐를 기준으로 한다고 했지? 매출이나 이익이 10년에 2배, 20년에 4배 늘었는지 보면 된다고

구분	이익 증가(최근 10년)	이익 증가(최근 20년)
에르메스	약 3배	약 5배
루이비통	약 2배	약 4배
샤넬	약 2.5배	약 4배

했지? 아까 보여준 기사에 나왔던 회사들, 이 회사들의 10년, 20년 과거 실적을 실제로 찾아보면 세 회사들 전부 다 이익이 10년에 2~3배, 20년에 4~5배 이상 늘었어.

같은 기간 동안 이 회사들의 주식은 어떻게 됐을까? 차트(306~307쪽 참조)를 보면 에르메스 주식은 최근 10년 동안 7배, 20년 동안 48배가 올랐어. 그리고 루이비통은 10년 동안 3배, 20년 동안 9배가 올랐고.●

필자가 예를 든 이 회사들을 보면 회사의 이익이 늘어나는 배수보다 주가가 올라가는 배수가 훨씬 더 크다. 아마 여기에 의문을 품는 독자도 있을 것이다. '왜 이익이 증가하는 것보다 주가의 상승이 더 큰가?'

간단히 말하자면 그 이유는 '좋아 보이는 것'에는 시장에서 높은 프리미엄을 붙여주기 때문이다. 마치 같은 월세를 받는 아파트라 하더라도 아파트가 위치한 지역에 따라 가격이 천차만별인 것과 비슷하다.

예를 한번 들어보자.

월세 200만 원을 받을 수 있는 아파트, A와 B가 있다고 가정하자. A는 강남에 있는 아파트이고, B는 지방 소도시에 있는 아파트이다. A아파트와 B아파트의 가격은 같을까? 우리는 이미 답을 알고 있다. 같지 않다. 실제 현실에서는 강남에 위치한 A아파트의 가격이 B아파트의 가격보다 훨씬 더 높다. 심지어 A아파트의 평수가 작아도 가격은 A아파트가 더 높다. 단순 계산으로는 가격이 같아야 한다는 결론이 나오겠지만, 실제 시장에서는 다른 결과가 나온다는 얘기다.

이런 현상이 일어나는 이유는 '강남은 사람들이 매우 선호하는 지역이기 때문에 월세가 앞으로도 계속 올라갈 가능성이 높다'고 생각하며 가격에 프리미엄을 붙이기 때문이다. 그래서 같은 이익(월세)에도 다른 가격이 붙어버린다.

주식도 이와 비슷하다. 브랜드 가치가 올라가면서 이익이 안정적으로 늘어나는 회사는 사람들이 '이 회사의 이익은 앞으로도 늘어날 거야. 그래서 이 회사는 프리미엄을 받을 만해'라고 인정을 하기 때문에 같은 이익에도 다른 가격이 붙는다. 즉, 높은 가격(프리미엄)이 형성된다는 뜻이다. 쉽게 말해 사람들이 '이 회사는 절대 망할 수가 없어'라는 생각을 하게 되면서 같은 이익에도 더 높은 값을 매겨주는 것이다. 왜? 앞으로도 계속 돈을 잘 벌 것으로 예상하니까.

이것이 이익이 꾸준히 증가하는 회사의 주가가 더 많이 상승하는 이유다. 기사에 언급된 세 회사 중 두 회사의 주가 차트만 가지고 온 이유는 샤넬이 비상장기업이기 때문이다.😊

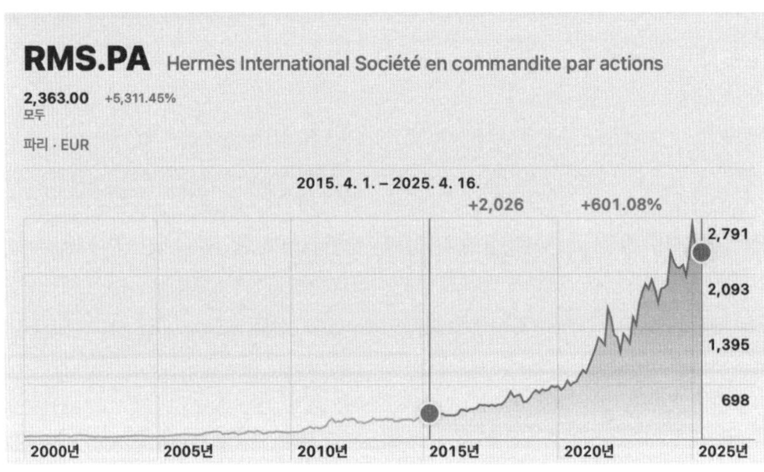
RMS.PA Hermès International Société en commandite par actions
2,363.00 +5,311.45%
모두
파리 · EUR
2015. 4. 1. – 2025. 4. 16.
+2,026 +601.08%
2,791
2,093
1,395
698
2000년 2005년 2010년 2015년 2020년 2025년

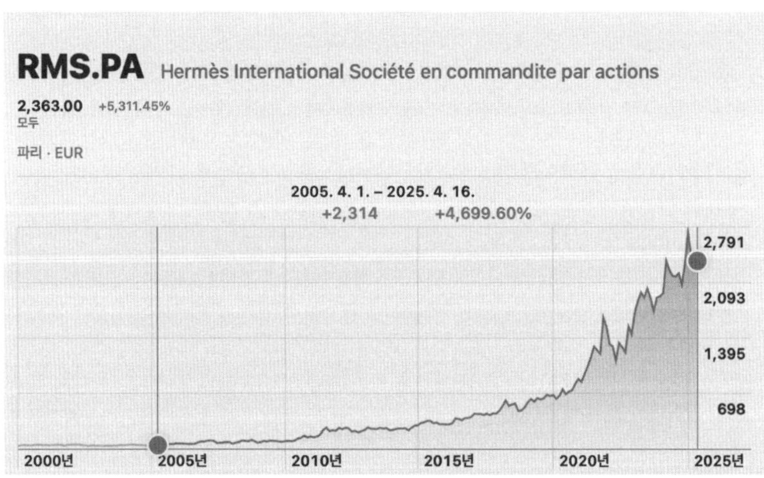
RMS.PA Hermès International Société en commandite par actions
2,363.00 +5,311.45%
모두
파리 · EUR
2005. 4. 1. – 2025. 4. 16.
+2,314 +4,699.60%
2,791
2,093
1,395
698
2000년 2005년 2010년 2015년 2020년 2025년

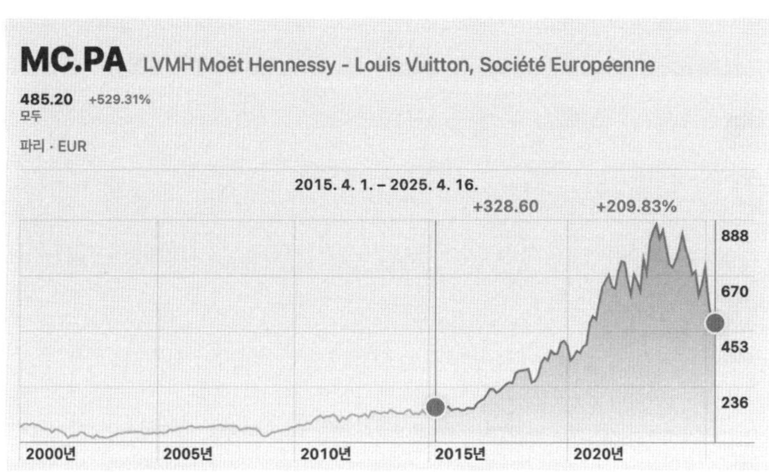
MC.PA LVMH Moët Hennessy - Louis Vuitton, Société Européenne
485.20 +529.31%
모두
파리 · EUR
2015. 4. 1. – 2025. 4. 16.
+328.60 +209.83%
888
670
453
236
2000년 2005년 2010년 2015년 2020년

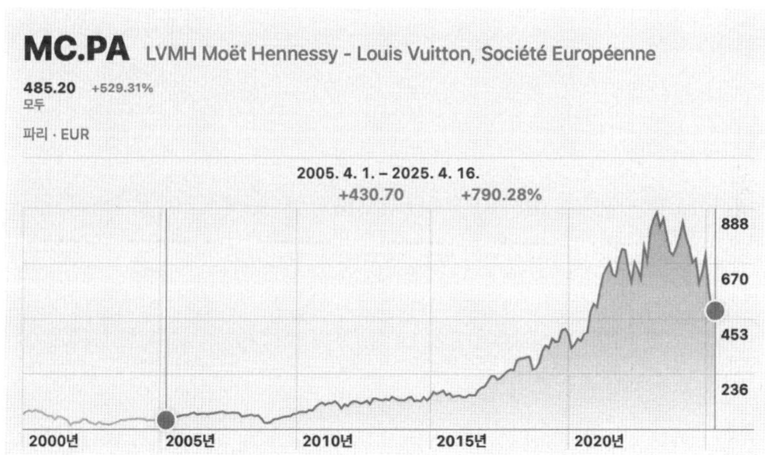
MC.PA LVMH Moët Hennessy - Louis Vuitton, Société Européenne
485.20 +529.31%
모두
파리 · EUR
2005. 4. 1. – 2025. 4. 16.
+430.70 +790.28%
888
670
453
236
2000년 2005년 2010년 2015년 2020년

즉, 우리가 찾아야 하는 회사는 이런 회사들이라는 거야. 시장에서 가격을 결정할 수 있는 훌륭한 회사. 이런 회사를 인수해서 영원히 보유하면 우리도 인플레이션을 이길 수 있다는 결론이 나와.

회사를 인수하라고?

거창하게 생각할 거 없어. 이 회사들 주식을 사라는 얘기야. 그게 자본주의 세상에서 회사 지분을 취득하는 방법이라고 했잖아.

아, 주식 사라고.

만약 여보가 이런 회사 주식을 Buy & Hold 했다면, 아마 화폐 가치 하락을 방어하는 것을 넘어 엄청난 초과수익을 거뒀을 거야. 자, 그런데 지금 내가 알려준 내용에서 특별한 경제 지식이 필요한 게 있었어?

딱히 없었던 것 같은데?

그치? '사람들은 명품을 좋아한다. 그래서 명품 회사들은 가격을 쉽게 올릴 수 있다.' 이게 다였잖아.

그런데 투자 성과가 작아? 아니. 안 작아.

306~307쪽 차트를 봐. 10년에 7배, 20년에 50배가 됐잖아. 이게 뭘 함의하냐면, '주식 방송에 나온 전문가들이 차트 띄워놓고 이런저런 얘기하는 거, 그런 거 몰라도 주식으로 성과를 낼 수 있다'라는 걸 뜻해.

아…. 그런 복잡한 얘기 몰라도 투자하는 데는 지장이 없다?

그렇지.

경제 지식, 차트 분석 이런 거 알면 투자할 때 도움이 되기는 하는데, 그게 주식 투자의 본질이 아니라고. 그런 거에 집중할 시간에 차라

리 내가 보유하고 있는 회사가 시장에서 가격 결정력을 가지고 있는
지를 판단하는 데에 신경을 쓰는 게, 오히려 훨씬 더 생산적인 일일
지도 몰라. 결국 그것만 되면 이익 증가와 주가 상승은 따라오는 결
과일 뿐이거든.

사람들은 쉬운 길을 놔두고 돌아서 간다

그런데 사람들이 보통 주식을 어떻게 고르는지 알아?

글쎄… 자세히는 모르겠지만, 보통 회사에서 누가 어떤 거 한
번 사보라고 얘기하면 그런 거 조금씩 사보는 것 같아.

맞아. 많은 사람들이 그런 식으로 누군가에게 추천을 받아서
투자할 주식을 고르더라고. 친구가 저거 좋다고 하니까 사고, 유튜버
가 이번에 이 종목이 대박 날 거라고 하니까 사고, 뭐 이런 식으로 누
군가에게 '정보'를 듣고 그냥 덜컥 사버리는 거지. 유튜브나 TV도 있
지만 요새는 카카오톡이나 텔레그램 리딩방 같은 거로도 정보가 많
이 오나 봐. 네이버 카페 같은 곳에도 정보들이 많고.

그래서 주식 하는 지인들한테 무슨 종목 갖고 있는지를 물어보면 정
말 각자가 엄청 다양한 주식들을 갖고 있더라고. 그런데 재밌는 게
뭐냐면 그 종목이 무슨 종목이고 그걸 왜 샀냐고 물어보면, 대답을
못 해. 그냥 태양광 주식이래. 뭔지는 잘 모르는데 누구한테 듣고 그
냥 샀다는 거야. 무슨 에너지 주식, 태양광 주식, 바이오 주식, 로봇
주식, 배터리 주식 이런 것들. 심지어 코로나19 때 산 진단키트 주식

을 아직까지 갖고 있는 사람도 봤어.

이 얘기는 내가 지금 남을 흉보려고 하는 얘기가 아니고, 과거의 내 얘기이기도 해. 내가 주식 시작하고 나서 제일 처음 샀던 주식이 태양광 사업하던 회사였거든.

아, 그랬어? (웃음)

어, 나도 그랬어. 누가 좋다고 얘기하면 진짜 좋은 줄 알고 냅다 사버리는…? (웃음) 그런데 그 사람들이 하는 얘기를 가만히 듣고 있잖아? 진짜로 꽤 그럴듯하게 들려. 왠지 쉽게 돈을 벌 수 있을 것 같다는 생각도 들고.

그래서 뭔가에 홀린 것마냥 몇백만 원, 몇천만 원을 별 고민 없이 그 주식에 집어넣게 돼. 몇천만 원 손실을 볼 수도 있는 의사결정인데 별로 자세히 알아볼 생각도 하지 않고 그냥 그 사람 말만 믿고 사버리는 거지. 평소에는 5,000원, 1만 원짜리 소비에도 신중하던 사람이.

나중에 '사람들(필자 포함)은 왜 이렇게 비이성적으로 행동할까'라는 고민을 해본 적이 있는데, 어떤 책을 읽다가 그 답을 찾았어. 정보의 비대칭성이 있는 곳에서 사람들이 의사결정을 할 때는 권위 있어 보이는 누군가의 말을 엄청나게 신뢰하게 된대.

'나는 이 분야를 잘 모르지만, 저 사람은 뭔가 잘 알고 있으니까 저 주식을 샀겠지?' '저 전문가는 이 산업 분야를 모두 분석한 다음에 이 주식을 추천하는 거겠지?' '저 유튜버가 이걸 추천하는 데는 이유가 있겠지?' 이런 식으로 생각한다는 거지.

생각보다 그런 경우가 많은 것 같아. 우리도 옛날에 적금 만기가 되어 돈 찾으러 갔을 때, 은행원이 갑자기 우릴 앉혀놓고 무슨 펀드 가입하라고 막 그랬었잖아. 어버버하다가 그 자리에서 바로 펀드 가입해버리고. 물론 얼마 지나지 않아 해지했지만.

그치, 딱 그거랑 비슷해. 적금 만기가 되어서 목돈이 생겼고 이걸 가만히 두면 안 될 것 같은 생각이 드는 찰나에 나름 전문가처럼 보이는(?) 은행원이 이 상품 좋다, 저 상품 좋다 이런 정보를 주니까 거기에 혹했던 거지. '저 은행원이 이걸 추천하는 데는 다 그럴 만한 이유가 있는 거 아니겠어?' 이런 생각을 하면서.

그런데 있잖아. 내가 한 10년 재테크에 미쳐보고 난 지금 확실히 얘기할 수 있는 게 있는데, '그 이유' 그런 거 없어. 심지어 그 사람들이 전문가도 아니야. 그냥 판매원일 뿐이야. 우리는 그 사람들이 은행에 앉아 있으니까 '나보다는 더 잘 알겠지'라는 생각을 하게 되는데, 그런데 실제로는 그렇지도 않다고.

문제는 이런 식으로 남의 말을 듣고 투자 결정을 하면 스스로 판단할 수가 없게 된다는 거야. 수익이 나면 왜 나는지, 손실을 보고 있으면 왜 손실이 나는지, 그러면 나는 어떻게 해야 하는지, 더 사야 하는지, 팔아야 하는지 이런 판단을 스스로 할 수 없게 돼.

누구 말을 듣고 태양광 회사의 주식을 샀어(필자의 과거 얘기다). 그런데 이 주식이 떨어져. 왜 떨어지는지 알아? 모르지, 알 리가 있나. 그냥 누가 사라고 해서 샀는데 왜 떨어지는지를 어떻게 알겠어. 이렇게 되면 문제가 뭐냐면, 그 주식을 추천했던 사람한테 다시 의지할 수밖에 없게 돼. 그 사람한테 다시 물어볼 수밖에 없게 된다는 거야.

"이 주식 얼마에 샀는데, 지금 주식이 떨어져서 얼마 손실 중이에요.

너무 힘듭니다. 앞으로 오를까요?"

그런데 말이야. 그 사람이라고 그걸 알까? 그 사람이 이 태양광 주식이 앞으로 다시 반등할지 못할지를 알겠냐는 거야. 그 사람이 업계에 종사하고 있는 사람도 아닌데 말이야.

원래 사람은 힘든 상황에 처하면 누군가에게 의지하려는 경향이 있어. 그래서 있어 보이는(?) 누군가에게 계속 물어보고 그러는 건데, 이왕 물어보려면 제대로 된 사람에게 물어봐야지. 만약 그 회사에서 실제로 일하는 사람한테 물어본다면 이건 그래도 일리 있는 접근이야. 제일 잘 알고 있는 사람이 그 업계 사람들일 테니까. "그 업계 지금 어때요? 앞으로 업황이 좋아질 것 같나요? 회사에 주문은 많이 들어오고 있나요?" 이런 식으로 물어볼 수가 있다고.

그런데 이걸 주식을 추천한 사람한테 묻고 있으면, 그 사람이 알겠냐는 거야. 어쩌면 그 사람도 누군가한테 얘기를 듣고 나한테 추천한 것일 수도 있어. 즉, 엄한 데 가서 답을 찾고 있는 거라는 거지. 이런 문제가 생기는 근본적인 이유는 '내가 모르는 주식을 사서'야. 남의 말 듣고 그냥 덜컥 사버리기 때문에 이런 일이 벌어지는 거라고.

주식을 사는 것은 회사의 지분을 취득하는 거라고 했잖아? 그런데 회사의 지분을 취득한다는 것이 무슨 뜻이야? 그 사업에 나도 동참한다는 의미야. 즉, 주식을 산다는 것은 나도 그 사업을 같이한다는 뜻이라고. 동업한다는 의미. 그런데 동업하는데 그 회사가 어떤 회사인지도 모른다는 게 말이 돼?

친구가 여보한테 와서 자기가 어디에 카페를 차릴 거라면서 같이 동업을 하자고 했다고 생각해봐. 그러면 여보는 어떻게 하겠어? 여러 가지를 고려하지 않겠어?

① 이 친구가 사업을 할 만한 자질(능력)을 가지고 있는지. ② 이 친구가 카페를 차리려고 하는 지역에 커피를 소비할 만한 수요층이 두터운지. ③ 이 친구가 카페를 차리려고 하는 지역에 다른 카페(경쟁자)들은 없는지. ④ 경쟁해야 하는 카페들이 있다면, 이를 극복하기 위해 친구가 내세우는 차별 포인트는 무엇인지. ⑤ 그럼에도 불구하고 카페를 차리면 예상되는 이익은 얼마이고, 그 이익 중에서 나는 얼마를 배분받게 되는지 등등.

대충 생각만 해봐도 고려 사항이 수없이 나오지? 동네 카페를 동업하려 해도 고려 사항이 수없이 나오는데, 하물며 회사를 동업하려 하면 고려해야 할 게 얼마나 많겠어?

그런데 이런 것들 다 무시하고 누구한테 '이 회사 괜찮다'라는 말만 듣고 덜컥 동업을 한다고? 조금만 생각해봐도 이게 너무 무모한 의사 결정이라는 걸 알 수 있어.

사업이 잘되냐 안되냐에 따라 회사의 가치가 결정되고, 회사의 가치에 따라 주식의 가격이 결정되는 건데, 그런데 사업이 잘되는지 또 앞으로 사업이 잘될지가 판단이 안 되는데 어떻게 적절한 투자 결정을 할 수 있겠냐는 거지. 그래서 스스로 판단이 안 되니까 결국 누군가에게 또다시 물어볼 수밖에 없게 되는 거야.

내 돈을 투자하는데 판단은 남에게 의지해야만 하는 상황이라면 결과가 좋을 리 없어. 설사 잠시 결과가 좋았다 하더라도 이는 사상누각이야. 결국 안 좋은 결과가 나게 되어 있어. (다른 이를 비하하는 것이 아니다. 필자의 과거 얘기다.)

Buy & Hold가 가능한 주식을 고르는 1단계 :
소비자의 관점에서 주식 골라내기

그러면 남에게 의지하지 않기 위해서는 어떻게 해야 하느냐? 내가 그 사업을 스스로 평가할 수 있어야 해. 그러기 위해서는 일단 소비자의 관점에서 내가 그 사업(기업)을 먼저 평가할 수 있어야 해. 내가 아는 회사 중에서 후보를 골라내야 한다는 뜻이야. 이것이 첫 번째 단계야. 내가 아는 회사 중에서 좋아 보이는 것 골라내기.

크게 어려울 건 없어. 여보 주변에서 찾아보면 돼. 여보가 일하는 업종에서 경쟁력 있는 회사를 찾거나, 아니면 여보가 평소에 자주 이용하는 브랜드 중에서 경쟁력 있는 회사를 찾거나, 여보가 앞으로 소비하고 싶은 브랜드 중에서 찾거나. 이런 식으로 생활 속에서 자주 이용하는 회사를 먼저 찾아내는 거지. 지금까지 해보지 않고 익숙하지 않아서 그렇지 관점을 바꾸면 의외로 쉽게 찾아져. 이 세상에는 기업들이 정말로 많기 때문이야.

우리는 하루에도 수없이 많은 소비를 하면서 살아가는데, 이 모든 소비의 뒤에는 전부 다 기업들이 있어.

아침에 일어나 씻으면서 사용하는 비누·샴푸·치약·칫솔, 출근할 때 입고 나가는 옷, 점심에 마시는 커피, 저녁에 퇴근할 때 들르는 매장에서 구입하는 상품 등 이 모든 소비 품목들이 결국 어떤 회사가 만들어내는 물건이나 서비스라는 거지.

신경 쓰지 않아서 모르고 있을 뿐이지, 하루 날 잡고 그날 생활하면서 내 곁을 지나간 기업이 얼마나 많았는지 세어보면 정말 깜짝 놀랄 거야. '이렇게 많은 기업들이 내 옆에 있었다고?' 하는 생각이 들면서.

이렇게 생활 속에서 회사를 찾아내면 무슨 장점이 있냐면, 소비자들의 심리에 변화가 생기면 그 변화를 내가 누구보다 빨리 인지할 수 있다는 장점이 있어.

예를 들어 내가 어떤 브랜드를 더 이상 안 찾게 되고 다른 브랜드를 찾게 되면, 그리고 또 나와 비슷한 생각을 하는 사람들이 주변에 많다는 것을 인지하게 되면, '앞으로 이 브랜드의 실적이 나빠지겠구나'라는 것을 예상할 수가 있다는 거지.

회사에서 발표하는 실적은 모두 후행적인 데이터야. 사람들이 물건을 안 사기 시작하면 그 악화된 실적은 적어도 3개월에서 6개월, 길게는 1년은 지나야 확인이 되는데, 그런데 이 부분을 내가 미리 눈치챌 수 있다는 거지.

이것은 투자를 함에 있어 생각보다 아주 큰 장점이거든? 이 브랜드의 전망이 안 좋아질 것을 미리 느낄 수 있다는 뜻이니까. 그래서 반드시 소비자의 관점에서 그 회사를 '내가' 판단할 수 있어야 해. 그래야 내가 남한테 의지하지 않을 수 있어. 그래야 다른 사람한테 "이 회사의 전망이 어떨까요?"라는 질문을 하지 않을 수 있어.

이 질문을 나 스스로한테 해보면 되잖아. 심지어 답도 내가 할 수 있게 돼. "내가 앞으로 다른 경쟁사들 물건을 사지 않고 이 브랜드를 계속 쓸까?"라고 나한테 물어보면 되잖아. 그런데 이렇게 하지 않고 남한테 정보를 듣고 주식을 사면 이런 판단 자체가 불가능해.

생각해봐. 내가 태양광 폴리실리콘을 사서 써볼 일이 있어? 아니면 내가 배터리 양극재를 사서 써볼 일이 있어? 그럴 일이 거의 없잖아.

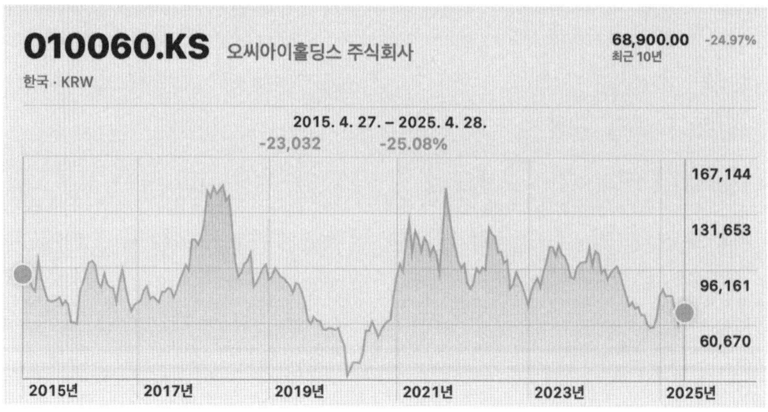

* 필자가 다른 사람의 추천을 받아서 산 첫 주식 중 하나다.

GCL테크놀로지 홀딩스 주가

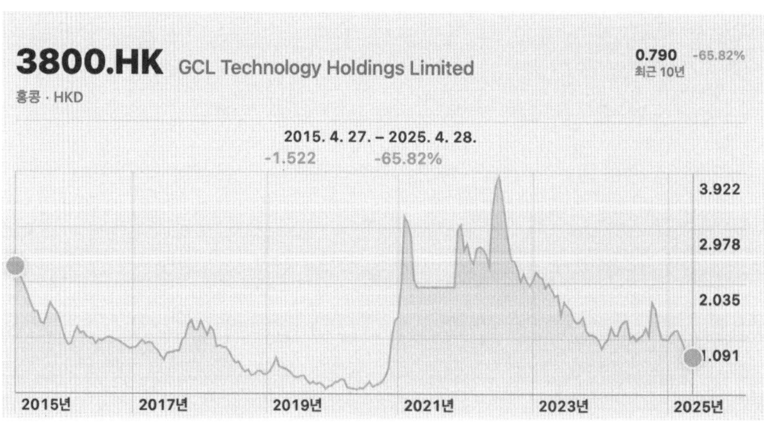

* 필자가 다른 사람의 추천을 받아서 산 첫 주식 중 하나다.

내가 그 회사의 소비자가 될 수가 없다고.

그러니 애당초에 '그 업황이 좋은지 안 좋은지, 앞으로 좋아질지 안 좋아질지'에 대해 다른 사람의 의견을 맹목적으로 믿고 따를 수밖에 없는 상황에 처한다는 거야. 처음부터 주도권이 다른 사람한테로 넘어가 버린다고.

물론 금융권에 종사하거나 관련 업계에서 산업연구원으로 일하면서 업황과 전망을 누구보다 빠르게 알 수 있게 되는 사람들도 있을 거야. 이런 사람들은 정보의 비대칭으로 인해서 해당 업종에 투자해 좋은 성과를 거둘 수도 있겠지.

그런데 이거는 그 업계를 전문적으로 분석하는 사람들한테나 해당되는 얘기고, 우리 같은 직장인들에게는 해당되지 않는 일이야. 하루 종일 회사에서 읽어야 할 보고서만 해도 몇십 쪽은 되는데, 따로 시간을 내서 연구원들이 써내는 몇십 쪽짜리 보고서를 매번 팔로우업 해야 한다고? 내 생각으로는 일시적으로 가능해도 지속가능하지 않아. 그래서 결국 남의 판단에 의지하게 되어 있어.

여기서 또 중요한 것은 그렇게 어렵게(?) 투자한다고 해서 결과가 좋은 것도 아니라는 거야. 그 사람들이 추천한 종목들의 장기 성과를 따라가 보면 결국 대부분이 이런 모습이더라고(316쪽 그래프 참조). 물론 그중에서 대박 종목이 몇 개 나오기는 하겠지만 확률이 정말 낮아.

전문가(?)들이 얘기하는 거 들어보면 심지어 자기들도 그런(?) 종목들에 물려 있어. 자기들이 직접 방송에 나와서 이실직고를 해. '자기 평단가는 얼마고, 몇 퍼센트 손해 보고 있는데 크게 걱정하지는 않는다. 장기로 보고 있다.' 뭐 이런 식으로, 말로 좋게 포장하고는 있지만 결국 물려 있다는 뜻이야. 즉, 어렵게 투자한다고 해서 꼭 좋은 결과가 나오는 것도 아니라는 거지.

그리고 이것은 우리나라 투자자들에게만 국한된 내용이 아닌 것 같아. 다른 나라 사람들도 마찬가지인가 봐. 심지어 금융 선진국이라는 미국조차도.

미국 월스트리트에서 전설적인 펀드매니저라고 평가받는 사람이 자기가 쓴 책에 이런 스토리를 넣었어.

> 우리 집 전담 투자자인 남편은 투자에 진심입니다. 남편은 연간 구독료가 250달러인 〈월스트리트저널〉을 읽으며 투자 종목을 발굴합니다. 이런 남편의 레이더망에 좋은 종목(A)이 하나 걸립니다. 이 종목이 포함되어 있는 산업이 앞으로 10년 동안의 주요 성장 산업이라고 합니다. 남편은 이 종목이 메릴린치의 '적극 매수' 리스트에 올라갔다는 사실을 알고는 흥분합니다. 그리고 이 종목에 투자를 해요.
>
> 그 시간 아내가 마트에서 돌아옵니다. 아내는 말합니다. "가을 내내 입을 옷을 샀어요." 아내는 평소에 그 브랜드의 옷을 즐겨 입습니다.
>
> (시간이 흐른 후)
>
> 업종 내에서 예상 밖의 경쟁이 있었는지 남편의 예상과는 달리 A주식의 매출은 반토막이 났고, 주가도 반토막이 났습니다. 그런데 남편의 회심의 A 종목이 반토막이 나는 그 시간 동안, 아내가 사 입던 옷의 브랜드는 주가가 20배가 되었습니다. 보통의 경우 이런 식으로 가정의 전담 투자자들(남편)이 태양 에너지 주식, 위성 안테나 주식에서 거덜 나는 동안 아내가 꾸준히 이용하는 브랜드들은 조용히 10루타 20루타를 칩니다.
>
> 출처 : 피터 린치·존 로스차일드 지음, 이건 옮김, 《전설로 떠나는 월가의 영웅》, 국일증권경제연구소, 2021

그치? 전혀 안 다르지? '대박 기회는 내가 모르는 고급 정보에서 나온다'라고 생각하는 것은 인간의 본능인가 봐. 동양이나 서양이나 똑같은 걸 보면.

이 책을 쓴 피터 린치가 엄청 유명한 사람이거든? 미국 월스트리트에서 13년 동안 펀드를 운용해서 28배를 만든 사람이야. 주식 한 종목이 28배의 성과를 낸 게 아니라 펀드 전체의 성과가 28배가 났어. 단 13년 만에. 엄청난 거지. 그런데 이 아저씨도 '종목을 주변에서 찾을 것'을 엄청 강조해. 이 아저씨가 이런 말들을 했어.

"사람들은 전문가들이 증권 단말기를 통해 입수하는 세련되고 수준 높은 소문에서 고급 투자 아이디어가 나온다고 추측하지만, 나는 매우 단순한 방식으로 투자 아이디어를 얻는다. 예를 들면 이런 식이다.

볼보 : 내 가족과 친구들이 이 차를 탄다.

애플 : 우리 애들이 집에서 쓰고 있다.

던킨도너츠 : 나는 이 회사의 커피를 좋아한다."

"아내가 좋아하는 제품을 만드는 회사에 관심을 가져라."

"훌륭한 주식을 찾을 수 있는 가장 좋은 장소는 월스트리트가 아니라 당신의 주변이다. 월스트리트보다 당신이 다니는 마트가 훨씬 더 빠르다."

하는 말이 모두 한결같지?

Buy & Hold가 가능한 주식을 고르는 첫 번째 단계가 '생활 속에서 소비자의 관점으로 주식 골라내기'라고 했어. 방법은 어렵지 않아.

내 주변의 회사들을 최대한 많이 찾아내고 그거를 다 적어놓으면 돼. 실제로 해보면 생각보다 엄청 많이 찾을 수 있을 거야.

마치 이런 거랑 비슷해. 여보가 출근할 때 '오늘 출근길에는 무조건 꽃을 발견한다'라는 생각을 해봐. 그러면 깜짝 놀랄걸? '출근길에 꽃이 이렇게 많았구나'라는 걸 알게 돼.

그리고 다음 날 출근할 때는 '오늘 출근길에는 무조건 쓰레기를 발견한다'라고 생각하고 지나가 봐. 그래도 깜짝 놀라. '어제는 보이지 않았던 쓰레기가 이렇게 많았구나'라는 걸 알게 돼.

또 지하철에서 '오늘은 빨간색 옷을 입은 사람을 반드시 찾는다'라고 생각하면 얼마 지나지 않아 그 사람이 바로 찾아지고, '오늘은 노란색 모자를 쓴 사람을 찾는다'라고 생각하면 그것도 바로 찾을 수 있어.

사람은 자기가 뭔가를 찾아내기 위해 온 신경을 집중하게 되면 주변에 지나가는 모든 것들에서 그것을 발견해낼 수 있다는 얘기야. 해보면 신기해 정말(누군가는 이를 '몰입'이라고 한다).

이런 느낌으로 하루 날 잡고 '오늘 하루는 내 주변에 스쳐 지나가는 모든 브랜드를 다 찾아낸다'라는 생각으로 한번 찾아봐. 의외로 정말 많이 찾을 수 있어. 여기까지가 첫 번째 단계야.

Buy & Hold가 가능한 주식을 고르는 2단계 : 욕망을 자극하는 브랜드

 두 번째 단계는 이렇게 찾아낸 브랜드들을 대상으로 '내가 그

브랜드를 왜 사용하고 있는지' 그 이유를 분류하는 작업을 해보는 거야. 내가 그 브랜드를 쓰는 이유가 싼 가격 때문인지, 아니면 높은 품질 때문인지, 아니면 품질과 가격 사이에서 적절히 균형을 이루기 때문인지 이런 것들을 분류해보라는 거지. 예를 들면,

다이소 : 싼 가격

유니클로 : 품질과 가격 사이에서 적절한 균형(가성비)

코스트코 : 저렴한 가격에 대용량(가성비)

쿠팡 : 편리함(최저가격은 아니지만 수용 가능한 가격으로 빠른 배송)

이런 식으로 주욱 나열을 해보는 거야. 그러다 보면 중간에 '탁'하고 걸리는 게 있어.
"어, 이상하네? 비슷한 다른 것들도 많은데 내가 이거를 왜 쓰고 있는 거지?"
이렇게 내가 쓰고는 있는데, 근데 내가 그걸 왜 쓰는지가 설명이 안 되는 브랜드들이 있다는 얘기야. 혹은 그걸 갖고는 싶은데 내가 그걸 왜 갖고 싶은지 설명이 안 되는 브랜드들.

욕망을 자극하는 브랜드들

《뇌, 욕망의 비밀을 풀다》라는 책에 지금 우리가 하는 얘기와 관련해서 아주 큰 히트가 될 만한 내용이 나와.

코카콜라가 뇌 속에서 펩시콜라를 이기다

놀랍게도 코카콜라를 마셨을 때와 펩시콜라를 마셨을 때 소비자들의 뇌 반응은 완전히 달랐다. 실험의 결과는 이랬다. 블라인드 테스트, 즉 피실험자들 본인이 어느 상표의 콜라를 마시는지 모르는 상태로 진행한 테스트에서는 코카콜라와 펩시콜라는 모두 뇌의 같은 영역을 활성화시킨 것으로 나타났다. (달콤한 맛이 뇌의 보상 처리를 담당하는 전두엽을 활성화시킴.)

그런데 음료수를 주면서 코카콜라와 펩시콜라의 상표를 보여주자, 뇌 스캐너의 이미지는 완전히 급변했다. 펩시콜라를 마실 때에는 별 반응이 없었던 중뇌와 대뇌가 코카콜라를 마셨을 때는 번쩍거렸다. 뇌 사진만 보자면 펩시콜라도 똑같은 맛으로 보상했다. 그럼에도 불구하고 이런 결과가 도출되었다는 것은 전두엽보다 더 강력한 영향력을 미치는 뇌 영역이 따로 존재한다는 뜻이다. 상표를 알고 있었을 때는 피실험자들이 압도적으로 코카콜라를 선호했다.

코카콜라와 펩시콜라의 맛이 심각하게 다른가? 솔직히 내 입맛에는 거기서 거기야. 실험 결과에서도 무슨 콜라인지 모르고 마시면 사람들 뇌는 모두 비슷한 반응을 나타낸대. 맛이 비슷하니까 당연하겠지. 그런데 내가 지금 마시는 콜라가 코카콜라인지 펩시콜라인지를 알려주면 얘기가 달라진다는 거야. 이게 무슨 의미냐면 사람들이 코카콜라 브랜드에서 맛 이외의 다른 것을 느낀다는 뜻이야. 맛이 비슷해도 굳이 코카콜라를 선호한다는 거지.

우리도 그렇잖아. 콜라 살 때 별생각 없이 코카콜라를 사잖아. 근데 그걸 사는 이유를 곰곰이 생각해보면 특별한 이유가 없어. 가격이 싸서도 아니고, 더 맛이 있어서도 아냐. 근데 이유는 모르겠지만 그냥 사람들이 그걸 선호해.

저 책의 내용대로라면 사람들의 구매 결정은 거의 대부분 무의식적으로 이뤄진대. 우리는 무언가를 구매할 때 이성적으로 고민하고 계산하고 이것저것 다 따져보면서 구매한다고 생각하지만, 실제로 구매에는 감정이 이성보다 훨씬 더 큰 영향을 미친다는 거야. 이미 감정적으로 구매 결정을 내리고 난 이후에 그것을 정당화하기 위해 이성적인 머리가 굴러간다는 거지. 즉 결국 이성보다 감정, 욕망 이런 요소들이 훨씬 더 중요하다는 얘기야.

이 내용을 가지고 다시 주식(기업) 얘기로 돌아와 보자.

아까 첫 번째 단계에서 찾아낸 브랜드를 선호하는 이유에 대해 분석했을 때, 선호하는 이유가 가격이나 성능은 아닌데 그게 뭔지 정확히 모르겠다면, 아마 그 회사는 투자하기에 좋은 회사일 가능성이 매우 높아. 이 의미는 곧 그 브랜드가 인간의 감정이나 욕망을 건드리는 브랜드라는 의미거든.

여보가 1,000만 원 있으면 다른 가방 안 사고 에르메스 가방 산다고 했지? 아마 여보는 다른 중가 브랜드 가방의 품질이 에르메스랑 완전히 똑같다고 하더라도 에르메스 가방을 살 거야. 품질이 중요한 게 아냐. 무슨 브랜드인지가 중요한 거지. 여보가 이상한 사람이어서가 아니라 사람들의 뇌가 그렇게 반응을 한다잖아. 뇌 전문가가 그렇다고 하잖아. 이렇게 브랜드가 인간의 감정이나 욕망을 건드려버리면 이때부터는 다른 게임이 시작돼. 사람들이 물건을 구매할 때 가격을 중요하게 생각하는 것이 아니라 그 물건을 손에 넣는 것을 더 중요하게 생각하게 되기 때문이야. 가격이 비싸? 상관없어. 100배가 비싸도 팔려. 양말 한 켤레에 100만 원이어도 산다고.

이렇게, 첫 번째 단계에서 찾아낸 기업들 중에서 우리의 감정이나 욕망을 건드리는 이런 브랜드를 찾아내는 것이 두 번째 단계야. '내가 이 물건을 쓰고는 있는데 이걸 왜 쓰고 있는 거지?' 혹은 '내가 그 물건을 갈망하고는 있는데 내가 그걸 왜 원하고 있는 거지?'라는 생각이 드는 브랜드를 찾아내는 것.

어떤 것들이 있을까? 나는 바로 떠오르는 것이 명품 만드는 회사들이야. 아까 얘기했던 에르메스, 루이비통, 샤넬 이런 브랜드들. 그리고 또 뭐가 있을까? 여보는 어떤 브랜드가 떠올라?

스타벅스.

그렇지, 스타벅스도 여기에 해당하겠지. 스타벅스도 말로는 설명이 안 되는 뭔가가 있잖아. 솔직히, 스타벅스 커피 맛이 다른 카페들과 비교해서 크게 다른가? 내 입맛에는 별로 차이가 없는 것 같아. 맛이 다 거기서 거기야.

그런데도 우리 둘 다 카페 갈 일이 있을 때 거의 스타벅스만 가잖아. 심지어 다른 사람들에게 커피 쿠폰 보낼 때도 스타벅스 쿠폰으로 보내. 혹시 그거 알아? 스타벅스 폐점률이 다른 카페들에 비해서 극히 낮은 거?

> 지난해 스타벅스를 비롯한 주요 프랜차이즈(직영 포함) 커피전문점의 폐업률이 1% 안팎인 것으로 나타났다. 신종 코로나바이러스 감염증(코로나19) 사태로 대형 프랜차이즈는 테이크아웃만 하게 하는 조치가 실시됐지만 오히려

방역 규제의 타격을 상대적으로 덜 받은 것이다.

반면, 이른바 '동네 카페'는 폐업률이 13%에 달했다. 특히 고정비 비중이 상대적으로 큰 소형 카페는 코로나 사태의 직격탄을 그대로 맞았다. 안 그래도 폐업률이 증가하는 상황에서 코로나 사태까지 겹치면서 카페의 양극화가 더 심화되고 있다.

동네 카페 폐업률은 12.8%로 평균(11.6%)을 웃돌았다. 비중으로 따지면, 주요 프랜차이즈를 제외한 '기타'의 폐업률 비중은 94.1%에 달했다. 전년(94.2%)과 비교하면 0.1%포인트 하락한 수준이나, 2018년(92.5%)과 비교하면 폐업률이 오름세 추이인 것으로 파악된다.

전문가들은 인건비 부담 가중과 근로시간 단축, 영업시간 단축 등이 겹치면서 경영 환경이 악화된 데다 임대료까지 오르자, 상대적으로 취약한 동네 카페부터 흔들리는 양상이라고 지적하고 있다.

출처 : 신현보, "동네 카페 13% 폐업했는데…스벅은 뭐가 다르길래", 〈한국경제〉, 2021년 3월 3일

카페는 진입 장벽이 낮아서 짧은 기간에도 새로운 커피 브랜드들이 엄청 많이 생겼다가 사라지기를 반복하는데, 그런데 그 과정에서 다른 카페들의 폐업률은 상당히 높은데, 스타벅스는 폐업하는 매장 수가 다른 카페에 비해 극히 낮대.

다른 카페보다 스타벅스 커피가 가격이 더 싸? 아니, 안 싸. 그럼, 맛이 더 좋아? 아니 비슷해. 그럼에도 불구하고 사람들이 스타벅스를 찾아. 스타벅스에는 사람들이 바글바글한데 다른 카페에는 자리가 텅텅 비어 있는 모습을 우리는 정말로 자주 볼 수 있어. 즉, 맛과 가격으로는 설명되지 않는 뭔가가 있다는 거지.

맞아, 스타벅스가 다른 곳에 비해서 특별히 맛이 더 있다거나 하지는 않은데, 왠지 모르게 계속 가게 되는 그런 느낌이 있어.

🙂 나는 나 스스로를 엄청 이성적인 사람이라고 생각하는데, 그런데도 카페 갈 때는 스타벅스를 가. 스타벅스가 더 싸? 아니야. 스타벅스가 더 맛있어? 아니야. 스타벅스가 더 넓고 깨끗해? 아니야. 스타벅스가 더 가까워? 아니야. 오히려 사람이 많아서 시끄럽기만 해. 그런데도 나도 스타벅스를 가. 멀쩡히 집 바로 앞에 있는 카페를 놔두고 거기까지 간다고. 심지어 주차비를 내면서까지. (웃음)

이 포인트가 중요해. 그 브랜드를 찾는 이유를 내가 정확히 설명하지 못하는 상황. 여보가 찾아낸 브랜드(회사)를 주욱 펼쳐놓고 이런 기준으로 한번 분류를 해봐. 방법은 어렵지 않아. 이 기준을 적용해서 구분을 해보면 돼.

'내가 돈에 구애받지 않는 상황이라면 어떤 브랜드를 사용할 것인가?' 돈에 구애받지 않는 상황이라면 여보가 샀던 브랜드의 가방을 살 것인가, 에르메스를 살 것인가? 돈에 구애받지 않는 상황이라면 ✕✕ 카페를 갈 것인가, 스타벅스를 갈 것인가? 이런 식으로.

👩 근데 돈에 구애받지 않는 상황을 가정한다면 그냥 제일 비싼 거 고르면 되는 거 아닌가?

🙂 대체적으로는 그 말이 맞는데, 꼭 그렇지 않은 경우도 있어. 아까도 얘기했지만, 스타벅스 가격이 주변 카페랑 비교해서 크게 차이 나는 게 아니잖아. 그리고 또 스타벅스보다 훨씬 더 비싼 커피들도 많아. 호텔 커피숍 같은 곳들. 근데 거기는 잘 안 가지?

'돈에 구애받지 않는 상황'이라는 가정을 했는데도 불구하고 호텔 커피숍이 안 떠오르는 것은 실제로는 그게 내가 선호하는 대상이 아니라는 뜻이기도 하거든.

가격의 문제가 아냐. 돈이 있어도 굳이 거기로 손이 안 가는 거야. 그러면 안 돼. 한두 번 가고 말 곳이 아니라 주기적, 정기적으로 그 브랜드를 애용해야 해. 이게 조건이야.

다른 것도 찾아볼까? 여보 핸드폰 뭐 써?

아이폰.

아이폰 왜 써? 아이폰이 갤럭시보다 성능이 더 좋아?

글쎄, 성능은 모르겠네?

그래? 그럼, 가격이 더 싸?

글쎄, 가격도 잘 모르겠어. 핸드폰 살 때 갤럭시 가격을 알아보지 않았어서.

그렇지, 그게 포인트라는 거야. 애당초에 아이폰 말고 다른 핸드폰을 전혀 고려하지 않았다는 뜻이잖아. 실제로 가격을 찾아보면 아이폰이랑 갤럭시 가격이 크게 차이 나지는 않아.

그런데 문제는 가격을 찾아볼 생각 자체를 안 했다는 거잖아. 이게 중요하다는 거지.

여보를 홍보하는 게 아니고 나도 똑같아. 누가 나한테 "현대차 살래? 포르쉐 살래?"라고 물어보면, 나는 1초의 고민도 없이 포르쉐를 고를 거야. 포르쉐가 성능이 더 좋아?

물건을 구매할 때 모두가 감성적으로만 구매를 하지는 않는다. 사람들은 가격과 성능을 모두 종합적으로 고려해서 구매를 결정한다. 그렇지만, 그렇다고 해서 또 모든 사람이 성능을 구체적으로 따져보면서 구매하는 것은 아니다.

앞서 소개한 현대자동차의 전기차 아이오닉 성능은 포르쉐 타이칸과 비교해서 크게 부족하지 않다. 오히려 어떤 부분에서는 더 높은 성능을 보여주기도 한다. 그러나 소비자들은 구매할 때 이를 정확하게 반영하지 않는다. 성능은 크게 차이가 나지 않는 반면 가격은 무려 3배 차이가 나는데, 그럼에도 불구하고 포르쉐 타이칸은 팔린다.

판매에 있어서 성능이나 품질은 분명 중요한 요소다. 그러나 가장 중요한 요소는 아니다. 성능이나 품질이 일정 수준 이상만 충족되면 사람들은 다른 곳에 더 포커스를 맞춘다.

몰라 그런 거. 관심 없어. 그냥 포르쉐 살 거야.

이렇게 극단적으로 생각해보는 게 왜 중요하냐면 이게 곧 가격 결정력이나 가격 전가력을 의미하기 때문에 그래. 이런 브랜드들은 극단적인 상황에서도 가격을 쉽게 올릴 수 있어. 왜? 가격을 올려도 사람들이 우선적으로 사주거든. 이게 과장이 아니고 실제로 소비자 조사 결과로도 나타나.

유행에 민감한 10대 청소년들에게 이런 현상이 특히 두드러지게 나타나는데, 미국의 투자은행(파이퍼 샌들러)에서 미국 청소년들을 대상으로 소비 습관과 브랜드 선호도를 조사했더니, 놀랍게도 미국의 청소년 중에서 87%가 현재 아이폰을 사용하고 있고, 이 중에서 88%는 다음 핸드폰으로도 아이폰을 사용하겠다고 대답했어.

거의 10명 중 9명이 다음 모델이 뭔지, 어떤 성능을 가졌는지를 따져보지도 않고 그냥 아이폰을 사겠다는 거야. 무려 88%가. 이 수치는 성능과 가격만으로는 설명이 안 되는 수치야. 이렇게 이성적으로는 설명이 안 되는 영역이 분명히 있다고.

애플은 12일(현지시간) 새로운 라인업을 세상이 예상한 것보다 훨씬, 아주 많이, 비싼 가격에 내놓았다. 관련업계에 따르면 애플이 이날 내놓은 이들 3종 새로운 아이폰은 최소 749달러(약 84만 원)부터 최대 1,499달러(약 168만 원)로 책정됐다. 부가가치세 등 세금을 반영할 경우 국내에선 100만 원~200만 원대 가격에 출시될 예정이다. 200만 원짜리 스마트폰의 시대가 도래한 것이다.

'미친 거 아니야?'

간밤에 이뤄진 애플의 신제품 발표에 대한 뉴스를 출근길 아이폰을 통해 보고 있던 한 IT 매체 기자는 괴성을 질렀다. 애플의 고가 정책이야 하루이틀이 아니지만 200만 원은 너무 심하지 않은가. 그가 요란한 비판을 하던 같은 시간, 팀 쿡 CEO는 〈일본경제신문(닛케이)〉과 인터뷰를 하면서 "우리는 모든 소비자에게 상품을 제공하기를 원하며 소비자가 추구하는 넓은 폭에 대해 알고 있다"며 "우리는 소비자가 지불할 수 있는 넓은 폭의 가격대를 갖췄다"고 말했다. 그는 한술 더 뜨면서, "많은 혁신과 가치를 제공하면 기꺼이 대가를 지불할 사람이 있다. 우리에겐 합리적으로 사업을 하게 해줄 상당한 규모의 소비자가 있다"고 말했다.

팀 쿡의 이 말은 거짓이 아니다. 상대적 빈곤에 처해 있는 사람들도 아이폰을 산다. 화웨이, 오포, 삼성전자, LG전자, 노키아 등이 만들어내는 값싼, 그리고 기능이 결코 아이폰 못지않은, 스마트폰들이 있음에도 불구하고 말이다. 가격이 비싸더라도 아이폰을 사는 사람들은 많다. 그중에는 소득이 상대적으로 낮은 사람들도 있다. 참 신기한 현상이다. 가격이 비싼데도 불구하고 소비량은 꾸준히 유지되니 말이다.

게다가 애플이 아이폰을 판매해서 얻는 순이익은 삼성전자의 스마트폰 판매로 인한 순이익에 비해 5배 이상 높다. 비록 삼성전자가 전 세계에서 가장 많은 스마트폰을 판매하는 회사이긴 하지만, 세상에서 가장 스마트폰으로 돈을 많이 버는 회사는 아니다. 스마트폰으로 돈 많이 버는 회사는 단연 애플. 가격을 높이더라도 애플의 아이폰을 찾는 사람들은 좀처럼 줄어들지 않는다. (중략)

아이폰을 산다는 것은 '애플빠'라는 집단에 진입하는 '티켓'이었다. 이들은 일본의 '오타쿠'와도 비슷하지만, 기술에 민감하고, 세련된 오퍼레이팅 시스템을 선호하며, 힙(Hip)한 트렌드를 추종하는 집단이다. 반면 애플의 아이폰 제품을 사용하다가 다른 회사의 제품을 쓴다는 것은 이런 소속감을 포기하는 것을 뜻한다.

실제로 영국의 링컨대학, 랭커스터대학, 허트포드셔대학 등 3개 대학이 공동으로 이 아이폰 사용자 500명과 안드로이드폰 사용자 500명에 대한 비교 설문을 진행한 적이 있다.

해당 논문을 보면, 아이폰 사용자들은 ▲ 여성이 안드로이드 사용자에 비해 2배가량 많았고, ▲ 안드로이드폰 사용자보다 훨씬 더 아이폰을 구매하는 행위를 자신의 지위(Status)와 연결시켜 생각했고, ▲ 안드로이드폰 사용자에 비해 감정적이며, 정직함과 겸손함을 갖고 있었으며, ▲ 안드로이드폰 사용자에 비해 훨씬 외향적이었다. 반면 안드로이드폰 사용자들은 ▲ 주로 남성이었고, ▲ 아이폰 사용자들보다 나이가 적었으며, ▲ 돈이 많다는 것을 자랑한다거나 사회적 시선에 별로 관심이 없었다. (중략)

아이폰은 추방된 신분을 복권시켜주는 '사면증'과도 같은 존재다. 아이폰을 갖고 있으면 아무리 상대적으로 가난한 사람이라 하더라도 그를 무능하다거나 게으르다거나 한심하다고 보지 않는다. 아이폰만 갖고 있으면 그는 스마트해 보인다. 일종의 '뽀샵' 같은 기능이다. 또는 자신의 본 얼굴을 가리는 '가면'이다.

비단 아이폰만 이런 효과를 갖는 것은 아니다. 나이키, 구찌, 테슬라 등 명품들을 선호하는 상대적 빈곤층이 의외로 많다. 월급을 얼마 받지는 않는데 무리하게 저축하여 외제차를 산다거나, 고급 시계를 사는 사람들이 갖는 심리는 "나는 능력이 부족하지 않다"는 것을 보여주는 일종의 '과시(Conspicuousness)'라고 심리학자들은 분석한다. 19세기 경제학자 소스타인 베블런이 이야기했던 '과시적 소비(Conspicuous Consumption)'가 바로 여기에 해당한다.●

한국에서는 베블런 효과가 단순히 '가격이 오르는데도 불구하고 물건이 잘 팔리는 현상'으로 소개되어 있지만, 실은 베블런이 강조했던 것은 '소비라는 행위를 통해 자신을 드러내려는 심리적 만족감'이 경제활동에는 무엇보다 중요하다는 것이었다. 구찌, 라코스테, 폴로, 태그호이어, 샤넬, 프라다, 그리고 아이폰은 '나는 잘난 사람이야'라는 표식을 너무나도 현저하게 보여주는(Conspicuous) 장치들이다.

출처 : "[Case Study] 왜 가난한 사람도 아이폰을 사는가?", 〈매일경제〉, 2018년 9월 15일

베블런 효과(Veblen Effect). 이는 '비쌀수록 더 잘 팔리는 이상한 소비 현상'으로, 미국의 경제학자 소스타인 베블런(Thorstein Veblen)이 처음 제시한 개념이다.

베블런이 이 개념을 제시하기 전에는 대부분의 경제학자들이 '인간은 합리적으로 판단해서 가격 대비 효용이 높은 걸 선택한다'라고 생각했다. 이러한 생각에 반기를 들고 나타난 사람이 베블런이었던 것이다.

전통적인 경제학 이론으로는 가격이 비싸지면 수요가 줄어들어야 한다. 수요가 줄어들면 생산자의 경제성이 확보되지 않는다. 경제성이 확보되지 않으면 생산자는 생산의 이유가 없어지고, 그러면 결국 시장에서 그 상품은 사라지게 된다.

예를 들어보자. 과연 1,000만 원짜리 가방이 100만 원짜리 가방보다 품질이 10배 좋을까? 그렇지 않다. 그렇다면 소비자들은 가격 대비 효용이 높은 100만 원짜리 가방을 사야 한다. 그래서 1,000만 원짜리 가방은 시장에서 자연스럽게 사라져야 한다. 그런데 이 가방이 사라지기는커녕 오히려 불티나게 팔리는 현상을 우리는 매일같이 지켜보고 있다. 즉, 가격과 효용만으로는 설명되지 않는 무언가가 인간의 소비 패턴에 나타난다는 것이다.

베블런은 "물건의 경제적 가치는 그 물건이 소유자의 평판(Reputability)을 높여주는 수단일 때 발생한다"라고 통찰했다. 즉 우리는 '필요해서' 소비하는 것이 아니라 '보여주기 위해' 소비한다는 것이다. 베블런은 이를 '과시적 소비'라고 칭했다. 그리고 이러한 베블런의 '과시적 소비 개념'은 오늘날 행동경제학의 시초가 되었다.

인간은 합리적인 존재이기는 하지만 모든 면에서 합리적이지는 않다. 소비할 때 가격 대비 효용이 높은 것을 선택하기도 하지만 전혀 효율적이지 않은 선택(과시적 소비)을 하기도 한다.

즉, 그렇다면 우리가 찾아야 하는 회사는 '소비자의 이성적인 판단을 마비시키고 과시적 소비를 유도하는 물건을 만들어내는 회사'라는 결론에 이르게 된다. 이런 회사들은 물건 가격을 쉽게 올릴 수 있다. 왜? 가격을 올려도 사람들이 사주기 때문에.

다른 회사들은 가격을 올리면 팔리지가 않아서 가격을 올릴 수 없는데 이런 회사들은 가격이 올라도 팔리기 때문에 가격을 올릴 수 있다. 둘 중 어느 회사가 인플레이션을 쉽게 방어할 수 있을지는 결론이 너무 명확하다. 🌶

내가 생각하기로는 우리가 일상생활에서 쓰는 IT 기기를 만드는 회사 중에서 유일하게 명품 이미지를 구축한 회사가 애플인 것 같아. 아이폰은 거의 매년 새로운 모델이 나올 때마다 가격이 올라가지만 매년 불티나게 팔려. 애플 매출이 역대 최고치를 경신했다는 뉴스는 거의 매년 보는 것 같아. 데자뷔가 느껴질 만큼. 그런 면에서 보면 애플도 이런 브랜드 범주에 들어간다고 볼 수 있는 거지.

이런 회사를 찾아내는 것이 두 번째 단계야.

'사람들이 물건을 살 때 가격이 얼마든 간에 무조건 그 브랜드를 먼저 생각하게 되는가, 아니면 그렇지 않은가.'

어려운 것 같지만 생각보다 어렵지 않아. 여보 스스로에게 한번 물어보면 돼.

> "앞으로 더 이상 스타벅스 가고 싶을 것 같지 않고, 다른 카페에 가고 싶을 것 같은지."
>
> "앞으로 더 이상 에르메스 가방을 사고 싶을 것 같지 않고, 다른 가방을 사고 싶을 것 같은지."
>
> "앞으로 더 이상 아이폰을 쓰지 않고, 갤럭시를 쓰고 싶을 것 같은지."

아마 누군가는 이렇게 반박할 수도 있을 거야.

> "아닌데? 나는 스타벅스 안 좋아하는데? 스타벅스 말고 다른 카페 가는데?"
>
> "아닌데? 나는 명품 가방 안 좋아하는데? 돈 있어도 명품 가방 안 살 건데?"
>
> "아닌데? 나는 아이폰 안 좋아하는데? 나는 갤럭시가 더 편한데?"

만약 이런 생각이 드는 사람이 있다면, 그 사람은 꼭 이 회사들을 고르지 않아도 돼.

남들이 좋다고 해서 고른다 한들, 결국에는 누군가에게 다시 물어볼 수밖에 없게 될 거거든.

> "요즘 스타벅스 매출 떨어지던데 사람들이 이제 스타벅스 많이 안 가나요?
> 왜 안 가죠?"
> "요즘 에르메스 매출 떨어지던데 사람들이 이제 에르메스 안 사고 싶어 하나
> 요? 그럼 어떤 브랜드를 사려고 하죠?"
> "요즘 아이폰 매출 떨어지던데 사람들이 이제 아이폰 안 사나요? 그럼 어떤
> 스마트폰을 사죠?"

마음속 깊은 곳에, 회사에 대한 믿음이 없이는 주식을 장기간 보유할 수 없어. 그것은 생각보다 꽤 어려운 일이야. 여러 가지 난관에 계속 부딪힐 거야.

> '매출이 떨어졌다는데 주식을 팔아야 하나?'
> '악재가 터졌다는데 주식을 팔아야 하나?'

이런 고민들을 끊임없이 할 수밖에 없다는 거지. 그러니 애당초에 그런 생각이 드는 회사를 고를 이유가 없어. 믿음이 안 생기는 주식 말고도 고를 수 있는 주식은 정말 많거든.

회사를 고를 때는 남들이 좋다고 얘기하는 회사를 고르는 것이 아니라 본인의 생각으로 스스로 골라야 해. 그래야 판단을 내가 할 수 있어.

Buy & Hold가 가능한 주식을 고르는 3단계 : 경쟁자 입장에서 분석하기

이렇게 스스로에게 물어보고 깊게 생각해보았을 때 계속 사용하고 싶다는 생각이 드는 특정 브랜드가 있다면, 그 브랜드는 여보의 두 번째 단계를 통과한 거야.

이렇게 회사를 골라냈다면 그럼 이제 그 회사 주식을 사면 되는 걸까? 아니. 그게 아니고. 이제부터는 다른 각도에서 분석을 해봐야지. 내가 놓치고 있는 부분은 없는지, 한순간에 다른 경쟁업체가 치고 들어올 리스크는 없는지, 언제든지 시장에서 밀려날 리스크는 없는지 등등. 이런 것들을 따져봐야 한다는 얘기야.

어떤 회사가 잘될 것 같다는 생각을 하는 것과 그 회사에 내 돈을 투자하는 것은 다른 차원의 얘기라고 했잖아. 당연히 소비자의 관점에서만 괜찮은 회사인지 아니면 투자하기에도 괜찮은 회사인지 따져봐야 한다는 거야. 이걸 가려내는 것이 세 번째 단계야.

첫 번째, 두 번째 단계를 거치면서 찾아낸 회사 중에서 내 돈을 투자할 만한 회사를 골라내는 것. 방법은 여러 가지가 있겠지만 나는 개인적으로 이런 기준을 가지고 있어.

'만약 내가 이 분야에서 같이 사업하는 기업가라고 가정했을 때 이회사가 정말로 뛰어넘기 힘든 회사인가?'

첫 번째와 두 번째 단계에서는 소비자 입장에서 회사를 평가했다면, 이제는 해당 업종에서 사업하는 경쟁자 입장에서 회사를 평가해보는 거야. 여러 가지를 평가해봐야 하겠지만 일단 가장 중요하게 봐야 하는 것은 '돈'이야.

'만약 내가 그 회사가 가지고 있는 돈을 가지고 있다고 했을 때 그 회사를 뛰어넘을 수 있는가, 없는가?'●

만약 내가 그 회사의 자본 전체를 가지고 있어도 그 회사를 절대로 이길 수 없을 것 같은 생각이 든다면, 아마 그 회사는 투자하기에 좋은 회사일 가능성이 매우 높아.

예를 들면 이런 거야. 현재 애플의 순자산(자본총계)은 90조 원 정도 돼. 그런데 누가 90조 원을 주고 "이 돈으로 애플을 무너뜨리세요"라고 한다면 할 수 있을 것 같아? 90조 원을 가지고 사업을 해서 4,500조 원 이상의 가치를 만들어야 애플을 뛰어넘을 수 있어(애플의 시가총액은 현재 4,500조 원 정도이다).

참고로 삼성전자의 순자산은 400조 원 정도 되는데, 삼성전자가 400조 원을 들고도 무너뜨리지 못한 회사가 애플이야. 어때? 할 수 있을 것 같아? 90조 원 가지고 애플을 무너뜨리는 거. 내가 볼 땐 이거 아무도 못 할 것 같아. 이거 할 수 있는 사람(회사)은 없다고 보는 게 아마 합리적인 생각일 거야.

그렇다면 애플은 투자하기에 매우 좋은 회사일 가능성이 높다는 거지. 이렇게 엄청난 돈을 가지고도 '이 회사는 절대 이기지 못할 것 같다'라는 생각이 드는 회사들은 보통 강력한 브랜드 파워를 가진 기업들이야. 돈으로는 무너뜨릴 수 없는 무언가가 그 브랜드에는 분명 있다는 거지.

마치 펩시콜라가 코카콜라만큼 맛있어도 사람들의 인식 속에서 코카콜라를 뛰어넘을 수 없는 거랑 비슷해. 이건 맛의 차이가 아니기 때문이야. 브랜드의 차이지. 돈으로 사람 마음을 살 수 없는 것처럼, 돈으로는 그 브랜드에 대한 사람들의 충성도를 살 수 없다는 얘기야. 이렇게 이성이 아닌 감성을 자극하는 브랜드는 돈만으로 그 아성을 무너뜨리기가 어려워. 무너뜨리는 것은 고사하고, 이런 회사들에 오히려 끌려다닐 가능성이 더 높아. 이런 브랜드들은 시장에서 보통 가격 결정권을 가지기 때문에 그래.

예를 들어 스마트폰 시장에서 애플이 가격을 올리지 않으면 어떤 회사도 그 이상으로 가격을 올리지 못해. 또 이것이 그들을 이기는 것이 더욱 힘든 이유가 돼. 그들이 정해놓은 가격보다 높여서 받을 수가 없는데 어떻게 이기겠어. 그러니 할 수 있는 방법이라고는 비용 절감밖에 없는 거야.

아니, 지금 가격을 올려도 화폐 가치 하락을 방어할까 말까인데 오히려 비용을 절감해서 가격을 낮춰야 한다고? 그러면 점점 더 어려운 싸움을 할 수밖에 없는 거야.

반면에 경쟁하는 사업자의 입장에서 봤을 때 그 회사를 이기는 데 그 회사가 가진 자본 정도도 필요 없고, 그 돈의 반만 나한테 줘도 그 회사를 이길 수 있을 것 같은 생각이 드는 회사가 있을 수도 있겠지. 그러면 내가 아무리 그 브랜드의 충성 고객이라 하더라도 그 회사는 투자 대상으로서 별로 좋지 않은 회사일 수 있어. 언제든지 누군가가 그 돈을 가지고 시장에 들어오면 시장을 내어줘야 하는 상황이라는 뜻이니까.

출처 : www.needpix.com

이런 회사를 사면 아무리 Buy & Hold 하든, 영원히 보유하든, 뭘 어쩌든 간에 투자 결과는 크게 실망스러울 거야. 경쟁자한테 시장을 다 빼앗기면 인플레이션을 이길 수 없을 테니 말이야.

경제적 해자

워런 버핏 할아버지는 이 개념을 '경제적 해자'라는 단어로 설명해. 일단 '해자'라는 단어 자체가 생소할 거야. 잘 쓰지 않는 단어거든. 우리 예전에 일본 여행 갔을 때 오사카에 있던 성에 놀러 갔었잖아. 그때 성이 엄청 큰 연못 같은 거로 둘러싸여 있었던 거 기억나? 그게 해자야. 그 연못을 거기다가 왜 만들어놨냐면 적들이 성으로 쉽게 쳐들어오지 못하도록 하기 위해서야. 성을 공격할 때 물을 건너야 하면 그만큼 공격 난이도가 더 높아지잖아.

즉 경제적 해자란 회사를 하나의 성에 비유했을 때, 그 성을 쉽게 함락시킬 수 없도록 하는 어떤 강력한 방어막 같은 것을 의미해. 버핏 할아버지는 경제적 해자와 관련해서 이런 말들을 했어.

"우리가 찾고자 하는 것은 넓고 오래 지속되는 해자로 보호되는 비즈니스입니다."

"우리는 해자의 폭을 유지하고 그것을 넘을 수 없게 만드는 능력을 훌륭한 기업의 주요 기준으로 생각합니다."

"만약 누군가 나에게 1,000억 달러를 주고 코카콜라의 소프트드링크 리더십을 빼앗으라고 한다면, 나는 그 돈을 돌려주고 그것은 불가능하다고 말할 것입니다."

"충분히 뛰어난 기업을 가지고 있고 그것을 보호하는 해자가 충분히 넓다면 경쟁자에게 어떤 일이 벌어지는지 신경 쓸 필요가 없습니다."

이 강력한 방어막(해자)은 뭘 말하는 거냐면 높은 브랜드 파워, 높은 가격 전가력, 높은 진입 장벽 이런 것들을 얘기하는 거야. 쉽게 말해 한번 만들어놓으면 다른 회사들이 이걸 쉽게 넘볼 수 없어서, 해당 산업군 내에서 그 회사가 장기적으로 안정적인 이익을 계속해서 낼 수 있도록 해주는 그런 특별한 경쟁력을 의미해.

예를 들어 지금 누가 명품 사업에 뛰어든다고 해보자. 심지어 이 사람은 돈도 많아. 그런데 이 사람이 돈이 많다고 해서 지금 당장 에르메스 같은 브랜드를 새로 만들어낼 수 있을까? 당연히 불가능해. 돈이 있다고 해서 이런 브랜드가 만들어지는 게 아니잖아.

가격이 비싸다고 명품이 되는 게 아니라 사람들 인식 속에서 좋은 물건이라고 인식되고 난 후 각인되기까지 시간이 누적되어야 해. 즉, 에르메스 같은 브랜드를 새로 만들려면 거의 100년 가까운 시간은 걸릴 거라는 거지.

버핏 할아버지는 이런 눈에 보이지 않는 경쟁 우위에 높은 가중치를 둔다는 거야. 내 생각도 비슷해. 손에 만져지거나 눈에 보이는 경쟁 우위는 어떻게든 만들어낼 수 있어. 돈이 있으면 공장을 더 크게 지을 수 있고, 물건도 더 좋게 만들어낼 수도 있어. 근데 눈에 보이지 않는 경쟁 우위는 돈으로 만들어낼 수 없어. 사람들의 인식을 변화시켜야 하기 때문이야.

이렇게 생각하면 돼. 돈이 많다고 선거에서 무조건 이겨? 물론 돈이 많으면 유리하기는 하겠지만 돈이 많다고 무조건 이기는 건 아니야. 왜냐하면 선거는 사람들의 마음을 움직여야 이기는 게임이거든. 돈으로 홍보물을 많이 만들어낼 수는 있지만 홍보물을 많이 만들어낸다고 해서 꼭 선거에서 이기는 것은 아니라는 거야. 이런 것과 비슷하다고 생각하면 돼.

지갑을 여는 것은 결국 사람들의 마음이고, 지갑이 열려야 회사가 돈을 벌어. 그래서 이 브랜드가 사람들의 마음에 어떻게 각인이 되어 있는지가 더 중요하다는 뜻이야.

심지어 경제적 해자가 있는 이런 기업은 경제가 어려워져도 쉽게 난관을 헤쳐 나갈 수 있어. 왜냐하면 경제가 안 좋아서 가격을 낮추면 더 많이 팔리기 때문이야.

생각해봐. 만약 에르메스에서 버킨백 10% 할인해준다고 하면 어떻게 되겠어? 아마 사람들이 줄을 서서 살 거야. 다른 회사들은 평상시 아울렛에서 50% 할인을 해도 안 팔려서 재고 떨이가 안 되는데, 이런 기업들은 10%만 할인해도 엄청 팔려 나간다는 거지. 이 둘이 싸우면 누가 이길까? 이건 너무 답이 보이는 싸움이야. 그래서 버핏 할아버지가 이 부분을 강조하는 거야.

그러면 이런 회사들은 실제로 어떤 성과를 내었을까?

그럼, 이쯤에서 이런 질문을 할 수 있을 거야. "그러면 그동안 이런 회사들은 실제로 높은 성과를 냈을까?"

응, 그런 생각이 들긴 하네.

실제로 어땠는지, 내가 설명하면서 언급했던 회사들만 한번 살펴볼까?

구분	이익 증가(최근 10년)	이익 증가(최근 20년)	주가 상승(최근 10년)	주가 상승(최근 20년)
에르메스	약 3배	약 5배	약 6배	약 25배
루이비통	약 2배	약 4배	약 3.5배	약 13배
샤넬	약 2.5배	약 4배	비상장	비상장
코카콜라	약 1.4배	약 2.2배	1.8배	3.5배
애플	약 2.4배	약 30배	6.5배	150배
포르쉐	약 4배	데이터 없음	데이터 없음 (2022년 신규 상장)	데이터 없음 (2022년 신규 상장)

코카콜라의 이익 증가율이나 주가 상승률이 약간 기대에(?) 못 미치기는 하는데, 10~20년 동안 매년 받았을 배당금을 고려하면 화폐 가치가 하락한 것 정도는 충분히 방어할 수 있었어. 즉, 다시 얘기해서 그렇게 특별한 아이디어가 아닌데도 불구하고 모두 인플레이션을 이겨냈다는 거지.

여기서 주의해야 할 점이 있는데, 내가 지금 하고 있는 얘기를 '이 주식들이 앞으로도 과거처럼 가격이 오를 것'이라고 해석하면 안 돼. 나는 지금 앞으로도 이 주식들이 이렇게 오를 거라고 얘기를 하는 게 아냐.

이 회사들이 20년 동안 주가가 이렇게 올랐다는 사실이 중요한 게 아니고, 이렇게 오른 이유가 중요한 거야. 주가 상승은 결과야. 회사의 성장이 원인이고.

이 회사들이 10년, 20년 동안 이렇게 주가가 올랐다는 것은 이 회사들의 이익이 그만큼 성장을 했다는 얘기야. 그래서 단순히 '이 회사가 과거 10년 동안 이렇게 올랐으니까, 앞으로 10년도 그 정도 오르겠지'라고 생각하면 안 되고, '사람들이 앞으로 이런 브랜드들을 지속적으로 구매할 것인지 아니면 더 이상 구매하지 않을 것인지' 이 부분에 포커스를 둬야 해.

앞으로도 내가 돈이 생기면 에르메스를 사고 싶은 생각이 들 것 같은지, 포르쉐를 사고 싶은 생각이 들 것 같은지, 스타벅스에 갈 것 같은지, 아이폰을 쓸 것 같은지 여기에 집중해야 한다는 거지.

만약 더 이상 이 브랜드를 사용하고 싶다는 생각이 들지 않는다면 그러면 이 브랜드들에 대한 사람들의 인식이나 시장 상황이 근본적으로 변했다고 추측할 수 있고, 그렇게 되면 앞으로의 10년, 20년은 다른 결과가 나올 수도 있어.

그런데 만약 여보가 앞으로도 위와 같은 생각이 계속 든다면 이 브랜드들은 앞으로도 좋은 성과를 낼 거야. 그러면 이 회사들 주식을 사서 Buy & Hold 하면 여보도 인플레이션을 이길 수 있다는 결론이 나와. 즉, 이런 주식들이 방전되지 않는 배터리라는 뜻이야. 이런 거를 사서 가지고만 있어도 알아서 재테크가 된다고.

응. 무슨 말인지 알겠어. '사람들이 우선적으로 고려하는 브랜드, 즉 경제적 해자가 있는 브랜드는 가격을 올리기 쉬워서 화폐 가치 하락만큼 물건 가격을 올릴 수 있으니, 매출과 이익도 올라갈 가능성이 크다. 그래서 주식의 가격도 오를 가능성이 크다.' 이 주장은 충분히 설득력 있는 것 같아.

근데 여보, 한 가지 우려스러운 점은 여보의 주장이 어쩌면 사후적인 해석일 수도 있지 않을까 하는 생각도 들어.

여보는 '~이기 때문에 주가가 올랐다'라고 말을 하고 있지만, 그런데 어쩌면 주가가 오른 기업을 가져다 놓고 보면서 '이래서 주가가 오를 수밖에 없었다'라고 생각하는 것일 수도 있을 것 같은 느낌? 여보 말대로 물건 가격을 쉽게 올릴 수 있거나 브랜드 파워가 세면 좀 더 유리하기는 하겠지만, 내가 보기에 그렇지 못한 회사들 중에서도 장사가 엄청 잘 되는 회사들이 가끔 있거든.

예를 들어 우리 다이소 자주 가잖아. 여기는 저렴한 상품들만 파는데도 장사 엄청 잘 돼. 계산하려면 줄 엄청 길게 서야 해. 내가 자주 사는 의류 브랜드도 저렴하면서 품질이 괜찮아서 거기도 요즘 엄청

핫하고.

이런 회사들도 돈을 잘 벌 텐데, 그런데 여보가 하는 얘기는 꼭 '비싼 물건을 파는 회사만 전망이 좋다', '브랜드 파워가 강력한 회사만 전망이 좋다'는 것처럼 들려. 비싼 물건을 팔지 않아도, 브랜드 파워가 약해도 잘되는 사업들도 충분히 많지 않을까?

맞아. 꼭 비싼 물건을 팔아야지만 돈을 버는 건 아냐. 물건 가격을 올리지 못해도 판매 개수를 그 이상으로 증가시킬 수 있으면, 이런 회사들도 충분히 좋은 회사고 경쟁력 있는 회사야.

여보가 얘기한 것처럼 다이소 장사 엄청 잘 돼. 사람 엄청 많고, 사람들이 다 한 보따리씩 사서 나가. 우리도 거기 갈 때마다 느끼잖아. 장사 엄청 잘 된다는 거. 심지어 '다세권'이라는 용어까지도 생겼어.

> 내수 부진에 따른 소비 위축이 장기화하는 가운데, 초저가 생활용품점 다이소가 지난해 4조 원에 육박하는 역대 최대 매출을 올렸다. 500~5,000원대의 저가 상품 판매만으로 10%에 가까운 영업이익률을 기록하며 '유통 강자'로 진화하고 있다는 분석이다. 다이소는 지난해 매출 3조 9,689억 원, 영업이익 3,711억 원을 기록했다. 매출과 영업이익 모두 사상 최대치다. 1년 전보다 매출은 14.7%, 영업이익은 41.8% 급증했다.
>
> 출처 : 라현진, "1000원짜리 40억 개 팔아 '매출 4조' 코앞…다이소서 불티난 제품", 〈한국경제〉, 2025년 4월 15일

이처럼 명품 브랜드 같이 꼭 고가의 물건을 팔아야만 돈을 버는 건 아냐. 물건 가격을 쉽게 올릴 수 없는 회사들 중에서도 매출이나 이익을 2배, 4배 이렇게 늘릴 수 있는 회사도 당연히 많을 거야. 물건

가격을 올리지 못하면 판매 개수를 2배, 4배 늘리면 되는데 이걸 해내는 회사들이 있기는 하거든. 다이소처럼. 그래서 여보가 하는 얘기가 굉장히 일리 있는 얘기야.

중요한 것은 절대적인 가격보다도 '가격 결정력을 갖고 있느냐'인데, 근데 재밌는 점은 어떤 회사가 판매 개수를 2배, 4배 이렇게 늘릴 수 있으면 이 회사는 가격을 올리지 못하더라도 '가격 결정력'을 가질 수 있다는 거야. 판매 개수가 크게 늘어나면 더 싼 가격에 물건을 가져올 수 있게 되면서 이 과정에서 가격 결정력이 생기게 돼.

예를 들어 '쟤가 이걸 100원에 판다고? 그럼 나는 해외에서 이 물건 1만 개를 70원으로 떼어 와서 80원에 팔아야겠다.' 이런 전략을 쓸 수 있다는 거지. 즉, 싼 물건을 팔지만, 현재 가격 결정력을 가지고 있다는 거야. 80원에 팔지, 90원에 팔지, 100원에 팔지를 내가 결정할 수 있다는 거니까.

그런데 문제는 자본주의 세계에서 이런 형태의 전략은 '가격 결정력'을 영구적으로 유지하기 힘들다는 데 있어. 일시적으로는 '가격 결정력'을 가질 수 있지만 이게 영구적으로 유지가 안 돼. 여보 말처럼 다이소 지금 장사 엄청 잘 돼.

그런데 말이야. 만약에 이 상황에서 누군가가 다이소랑 똑같은 모델을 가지고 시장에 뛰어들면 어떻게 될까? 돈이 아주 많은 사람(혹은 회사)이 나타나서 자기도 다이소랑 비슷한 사업을 해보겠대. 다이소만큼 매장 수도 늘리고, 중국이나 베트남에서 물건을 대량으로 싸게 가져와서 가격을 엄청 낮추겠대. 심지어 다이소보다도 싸게 팔겠대. 자, 그러면 어떻게 될까? 사람들은 계속해서 다이소를 갈까? 아니면 새로 생긴 브랜드로 갈아탈까?

글쎄, 그건 알기 어렵지 않을까?

그치? 정확히 예측하기는 어렵지? 즉, 더 싼 가격으로 물건을 제공하는 다른 후발 주자가 등장한다면 소비자들이 어떤 선택을 하게 될지 예상이 안 된다는 거야. 만약 더 싼 곳을 찾아가는 사람들이 생긴다면 그러면 다이소 입장에서는 고객을 빼앗기게 돼. 근데 고객을 빼앗긴다는 게 무슨 뜻이야? 판매 개수가 줄어든다는 뜻이야. 오로지 판매 개수로 승부를 보고 있는데 판매 개수가 줄어든다고. 당연히 매출이나 이익도 점점 줄어들겠지.

그러면 다이소는 어떻게든 가격을 더 낮추려고 할 수밖에 없게 돼. 왜냐하면 그래야만 팔리거든. '저렴한 가격'이 거의 유일한 차별점이기 때문에 경쟁력을 유지하기 위해서 가격을 더 낮출 수밖에 없는 거야. 제 살 깎아먹기를 할 수밖에 없다고. 이런 악순환에 빠지기 쉽다는 거지.

다시 얘기해서 이 모델(박리다매)은 만약 시장에 경쟁자가 들어오면 가격 경쟁을 치열하게 할 수밖에 없어. 대형마트를 보면 이것을 쉽게 이해할 수 있어. 우리나라에 대형마트가 생기기 시작한 시점이 1990년대인데, 처음에 이마트가 돈을 벌기 시작하니까 너도나도 들어와서 대형마트 브랜드가 3개나 생겼어. 대형마트가 돈이 된다 싶으니까 너도나도 뛰어 들어온 거지.

그래서 어떻게 되었냐면, 오히려 지금은 누구도 돈을 크게 벌기 힘든 구조가 되어버렸어. 이런 마트들에서 파는 가격이 달라? 안 달라. 품목별로 어떤 마트는 어느 물건이 싸고 이런 것은 있겠지만, 큰 틀에서는 가격이 거의 비슷하다고. 경쟁 회사들끼리 치열하게 싸우니 현재는 어느 누구도 가격을 올릴 수 없는 지경이 되어버린 거야.

왜? 가격을 올리면 고객이 다른 마트로 떠나거든. 심지어 이제는 편리함에서 쿠팡에 밀리고 있어서 가격을 더 낮춰야만 팔리는 지경이 됐지. 그런데 내가 뭐라고 했지? 물건 가격을 올리지 못하면 인플레이션을 극복하는 난이도가 엄청나게 올라간다 그랬지? 그래서 지금 진퇴양난에 빠진 거거든.

즉 무슨 얘기냐면, 다이소가 지금은 돈을 잘 벌고 있지만 앞으로도 그럴지는 알 수가 없다는 얘기야. 앞으로 잘될지 안될지가 새로운 경쟁자가 들어오는지 여부에 달려 있다고. 현재는 판매 개수가 늘어나면서 이익도 늘어나고 있지만, 만약 경쟁자가 생긴다면 그 이익의 증가분이 상당 부분 줄어들 여지도 굉장히 커.

왜? 이익 증가분은 거의 판매 개수 증가분에서 나오는데, 경쟁자가 생기면 그 판매 개수가 줄어들 테니까. 다이소가 앞으로 어려워질 거라고 얘기하는 게 아니고, 이 사업 모델의 구조 자체가 그렇다는 얘기야. 변수가 많다고.

판매자들이 가격 경쟁을 하면 소비자들에게는 좋은 일이 맞아. 물건을 저렴하게 살 수 있는데 우리는 나쁠 게 없지. 그런데 그 회사에 내 돈을 투자하는 것은, 이거는 좀 다른 차원의 얘기야. '어떤 회사가 괜찮다'고 생각하는 거랑 그 괜찮은 회사에 '내 돈을 투자하는 것'은 얘기가 좀 많이 달라. 내 돈을 투자한다는 얘기는 '현재가 아닌 미래'에 대한 배팅이야.

그래서 '지금 잘되고 있는지'가 아니라 '지금 잘되고 있는 것이 앞으로도 지속이 가능한가?'가 투자할 때 훨씬 더 중요해. 왜냐하면 우리는 지금 Buy & Hold가 가능한 자산을 찾고 있는 거잖아. 팔지 않고 보유하기 위해 사는 것이기 때문에 지금보다 앞으로 잘되는 것이 훨씬 더 중요해.

다이소가 앞으로 잘될 수도 있어. 아니, 아마 잘될 거야. 나도 그렇게 생각해. 그렇지만 나는 다이소의 지속 가능성에 확률 높게 배팅을 못 하겠어. 그렇지만 우리가 모든 것을 다 맞힐 필요는 없어. 불확실한 것은 제외하고 확실한 거 몇 개만 고르면 되니까.

Buy & Hold가 가능한 주식을 고르는 4단계 : 기술의 발전

그리고 또 하나 중요한 점은 기술의 발전으로 인해 그 산업이 획기적으로 변할 가능성이 있는지도 따져봐야 해. 예전에 스마트폰이 등장하기 전에는 노키아가 핸드폰 시장을 꽉 잡고 있었지만, 애플이 스마트폰이라는 것을 선보이자, 핸드폰 시장이 빠른 속도로 스마트폰으로 전환되면서 노키아는 그대로 무너졌어.

이런 사례는 꽤 쉽게 찾아볼 수 있어. 예를 들어 불과 25~30년 전까지만 해도 사진을 찍으려고 하면 카메라를 사고 필름을 사서 넣었어야 했어. 찍은 사진을 인화하려고 해도 시간이 꽤 오래 걸렸고. 그런데 디지털 기술이 발전하면서 이 시장이 빠르게 디지털카메라 시장으로 전환이 됐고, 심지어 이것마저도 오래 지속되지 못하고 스마트폰 시장으로 흡수되었어.

아무리 기존에 강자의 위치를 유지하고 있던 기업이라 하더라도 사람들의 소비나 행동 패턴이 바뀌는 거대한 시대적 흐름을 거스르지는 못한다는 거야. 예전에 우리 장 볼 때 거의 무조건 대형마트에 갔지?

근데 지금은 어때? 웬만한 것은 그냥 생각날 때 쿠팡으로 사버리잖아. 핸드폰으로 찾아서 바로 결제해버리면 바로 다음 날 문 앞으로 갖다주니까, 옛날처럼 장 봐야 할 항목을 적어놓고 주말에 마트 가서 한번에 사 오는 이런 불편한(?) 행동을 할 이유가 사라진 거지. 그래서 어떻게 됐어? 대형마트는 힘들어지고, 쿠팡의 이익은 계속 늘어나.

대형마트 업계에서는 홈플러스 사태가 남 일 같지 않다. 홈플러스가 변화에 신속히 대응하지 못한 것은 사실이지만, 다른 경쟁사들도 크게 다르지 않은 상황이다. 전문가들은 대형마트의 위기가 코로나19 이후 본격화됐으며, 미국에서 오프라인 소매업의 침체가 시작된 2017년 이후 3년간의 골든타임을 놓쳤다고 지적한다. (중략)

코로나19가 닥치며 위기는 가속화됐다. 코로나19로 밖을 나갈 수 없는 시민들은 자연스럽게 이커머스를 경험하게 됐고, 그 편리함에 익숙해졌다.

소비 패턴은 기존의 고정소비에서 유동소비로 변화했다. 과거에는 주말에 가족이 함께 마트를 방문하는 문화가 일반적이었지만, 이제는 필요한 물건이 있을 때마다 스마트폰 앱을 이용해 간편하게 주문하는 방식으로 바뀌었다.

변화 속에서 쿠팡은 고속 성장을 거듭했다. 2019년 7조 원 수준이던 쿠팡의 매출은 2020년과 2021년을 거쳐 2022년 26조 원에 달했다. 2024년에는 40조 원을 돌파하며 유통업계에서 독보적인 격차를 벌렸다.

이종우 아주대 경영학과 교수는 "2010년대 초반, 이커머스가 등장할 때만 해도 위기감이라곤 없었는데 쿠팡의 로켓 배송이 자리 잡고 코로나19가 터지면서 위기가 본격화됐다. 그때가 가장 큰 전환점"이라고 설명했다.

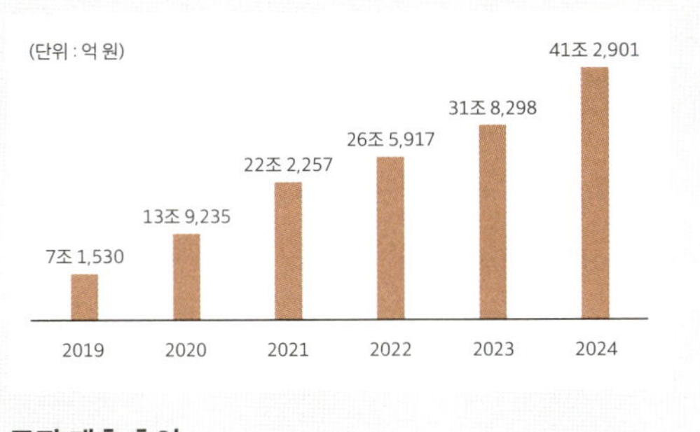

쿠팡 매출 추이
출처 : 쿠팡Inc

출처 : 조민교, "[위기의 대형마트] ② 골든타임 놓친 대형마트…쿠팡·C커머스 공세 직면", 〈뉴스핌〉, 2025년 3월 11일

이처럼 기술이 빠르게 발전해 해당 산업의 환경이 근본적으로 변할 여지가 있는지도 따져봐야 해. 내가 아까 설명할 때 포르쉐를 언급하기는 했지만, 어쩌면 포르쉐도 여기에서 자유로울 수 없을지도 몰라. 자율주행 기술이 테슬라를 중심으로 빠르게 발전하고 있고, 이 기술로 인해 시장이 어떻게 변할지 아직은 알 수 없거든. 만약 자율주행 기술이 훨씬 더 진보해서 진짜로 인간의 운전이 필요하지 않는 순간이 온다면, 그리고 포르쉐가 그 기술의 수용에서 뒤처진다면 사람들의 선호도는 빠르게 식을 수도 있을 거야.

이런 것들까지 다 따져보고 주식을 골라야 한다는 얘기야. 왜냐하면 우리는 지금 Buy & Hold 할 주식을 찾고 있는 거잖아. 팔지 않아도 되는 주식. 지금 괜찮은 것 같아서 어떤 주식을 Buy & Hold 하고 있는데, 그런데 그 회사가 속한 산업의 패러다임 자체가 바뀌면 그때는 그냥 망하는 거야.

장기 투자를 하든 영원히 보유를 하든 뭘 어쩌든 간에 그냥 내 돈이

날아가버려. 아무리 화폐 가치 하락이 어쩌고, 통화량 증가가 어쩌고 해도, 기업이 돈을 벌지 못하는 상황에 처하게 되면 그런 것들은 다 의미 없는 외침이 되어버린다고. 그래서 이것도 반드시 고려가 되어야 해.

이것이 마지막 네 번째 단계야. Buy & Hold 할 주식을 고르는 마지막 단계.

'이 회사가 기술의 발전이나 시대적 흐름의 변화에 한 번에 휩쓸려 나가버릴 가능성은 없는가.'

아무리 소비자들이 선호하고 아무리 해당 산업 내에서 경쟁력이 있고 경제적 해자가 있어도, 그 산업 자체가 근본적으로 뒤집어진다면 갖고 있던 경쟁적 우위는 모두 한순간에 사라져버릴 수가 있어. 마치 노키아, 카메라 필름을 만드는 회사, MP3 플레이어를 만드는 회사들이 그랬던 것처럼.

👧 음… 고려할 게 많네?

👦 그치? 이것저것 다 따져보면 사놓고 묻어둘 만한 주식이 생각보다 많지 않다는 것을 알게 돼. 그래도 조금 깊게 숙고해보면 그렇게 크게 어렵지는 않아. 개수가 많지 않아서 그렇지.

내가 지금까지 설명한 Buy & Hold가 가능한 주식을 찾는 방법을 종합해보면 이렇게 정리해볼 수 있을 거야.

1단계 내 주변에 있는 회사를 모두 찾아낸다.

2단계 1단계에서 찾아낸 회사 중에서 '가격이 얼마든 사람들이 무조건 그 브랜드를 먼저 생각하게 되는가?'라는 기준을 만족시키는 회사를 골라낸다.

3단계 2단계를 뚫고 올라온 회사 중에서 '만약 내가 이 분야에서 같이 사업을 하는 경쟁자라고 가정했을 때 이 회사가 정말로 뛰어넘기 힘든 회사인가?'라는 기준을 만족시키는 회사를 골라낸다(경제적 해자).

4단계 3단계를 뚫고 올라온 회사 중에서 '기술의 발전이나 시대적 흐름의 변화에 의해 이 회사가 속한 업종 전체가 한 번에 휩쓸려 나가버릴 가능성은 없는가?'라는 기준을 적용해서 최종적으로 대상을 골라낸다.

만약 누가 나한테 "이러한 조건을 모두 만족시키는 단 하나의 종목을 고른다면 어떤 것을 고를 건가요?"라고 묻는다면, 나는 애플을 고르겠어. "그리고 하나를 더 고른다면 무엇을 고를 건가요?"라고 또다시 묻는다면, 두 번째로는 나는 에르메스 주식을 고를 거야.

사람들이 거주하는 환경, 소비하는 환경, 생활하는 환경들이 모두 다르기 때문에 사람들마다 찾아낸 종목은 각각 다를 수 있겠지만, 내 기준으로는 앞으로도 이 두 종목이 가장 확실한 것 같아. 내 판단으로는 이 두 주식이 앞으로도 화폐 가치 하락을 방어할 확률이 매우 높아 보여.

아까 언급했던 다른 회사들은 선택받지 못했는데 그 이유를 한번 말해보면, 포르쉐는 마지막 4단계에서 걸려. 지금 현재까지는 포르쉐가 일상에서 타기 좋은 명품 스포츠카로 인식이 되면서 고소득 소비자들에게 사랑받고 있지만, 혹시 알아? 테슬라가 주장하는 대로 앞으로 인간이 운전할 필요가 없어지는 세상이 진짜로 오게 될지. 앞으로 자율주행 기술이 더 발전하게 된다면, 그리고 포르쉐가 여기에 적절히 따라가지 못한다면, 지금까지 쌓아 올린 아성이 깨질 여지도 있어 보여. '아성이 깨진다'라고 얘기하는 게 아니라 '깨지지 않는다'고 단정 지을 수 없다는 얘기를 하고 있는 거야.

코카콜라는 2단계에서 걸려. 코카콜라와 펩시콜라, 이 둘 중에서 뭐를 사서 마실지 선택한다면 나도 코카콜라를 마실 거야. 근데 나는 코카콜라가 펩시콜라보다 가격이 월등히 비싸다면 굳이 코카콜라를 마실 것 같지는 않아. 다른 사람들은 모르겠지만, 나는 그래. 근데 중요한 것은 내 기준에 맞아야 한다고 했지? 그래서 코카콜라는 내 기준에서 탈락이야.

루이비통은 에르메스처럼 좋아 보이지만, 그래도 루이비통보다는 에르메스가 더 상위 버전이니까 굳이 루이비통을 선택할 이유는 없는 것 같아. 우리가 어떤 고급스러운 것을 표현할 때 '○○계의 에르메스'라는 표현은 하지만, '○○계의 루이비통'이라는 표현(예를 들어 디저트계의 에르메스, 식빵계의 에르메스 등등)은 잘 안 하잖아. 사람들 인식에도 루이비통보다는 에르메스가 좀 더 상위의 위치인 거지.

그런 면에서 보면 루이비통보다는 에르메스가 가격 결정력이 훨씬 더 높다고 볼 수 있어. 에르메스가 가격을 올리지 않으면 루이비통도 그 이상으로 가격을 올릴 수 없을 가능성이 매우 높아. 그래서 루이비통은 제외했어.

반대로 애플은 우리가 일상생활에서 쓰는 IT 기기를 만드는 회사 중에서 유일하게 명품 이미지를 구축한 회사이기 때문에 포함이 됐어. 애플은 아이폰만 만드는 게 아니라 다른 기기들도 만들잖아? 컴퓨터, 노트북, 태블릿PC, 무선 이어폰, 스마트 워치 등.

앞으로 미래의 세상에서 우리는 더 많은 IT 기기들을 사용하게 될 거야. 지금 우리가 상상하지도 못하는 물건이 등장할 수도 있겠지. 그런데 그런 새로운 기기가 등장한다 하더라도 IT 기기를 만드는 회사 중에서 명품 이미지를 구축한 회사로 애플이 거의 유일하기 때문에 앞으로도 훨씬 더 유리한 위치를 차지한 상태에서 게임을 하게 될 가능성이 높아.

얼핏 생각해보면 '애플이랑 포르쉐가 뭐가 다르지?'라고 생각할 수도 있어. 포르쉐에 대해서는 새로운 기술(자율주행) 발전에 뒤처지면 아성이 깨질 수 있다고 얘기하면서, 애플은 그렇지 않다고 말하는 것처럼 들릴 테니까.

그런데 난 포르쉐와 애플은 완전히 다르다고 생각해. 예를 들면 이런 거야. 나는 미래의 자동차 시장이 전기차로 전환되더라도 이게 포르쉐에 위협이 되지 않는다고 생각해. 위협이 되더라도 영향이 상당히 제한적일 거야. 사람들이 전기차 성능 때문에 포르쉐를 사는 게 아니라서 그래. 다른 전기차 성능과 포르쉐의 전기차 성능이 비슷비슷하더라도, 그래도 사람들은 여전히 포르쉐를 살 거야. 성능의 차이가 아냐, 브랜드의 차이지.

그런데 자율주행은 얘기가 달라. 진짜로 운전이 필요하지 않은 세상이 온다면 이거는 산업 전체의 패러다임이 완전히 바뀔 수도 있는 변화라서, 만약 그런 변화가 발생하면 이 시장이 어떻게 흘러갈지가 예상이 안 돼.

물론 자율주행 시대가 된다고 하더라도 여전히 운전을 즐기는 사람들도 있을 것이기 때문에, 회사 자체가 한 번에 주저앉지는 않을 거야. 그렇지만 '일상에서 타는 럭셔리 스포츠카'를 추구하는 포르쉐에는 큰 타격이 아닐 수 없어. 사람들의 일상 자체가 운전하지 않는 것으로 변했기 때문에.

사람들의 일상이 바뀌면 완전히 새로운 판이 시작돼. MP3 플레이어가 등장하니 카세트플레이어, CD플레이어 같은 것들이 일상에서 완전히 사라졌고, 디지털카메라가 등장하니 기존의 필름카메라가 이 일상에서 사라졌어. 그 과정에서 기존의 강자들이 모두 사라졌다고. 그런 면에서 나는 애플과 포르쉐는 차이가 있다고 생각하는 거야.

애플에 포르쉐와 같은 상황을 부여하려면 스마트폰 자체를 대체해버릴 수 있는 완전히 새로운 물건이 나와야 해. 그런데 내 눈에는 그런 물건이 아직 세상에 안 보여. 여러 가지 새로운 물건들이 등장하고 사라지고 있지만, 나는 이런 새로운 기기들이 사람들 손에서 스마트폰을 놓게 만들지에 대해서는 굉장한 의구심이 있어.

우리가 스마트폰을 쓰는 이유는 단순히 전화를 하기 위해서가 아니기 때문이야. 우리는 일상생활에서 필요한 거의 모든 것들을 스마트폰으로 해. 영상, 음악, 사진, 전화, 다른 사람들과의 커뮤니케이션, 은행이나 증권 업무도 이걸로 해. 근데 이런 것을 모두 대체할 기기가 지금 나오고 있나?

내 눈에는 그런 기기가 안 보여. 여러 가지 새로운 IT 기기들이 등장하고는 있지만 이러한 것들이 사람들이 스마트폰으로 하는 모든 행동을 대체할 것 같아 보이지 않는다는 얘기야. 사람들의 일상을 완전히 바꿔버리는 그런 새로운 물건이 등장하지 않는 이상 애플의 현재 아성은 깨지지 않는다고 보는 거야.

왜? 사람들의 일상이 여전히 스마트폰 안에서 돌아가고 있다면 그

판을 쥐고 흔드는 것은 애플일 것이기 때문에. 이 판 안에서 명품 이미지를 구축하고 있는 것은 애플이 유일하기 때문에.

결국 애플의 이 입지는 더 공고해질 거라는 거지. 언제까지? 스마트폰을 대체할 완전히 새로운 물건이 등장할 때까지. 그런 면에서 나는 애플과 포르쉐는 차이가 있다고 생각해.

그리고 이런 이유들로 인해 누가 나에게 종목을 고르라고 하면 이 2가지(애플, 에르메스)를 고르겠다는 얘기고. 개인적인 생각이지만, 이 두 회사 중에서 애플이 에르메스보다 더 높은 주가 상승률을 보여줄 것 같아.

하지만 에르메스가 애플보다 좀 더 안전해 보여. 왜냐하면 스마트폰 자체를 없애버릴 수 있는 혁명적인 무언가가 등장하면 애플은 무너질 수도 있지만, 에르메스의 물건 자체를 없애버릴 수 있는 혁명적인 제품은 앞으로도 존재하지 않을 거거든. 50년, 100년 뒤에도.

사람들이 명품 가방을 구매하는 이유는 물건을 담을 것이 필요해서 구매하는 게 아냐. 패션의 일환으로 구매를 하는 거지. 남들보다 돋보이고 싶어 하는 마음은 인간의 본능이야. 이 본능 자체를 없앨 수는 없어. 이 얘기는 곧 가방을 대체할 새로운 물건은 등장할 수 없다는 얘기가 돼. 다른 새로운 액세서리들이 생겨날 수는 있지만 가방 자체가 없어질 수는 없다는 뜻이야.

앞으로 미래에 그 어떤 새로운 기술이 나온다 하더라도 에르메스 가방은 없어지지 않아. 그 가방을 구매하는 이유가 패션 아이템을 갖추기 위해서이지, 무언가를 담기 위해서가 아니거든.

50년 뒤에 지금보다 IT 기술이 훨씬 더 발전했다고 치자. 그렇다고 그 시대 사람들은 남들보다 돋보이고 싶은 욕구가 없어져? 아니, 천만의 말씀. 인간이 그런 생각을 갖도록 수십만 년 동안 진화됐는데, 그런 생각과 본능이 50년, 100년 사이에 변하겠어? 이 본능은 안 바뀌어. 그런 면에서 나는 애플보다는 에르메스가 Buy & Hold 하기에는 좀 더 안전한 주식이라는 생각을 하고 있어.

그런데 어쨌든 결론적으로 나는 이 두 회사 모두 Buy & Hold 할 수 있는 주식이라고 생각해. 애플도 좋고, 에르메스도 좋아. 이 두 회사 주식을 사면 굳이 중간에 팔지 않아도 돼. 사놓고 아무것도 안 해도 화폐 가치 하락을 초과하는 성과를 매년 거둘 확률이 높아. 나는 정말로 그렇게 믿어.

다른 주식들이 안 좋다는 얘기가 아니야. 애플이나 에르메스보다 높은 상승률을 내는 주식들도 정말 많을 거야. 근데 내가 서두에 뭐라고 했지? 앞으로 가격이 오를 주식을 모두 찾는 것은 어렵지만, 지금보다 가격이 오를 가능성이 매우 높은 주식을 몇 개 찾아내는 것은 그리 어려운 일이 아니라고 했지?

내 말을 그 맥락으로 이해하면 돼. 내 얘기는, 내 판단으로는 이 두 회사가 지금보다 앞으로 가격이 오를 가능성이 제일 높아 보인다는 얘기야. 아주 장기간.

그 얘기인즉 만약 여보가 투자는 해야겠는데 이것저것 생각하기는 머리 아프다면 그냥 이 두 회사를 사서 보유하면 된다(Buy & Hold)는 얘기야. 그리고 버핏 할아버지가 주식 사면 언제까지 보유하라고 했지? 영원히.

또 다른 문제

그런데 여기서 문제가 하나 있어.

문제?

응 문제. 자, 한번 생각해보자. 내가 여보한테 10억 원을 남겼다고 해볼게. 그래서 여보의 전 재산이 10억 원이라고 해보자. 그럼, 여보는 이 10억 원을 어딘가에는 투자를 해야 해. 그렇지? 왜냐하면 이 돈을 은행에 넣어봐야 시간이 지나면 모두 증발하니까. 그래서 우리 지금 얘기한 대로 여보가 가장 확실한 회사에 이 돈을 투자하기로 했다고 해보자. 애플이든 에르메스든 말이야. 그런데 뭔가 좀 껄끄러운 게 있지 않아?

어떤 게?

한번 생각해봐. 혹시 내 생각이 잘못됐을 가능성은 없을까? 애플 주식을 10억 원어치 사든, 에르메스 주식을 10억 원어치 사든, 아니면 반반을 사든 어쨌든 이 회사들에 큰돈을 투자하는 건데, 그런데 만약 내 생각이 틀렸다면 어떻게 되는 거야?

주식 투자라는 것은 그 사업에 나도 동참을 한다라는 개념이야. 그래서 사업이 잘못되면 내 투자금도 사라지게 돼. 그러면 그냥 망하는 거거든. 10억 원이 적은 돈이 아니니까 단 2개의 회사에 내 돈을 모두 투자하기에는 이런 불안감이 있다는 거지.

아, 그치. 회사 2개에만 큰돈을 넣기에는 왠지 좀 불안하기는 하지. 계란을 한 바구니에 담지 말라는 얘기도 많이 들어봤고.

응, 여기서 딜레마가 생겨.

확실하다고 생각하는 종목은 딱 2개인데, 그렇다고 또 이 2개의 종목에 내 재산을 모두 투자하기에는 리스크가 너무 커진다는 거지. 아무리 애플을 좋게 보더라도 몇십 년 뒤에 스마트폰을 대체할 또다른 물건이 등장한다거나, 아니면 아무리 에르메스를 좋게 보더라도 어떤 이유로 인해 브랜드 가치가 훼손되면 결국 시장에서 밀려나게 될 거고, 그러면 이게 나에게는 너무 큰 타격이 되는 거야. 내 전 재산이 여기에 들어가 있으니까.

그렇다고 또 그게 불안해서 자산을 분산하려고 보니 다른 회사들은 장기적으로 인플레이션을 이겨낼 것 같아 보이지가 않아. 마치 이거랑 비슷해. 자산을 지방 아파트 10채로 분산해놓으면 더 안전해져? 아니지? 쉽게 말하면 이런 느낌이라는 거지. 그래서 분산하지 않는 것도 리스크가 있고, 분산하는 것도 리스크가 있는 상황이 되어버린다는 거야.

아, 그렇겠네. 내가 확실하다고 생각하는 종목은 이거 하나인데, 그런데 이거 말고 덜 확실하다고 생각하는 것도 사야 한다는 얘기구나? 리스크를 분산하기 위해.

그렇지. 분산이 나쁘다는 얘기가 아니라, 분산을 하게 되면 내가 확실하다고 생각하는 것들 외에 '덜 확실하다'고 생각하는 것까지 사야 한다는 게 문제라는 얘기지. 분산을 하더라도 '확실한 것'들에만 분산을 해야 하는데, 그런데 확실하다고 생각되는 것들은 많지 않으니까. 얘기했잖아, 매우 높은 확률로 인플레이션을 이겨낼 것 같은 주식을 내 식견으로는 딱 2개밖에 못 찾겠다고.

그래서 사람들이 어떻게 행동하냐면 전문가한테 의지해. '나는 이익을 10년에 2배, 20년에 4배로 늘릴 회사를 못 찾겠으니까 전문가인 네가 대신 찾아줘라. 그럼 내가 너의 펀드에 투자할게.' 이렇게 남에게 의지한다는 얘기야. 아마 그렇게 해서 만들어진 펀드가 정말로 수백수천 가지는 될 거야.

우리 예전에 적금 만기 됐을 때 은행원이 펀드 가입하라고 이것저것 추천했었지? 이름도 어려운 무슨 펀드, 무슨 펀드 이런 것들.

아, 그게 펀드구나.

어, 펀드의 개념은 사실상 이거야. '앞으로 유망한 업종이나 회사를 내가 못 찾을 것 같으니까, 네가 대신 찾아줘.' '내가 10년에 2배 못 만들 것 같으니까, 네가 대신 만들어줘.'

이렇게 해서 만들어진 펀드가 진짜로 수천 가지인데, 문제는 이렇게 전문가들이 운영하는 펀드조차 10년 동안 2배의 성과를 올리지 못해.

> 4일 펀드정보업체 에프엔가이드에 따르면, 국내에 출시된 설정액 10억 원 이상인 주식형 공모펀드 중 액티브펀드의 지난 10년 누적 평균수익률은 34.39%로 집계됐다. 2014년 초 1억 원을 투자해 지난해(2024)까지 유지했다면 펀드에서 3,000만 원을 번 셈이다.
>
> 출처 : 양병훈, "펀드매니저 10년 수익률, 인덱스펀드 절반에 그치네", 〈한국경제〉, 2024년 1월 4일

10년 동안 2배, 즉 100%의 수익률을 내어도 본전(화폐 가치 하락을 간신히 상쇄)인데, 펀드들이 이렇게 10년 동안 30% 남짓 되는 수익률을 거뒀다는 것은 사실상 의미 없는 투자를 했다고 봐야 해.

이게 사실 펀드매니저들의 실력 문제라기보다는 펀드를 운용하는 매

니저들이 법적으로 규제를 많이 받고 있어서 이런 현상이 나오는 것이기도 하거든?

예를 들어 한 종목에 얼마 이상을 투자할 수 없다든지, 리스크가 과도해지지 않도록 몇 개 이상의 종목에 분산해서 투자해야 한다든지 뭐 이런 규제들이 있어. 펀드매니저들은 이런 규제들을 모두 받아가면서 유망 업종을 분석하고 그 안에서 유망해 보이는 회사를 골라내야 하는데, 이게 생각보다 어려운 일이라는 얘기지.

그런데 중요한 것은 아까 얘기했던 것처럼 펀드매니저들이 이렇게 힘들게 골라냈다 하더라도 그게 또 높은 성과로 이어지는 것도 아니라는 거야. 좋아 보이는 업종이 한순간에 고꾸라지기도 하고, 외면했던 종목이 의외로 주목받기도 하는 것이 이 판이거든. 그 사람들이 그렇게 어렵게 찾아냈다 하더라도 그게 꼭 좋은 성과로 이어진다는 보장이 없다고. 그래서 결국 이런 펀드(액티브)에 가입하는 것도 답이 아니라는 결론이 나와.

내가 제대로 분산하지 못할 것 같아서 잘할 것 같은 사람(펀드매니저)에게 맡기려는 거잖아? 근데 펀드는 답이 아니라고 하면 그럼, 분산하지 말아야 해? 아니야. 사람에 따라서는 한두 종목에 크게 돈을 넣기 부담스러운 사람들이 분명히 있어. 그래서 분산을 하기는 해야 해. 그러면 덜 유망하다고 생각되는 종목까지도 어쩔 수 없이 포함시켜 분산해야 해? 그것도 아니야. 믿음이 없이는 Buy & Hold가 안 돼. 주식이 떨어지면 빨리 팔아버리고 싶어지거든. 이런 유혹에 몇 번 빠지면 결국 Hold가 안 돼.

아니, 그러면 어쩌라는 거야! (웃음)

그치? 그런 생각 들지? 근데 그래도 나름 합리적인 대안이 있긴 있어.

어떤 대안?

바로 '이기는 놈 우리 편 전략'을 쓰는 거야.

이기는 놈 우리 편 전략?

자, 지금까지 내가 종목을 찾아냈던 과정을 한번 되짚어보면 결국 이 얘기야. '화폐 가치가 하락하는 것 이상으로 이익을 늘릴 수 있는 회사'를 찾는 것. 나는 '회사가 화폐 가치가 하락하는 것 이상으로 이익을 늘리기 위해서는 회사가 물건 가격을 안정적으로 올릴 수 있어야 한다'라고 얘기했어. 가격 전가력이 중요하다고. 회사가 물건 가격을 올려도 사람들이 그 물건을 계속 사준다면, 회사는 그만큼 이익이 늘어나게 되고 자연스럽게 이익 증가율이 화폐 가치 하락분을 넘어설 수 있다고 본 거지. 그래서 그런 회사는 결국 화폐 가치 하락을 방어할 수 있다는 논리였던 거야.

그런데 한번 생각해보자. 여기서 궁극적인 목표가 뭐야? 가격을 올리는 게 목표야? 아니야. 가격을 올리는 건 목표가 아니야. 목표는 이익을 높이는 거야. 가격 인상은 이익을 높이기 위한 수단일 뿐 목표가 아니라고.

그러면 이렇게도 생각해볼 수 있지 않을까? '가격 전가력이 있든 없든 매년 통화량이 늘어나는 것(7%) 이상으로 이익을 증가시키는 회사가 있다면, 그 회사는 목표 달성을 하고 있는 것이다'라고.

그렇지. 가격 인상이라는 것은 결국 목표(이익 증가) 달성을 위한 수단일 뿐이니까. 그런데 그 방법이 아니더라도 다른 방법으로 이익이 증가되고 있다면 목표는 달성되고 있다고 볼 수 있을 것 같은데?

그러면 이렇게 목표 달성을 하고 있는 회사들만 모아서 묶음으로 만들면 어떨 것 같아? 만약 그 이상으로 이익을 증가시키지 못하면 퇴출시키고, 그만큼 이익을 증가시킨 다른 회사를 추가시키는 형식으로, 이 묶음에 포함되는 회사를 주기적으로 업데이트하는 거지.

아… 방법이 뭐가 됐든, 이익을 증가시켰으면 묶음에 포함시키고 이익을 증가시키지 못했으면 퇴출시킨다?

그렇지.

방법 ①

물건 가격을 쉽게 올릴 수 있어 화폐 가치가 하락하는 것 이상으로 이익을 높일 수 있을 것으로 예상되는 회사를 찾는다.

방법 ②

아니다, 미래는 불확실하므로 화폐 가치가 하락하는 것 이상으로 이익을 높인 회사만 선택한다.

좋은 생각 같은데? 그러면 그 묶음 안에는 모두 화폐 가치가 하락하는 것 이상으로 이익을 증가시킨 회사들만 들어 있다는 뜻이니까. 그러면 그 묶음 자체가 화폐 가치 하락을 방어해줄 것 같은데?

그렇지? 정확히 이해했네. 그런데 이런 개념으로 만들어진 묶음이 실제로 있어.

🧑‍🦰 　아, 그런 게 있어?

🧑 　응, 있어. S&P 500이 바로 그거야.

🧑‍🦰 　아, 들어봤어, 그거.

🧑 　응, 들어봤을 거야. 뉴스에도 많이 나오는 단어니까. S&P 500이라는 것은 미국의 상위 10% 안에 들어가는 회사들만 모아놓은 어떤 묶음 같은 거라고 보면 돼.

미국이 경제적으로나 군사적으로나 세계 1등 국가이다 보니 미국에는 회사가 정말로 많거든? 비상장 회사 빼고 주식 시장에 상장된 회사만 6,000개가 넘어. 그중에서 상위 10% 안에 들어가는 500개의 기업을 따로 떼어서 모아놓은 '묶음'이 S&P 500이라고 보면 돼. 세계 1등 국가 미국의 전체 회사 중 상위 10% 안에 들어가는 회사들의 묶음.

여보가 아는 미국 기업은 대부분 이 안에 들어갈 거야. 애플, 마이크로소프트, 구글, 페이스북(메타), 테슬라, 넷플릭스 등등.

이 묶음에 들어가려면 엄청 까다로운 심사를 통과해야 하는데, 규모(시가총액)가 얼마 이상이어야 한다거나 순이익이 얼마 이상이어야 한다거나 하는 여러 가지 조건들이 있어. 이 심사에서 떨어지면 S&P 500에서 퇴출이 되고, 그 자리에 이 심사 조건을 만족시킨 다른 회사가 새로 들어와. 실제로 매년 20~30개 정도의 회사들이 퇴출되고 그 자리에 다른 회사들이 새로 편입돼.

그런데 내가 방금 S&P 500이 화폐 가치가 하락하는 것 이상으로 이익이 늘어난 회사들의 묶음이라고 얘기했잖아? 엄밀히 말하면 이

S&P 500 편입 조건에 '이익이 화폐 가치가 하락하는 것 이상으로 늘어나야 한다'라는 것은 없어.

이해하기 쉽게 설명하기 위해서 그렇게 얘기했지만 실제로는 그 조건으로 회사를 편입시키고 퇴출시키지는 않는다는 얘기야. 하지만 재밌는 것은 이게 상위 10% 안에 들어가는 회사들이다 보니 그 정도 조건은 기본적으로 거의 대부분 만족시켜.

실제로 찾아보면 S&P 500에 포함된 회사들의 최근 10년 연평균 이익 증가율(EPS 기준)은 9%가 넘어. 20년 평균은 8% 정도 되고. 즉, 이 상위 500개 안에 들어가는 회사들은 기본적으로 이익 증가율이 화폐 가치가 하락(7%)하는 것을 넘어선다는 얘기야(평균적으로).

S&P 500에 편입되는 조건에 '연평균 이익 증가율 7%'는 없지만 그 정도 수준을 내지 못하면 S&P 500 안에 못 들어가. 참고로 S&P 500에 포함된 기업들 중에는 이익 증가율이 막 20%, 30% 이렇게 되는 곳들도 많아. 전체 평균을 내보면 연평균 이익 증가율이 8~9% 정도 된다는 얘기고.

S&P 500 : 화폐 가치가 하락하는 것 이상으로 이익을 증가시킨 회사들로만 구성된 묶음

→ 이익을 증가시키지 못하면 퇴출시키고,

그 자리에 이익을 증가시킨 다른 회사가 들어옴

요즘에는 금융공학이 발달해서 이 S&P 500 기업들 전체를 하나의 주식 사듯이 살 수가 있거든? 그게 'S&P 500 ETF'라는 건데, 이거 하나만 사면 S&P 500에 포함된 기업 500개를 모두 다 사는 것이라

고 보면 돼. 그래서 결론적으로 이 S&P 500 ETF 하나만 사도 알아서 분산 투자가 돼.●

어디에? 이기는 놈들한테. 상위 10%(500등) 안에 들어가는 놈들한테. 즉, 이기는 놈 우리 편 전략이라는 거지.

🙋 아, 이거 하나만 사도 500개 기업을 분산해서 사는 효과가 있다?

🙋 그렇지. 이것만 사도 이익 증가율 7% 이상인 회사들에 알아서 분산 투자가 돼.

🙋 그럼 엄청 좋은 거 같은데? 왜 몰랐지? (웃음)

🙋 관심이 없으셨으니까요. (웃음) 내가 6장에서 설명할 때 재테크가 뭐라고 했지? '연평균 수익률 7%를 만들어내기 위한 싸움'이라고 했지? 그렇다면 이 관점에서 보면 S&P 500 ETF를 사는 순간 사실상 재테크가 끝난다고 볼 수 있어. 왜? 이 묶음 안에 포함된 기업들의 이익 증가율이 평균 9%가 넘으니까. 실제 성과는 어땠을까? S&P 500은 10년 동안 약 3배, 20년 동안 약 5배가 올랐어. 모두 화폐 가치 하락을 초과하는 성과를 냈지? (참고로 S&P 500의 연평균 수익률은 복리 10% 정도이다. 그것도 무려 최근 100년 동안의 평균이다.)

이게 무슨 얘기냐면 경제 대국 미국의 회사 중에서 상위 10% 안에 들어가는 500개 회사들을 모아놓으니, 이것이 곧 방전되지 않는 배터리가 된다는 거야. 500등이 501등이 되면 퇴출되고 501등이 500등이 되면 편입되고, 이런 식으로 성과를 못 내는 회사는 잘라내

S&P 500 최근 10년 주가

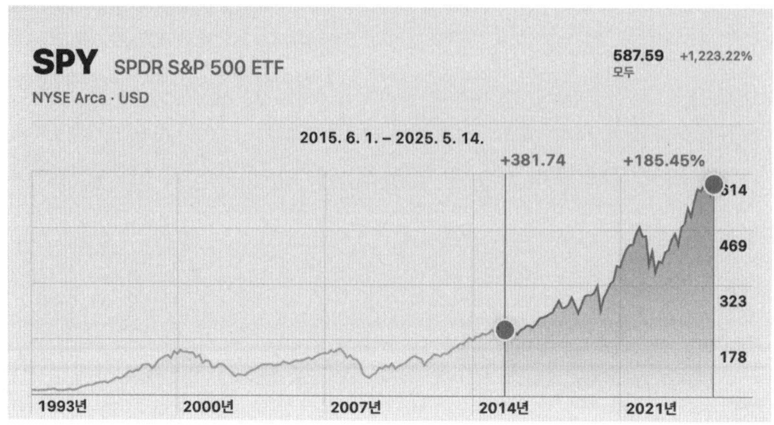

S&P 500 최근 20년 주가

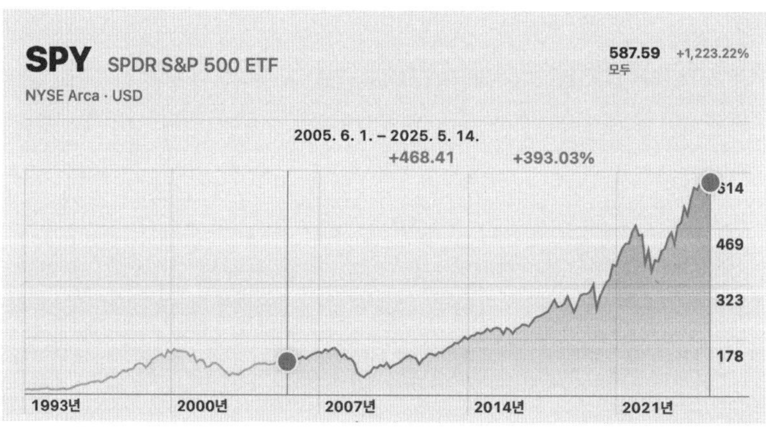

고 성과를 잘 내는 회사를 올려서 묶어버리니, 이것 자체가 화폐 가
치 하락을 방어하는 어떤 하나의 안정된 자산처럼 작동한다고.

그런데 아무래도 S&P 500은 평균이다 보니 수익률이 평균적으로 화폐 가치가 하락하는 것을 상쇄시키는 범위를 크게 넘어서지는 못해. 화폐 가치 하락분을 고려하면 10년에 2배, 20년에 4배가 되어야 본전인데, 그런데 10년 동안 약 3배, 20년 동안 약 5배의 성과를 냈으니 엄청난 성과를 냈다고 보기에 약간 애매할 수 있다는 거지. 그래서 수익률 측면에서 약간 부족하다고 느껴질 수 있어.

그런데 사실 이것만으로도 엄청난 성과야. 실제로 이런 성과도 내지 못하는 사람들이 많거든. 심지어 전문가들도 이런 성과를 내는 게 쉽지가 않아. 이것은 결코 과장이 아냐. 실제로 2008년도에 워런 버핏 할아버지가 어떤 헤지펀드 매니저랑 수익률 내기를 했었어. 당시에 버핏 할아버지 주장은 이거였어.

"네가 날고 기어도, 아무리 산업 동향 분석을 잘하고 종목을 잘 골라도, 너는 S&P 500 평균수익률을 못 이긴다."

할아버지 주장은 별것이 아냐. 그냥 심플하게 '너는 평균을 못 이긴다'야. 여보가 펀드매니저라면 이런 소리를 들으면 어떤 생각이 들 것 같아? 금융기관에서 나름 오래 근무했고 그 안에서는 실력 있는 펀드매니저라고 인정받는 사람인데, 근데 이런 소리를 들으면 기분 엄청 나쁠 것 같지 않아?

응, 그럴 것 같아. 그런 곳에서 근무하는 사람들은 관련된 공부도 엄청 많이 했을 거고, 연봉도 엄청 많이 받는 사람들일 거잖아. 근데 평균도 안 된다는 소리를 들으면 자존심이 좀 상할 것 같은데?

그치? 나라도 그럴 것 같아. 그래서 버핏 할아버지의 주장에 헤지펀드 매니저들은 이렇게 반박을 해. "내가 아무리 못해도 평균 수익률 그거 못 내겠냐? 말이 되는 소리를 해라." 그래서 실제로 10년짜리 내기가 벌어져. 10억 원 빵으로.

S&P 500 vs 헤지펀드. 누가 이겼을 것 같아?

S&P 500이 이겼어?

어. 헤지펀드가 처참히 깨졌어. 버핏 할아버지가 선택한 S&P 500은 2008년부터 2017년까지 +125% 수익률(연평균 8.5%)을 낸 반면, 헤지펀드는 같은 기간 동안 +36%밖에 수익(연평균 3%)을 내지 못한 거야.

아, 여보가 말하는 뉘앙스를 보고 워런 버핏이 이겼을 거라고 예상이 돼서 그게 그렇게 놀랍지는 않은데, 그런데 수익률 차이가 그렇게 심하게 났다는 건 좀 놀라운데?

그들도 결국 사람인 거야. 우리처럼 평범한 사람들이 보기에는 그들이 엄청 대단한 사람들처럼 보이지만 막상 까보면 그게 아니라는 얘기지. 이 내기가 주는 메시지는 너무나 명확해. '아무리 높은 연봉을 받으면서 능력을 인정받는 전문가라 할지라도, 그들조차도 시장 평균을 이기기가 어렵다.'

버핏 할아버지는 실제로 이런 얘기를 했어.

"내 생각에 대부분의 사람들에게 가장 좋은 방법은 S&P 500 인덱스펀드를 보유하는 것이다."(버크셔 해서웨이 연례 주주총회 발언)

"나는 이 전략의 장기 성과가 대부분의 투자자보다 우수할 것이라고 믿는다. 그 투자자가 높은 수수료를 주고 펀드매니저를 고용한 연기금이든, 기관이든, 개인이든 그 누구든 간에 말이다."(버크셔 해서웨이 주주 서한, 2013)

내가 확신하는데, 버핏 할아버지 말대로 그냥 S&P 500 ETF(또는 인덱스펀드)만 사서 보유하기만 해도, 10년이 지나면 아마 전체 성과 기준으로 상위 10% 안에 무조건 들어갈 거야. 나는 사놓고 그냥 가만히 있었는데 남들이 다 내 뒤에 있는 그런 결과를 보게 될 가능성이 매우 높아. 안 믿겨지겠지만 근데 실제로 시간이 지나서 까보면 그런 결과가 나온다고.

그러면 S&P 500 지수에 투자하는 것에 단점은 없느냐? 그건 아니야. S&P 500 지수에 투자하는 것에도 단점은 있어. 평균 이상의 수익을 얻을 수 없다는 것, 그게 단점이야. 10년에 3배, 20년에 5배의 성과가 나쁜 성과는 아니지만, 화폐 가치 하락을 고려하면 이게 또 그렇게 월등한 성과라고 말하기에는 좀 애매하다는 거지. 그냥 화폐 가치 하락을 방어하면서 거기에 좀 더 수익을 본 정도? (물론 이것도 훌륭하지만.)

그래서 내가 생각하기로는 S&P 500 지수보다 좀 더 높은 성과를 보고 싶다면 애플, 에르메스, S&P 500 ETF, 이 3개를 가지고 적절히 잘 조합해보면 S&P 500보다 수익률을 좀 더 높일 수 있을 거라고 생각해. 애플이나 에르메스 주식은 평균인 S&P 500보다는 수익률 측면에서 높은 성과가 날 가능성이 크거든.

물론 내가 S&P 500 지수를 초과하는 수익률을 낼 수 있을 거라고 생각을 하는 것도 어쩌면 오만한 생각일 수 있어. 연봉 수십억 원을 받는 펀드매니저들도 그걸 못한다는데 내가 뭐라고 그걸 할 수 있다고 확신하겠어.

그렇지만 내 식견으로는 애플, 에르메스, S&P 500 ETF 이 3가지를 조합하면 S&P 500 지수보다 높은 성과를 낼 수 있다고 생각한다는 거야. 내가 7장에서 설명하고 있는 로직들로 인해서. 나는 정말로 그렇게 강하게 믿어. 애플이랑 에르메스가 S&P 500 지수보다 높은 성과를 보일 거라고.

이 회사들의 과거 차트만 보고서 그런 결론을 내리는 게 아니라 지금까지 이 회사들의 주가가 이렇게 오를 수밖에 없었던 로직을 살펴보니 그 로직이 아직까지 굳건하게 작동하고 있다는 얘기를 하고 있는 거야. 그리고 이 로직이 앞으로도 견고하게 작동할 거라는 얘기.

그래서 여보가 만약 주식에 돈을 묻어야겠다면 애플, 에르메스, S&P 500 ETF 이 3가지를 잘 조합해봐. 비중을 어떻게 정하든 이 3가지를 잘 조합하면 결국 S&P 500 지수보다 높은 성과를 낼 거야. 애플이랑 에르메스 둘 다 S&P 500보다는 높은 성과를 낼 것이기 때문에 어떤 비중으로 분산을 하든 간에 전체 성과로는 S&P 500 성과를 초과할 거라는 거지. 단지 비중에 따라 수익률이 조금 달라질 뿐이야.

비중은 여보가 믿음이 가는 만큼 정하면 돼. 애플에 더 믿음이 간다면 애플에 좀 더 많이, 에르메스에 더 믿음이 간다면 에르메스에 좀 더 많이, 이것도 저것도 다 못 믿겠다 싶으면 그냥 S&P 500 ETF에 비중을 많이 싣고 나서, 그리고 그냥 Buy & Hold 하면 이것만으로도 충분히 높은 성과가 나와. 그러면 여보도 주식으로 인플레이션을 이길 수 있어.

나는 다른 거 생각하지 말고 그냥 이 3개를 대충 비중 정해서 사놓고 나서, 그리고 그냥 신경 쓰지 말아라?

그렇지.

내가 7장에서 얘기해준 것을 한번 잘 곱씹어보고 스스로 고민을 한 번 해봐.

강요하는 건 아냐. 내가 얘기했지? 스스로 답을 내는 게 중요하다고. 내가 이 정도 설명한 내용을 듣고 나서 여보 머릿속에서 결론이 내려진다면 그게 아마 정답일지 몰라.

자, 그럼 오늘 얘기한 걸 한번 정리해볼까?

처음에 재테크를 잘한다는 것이 무엇인지에 대해서 이야기했어. 전문가들처럼 꼭 무언가를 사고팔아야만 재테크를 잘하는 게 아니라는 얘기.

화폐 가치 하락을 방어해주는 자산을 갖고 있으면 꼭 이 자산을 팔아서 차익을 실현하지 않더라도 알아서 재테크가 되는 거라고도 했어(Buy & Hold).

그런 자산이 뭐라고 했지? 워런 버핏 할아버지가 이렇게 얘기했다고 했지?

인플레이션을 이기는 가장 확실한 방법은 훌륭한 사업(주식)에 투자하는 것이다.

그런데 이게 왜 그렇다고 했지? 회사는 물건을 팔아서 돈을 버는 집단인데, 근데 화폐 가치가 하락하면 물건의 가격이 오르니 그것이 결국 회사의 이익으로 반영되어서 그렇다고 했지? 하지만 모든 회사가 물건 가격을 올릴 수 있는 것은 아니라고 했어. 그러면 이런 회사들은 인플레이션을 이겨내기 위해 엄청나게 힘겨운 싸움을 할 수밖에 없다고. 그래서 우리는 이런 힘겨운 싸움을 하는 회사들 말고, 물건 가격을 쉽게 쉽게 올릴 수 있는 회사를 골라야 한다고 했어.

그런 회사를 찾는 방법을 나는 4단계로 나눠서 설명했고, 이 과정에서 경제적 해자에 대한 얘기도 나왔어. 이런 조건을 만족시키는 회사는 장기적으로 화폐 가치 하락을 헤지할 수 있는데, 그런데 이런 조건을 모두 만족시키는 주식이 생각보다 많지는 않다고 했어. 그리고 이렇게 적은 수의 주식에 몰빵해서 투자하기에는 생각보다 리스크가 크다는 얘기도 했었고.

그래서 이 리스크를 나누기 위해 분산 투자해야 하는데, 그런데 여기서 분산을 할 때 어디에다가 분산할 건지에 대한 문제가 생긴다고 했고, 여기에 대한 해답으로 나는 S&P 500이라는 것을 제시했어. 상위 10% 안에 들어가는 회사들의 묶음.

결론적으로 S&P 500과 4단계를 거치며 찾아냈던 회사를 잘 조합하면 결국 인플레이션을 이겨낼 수 있다고 했고, 여보도 이것들을 잘 조합해서 영원히 Buy & Hold 하면 재테크에 성공하는 그런 아름다운(?) 그림이 나와.

이 정도가 오늘 수업의 결론이 되겠네. 여기까지 할게. 오늘 얘기했던 거 잘 정리해보고, 의문 나는 게 있으면 다시 얘기해줘!

주식이 생각보다 어려운 게 아니었다. 엄청 휘황찬란한 차트를 분석할 줄 알아야 하고, 세계 경제가 어떻게 돌아가는지 알아야 하고, 각종 어려운 용어들을 모두 다 알아야 하는 줄 알았다. 그래야 되는 줄 알았다.

그런데 남편 얘기를 들어보니 그것이 잘못된 편견이라는 생각이 들었다. 하긴 내가 주식을 접하는 순간이 TV 채널을 돌릴 때 잠깐잠깐 지나가던 증권방송 그때뿐이었으니 그런 생각이 들 법도.

그런데 남편 말대로 '그 회사를 내가 소유한다는 것이 주식 투자의 본질이다'라는 관점에서 보면, 그런 것들은 그리 중요한 것이 아니었다. 회사가 운영하는 이 사업이 앞으로 잘될지 안될지를 판단하는 것이 훨씬 더 중요했다. 그리고 그것이 결국 주식 투자라는 것.

그동안 걱정이 많았다. '만약 내가 남편 없이 혼자 경제적인 의사결정을 해야 하는 상황이 온다면 나는 어떻게 해야 할지' 또는 '남편이 힘들게 만들어낸 금융 자산, 이것을 어떻게 지켜야 할지'에 대한 걱정과 고민.

그런데 오늘 얘기를 들어보니 이 자산을 어떻게 지켜야 할지에 대한 대략적인 그림이 머릿속에 그려졌다. 남편이 가격 전가력, 경제적 해자, 이익 증가율을 설명하면서 애플과 에르메스 주식을 얘기했지만, 솔직히 내게는 그런 것보다 '그냥 S&P 500을 사서 가지고만 있어도 이 재산을 지킬 수 있다'라는 사실, 이것이 나에게는 더 중요한 내용이었다. 남편이 남긴 자산을 더 불리는 것은 내가 이 자산을 지키고 난 이후의 일이기 때문이다.

남편은 종종 나에게 이런 말을 했다.

"만약 내가 잘못되면 대출 다 정리하고 남은 재산으로 S&P 500 사놓고 그냥 주식 앱 지워버려. 여보 받는 월급으로 그냥 아이 키우면서 살다가 20년쯤 지나서 아이가 결혼할 때가 되면 그동안 했던 고생들 다 보상받게 될 거야."

남편이 이런 말을 했던 그 내막을 이제는 이해할 수 있게 되었다. 자신감이 생겼다. 이제야 그동안 남편이 했던 얘기들이 조각조각 합쳐지는 것 같다.

실제로 내가 그걸 할 수 있을지는 아직까지 잘 모르겠지만 그래도 '예기치 못한 상황이 나에게 닥칠 경우 내가 어떻게 해야 하는지'에 대한 방법은 찾은 느낌이다. 남편에게 재테크를 가르쳐달라고 하길 잘한 것 같다.

워런 버핏은 왜 유언으로, 자신이 남긴 재산을 가지고 S&P 500을 사라고 했을까?

2013년, 워런 버핏의 유언장 중 일부가 세상에 공개됐다.

"내가 남긴 재산 중 10%는 단기 국채에, 나머지 90%는 S&P 500 인 덱스펀드에 넣어라."(버크셔 해서웨이 주주 서한, 2013)

즉, 자신이 남긴 거대한 자산 중 대부분을 S&P 500 인덱스펀드에 넣으라는 것이 그의 유언이다. 워런 버핏은 'S&P 500을 사서 장기간 보유하기만 하면 별다른 지식 없이도 금융 전문가를 손쉽게 이길 수 있다'는 것을 지난 수십 년 동안 지속적으로 강조했다.

그의 이런 생각이 유언에도 반영이 되어 있는 것이다. 그런데 워런 버핏이 이런 유언을 남긴 이유에 대해서 우리는 한번 생각해볼 필요가 있다.

미국의 통화량은 최근 10년 동안 2배, 20년 동안 4배가량 증가했다. 반면 같은 기간 동안 S&P 500 인덱스는 10년에 3배, 20년에 5배 상승했다. 미국의 통화량은 평균적으로 7%씩 매년 증가했지만, 같은 기간 동안 S&P 500은 연평균 10%가량 상승한 것이다. 즉 장기적 관점에서 보면 S&P 500 인덱스가 화폐 가치 하락하는 것보다 높은 성과를 내주었다는 얘기다. 여기에 더해 S&P 500에 포함된 기업들이 매년 주는 배당금(1% 내외)까지 합하면 실제로는 좀 더 차이가 나게 된다.

하지만 그렇다 하더라도 아무래도 '투자'의 성과를 논하기에는 다소 부족해 보이는 것이 사실이다. 이것이 꽤 괜찮은 성과이기는 하나 얼른 돈을 벌어서 집값 오르는 것을 따라가야 하는 우리들의 입장에서 보면 유레카를 외칠 만한 정도는 아니다. 왜냐하면 통화량이 증가하는 것과 비교할 때 초과 이익이 3~4%(배당 포함) 수준이기 때문이다.

그런데도 왜 버핏은 자신이 남긴 재산을 가지고 S&P 500을 사라고 했을까.

관심사가 다르다

버핏은 이미 엄청난 자산을 모았다. 그래서 당연히 버핏의 관심사는 우리와 전혀 다를 것이다.

그의 관심은 당연히 '이 돈을 어떻게 불리는지'보다 '이 돈을 어떻게 지키는지'에 더 쏠려 있을 수밖에 없다. 지키기만 해도 되는 상황.

하지만 우리는 상황이 다르다. 지키기만 해도 되는 상황과 반드시 이겨야만 하는 상황은 완전히 다른 상황이다. 버핏이 원하는 것은 '남겨진 가족들이 자신이 남긴 유산을 가지고 돈을 더 버는 것'이 아닐 가능성이 매우 높다. 그가 원하는 것은 아마 '자신이 남긴 재산을 가족들이 잘 지키는 것'일 것이다.

S&P 500 인덱스는 화폐 가치 하락을 적절히 잘 방어해주면서 약간의 추가적인 마진을 매년 제공해주기 때문에 버핏의 가족들 입장에서는 이것이 아주 훌륭한 대안이 된다. 지키면서도 매년 4% 남짓 되는 추가 마진(통화량 증가 대비)이 제공되기 때문이다.

하지만 버핏의 가족들과 우리의 상황은 다르다. 버핏의 가족들은 받은 유산을 잘 지키기만 해도 되지만 우리는 가지고 있는 것을 지키기만 해서는 답이 나오지 않는다. 쉽게 말해, 1,000억 원을 물려받은 사람이 쓰는 전략과 전 재산이 1,000만 원인 사람이 쓰는 전략이 같아서는 안 된다는 얘기다.

1,000억 원을 물려받은 사람은 초과수익 4%만 먹더라도 1년에 40억 원이다. 안전하게 지키면서도 40억 원가량의 추가 수

익이 생기는 것이다. 반면 전 재산이 1,000만 원뿐인 사람은 초과수익 4%를 먹는다고 하더라도 실질적으로 거두는 이득은 1년에 고작(?) 40만 원 정도이다.

즉, 우리는 지키는 것을 넘어 좀 더 많은 초과수익을 내야 한다는 결론에 도달한다. 그래야 집값이 오르는 것을 따라갈 수 있지 않겠는가. 집값은 몇천만 원씩 오르는데 고작 40만 원 정도의 초과수익으로는 우리는 이것을 따라갈 수 없다.

따라서 필자의 견해로는 일반인들이 S&P 500 인덱스에만 투자하는 것은 올바른 방법이 아니다. S&P 500으로만 승부를 보려면 너무 오랜 시간이 걸린다. 매년 4% 남짓 생기는 초과수익이 복리로 굴러가면서 큰 성과로 돌아올 때까지는 긴 시간이 필요하다.

참고로 4%의 수익이 복리로 굴러가면, 10년 후에는 48%, 20년 후에는 119%, 30년 후에는 224%의 초과수익이 발생한다. 즉, 적어도 20~30년 정도는 지나야 유의미한 성과가 나온다는 의미다. 그리고 이것이 워런 버핏이 한 살이라도 어릴 때부터 투자를 시작하라고 강조하는 이유라고 필자는 생각한다.

이런 점을 고려해볼 때 S&P 500 인덱스 투자는 자산을 불리는 방법이 아니다. 자산을 지키는 방법에 가깝다(필자의 생각이다). 그래서 늦게 투자를 시작한 우리가 더 높은 수익률이 나올 것 같은 자산으로 눈을 돌리는 것은 어쩌면 자연스러운 흐름일 것이다.

우리는 어쩔 수 없이 좀 더 높은 수익을 찾아 나설 수밖에 없다. 아니, 그래야 한다. 그렇지 않으면, 집값 오르는 것을 따라갈 수 없다.

그런데 여기서 문제는 S&P 500 대비 초과수익을 내는 것이 굉장히 어렵다는 것이다. (본문에서도 언급했지만) 연봉 수십억 원을 받는 헤지펀드매니저들도 이 난제를 풀어내지 못하는데, 하물며 우리 같은 일반인이 어떻게 이것을 쉽게 할 수 있겠는가. 어쩌면 S&P 500 대비 초과수익을 낼 수 있다는 생각이 오만한 생각일 수 있다. 아니, 그럴 가능성이 높다.

본문에서 필자가 특정 종목 2개와 함께 종목을 찾는 방법들에 대해서 언급하기는 했지만, 이와 같은 종목과 방법이 우리에게 초과수익을 내줄 것이라고 필자도 단정 지어 말할 수 없다. 필자가 긴 시간 고민 끝에 내린 결론이기는 하지만, 필자 또한 이 종목들과 방법을 100% 보장할 수 없다는 뜻이다. (다만 필자는 필자가 제시한 종목과 종목 선정 방법이 앞으로도 S&P 500을 초과하는 성과를 낼 것이라고 강하게 확신하고 있다.)

단지 필자는 '불확실한 미래' 속에서도 그나마 '확률 높은 게임'을 할 수 있는 방법을 제시하는 것이다. 불확실한 것을 완전히 제거하기를 원한다면 긴 시간이 필요하다. 이것이 필자가 훌륭한 인플레이션 방어 수단(S&P 500)을 알고 있음에도 불구하고, 그리고 군이 비판받을 위험을 감수하면서까지도 다른 개별 주식을 언급한 이유이다. (종목에 대한 매수매도 추천은 아니다. 언제나 매수매도에 대한 책임은 투자자 본인에게 있다. 꼭 이 점을 잊지 않길 바란다.)

한 가지 우려스러운 점은 필자의 의도와는 다소 다른 방향으로 필자의 생각이 전해질 여지가 있다는 것이다. 필자가 제시하는 종목과 방법만이 정답이 아니며, 다른 더 좋은 방법이 있다면 그 방법을 사용해서 종목을 찾아도 된다. 종목은 스스로 찾아낼 때 믿음이 생기며, 그래야 장기간 투자를 지속할 수 있다.

인플레이션을 이기는
또 다른 방법

8장

부동산은 인플레이션을 이기는 대표적인 자산이다.
그런데 진짜 그럴까?

우리는 지금 화폐 기반이 아닌 자산 중에서 Buy & Hold 가능한 자산이 어떤 것인지를 찾는 중이야. 그리고 우리는 지난 시간에 그중 1개를 찾아냈어. 인플레이션을 헤지하는 자산, 그게 뭐였지?

주식!

그렇지. 그런데 모든 주식이 아니라 인플레이션이 발생해도 그만큼 물건 가격을 올릴 수 있는 회사의 주식, 이게 인플레이션을 헤지하는 자산이라고 했지? (또는 그런 회사들의 묶음.)

오늘은 다른 자산을 한번 찾아볼 거야. 어쩌면 오늘 하는 얘기가 지난 시간에 했던 것보다 훨씬 더 중요한 내용이 될지 몰라. 왜냐하면 이 자산은 우리 삶에 너무나도 밀접하게 영향을 미치거든.

 부동산 얘기하려나 보네?

어, 맞아. 주식과 더불어서 인플레이션을 헤지하는 대표적인 자산, 바로 부동산에 대한 얘기야. 나는 7장에서 '인플레이션을 헤지하는 자산이 되기 위해서는 늘어난 통화량이 그 자산의 가격 상승으로 반영되어야 한다'라고 얘기했어.

그리고 잘 알다시피 여기에 해당하는 가장 대표적인 자산이 부동산일 거야. '돈의 양이 늘어나면, 집값이 오른다'는 것을 우리는 경험으로 알고 있기 때문에, 부동산이 인플레이션을 이기는 자산이라는 사실이 우리에게는 전혀 특별하지 않아. 또 지금까지 설명하면서 중간에 이 내용을 잠깐씩 언급하면서 왔기 때문에 생소한 얘기도 아닐 거고.

그런데 여기서 꼭 한번 짚고 넘어가야 할 것이 있어. 돈의 양은 지난 수십 년 동안 계속 늘어만 왔는데, 근데 그동안 모든 집의 가격도 그렇게 올랐냐는 거야. 평균적으로 지금까지 돈의 양은 10년에 2배, 20년에 4배로 계속 늘었어.

만약 진짜로 부동산이 인플레이션을 헤지하는 자산이라면 모든 집의 가격이 올랐어야 해. 그런데 실제로 찾아보면 그렇지가 않아. 가격이 오른 집들도 있는데, 가격이 떨어진 집들도 많아. 특히 지방에 있는 집들. 한번 볼까? 385쪽 그래프는 지방에 있는 A아파트 최근 10년 동안의 가격 변화 그래프야.

이 아파트는 최근 10년 동안 가격이 38% 하락했어. 10년 동안 돈의 양은 2배가 됐는데, 집값은 오히려 38%가 하락했다는 거야. 만약 10년 전에 '부동산은 인플레이션을 헤지하는 자산이다'라는 논리로

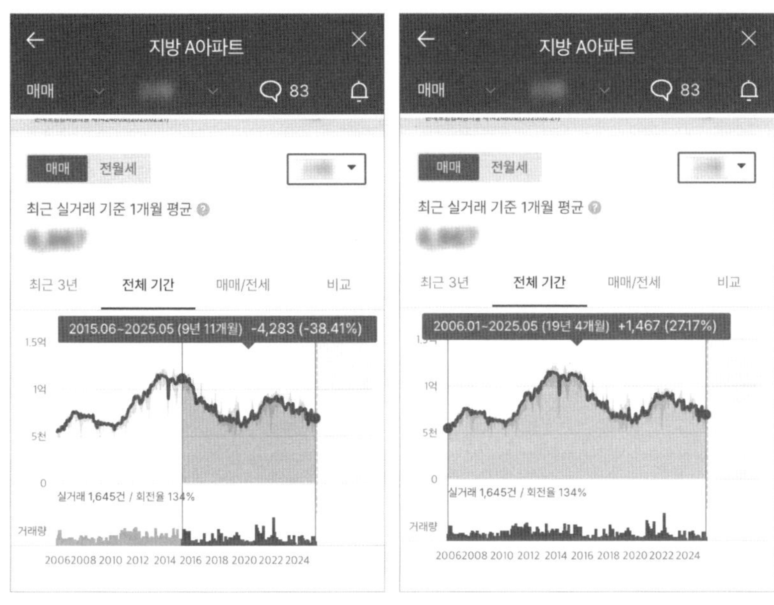

이 집을 샀으면, 그동안 엄청난 경제적 손실을 봤을 거야. 실질 가치 기준으로 거의 70%가 떨어졌다고 봐야 해. (100 × 0.62 × 0.5 = 31).

20년 기준으로 봐야 가격이 간신히 27% 상승했는데, 이것도 가격이 올랐다고 보기는 어렵지. 왜냐하면 20년 동안 돈의 양은 4배가 늘어났거든. 계산해보면 이것도 실질 가치 기준으로 거의 70% 손실을 본 것으로 나와(100 × 1.25 × 0.25 = 31). 집값이 올랐는데 오른 게 아니라는 거야. 즉, 이 아파트는 화폐 가치 하락을 전혀 방어하지 못했어. 부동산인데 인플레이션을 전혀 헤지하지 못했다고.

이번에는 다른 아파트를 한번 볼까? 386쪽 그래프는 서울에 있는 B 아파트의 장기 가격 차트야.

서울의 이 아파트는 최근 10년 동안 가격이 327%, 20년 동안 447%가 올랐어. 그동안 화폐 가치가 하락한 것을 감안하더라도 그보다 높은 가격 상승을 보인 거야. 지방의 A아파트와는 완전 반대 상황인 거지.

무슨 얘기냐면 '부동산은 인플레이션을 헤지하는 자산'이라고 우리가 믿고 있지만, 실제로는 그렇게 단순화해서 말할 수 없다는 거야. 돈의 양이 늘어난다고 해서 모든 부동산의 가격이 다 오르는 게 아니기 때문에 그래. 어떤 아파트는 인플레이션을 헤지하지만, 어떤 아파트는 인플레이션을 전혀 헤지하지 못한다고. 마치 통화량이 늘어난다고 해서 모든 주식의 가격이 오르는 것은 아닌 것과 같아.

이 차이는 어디에서 오는 걸까? 왜 어떤 아파트는 가격이 오르지 않고, 어떤 아파트는 가격이 오르는 걸까? 돈의 양은 똑같이 늘었는데 말이야. 지금부터 할 부동산 이야기는 이 지점에서부터 시작돼. 앞으로 우리는 이 차이가 어디에서 오는지 알아볼 거야.

돈의 양이 늘어나면, 집값이 오르는 이유

본격적인 내용으로 들어가기 전에, 일단 돈의 양이 늘어나면, 집값이 올라가는 이유부터 알아볼 거야. 집값이 올라가는 이유를 먼저 알아야 '왜 어떤 집은 가격이 오르지 않는지'를 역으로 찾아낼 수 있기 때문에 그래. 오르는 이유를 알아내고 그 반대를 생각해보면 그게 곧 가격이 오르지 않는 이유가 되거든. 그러니까 어떤 집은 오르고 어떤 집은 떨어지고 이런 내용은 일단 뒤로 미루고, 집 가격이 올라가는 이유가 뭔지부터 좀 따져보자고.

혹시 통화량이 늘어나면, 집값이 올라가는 이유에 대해서 생각해본 적 있어? 돈의 양이 늘어나면 왜 집값이 오르는 걸까?

그거야. 사람들 주머니에 돈이 많아지면 집을 더 비싸게 사줄 여력이 생겨서 그런 거 아니야?

그렇지. 그 생각이 기본적으로는 맞기는 한데, 그런데 그 논리로는 가격이 오르는 모든 현상을 설명할 수가 없어.

예를 들어보자. 통화량은 국가 전체적으로 늘어나. '서울만 통화량 증가, 지방은 통화량 감소' 이런 개념이 아니야. 지난 10년 동안 서울에만 돈이 늘어난 게 아니라 우리나라 전체에 통화량이 늘어났다는 얘기야.

그런데 B아파트(서울) 가격은 올랐는데 A아파트(지방)의 가격은 38%나 떨어졌잖아? 그러면 A지역에 사는 사람들 주머니에는 돈이 안 늘어났을까? 서울과 비교해서 정도의 차이가 있을지언정 그 사람들 주머니에도 돈이 늘어났을 거야. 그런데도 A아파트의 가격은 떨어졌어. 가격이 덜 오른 게 아니라 오히려 떨어졌다고.

'돈의 양이 많아지면, 집값이 오른다'라는 논리를 우리가 너무 당연하게 받아들이고 있지만, 찾아보면 반대의 사례도 너무나 많아. '돈의 양이 많아졌는데도, 집값이 떨어진' A아파트 같은 사례들 말이야.

왜 이런 일이 벌어지는 걸까?

사실 가격이 오른다는 건 굉장히 이상한 현상이거든? 가격은 그냥 오르는 게 아니야. 가격이 오르려면 누군가가 올라간 그 가격에 '매수 결정'을 해야 해. 그런데 아무리 돈이 많다고 해도, 같은 물건을 다른 사람보다 비싸게 사고 싶어 하는 사람은 세상에 없거든. 인간의 심리가 그래. 그래서 이게 인간의 본성에 반해.

예를 들어보자. 여보가 연봉이 10% 올랐어. 그렇다고 어떤 물건을 10% 오른 가격에 사고 싶어? "이거 1만 원짜리인 거 아는데, 나는 돈이 많아졌으니까, 1만 1,000원에 살게요." 이렇게 할 거냐는 거야. 아니잖아. 즉, 가격이 오르는 현상이 원래 인간의 본성에 반한다는 거지. 그럼에도 가격이 올랐다는 것은 누군가가 인간 본성의 심리적 장벽을 이겨내고 매수 결정을 했다는 얘기야.

그러면 도대체 그 이유가 뭐냐는 거지. 매수자가 '이 가격을 주고라도 사야겠다'라고 생각하게 만든 그 이유가.

내가 그걸 '사야만 하는 상황'이라면 얘기가 달라진다

혹시 7장에서 내가 '사람들이 물건을 사는 이유'에 대해서 얘기했던 거 기억나? 나는 사람들이 물건을 사는 이유에는 2가지가 있다고 얘기했어.

- 필요해서
- 갖고 싶어서

집이라고 다를까? 안 달라. 비슷해. 부동산은 주식과 다르게 쓸모가 있는 자산이야. 주식은 먹을 수도 없고 입을 수도 없는 자산인데, 그런데 부동산은 쓸 수가 있어. 내가 거기 들어가서 살 수가 있어. 우리는 어딘가에는 거주를 해야 하잖아? 들어가서 살 집이 필요하다고. 그래서 부동산은 우리에게 꼭 필요한 물건(?)이라는 뜻이야.

즉, 우리는 기본적으로 '필요하기 때문에' 집을 구매한다는 얘기가 돼. 그런데 아무리 필요하다고 해도, 일반적으로 매도자가 높은 가격을 부르면 매수자는 거부감을 느껴. 그 가격을 받아들이려 하지 않으려고 해. 하지만 내가 그 집을 사야만 하는 상황이라면 얘기가 달라져. 그러면 어쩔 수 없이 그 매도 호가를 받을 수밖에 없게 돼. 왜? 내가 그 집이 필요하니까. 내가 그 집에 들어가서 살아야 하니까.

매수자의 입장에서는 살 곳이 필요하다 → 그런데 매도자가 호가를 높게 부르는 것이 마음에 안 든다 → 그래서 사기 싫다 → 그런데 이걸 안 사자니 내가 들어가서 살 곳이 없다. 전세나 월세를 살려고 해도 집주인들이 그 가격마저도 높게 부른다 → 마침, 내 소득이 올라서 주머니에 돈이 좀 더 생겼다 → 소득이 올라서 은행에서 대출도 더 해준다고 하니, 에라 모르겠다, 그냥 사자

이런 식으로 생각이 이어진다는 거지. 내게 그 집이 필요하다면 내가 원하지 않더라도 울며 겨자 먹기로 올라간 호가를 받아야만 한다는 뜻이야. 그래서 가격이 오르는 거고.

그런데 한번 생각해보자. 이 세상에 필요하지 않은 집이 있나? 아니, 없어. 현재 지어져 있는 모든 집은 다 필요한 집이야. 어떻게 아냐고? 이미 사람들이 거기 들어가서 다 살고 있잖아. 이미 지어져 있는 모든 집이 누군가에게는 필요한 집이라는 거야.

A아파트도 누군가에게는 필요한 집이고, B아파트도 필요한 집이야. 둘 다 똑같이 필요한 집인데 왜 A아파트는 가격이 떨어지냐는 거지. 이게 왜 차이가 나냐고.

차이는 수요와 공급에서 발생한다

자, 가격이 변하는 근본적인 이유부터 설명할게. 어떤 사람이 집을 구한다고 가정해보자. 마을에 매물로 나와 있는 집은 딱 1채고, 집을 구하는 사람도 1명이야. 집을 팔겠다는 사람은 다른 지역으로 이사를 가야 해서 꼭 집을 팔아야만 하는 상황이고, 집을 사겠다는

사람은 이 지역에 새로 일을 구했기 때문에 이 집을 꼭 사야만 하는 상황이야.

수요와 공급이 1 : 1로 딱 매칭이 된 상황. 이 상황이라면 매도자가 가격을 올릴 수 있을까?

아마 매도자는 가격을 올려 받기 힘들 거야. 물론 매도자가 '무조건 이 가격은 받아야 한다'라며 버틸 수도 있겠지만, 만약 매도자가 반드시 집을 정리해야만 하는 상황이라면 가격을 올릴 수 없어. 굳이 가격을 올렸다가는 매수자가 돌아서버릴 수 있으니까 말이야. 가격을 올렸다가 매수자가 마음을 바꾸면 또 다른 매수자가 새로 나타날 때까지 기다려야 되고, 그러다 보면 계획도 틀어지게 되니까 그냥 이 가격에 정리해버리는 게 더 합리적인 의사결정이 되는 거지.

그러면 이런 경우는 어떨까? 여전히 매물은 1채인데, 집을 사겠다는 사람은 2명.

이제 균형이 깨졌어. 사겠다는 사람이 팔겠다는 사람보다 많아졌어. 경쟁률 2 : 1. 어때? 이 상황에서는 매도자가 가격을 올릴 수 있을 것 같아?

응, 올릴 수 있을 것 같아.

그렇지? 아마 매도자는 매수자에게 이렇게 얘기할 거야. "어제 집 보러 온 사람이 계약하겠다는데 1,000만 원 더 얹어주면 그 사람한테 안 팔고 당신에게 팔고요."

이렇게 힘의 균형이 깨지면 주도권이 매도자한테 넘어가게 돼. 매도자가 아주 자연스럽게 가격을 올릴 수 있는 힘을 갖게 된 거야.

만약 집을 구하는 사람이 이 지역에 반드시 거주해야만 한다면 올린 가격을 받아들일 수밖에 없어. 왜냐하면 안 그러면 집을 살 수가 없기 때문에. 내가 안 사면 옆 사람이 살 거잖아. 그러니 그 사람이 사기 전에 내가 먼저 사야 하는 거지.

기본적으로 집값은 이런 메커니즘으로 올라. 사려는 수요(매수자)보다 공급(매도자)이 적으면 집 가격은 올라. 이 기본적인 메커니즘 위에 사람들의 주머니 사정이 합쳐져서 가격이 요동을 치는 거야.

통화량이 늘어나고 사람들의 주머니 사정이 좋아지면 매도자가 올린 호가를 받을 수 있는 사람들이 하나둘씩 늘어나.

'매도자가 1,000만 원을 올려달라고 하는데, 이걸 받아들여야 하나? 기분 나빠서 안 사자니 다른 사람이 살 것 같고, 그러면 내가 들어갈 곳이 없어지는데…. 마침, 연봉도 올라서 대출 좀 더 받아도 이자 갚는 데는 문제가 없는데, 그냥 살까?'

이렇게 생각하는 사람들이 하나둘씩 늘어난다고. 그러다 보면 당연히 올라간 가격에 거래되는 사례들이 생길 수밖에 없는 거지. 통화량이 늘어나는 만큼 반드시 가격으로 흡수되는 것은 아니더라도 늘어난 통화량이 집값 상승에 반드시 영향을 미친다는 거야.

그런데 한번 보자. 내가 385쪽에서 예로 들었던 A아파트는 가격이 떨어졌잖아? 그럼 이건 왜 떨어졌을까? 메커니즘은 같아. 반대의 경우를 생각해보면 돼. 이번에는 집을 사겠다는 사람은 1명인데, 매물은 2채인 상황이라고 해보자.

이 상황이 되면 아마 매수자가 이렇게 얘기할 거야. "어제 보고 온 집이 더 깨끗하고 좋은 것 같은데, 근데 당신이 1,000만 원 깎아주면 당신에게 사겠습니다."

이번에는 반대로 주도권이 매수자한테 넘어갔어. 그 말을 들은 매도자는 아마 이렇게 생각할 거야. '내가 가격을 안 낮춰주면 저 사람은 다른 사람한테 가서 사겠구나. 나도 이 집을 팔긴 팔아야 하는데⋯. 그냥 지금 1,000만 원 깎아서라도 팔아야겠다.'

즉, 매수 수요보다 매도자가 많으면, 집값은 하방 압력을 받는다는 뜻이야. 그리고 실제로 집 가격은 통화량 증가보다도 이런 수요와 공급에 더 큰 영향을 받아.

A아파트 가격이 왜 떨어진 거냐면, 지난 10년 동안 A아파트를 사려는 수요 자체가 줄어서 그래. A아파트는 지방의 한 공업 도시에 있는 아파트인데, 이 지역의 산업(제조업)이 2010년대 이후로 어려워졌거든. 도시에 있는 제조업 회사들이 많이 어려워져서 일자리도 많이 없어지고 그래서 사람들이 많이 외부로 떠났어. 잠재적인 매도자는 그대

가격이 하락하는 지방 아파트들(군산·울산·거제 순)

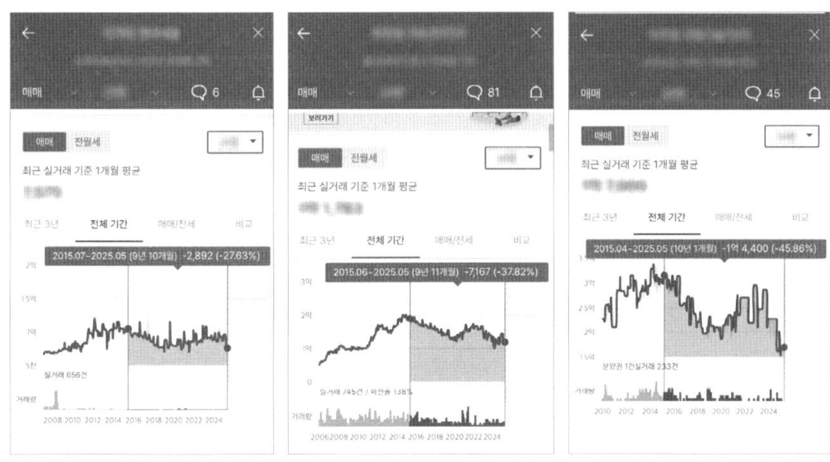

로인데 수요가 급격히 줄어버린 상황이 되어버린 거지. 그래서 가격이 떨어진 거야. 이것이 10년 동안 A아파트 가격이 38%나 떨어진 이유야. A아파트 말고도 쇠퇴하고 있는 지방 공업(제조업) 도시들의 아파트 가격은 유사한 모습을 보여주고 있어.

393쪽 그래프는 지방 공업 도시에 있는 아파트들의 가격 추이야. 이 아파트들 모두 최근 10년 동안 적게는 30%, 많게는 45%까지 가격이 하락했어. 모두 다 각각 다른 지방에 있는 아파트들인데도 비슷한 현상이 공통으로 나타난 거야.

집값은 집을 사야만 하는 상황에 놓인 사람이 매수를 해야 오르는 거야. 사도 그만 안 사도 그만이면, 가격은 오르지 않아. 누군가가 그 집을 반드시 필요로 해야 집값이 오른다는 얘기야.

그런데 이 지역들은 그 지역에서 집을 사야만 하는 사람들의 숫자 자체가 줄어버렸어(제조업 쇠퇴로 인해). 그러니 굳이 그 지역에서 집을 살 필요가 없어진 거지.

일자리가 없는데 왜 그 지역에 집을 사겠어. 일자리를 찾아서 떠난 지역에다가 집을 구하겠지. 수요는 줄었는데 근데 잠재적인 매도자들의 숫자는 그대로니, 그래서 가격이 저렇게 주저앉은 거야.

즉, 우리는 부동산을 인플레이션을 헤지하는 자산이라고 인식하고 있지만 실제로는 그렇지 않다는 거야. 부동산 중에 인플레이션을 헤지하는 부동산이 있는 것이지, 모든 부동산이 인플레이션을 헤지하지는 못해. 공급이 수요보다 많은 지역에서는 인플레이션을 방어하기는커녕 오히려 가격이 하락하는 집들도 많아. 부동산도 철저하게 수요와 공급에 따라서 가격이 움직이는 다른 자산들과 크게 다르지 않다는 얘기지.

어떤 부동산이 인플레이션을 헤지하는가?

단순히 '지방이라서 집값이 하락한 거 아니야?'라고 생각할 수도 있을 거야. 그런데 그렇지 않아. 396쪽 왼쪽 그래프는 최근에 제조업 일자리가 많이 생기고 있는 어느 지방의 아파트 가격 변화인데, 이 아파트는 10년 동안 가격이 18% 정도 올랐어. 이 지역에 첨단 제조업 회사들이 많이 들어와서 일자리가 많이 생겼거든. 마찬가지로 지방인데도 이 지역의 아파트는 가격이 올랐다는 거야. 왜? 제조업 일자리(수요)가 많이 늘어서.

여보 근데 10년 동안 통화량이 2배 늘었는데 10년 동안 아파트가 18%밖에 안 올랐으면 손해 본 거 아냐? 10년에 2배는 올라야 본전이라며. 일자리가 늘어서 수요가 늘어났다면서 가격은 왜 18%만 오른 거야?

응, 잘 지적했어. 그게 아주 중요한 부분인데, 재밌는 거 하나 보여줄게. 396쪽 오른쪽 그래프는 방금 보여준 아파트와 같은 도시, 같은 구, 같은 동에 있는 어떤 한 아파트의 가격 그래프야.
이 아파트는 10년 동안 가격이 2배 정도 올랐어.
분명 같은 도시에 있는 아파트야. 심지어 같은 구, 같은 동 안에 있어. 심지어 두 아파트 간의 거리는 1km 정도밖에 차이가 안 나. 거의 같은 동네라고 봐도 무방하다는 거지. 그런데도 어떤 아파트는 18%밖

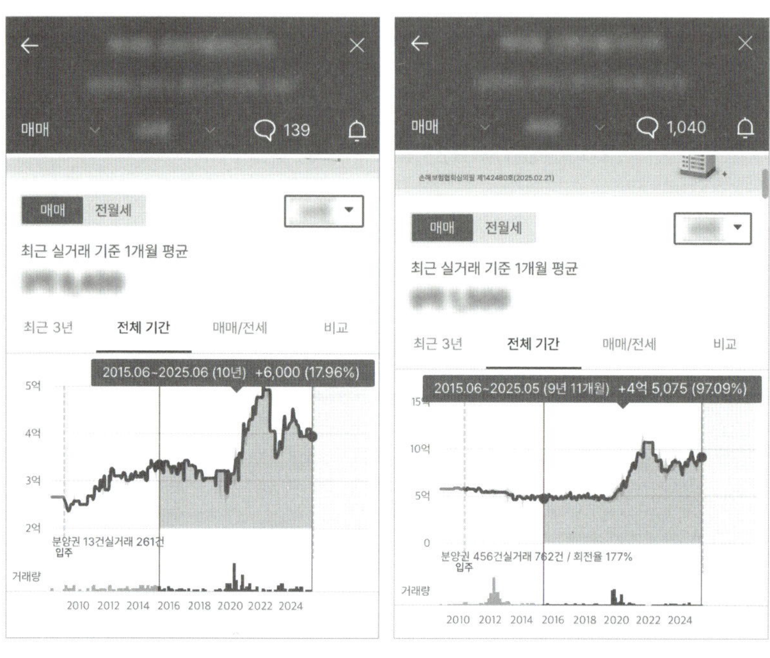

에(?) 오르지 못한 반면, 이 아파트는 가격이 2배가 됐어.

왜 같은 동네에 있는 아파트인데 어떤 아파트는 가격이 18%밖에(?) 오르지 않은 반면, 어떤 아파트는 가격이 2배가 된 걸까? 이 차이는 어디에서 오는 걸까?

이 이유를 알아내는 것은 매우 중요해. 왜냐하면 이 이야기가 곧 '어떤 부동산이 인플레이션을 헤지하는지'에 대한 얘기거든. 지난번에도 했던 얘기고 아까도 했던 얘기인데, 사람들이 물건을 왜 산다고 했지?

- 필요해서

- 갖고 싶어서

이것도 이 내용과 관련되어 있어. 나는 지난번에 설명할 때, '물건 가격이 올라도 사람들이 그 물건을 계속 사줘야 한다. 그래야 그 물건을 만드는 회사가 인플레이션을 헤지한다'라고 얘기했어. 그런데 물건 가격이 올랐는데 사람들이 그 물건을 왜 사준다고 했지? 그 물건이 필요해서라 그랬나?

아니, '갖고 싶어서'라고 했어.

그렇지. 단순히 필요 목적만을 위해서는 사람들은 큰돈을 지불하지 않는다고, 사람들은 자신의 욕망을 건드리는 것들에 돈을 쓴다고 했어. 부동산도 이 맥락과 크게 다르지 않아. 단순히 필요의 목적만을 달성해주는 물건은 가격을 올리기 힘든 것처럼, 단순한 거주의 목적만을 달성해주는 부동산(집)은 가격이 쉽게 오르기가 어려워. 이게 왜 그러냐면 '단순한 거주'는 어디서든 가능하기 때문이야. 예를 들어 방 3개에 화장실 1개 있는 집이라면 웬만해서는 어디서든 구할 수가 있어. 빌라도 많고, 주택도 많고, 꼭 이런 집들이 아니더라도 연식이 비슷한 아파트들도 도시에는 엄청 많아. 즉, 이런 집들은 '대체 가능한 집'이 많다는 거야. 대체가 가능하니까 무슨 문제가 생기냐면 건설사들이 귀신같이 수요를 찾아내서 바로 옆에다가 새 아파트를 지어버려.

'어? 이 지역에 일자리가 늘어나네? 그러면 사람들이 이 동네에 집을 필요로 하겠네? 그럼, 이 주변에다가 집 지어서 팔면 돈 벌겠다'라는 생각으로 건설사들이 그 지역에다가 집을 지어버린다는 거지.

그런데 가격은 수요와 공급으로 움직인다고 했지? 이렇게 주변에 공급이 늘어나면 어떻게 되겠어? 맞아, 가격이 하방 압력을 받는다는 얘기야. 공급보다 수요가 조금씩 더 늘어나면 가격이야 조금씩 오르 기는 하겠지만, 필요성만으로는 사람들이 막 몇천만 원, 몇억 원을 더 쓰지 않아. 왜? 옆에 더 싼 집이 있으니까.

필요성보다 더 중요한 게 있다

하지만 '사람들이 갖고 싶어 하는 집'이라면 어떨까? '갖고 싶 어 하는 집'은 바꿔 말하면 '여기에 살고 싶다'라는 생각이 드는 집일 텐데, 만약 어떤 집이 사람들의 이 욕망('여기에 살고 싶다')을 건드려버 린다면 어떻게 될 것 같아?

이때부터는 다른 게임이 시작돼. 이때부터는 사람들이 가격에 둔감 해져. 비싸져도 그걸 받아들인다는 거야. 마치 명품 가방들이 매년 비싸져도 사람들이 계속 잘 사주는 것처럼.

마찬가지로 부동산에서도 사람들의 이 욕망을 건드리는 집과 그렇 지 않은 집은 가격에서 엄청난 차이가 나. 그러면 어떤 요소들이 사 람들의 이런 욕망을 건드리는지 알아야겠지.

이걸 건드리는 요소에는 뭐가 있을까? 여보 생각에는 사람들이 어떤 집을 선호하는 것 같아?

 음… 새 아파트?

 또?

 직장 가까운 곳?

 또?

학교나 학원 가까운 곳?

맞아, 그런 거 말고도 더 많겠지? 흔히 얘기하는 역세권, 학세권, 병세권, 직주근접, 대단지, 신축, 좋은 상권 등등. 이런 요소들이 그 집을 선호하게 만드는 요소들이야. '그 지역에서 가장 선호되는 학교 옆에 있는 아파트', '그 도시에 유일하게 신축으로 공급된 대단지 아파트', '교통이 제일 좋은 위치에 있는 집' 이런 것들 말이야.

이런 요소들은 대체가 불가능해. 왜냐하면 집은 위치를 바꿀 수가 없잖아. 아무리 저 자리(입지)가 좋아 보이고 마음에 들어도 내 집을 거기로 옮길 수가 없다고. 그래서 이런 집들은 '꼭 그 집이어야만' 해. '아무거나'가 안 된다고. 내가 그 위치가 마음에 들면 내가 거기에 있는 집을 꼭 사야 한다는 얘기야. 안 그러면 내가 그 위치에서 거주할 수가 없어. 그래서 '꼭 그 집이어야만 하는 이유'가 있는 집은 수요가 집중되면서 가격이 올라. 마치 파는 개수보다 사는 사람이 많아서 가격이 비싸지는 한정판 물건처럼.

이게 그 이유야. 거리가 1km밖에 차이가 나지 않는, 같은 동네 아파트임에도 불구하고 어떤 아파트는 가격이 2배 오른 반면, 어떤 아파트는 가격이 18%밖에 오르지 않은 이유.

가격이 2배 오른 아파트는 주변에 초등학교, 백화점, 아울렛, 큰 상권, 골목 상권, 학원가, 고속도로와 바로 이어지는 큰 도로, 산책할 만한 하천 같은 것들을 모두 끼고 있어. 백화점이나 병원, 은행, 스타벅스같이 사람들이 선호할 만한 상권들이 집 바로 앞에 다 깔려 있는 거야.

그런데 18%밖에 안 오른 아파트를 보면, 초등학교가 근처에 있기는

가격이 2배 오른 아파트 입지

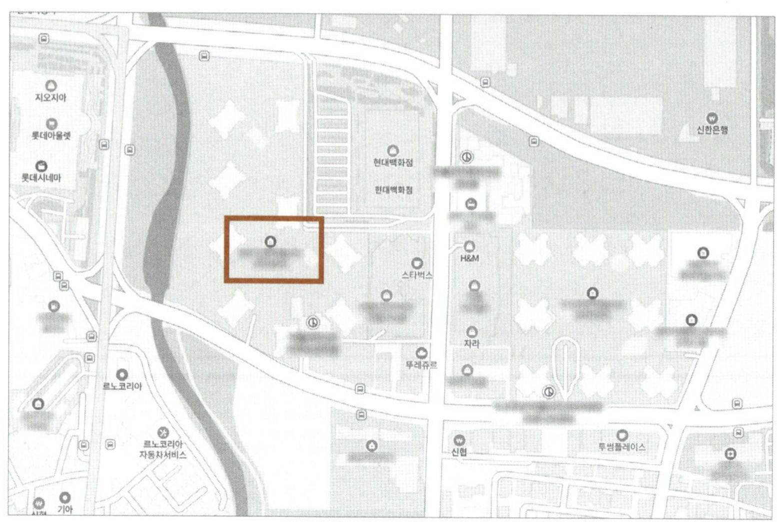

가격이 18% 오른 아파트 입지(남쪽에는 빌라, 북쪽과 동쪽에는 공장)

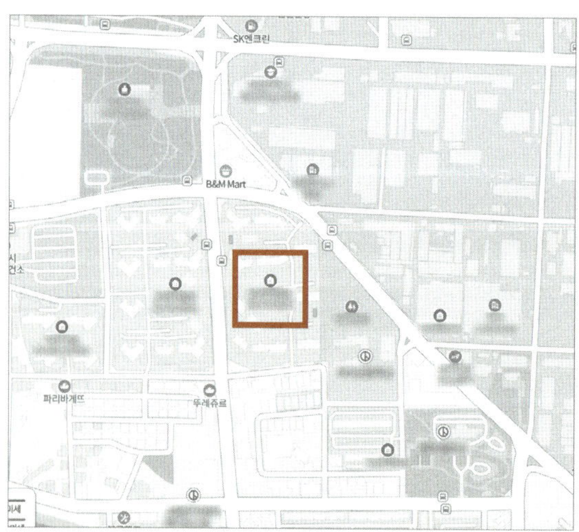

하지만 북쪽과 동쪽으로는 공업 단지, 남쪽으로는 빌라들이 밀집해 있어. 아파트 단지 주변으로 꼭 필요한 동네 상권이 있기는 한데 규모가 크지 않고 선호되는 브랜드들도 아냐.

둘 중에서 어느 지역을 사람들이 선호할 것 같은지, 그리고 어느 집에서 더 살고 싶어 할 것 같은지는 깊게 생각해보지 않아도 답을 할 수가 있는 거지. 내 눈에 좋아 보이는 것은 남들 눈에도 좋아 보이기 때문에 결국 이런 선호 지역으로 사람들이 몰릴 수밖에 없고, 수요가 몰리니 당연히 다른 집보다 집값이 더 오를 수밖에 없는 거야.

여기까지 들으면 아마 이런 생각이 들 수도 있을 거야. '필요한 집이 아니라 남들이 살고 싶어 하는 집을 사야 하는구나.' 그 결론이 틀린 생각은 아닌데 일단 조금만 더 들어가 보자. 이게 끝이 아니야. 중요한 내용이 더 많아.

방금 내가 거주의 목적만을 달성시켜주는 집은 가격이 잘 오르지 않는다고 했는데, 그 이유가 뭐였지? 나는 그 이유가 '건설사들이 옆에다 계속 집을 지을 수 있어서 그렇다'라고 얘기했어.

그런데 한번 생각해보자. 만약 그 옆에 더 이상 집을 지을 땅이 없다면 어떻게 될까?

아… 주변에 집을 더 지을 수 없다?

응, 가정을 한번 해보자고. 어떤 도시에 일자리가 엄청 많아. 그래서 도시 자체에 사람들이 엄청 많아서 집을 사려는 수요가 항상 많은 상태야. 그런데 문제는 그 지역에는 더 이상 집을 지을 땅이 없어. 그럼 당연히 집을 더 짓지 못하겠지. 자, 그럼 앞으로 그 지역의 집값은 어떻게 될까?

오를 것 같아.

왜?

옆에 더 지을 땅이 없다며. 그럼 새로운 집을 더 지을 수가 없겠지.

맞아. 가격은 당연히 오를 거야. 집을 더 지을 땅이 없는데, 그 도시에 살아야 하는 사람은 많으니까. 이런 상황에서는 사람들이 선호하는 집들만 가격이 오르는 게 아니라 거주 목적만을 달성해주는 집들도 가격이 올라. 왜? 이 지역에 추가로 공급되는 집이 없거든.

그리고 정확히 이것이 서울의 아파트 가격이 오르는 이유야. 서울에는 일자리가 정말 많아. 대기업 본사들도 몰려 있고 금융·문화·행정 등 모든 중심 기능이 서울에 집중돼 있어.

심지어 요새는 지방 도시의 경쟁력이 많이 약해져서 지방에 있던 사람들도 다 서울로 와서 취직하려고 해. 그래서 누가 뭐래도 '꼭 서울에서 살아야만 하는 사람'의 숫자가 항상 많다는 뜻이야.

그런데 문제는 서울에 더 이상 집을 지을 수 있는 땅이 없어. 수십 년 동안 서울의 빈 땅에다가 계속 아파트를 지어 올렸거든. 그래서 더 이상 빈 공간이 없는 거지.

즉, 서울은 '수요는 항상 넘치는데 공급은 제한된 시장'이라는 거야. 이러면 가격이 오를 수밖에 없어. 이런 지역에서는 '사람들이 선호하는 집' 말고도 '거주의 목적만 달성시켜주는 집' 가격도 올라.

한번 볼까? 이 집, 무슨 집인지 알지?

응, 시부모님 집이잖아.

맞아, 우리 가족이 굉장히 오래 살았던 서울의 한 아파트야.

이 지역이 사람들이 선호하는 지역이 아닌 것은 명백하거든? 내가 여기 오래 살아서 아주 잘 알아. 서울에서 거의 제일 하급지(?)라고 봐도 무방해.

그런데 있잖아. 이 집의 가격이 아까 지방에서 사람들이 제일 선호한다는 집 가격만큼 올랐어(+97%). 우리 부모님 집이 서울에서 사람들이 선호하는 집이 아닌데도(거주의 목적만을 달성시켜주는 집), 그런데도 집 앞에 초등학교, 백화점, 큰 학원가가 있고 도로가 잘 나 있는 지방의 대장 아파트랑 가격이 똑같이 올랐다는 거야.

서울 비선호 지역의 아파트 가격

와 진짜 그렇네. 지방에 있는 저 집은 입지가 엄청 좋아 보이는데, 가격은 시부모님 집이랑 똑같이 올랐네?

응. 이게 무슨 말이냐면, 방금 여보가 했던 '필요한 집을 사면 안 되고 남들이 살고 싶어 하는 집을 사야 하는구나'라는 생각이 반만 맞는 생각이라는 얘기야. 거주의 목적만 달성시켜주는 집이라고 해서 가격이 안 오르는 게 아니고, 남들이 살고 싶어 하는 집이라고 가격이 더 오르는 것도 아니야.

부동산에서는 그런 거보다 어느 지역인지가 더 중요해. 여기서 말하는 지역이라 함은 꼭 서울만을 얘기하는 게 아니고, '수요는 늘어나는데 공급은 늘어날 수 없는 지역'을 말해. 그런데 그런 지역이 어디인지를 생각해보면 우리나라에서는 결국 서울밖에 없다는 결론이 나오는 거지. 즉, '서울이 수도'여서가 아니라 '공급이 수요를 따라갈 수 없는 그런 지역이 서울밖에 없다'라는 거야.

다른 지역들은 일자리가 늘어나면 도시도 그만큼 확장될 수가 있어. 옆에 더 지을 땅이 많거든. 그런데 서울은 일자리 증가로 수요가 늘어도 새 아파트가 더 늘어날 수 없어. 왜? 더 지을 땅이 없으니까.

핵심은 수요와 공급이야. 집의 형태는 빌라도 있고 오피스텔도 있고 단독주택도 있지만, 사람들이 선호하는 집은 결국 아파트야. 그런데 서울에는 아파트를 지어 올릴 땅이 더 이상 없기 때문에 다른 형태의 집은 모르겠지만 적어도 아파트는 가격이 계속 올라갈 가능성이 매우 높아.

이거는 서울뿐만 아니고 세계의 경쟁력 있는 대도시들에서 공통으로 나타나는 현상이야. 나라마다 사람들이 선호하는 주거 형태가 좀 다를 뿐 중심지에 있는 사람들이 공통으로 선호하는 주거 형태들은 다 가격이 매우 비싸.

사람들이 선호하는 일자리는 대부분 중심 대도시 안에 있고, 그러다 보니 사람들은 일을 하려고 이 도시로 몰려들어. 원래 살던 사람과 새로 유입된 사람들이 합쳐지니 인구 밀도는 더 높아지고, 그러다 보면 그 도시 안에서 빠르게 출퇴근이 가능하면서 거주 여건이 좋은 동네에는 수요가 계속 몰릴 수밖에 없어. 수요는 몰리는데 공급은 없어서 가격이 오르는 현상. 즉, 이것은 결국 구조적인 문제라는 거야.

이 와중에 통화량이 늘어 사람들의 소득이 높아지고 돈이 많아지면,

자연히 이런 집들은 가격이 더욱더 오를 수밖에 없는 거야. 늘어난 통화량이 가격으로 자연스럽게 흡수가 된다고. 그리고 그런 도시가 우리나라에서는 서울이라는 거고. 나는 지금 무지성으로 '서울만 오른다!'라고 얘기하는 게 아냐. '이것저것 다 따져보니 결론이 서울로 모아진다'라는 얘기를 하는 거야.

나도 알고 너도 아는 이야기

그런데 말이야. 서울에는 더 이상 아파트 공급이 어려워서 앞으로 가격이 더 오를 거라는 이 이야기. 이걸 나만 알고 있을까? 여보는 몰랐어? 서울 아파트 가격이 앞으로도 오를 거라는 거.

여보가 옛날부터 계속 얘기했으니까, 알긴 알았지.

서울에 아파트 공급이 더 이상 유의미하게 증가할 수 없다는 사실은 모두가 알고 있어. 나도 알고 여보도 알고 옆집 철수도 알고 앞집 영희도 알아. 심지어 우리 부모님도 알고 계셔. 즉, 서울의 아파트 가격이 앞으로도 오를 거라는 사실은 이미 대부분의 사람들이 모두 다 알고 있는 얘기라는 거야.

그러다 보니 무슨 문제가 생기냐면 서울에 가짜 수요(가수요)가 생겨버려. 지금 집이 필요해서 사기보다는 앞으로 가격이 오를 것 같아서, 나중에는 가격이 비싸져서 못 살 것 같아 지금 미리 사놓는 사람들이 생겨난다는 거지.

생각해봐. 10억 원짜리 집이 있는데, 이 집이 10년 후에는 20억 원이 될 것 같아. 그리고 나는 지금 집이 없고 내가 머무를 집 1채는 언젠가 마련해야 해. 그런데 내가 10년에 10억 원은커녕 1억 원도 못 모을 것 같아. 그러면 어떻게 해야겠어?

아, 미리 사놓자?

그렇지. 사람들이 '지금 당장 들어가서 살지는 않더라도 일단 미리 사놓고 보자'라는 생각을 해버려. 왜? 가격이 더 오르면 앞으로는 영영 못 살 것 같거든. 이게 흔히 얘기하는 '갭투자'잖아. 전세 끼고 미리 사놓는 거.

사람들이 '서울 아파트가 앞으로 더 비싸질 거다'라는 생각을 공통으로 하게 되니 이런 가짜 수요들이 생기는 거야. 안 그래도 공급이 수요를 못 따라가서 가격이 오르는데, 여기에 가수요까지 붙으면 어떻게 되겠어?

아… 더 오르겠지.

맞아. 가격이 더 크게 올라. 특히 부동산 가격이 오르는 시기에는 실수요자들이 실제 필요(실수요)해서 사고파는 것보다 가수요(갭투자)에 의한 거래가 더 많이 일어나기도 해. 그리고 또 그것 때문에 아파트 가격이 더 크게 올라. 당연히 그렇겠지. 공급은 늘어나지 못했는데 수요(실수요 + 가수요)는 갑자기 엄청나게 늘어났으니.

사람들 군중심리가 진짜 무서운 게, '가격이 오를 것 같다'라는 심리가 한번 퍼져 나가면 앞으로도 가격이 계속 오를 것 같다는 생각이 들어. 그러면 없던 가수요가 또다시 생겨나고 이게 가격을 더 끌어올려. 그러면 또다시 새로운 사람이 들어오고, 이게 도돌이표로 계속 돌아간다는 거지.

그리고 이게 만성화되면 어떤 문제가 발생하는지 알아?

어떤 문제?

사람들이 여기(집)에 저축을 하기 시작해. 원래는 필요한 사람들만 집을 샀었는데, 그런데 가격이 오르는 게 만성화되다 보니까 사람들이 자산 저장의 목적으로 집을 사기 시작한다는 거야. 왜? 가격이 계속 우상향하면서 오르는 걸 자기 눈으로 직접 봤거든. 자산을 화폐로 가지고 있어 봐야 가치가 증발하는데, 그걸 가격이 오르는 자산으로 바꿔놓으면 증발 안 된다는 걸 경험으로 알게 됐거든. 그래서 당장 집이 필요 없더라도, 아니 자기에게 이미 집이 여러 채가 있는데도 집을 계속 사모아.

애초에 거주의 목적으로 집을 사는 게 아니라 구매력을 저장하기 위한 목적으로 집을 사는 것이기 때문에, 1채보다는 2채가, 2채보다는 3채가 낫다는 쪽으로 결론이 나는 거야.

돈 모아서 예·적금 들 거 아니잖아. 그거 들면 뭐 해, 증발하는데. 그래서 열심히 돈 모아서 적당히 모였다 싶으면 1채 사고, 또 열심히 모아서 적당히 모였다 싶으면 또 1채 사고, 이렇게 한다는 거지.

즉, 사람들이 집을 사는 목적이 바뀌어버린다는 거야. 거주에서 자산 저장으로. 집이 '거주하는 공간'이 아닌 '투자재'로 변질이 된다는 거지. 이것이 옳고 그름에 대한 가치 판단은 나중에 하더라도 수급(수요와 공급) 균형이 깨져서 가격이 만성적으로 오르면 결국 사람들이 이런 식으로 행동한다는 걸 이해해야 해.

돈을 모으는 게 아니라 '집'을 모아가는 거네.

여기서 한 번 더 들어가면 어떻게 되냐면 '굳이 귀찮게 잔잔바리(?)들 갖고 있을 필요 있어? 큰 거 하나 있으면 되지'라고 생각하는 사람들이 생겨나. '관리하기 귀찮게(?) 1억 원짜리 10채를 가지고 있느니 차라리 10억 원짜리 1채로 자산을 합치자'라고 생각하는 사람들. 왜? 어차피 집을 사는 게 자산 저장이 목적이거든. 10억 원이라는 자산이 저장만 되면 되는 거지 그게 10채인지 1채인지는 별로 중요하지 않거든. 이게 요즘 말로 뭐야? 똘똘한 한 채.

아, 똘똘한 한 채로 갈아탄다?

응, 사람들이 똘똘한 한 채로 갈아타. 근데 이렇게 되면 또 어떤 문제가 발생하냐면, 그 똘똘한(?) 아파트들의 가격은 실수요자들이 더 이상 감당할 수 없는 가격대까지 치솟아버려. 왜냐하면 실수요자들은 그 가격이 감당이 안 되는데, 가수요자들은 감당이 되기 때문이야. 이게 무슨 말일까?

예를 들어보자.

8억 원이던 집에 가수요(갭투자)가 붙어서 갑자기 가격이 10억 원이 됐다고 해볼게. 어떤 사람이 전세 7억 원을 끼고 매매가 10억 원에 이 집을 샀어(자기 돈은 3억 원). 쉽게 말해 7억 원을 세입자한테 빌려서 집을 샀다는 거야. 그런데 이 사람은 이자를 내? 안 내. 7억 원을 빌렸는데도 내는 이자가 없다고. 즉, 자기들은 추가로 들어가는 부담이 없는 거야.

그런데 실수요자들은 얘기가 달라. 실수요자들은 부족한 금액을 대출받아 그 집에 들어가서 살아야 하기 때문에 대출이자를 오롯이 감당해야 해. 10억 원짜리 집을 사면서 내 돈 3억 원을 들이고 7억 원을 대출받았다고 한다면, 이 사람은 7억 원에 대한 이자를 감당해야 해. 대출이자를 요새 이자 4%로 잡으면 1년에 내야 하는 이자만 2,800만 원, 내야 하는 원리금(원금 + 이자)은 1년에 대략 4,000만 원, 한 달로 치면 대략 350만 원.

그런데 1인당 평균 국민소득이 얼마랬지? 5,000만 원(월 420만 원). 한 달에 420만 원 벌어서 빚 갚는 데 350만 원을 써야 한다는 얘기지. 실수요자들은 이게 감당이 안 된다는 거야. 소득의 대부분을 대출 원리금 상환하는 데 써야 한다는 말인데, 이게 감당이 되겠어?

즉, 똑같은 10억 원짜리 집이라 하더라도 가수요자들(갭투자자)은 이 가격이 감당이 되는데 실요자들은 이 가격이 감당이 안 된다는 뜻이야. 같은 집을 두고 서로 다른 게임을 하고 있다는 거지.

진짜 문제는 다른 데에 있다

문제는 이런 현상이 서울에서 좀 괜찮다 싶은 동네에서 거의 전방위적으로 일어난다는 데 있어. 그래서 실수요자들은 거기서 점 점 밀려날 수밖에 없게 돼. 어디로? 점점 더 서울 외곽으로, 더 저렴 한 지역으로, 이자가 감당이 되는 지역으로.

그러다 보면 어떤 현상이 나오냐면 서울 주요 지역에는 진짜로 돈이 많은 사람들만 남아. 원리금 상환을 감당할 수 있는 전문직과 고소 득자나 이미 자산을 충분히 갖고 있는 사람들만 남게 되는 거야.

이게 뭔 뜻이야? 빈부 격차가 커진다는 뜻이야. 서울 안쪽으로 들어 가서 살아야 '통화량 증가에 따른 부동산 가격 상승' 혜택(?)을 볼 수 있는데, 그런데 애당초에 서울에 들어가서 살 수 없기 때문에 이미 서울 안에 살고 있는 돈 많은 사람들과의 격차가 더 커진다는 거지. 서울 안에서만 소위 '있는 사람들'끼리 '그들만의 리그'가 펼쳐진다는 얘기야.

이런 현상은 서울에서 좀 선호되는 입지의 아파트에서 거의 전방위적으로 나타나. 그래서 서울 안의 인기 있는(?) 지역에 있는 아파트는 가격이 계속 오를 수밖에 없어. 왜냐하면 자산 저장을 목적으로 한 돈들이 앞으로도 계속 밀려들어 올 거거든. 통화량은 매년 7%씩 늘어나는데, 그 늘어난 돈을 누군가는 가져갈 거고, 누군가는 더 부유해질 거고, 그러면 그 부유해진 사람이 자산을 저장하기 위해 또다시 이 지역으로 돈을 싸 들고 올 거거든.

이런 곳이 어디냐면 지금 여보 머릿속에 떠오르는 그런 동네들이야. 강남 3구, 여의도, 마포, 용산, 성동, 목동 뭐 이런 곳들. 그리고 이런 지역 안에서도 하위 등급에서 상위 등급으로 돈이 계속 올라가. 예를 들어 마포에 돈을 저장해놨다가 돈이 더 생기면 마포 집 정리하고 모은 돈이랑 합쳐서 다음 상급지로 이동하고, 거기서 돈이 더 생기면 또 그거 정리해서 더 상급지로 올라가고, 이런 식으로 돈이 계속 위로 올라간다는 거지.

그래서 어떤 결과가 나오냐면, 이런 결과가 나와.

압구정 현대아파트 33평 53억 원. 이게 8장 시작할 때 소개했던 B아파트야. 50년 된 콘크리트 덩어리 하나의 가격이 53억 원. 이게 말이 되냐고? 아무리 입지가 좋다고 해도 그 가격이 가당키나 하냐고? 누가 53억 원을 주고 거기 들어가서 사냐고? 말이 되냐고?

거주의 목적으로 보면 말이 안 돼. 근데 자산 저장의 목적으로 보면 말이 돼. 이 가격은 애당초에 거주의 목적으로 만들어진 가격이 아니야. 누군가의 53억 원이 이 아파트에 저장되면서 만들어진 거야.

우리나라의 통화량은 지난 수십 년간 연평균 7%씩 늘었고, 그 과정에서 누군가는 부자가 됐어. 부자가 된 그 사람은 돈을 싸 들고 이 지역으로 와서 번 돈을 이 아파트에 저장했을 거야. 그래서 지금 가격이 만들어진 거야. 그렇게 해석해야 이 현상이 이해가 가.

돈 많은 사람들이 사는 아파트가 비싸지는 게 나랑 무슨 상관인데?

사실 그들만의 리그에서 돈 많은 사람들끼리 서로 집을 비싸게 사고파는 이런 거는 우리 같은 사람들한테 크게 중요하지 않을 수도 있어.

그런데 문제는 그들만의 리그에서 형성된 가격이 우리들의 리그에도 영향을 미친다는 게 문제야. 상급지 아파트들의 가격이 비싸지면 그 가격이 하급지 아파트들의 가격을 끌어올려.

쉽게 말해, '마포가 25억 원이라고? 그럼, 그보다 약간 하급지인 우리 집이 20억 원은 되어야지!', '아, 그 동네가 20억 원이야? 그럼, 우리 동네는 18억 원은 되어야지!', 이런 식으로 사람들이 생각하게 된다는 거야.

그래서 집주인들이 매도 호가를 따라서 올려. 공급이 충분한 시장(지역)이라면 집주인들이 매도 호가를 올리더라도 매수자들이 그걸 그대로 받으면서 따라가지는 않아. 선택권이 많기 때문에. 그런데 서울은 수요 대비 공급이 부족하기 때문에 가격이 상방으로 따라 올라갈 가능성이 매우 높아. 서울 대부분의 지역에서 이런 현상이 비슷하게 나타나면서 시차를 두고 가격이 상방으로 움직인다는 거지.

즉, 이게 그들만의 리그가 아니라 1부 리그, 2부 리그, 3부 리그가 모두 연결된 하나의 리그라는 뜻이야. 그래서 시간이 지나면 실거주자들은 서울에서 점점 밖으로 밀려날 수밖에 없어. 이자 비용이 감당이 되는 지역으로.

아… 뭔가 좀 문제가 있어 보이는데?

그치? 내 생각도 그래. 문제가 있어 보여. '이것 때문이다!'라고 딱 하나의 이유를 꼽아서 말할 수는 없어도 어딘가에서 지금 뭔가 잘못되고 있다는 것은 확실해.

그래서 지금부터 우리는 이 문제를 해결하기 위한 방법에 대해서 고찰해볼 거야.

우리가 정치인은 아니지만, 그럼에도 불구하고 우리 나름대로 방법을 찾아보는 것은 굉장히 중요해. 왜 그러냐면 우리는 지금 Buy & Hold가 가능한 자산을 찾고 있기 때문에 그래.

이 문제가 구조적으로 해결 불가능한 문제인지 아니면 해결책이 있는 문제인지에 따라서 Buy & Hold가 가능한지 아닌지에 대해 전혀 다른 결론이 나오게 되거든.

만약 이 문제가 해결이 가능한 문제라면 앞으로 서울 아파트 가격은 다른 흐름을 보일 가능성도 존재한다는 뜻이고, 그렇다는 건 서울 아파트는 Buy & Hold 하기에 적절하지 않은 자산일 수 있다는 얘기가 돼. 언제든지 지금까지의 가격 흐름과는 반대의 양상도 나올 수 있다는 얘기니까.

그런데 반대로 이 문제가 해결이 구조적으로 불가능하거나 가격을 낮추기 위한 대책이 현실적으로 작동하기 어려운 상황이라면, 완전히 다른 결론에 도달할 수도 있어. 그러면 서울 아파트는 가격이 계속 오를 수밖에 없는, Buy & Hold 하기에 매우 적절한 자산이라는 결론을 내릴 수 있는 거야. 즉, 이 문제를 구조적으로 해결할 수 있는지 여부에 따라서 전혀 다른 결론이 나온다는 거지. 그래서 이걸 따져보는 게 매우 중요해.

① 현재의 문제

서울에는 일자리가 많아서 집이 필요한 사람들이 많은 반면 공급은 부족하다 → 이 와중에 통화량 증가로 인해 사람들의 소득이 늘어난다 → 사람들의 소득이 오르니 매달 감당할 수 있는 이자 비용도 올라간다(대출 가능 금액 상승) → 공급(매물) 감소 에너지가 쌓이면서, 집값이 오른다 → 집값이 오르니 지금 당장 필요하지 않더라도 미리 집을 사놓으려는 사람들이 생겨난다(가수요) → 안 그래도 공급이 부족한 지역에서 실수요자와 가수요자가 모두 집을 사려고 하니 집값이 더 오른다 → 집값이 계속 오르니 이를 눈치챈 사람들이 생겨나고, 이들이 집으로 저축을 하기 시작한다(집을 사 모음) → 보유하고 있는 집의 개수가 많아지면 관리하기가 힘들어지니, 이를 모두 정리하고 비싼 좋은 집으로 합치려는 수요가 생긴다 → 그들이 돈을 싸 들고 상급지로 움직인다 → 상급지 집값은 더 올라간다 → 순차적으로 아래 급지(?)의 아파트 가격을 끌어올린다 → 이 과정에서 실수요자들은 이자 비용을 감당할 수 없어 서울 외곽으로 밀려난다 → 빈부 격차가 심해진다

② 해결책은 있는가?

이 문제는 구조적으로 해결이 불가능하다 → 앞으로도 이 로직대로 서울 아파트 가격은 계속 오를 것이다 → 서울 아파트는 Buy & Hold가 가능한 자산이다

아니다. 이 문제를 해결할 방법이 있다 → 그러면 서울 아파트 가격을 잡을 수 있다 → 서울 아파트는 Buy & Hold가 가능한 자산이 아니다

그럼, 한번 따져볼까?

해결이 가능한 문제인가?

 문제를 길게 펼쳐놓고 보니 어떤 생각이 들어? 여보는 이런 일이 벌어지는 근본적인 이유가 뭐라고 생각해?

음… 글쎄….

괜찮아. 그냥 막 던져봐.
거기서 얻어걸릴지도 몰라. (웃음)

서울에 아파트를 더 지을 땅이 없는 게 문제인 것 같기도 하고….

또?

음… 사람들한테 대출을 많이 해주는 거?

그게 결국 통화량이 늘어난다는 얘기지. 그리고 또?

필요하지 않은 사람이 집을 사는 것도 문제가 좀 있지 않나 하는 생각이 들고….

그리고 또?

음… 그냥 다 문제 같은데?

그치? 결국 다 문제인 거 같지? 통화량이 늘어나는 것도, 추가 공급이 제한적인 것도, 투자 수요가 붙는 것도 그냥 다 원인인 것 같아. 실제로 이 모든 것들이 집값 상승의 원인인 게 맞아. 집값이 오르는 이유는 어느 한 가지만으로는 설명할 수가 없어. 집값은 이 요소들이 모두 복합적으로 작용해서 올라. 내가 위에서 열거한 모든 것들이 다 집값 상승의 원인이라는 거지.

그리고 중요한 것이 또 있어. 내가 지금까지 설명한 내용은 '집이 필요한 사람은 모두 집을 산다'라는 것을 기본 전제로 깔고 있거든. 그런데 집이 필요한 모든 사람이 반드시 집을 사나? 꼭 집을 사야만 거기에 거주할 수가 있어? 아니야. 전세 사는 사람도 있고, 월세 사는 사람도 있어. 즉, 가정 사항에 전월세를 사는 사람들에 대한 얘기는 빠져 있었다는 거지.

그래서 실제로는 집값이 오르고 내리는 것은 내가 얘기한 로직보다도 훨씬 더 복잡해. 집값이 움직일 때, 집을 임대해서 거주하는 수요도 복합적으로 맞물리면서 가격이 형성되거든.

만약 어떤 지역에 집을 구하는 사람이 많은데, 그런데 그 지역에 구할 수 있는 전월세(임대) 매물도 많다면, 집값은 오르지 않고 안정될 수 있어. 사람들이 굳이 집을 사지 않고 전월세로 눈을 돌릴 수 있기 때문에.

서울에는 일자리가 많아서 집이 필요한 사람들이 많은 반면, 공급은 부족하다 → 이 와중에 통화량 증가로 인해 사람들의 소득이 늘어난다 → 사람들의 소득이 오르니 매달 감당할 수 있는 이자 비용도 올라간다(대출 가능 금액 상승) → 공급(매물) 감소 에너지가 쌓이면서, 집값이 오른다 → 사람들이 전월세로 눈을 돌린다 → 집을 필요로 하는 수요가 전월세로 빠져서 집값이 안정된다

내용이 이렇게 바뀐다는 뜻이야.

그런데 반대로 만약 어떤 지역에 집을 구하는 사람이 많아지는데, 근데 그 지역에 구할 수 있는 전월세(임대) 매물이 없다면, 집값은 오르게 될 거야. 왜냐하면 임대를 구하지 못하면 집을 반드시 사야 하거든. 그래야 내가 그 지역에 살 수가 있거든. 그러면 내가 아까 위에서 얘기했던 로직이 그대로 돌아가게 되겠지.

따라서 이 임대(전월세) 매물에 대한 것도 반드시 고려가 되어야 해. 집이 부족한지 충분한지를 따질 때는 전월세 매물이 많은지 적은지도 같이 따져봐야 한다는 거야. 이걸 따져보지 않으면 완전히 잘못된 결론에 도달할 수 있어.

그래서 우리는 앞으로 이것도 포함해서 한번 따져볼 거야. 그럼, 하나하나씩 뜯어보자.

문제 1 : 서울에는 일자리가 많아서 집이 필요한 사람들이 많다

먼저 일자리부터 보자. 우리나라에서 일자리가 제일 많은 지역은 서울을 포함한 수도권이야. 이런 현상은 우리나라의 산업 구조가 바뀌면서 점점 더 가속화되고 있어.

왜 이렇게 되었는지 살펴볼까? 과거에 우리나라는 저렴한 인건비를 바탕으로 무언가를 만들어 해외에 수출하면서 먹고살았어. 못살던 시절에는 신발·옷·가발 이런 거(경공업)를 만들어서 팔다가, 그러다 1970년대를 지나면서 점차 크고 무거운 물건들(중공업)을 만들어 팔게 된 거야. 자동차·철강·배·전자제품 이런 것들 말이야.

자, 그런데 한번 보자. 그 시절에는 도로도 정비되지 않았고, 교통도 발달되지 않았어. 그러면 제조업 공장이 어디에 있는 게 유리해? 당연히 바다 근처에 있는 게 유리하겠지. 왜? 수출을 배로 하니까.

한번 생각해봐. 자동차 공장을 수도권에 지었다고 해봐. 그러면 그렇게 크고 무거운 걸 만들어서 그걸 바다 쪽으로 어떻게 옮길 거야? 고속도로나 교통이 제대로 갖춰지지 않은 상황에서는 그거 옮기는 데만 한세월이 걸릴 거야. 그러니 자연스럽게 제조업 공장들이 바다 쪽에 자리 잡을 수밖에 없게 된 거야. 어느 바다? 남쪽 바다와 동쪽 바다. 부산·울산·포항·거제 이런 곳들. 왜? 그 시절 우리나라의 주요 수출국이 일본이랑 미국이었거든.

그 시절(1970년대 초)에는 우리나라에서 물건 10개를 수출하면 5개는 미국으로, 3개는 일본으로 향했어. 산업이 미국과 일본에 거의 80%를 의존하고 있었던 거야. 그러니 국가로서는 제조업 거점을 남동쪽에다가 만들 수밖에 없었던 거지. 그래서 과거에는 이런 지방에 일자리가 엄청나게 많았던 거야.

그러다가 2000년대 들어서 상황이 바뀌어. 우리나라의 주요 수출품이 중공업에서 첨단 제품(반도체·가전제품·스마트폰 등)들로 바뀐 거야. 딱 들어만 봐도 자동차·배·철강보다는 옮기기 쉬워 보이지? 그리고 그러는 동안 전국에 고속도로가 다 깔려서 물건 옮기기가 쉬워졌어.

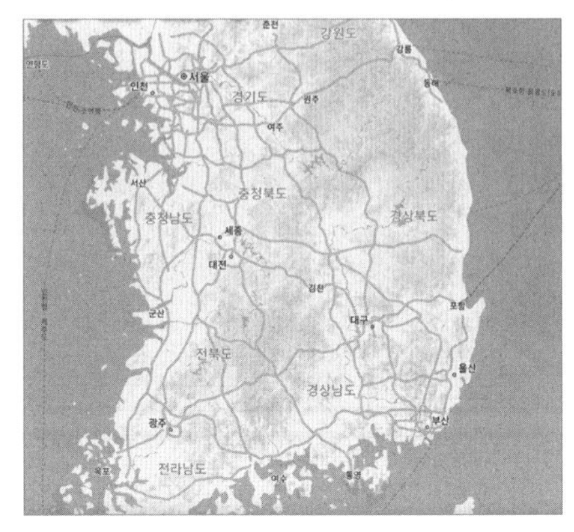

대한민국 고속도로

그러니 꼭 바다 근처에 공장이 있을 필요가 있어? 없지. 그래서 제조업 공장들이 서서히 내륙으로 들어와. 어디로? 수원·구미·청주·천안으로.

문제는 그 이후부터야. 2010년이 되자 제조업을 하기에는 우리나라의 인건비가 너무 많이 오른 거야. 인건비가 오르면 제조업 경쟁력이 낮아질 수밖에 없어. 그래서 기업들이 어쩔 수 없이 인건비가 낮은 지역으로 공장을 옮겨. 어디로? 중국·베트남으로. 왜냐하면 거기는 인건비가 저렴하거든. 즉, 본사나 헤드쿼터는 한국에 두고 생산 거점만 해외로 옮긴 거지.

문제는 여기서부터 발생해. 자, 보자. 이제 한국에서 생산을 안 해. 한국에서 제품 개발을 하고 설계하고 디자인을 하고, 생산은 해외에서 해. 그러면 뭐가 필요할까? 똑똑한 인재들이 필요하겠지. 개발하고

418

설계해야 하잖아.

그 사람들이 다 어디에 있어? 서울에 있고, 강남에 있고, 판교에 있고, 수원에 있어. 그러니 기업들도 수도권에 있을 수밖에 없는 거야. 왜? 간단하잖아. 지방에서 공부 잘하는 학생들이 대학을 어디로 와? 서울로 오잖아. 다 수도권으로 온다고. 인재들이 수도권에 있으니, 기업들이 다른 곳으로 갈 수가 없는 거야. 그래서 점점 더 수도권 집중 현상이 생기는 거거든.

앞으로 이 기조가 바뀔 수 있을지 생각해보면 전혀 그럴 것 같지가 않아. 왜냐하면 수도권 집중 현상이 생기는 근본적인 이유는 우리나라 산업 패러다임이 변했기 때문이거든. 우리나라의 인건비가 높아져서 기업들이 생산 공장을 해외로 옮긴 것이 그 이유야.

그래서 자연스럽게 한국에서는 개발하고 설계하고 디자인하는 일에 집중하게 된 거고, 이런 일들은 당연히 인재가 모여 있는 수도권에서 더 잘 돌아갈 수밖에 없는 거야. 즉, 앞으로 수도권 집중 현상은 오히려 더 가속화될 거라는 얘기야.

여기서 이런 의문이 들 수도 있을 거야. '수도권에 있는 기업들을 지방으로 이전시키면 안 되나?' 일리 있는 생각이기는 한데, 그런데 그게 쉬운 게 아니야.

왜 그러냐면 일하는 사람들이 지방으로 안 가려고 해. 쉽게 말해, 기업이 지방으로 이전한다고 발표를 하면 사람들이 퇴사를 한다는 뜻이야. 이게 과장이 아니고 실제로 일어나고 있어.

SK바이오팜이 본사를 판교에서 인천광역시 송도로 이전하려고 했는데, 직원들의 반발이 너무 심해서 결국 계획을 취소했어. 심지어 인천은 수도권인데도 그랬다고. 거기로 가면 직원들이 퇴사하고 경쟁 회사 가겠다는데 회사 입장에서 어떻게 본사를 옮기겠냐는 거지. 직원들이 왜 그러는 거냐면, 이미 가족들이 그 지역에 살고 있어서 그러는 거거든. 애가 학교도 그 지역에서 다니고, 친구도 거기에 있고, 가족들 생활 여건도 이미 그 지역에 다 갖추어져 있어서.

사기업만 그럴까? 아니야. 공기업도 마찬가지야. 서울에 있던 한국산업은행을 부산으로 옮긴다니까 100명 이상이 회사를 그만뒀어.

또 국민연금공단이 서울에서 전주로 이전을 하니까, 기금 운용하는 사람들이 160명이나 퇴사를 해(6년간). 그리고 그 사람들이 여의도 증권가로 가. 거기로 스카웃 돼.

매년 운용역 27명씩 줄퇴사

5일 보건복지부에 따르면 기금운용본부가 전북 전주로 이전한 2017년부터 지난해까지 6년간 국민연금을 떠난 운용역은 164명에 달했다. 매년 평균 27.3명이 짐을 쌌다. 현재 운용역 319명의 절반 이상이다. 그러다 보니 국민연금은 기금운용직 정원(380명)을 매년 채우지 못하고 있다. 그중에서도 경험과 노하우를 쌓은 실장급이 오래 머무르지 못하는 것은 뼈아픈 손실이다.

국민연금은 지난해 사상 최저 수익률을 기록했다. 주식 및 채권 시장이 동반 폭락한 데다 대체투자도 수익률 방어에 기여하지 못한 탓이다. 지난해 국민연금의 기금운용 수익률은 -8.22%(운용손실 금액 79조 6,000억 원)로 나타났다. 국내 주식(-22.8%), 해외 주식(-12.3%), 국내 채권(-5.6%), 해외 채권(-4.9%) 등 전통 자산군이 일제히 손실을 냈다. 대체투자 수익률은 유일하게 플러스였지만 기준수익률을 밑돈 것으로 알려졌다. 인플레이션으로 높아진 기준수익률을 실제 수익률이 따라가지 못했다.

국민연금 재직은 이력서용

전문가들은 국민연금이 우수한 인력을 확보해 수익률을 높이려면 기금운용 본부만이라도 하루빨리 서울로 이전해야 한다고 입을 모은다. 전주에 남아 있는 한 글로벌 네트워크를 중시하는 금융투자업계 인력을 오래 붙잡아둘 수 없다는 이유에서다.

국민연금의 한 전직 운용역은 "민간에 비해 낮은 급여도 문제지만 자녀 교육과 생활 여건 등이 불편해 운용역 중 사명감만으로 장기 근속하려는 사람은 거의 없다"고 말했다. 그는 "새로 입사하는 인력도 대부분 이력서에 국민연금 재직 경력을 추가해 높은 몸값을 받고 민간으로 떠나는 게 목적"이라고 했다.

대체투자 수익률을 높이기 위해서도 서울 이전은 필수적이다. 부동산, 인프라, 사모투자 등 대체투자는 국제적인 네트워크가 중요하기 때문이다.

출처 : 류병화, "국민연금 운용역 '6년간 164명' 줄퇴사…"기금본부 서울로 옮겨야"", 〈한국경제〉, 2023년 3월 5일

즉, '수도권에 있는 기업들을 지방으로 이전시키면 안 되나?'라는 생각이 그럴듯해 보이지만, 실제로는 맹점이 너무 많다는 거지. 실제 현실에서는 의도대로 작동하지 않고 기업의 경쟁력만 약화시켜. 쉽게 말해, 국민연금을 지방으로 보내니 수익률이 떨어지더라는 거야(필자의 주장이 아니라 관련 위원회의 판단이다). 이런 상황에서 기업들 보고 지방으로 가라고 한들 어느 기업들이 가겠냐는 거지. 거기로 가면 직원들이 퇴사해서 경쟁력이 떨어지는데.

국토 균형 발전에 대한 가치 판단을 하자는 얘기가 아니야. '그러면 지방이 소멸되도록 놔둬야 하나?' 이것에 대한 얘기를 하는 것도 아니야. 국가 차원에서는 지방을 살리려는 노력을 계속해야지. 내가 하

는 얘기는 '수도권 집중화가 앞으로도 계속될 것이냐, 그렇지 않을 것이냐'를 판단해보자는 말이야.

내 판단으로는 이 문제(일자리가 수도권에만 집중되는 문제)는 앞으로 더 가속화되면 가속화됐지 완화될 것 같지가 않아. 이 문제가 해결되려면 기업들이 지방으로 본사를 옮겨야 하는데, 기업들 입장에서는 그럴 이유가 전혀 없어. 즉, 이것은 우리나라 산업 패러다임의 변화로 인한 구조적인 문제이기 때문에 해결책이 없다는 게 내 생각이야.

앞으로도 수도권 집중화는 더 심해지면 심해졌지 완화되지 않을 거야. 사람들이 선호하는 일자리(대기업, 헤드쿼터, 사무직)는 앞으로도 대부분 수도권에 남아 있을 거고, 지방으로 가지 않을 거야. 그래야 그 회사가 경쟁력을 유지할 수 있을 테니까.

다시 말해, 우리나라의 일자리는 앞으로도 수도권, 특히 서울에 집중되어 있을 거라는 얘기야.

문제 2 : 서울에는 공급이 부족하다

아까 얘기했지? 서울에는 남는 땅이 없어서 아파트를 더 지을 수가 없다고. 이걸 바꿀 수는 없어. 없는 땅을 어떻게 만들겠어. 그러면 여기에 대한 해결책은 없는 건가? 아냐, 해결책이 있긴 있어. 방법은 크게 2가지야.

첫째, 있는 집을 부수고 다시 짓는다(더 높게, 더 많이).

둘째, 서울 주변에 신도시를 만든다.

하나씩 보자.

(1) 있는 집을 부수고 다시 짓는다(더 높게, 더 많이)

자, 서울 안에는 더 이상 집을 지을 땅이 없어. 그러면 주택 공급을 늘릴 방법이 없나? 아니야, 있어. 이미 있는 집을 부수고 더 높게, 더 많이 지으면 돼. 이게 뭔 얘기야? 재건축이나 재개발해야 된다는 얘기야.

서울 다세대 빌라 지역 항공뷰

출처 : 네이버 지도 항공뷰

한번 생각해봐. 서울 시내에 있는 이런 낮은 집들을 전부 아파트 단지로 만들면(아래 사진처럼) 얼마나 많은 집들이 공급될 것 같은지. 이런 사업을 재개발이라고 하는데, 아마 모르긴 몰라도 이렇게 대규모 택지를 전부 다 밀어버리

서울 아파트 지구 항공뷰

출처 : 네이버 지도 항공뷰

고 아파트를 지어 올리면 서울 주택 부족 문제가 향후 십수 년 동안은 없어질 거야.

그런데 말이야, 이게 현실적으로 가능할까? 결론부터 말하면 불가능해. 그렇게 되기가 매우 어려워. 왜냐하면 이해관계자가 너무 많아서 그래.

한번 생각해보자. 주택 단지에도 사람이 엄청 많이 살아. 그러면 여기에 얼마나 많은 이해관계가 얽혀 있겠어? 재개발 사업을 추진한다고 하면 '돈을 더 달라는 사람', '내 삶의 터전은 여기라서 나는 여기서 나갈 수 없다는 사람', '나는 세입자인데 어떻게 보상받느냐는 사람', '아니다, 일을 빠르게 진행해서 우리도 아파트에 살아야 한다는 사람' 등등 정말로 다양한 사람들이 나타나.

사업이 잘되려면 이해관계자들이 의견을 하나로 모아서 빠르게 일을 진행해야 하는데, 그런데 이게 어려워.

이해관계가 심각하게 엇갈리다 보니 의견 조율이 안 돼. 몇 명만 반대해도 사업이 몇 년씩 뒤로 밀리기도 해. 의견이 모아져도 절차를 밟는 데만도 10~15년이 걸리는데, 시작부터 진행이 잘 안된다는 거지. 그래서 실제로는 거의 20년 정도를 봐야 해.

정부 주도로 진행되지 않는 한 빠른 시간 안에 대규모로 부수고 다시 아파트로 올리는 것은 매우 어려운 일이야. 우리의 삶은 게임이 아니기 때문에 의사결정 한다고 그대로 일사천리로 진행되지 않는다고.

재건축 사업은 재개발보다는 그래도 조금 나아(노후 저층 주택지를 새 아파트로 건설하는 방식을 재개발, 노후 아파트를 새 아파트로 건설하는 방식을 재건축이라고 함). 노후 아파트를 부수고 높게 재건축하면 아파트가 더 생겨.

예를 들어 20층짜리 아파트를 부수고 40층짜리로 다시 지으면 20층짜리 아파트가 새로 공급되는 거랑 같은 효과가 난다는 거야. 사업 추진 속도를 보면 재개발보다는 재건축이 그나마 좀 나은 편인데, 주택 단지보다는 아파트 단지가 의견을 일치시키는 게 좀 더 수월하기 때문에 그래.

주택 단지는 집의 형태도 다르고 상가와 무허가 건축물까지 있어 의견 일치가 잘 안되는데, 그런데 아파트는 거의 대부분 비슷한 평형과 형태이기 때문에 의견 일치가 그나마 좀 잘되는 편이야.

근데 이런 재건축 사업들도 실제로는 10년이 넘게 걸리고 빠르게 사업이 진행되지는 않아. 그 안에서도 나름 이해관계가 복잡하거든. '나는 추가 분담금 못 낸다', '더 큰 평수를 달라', '나는 세입자인데 집 못 빼준다' 등등.

다시 말해, 재개발·재건축을 통해 주택 부족 문제를 해결하겠다는 생각은 실제 집값을 잡는 데 도움이 되는 생각이 아니라는 얘기야. 시차가 안 맞는다고. 지금 주택이 부족해서 집값이 올라가고 있는데, 지금부터 재개발·재건축을 추진한다고 집값이 잡히겠어? 10~20년 뒤에 입주가 될 건데?

(2) 서울 주변에 신도시를 만든다

그래서 우리 사회가 서울의 주택 부족 문제를 해결하기 위해 매번 내놓는 대책이 서울 주변에 신도시를 만드는 거야. 재개발·재건축으로 주택을 공급하는 것보다는 서울 주변 빈 땅에다 새로 신도시를 만드는 게 더 수월한 방식이기 때문에 이런 생각을 하는 건데, 사실 이것은 굉장히 합리적인 생각이거든? 서울에 있는 집을 부수

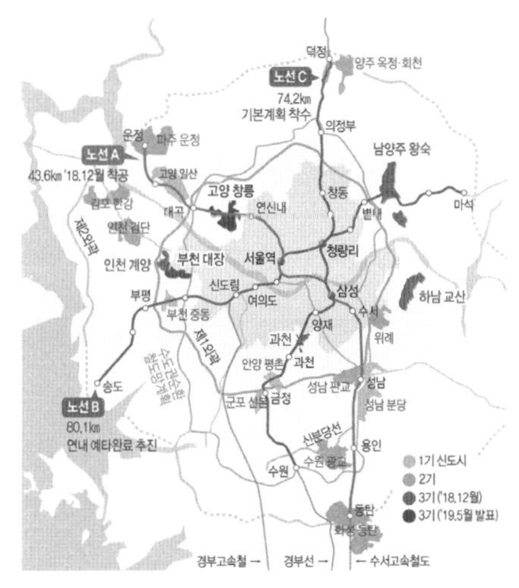

수도권 주요 신도시 근황

출처 : 박영석·장성구, 〈연합뉴스〉, 2019년 6월 30일

고 다시 짓는 것은 시간도 많이 필요하고 정치적인 부담도 되는 일인데, 그런데 서울로 출퇴근이 가능한 거리에다가 넓은 신도시를 새로 만들어버리면 서울 출퇴근 수요를 분산시키는 효과를 바로 낼 수 있기 때문이야.

그런데 문제는 그 신도시들조차도 이제는 포화 상태라는 게 문제야. 앞의 지도를 보면 알겠지만, 서울 주변에 주거지역이 들어갈 수 있는 공간에는 이미 신도시들이 대부분 들어차 있어. 신도시는 1990년대부터 본격적으로 건설되기 시작했는데, 30년이 넘게 신도시가 계속 지어지다 보니까 서울 주변에 더 이상 대규모로 주거지역을 조성할 땅이 없는 거야. 여기서 신도시를 더 지으려면 과장 조금 보태서 이제는 거의 강원도나 충청도까지 가야 하는 상황이야.

아마 3기 신도시가 완성되고 거기마저도 사람들이 다 들어가서 산다면, 그 이후로 지어질 신도시들은 더 외곽으로 밀려나 지어질 가능성이 높아. 즉, 서울 중심이나 도심의 수요를 흡수하기에는 물리적으로 제한이 된다는 거지.

그리고 또 문제는 이렇게 신도시를 지으려고 해도 물리적으로 시간이 꽤 많이 필요해. 신도시를 조성할 지역에 수도도 깔고, 하수도도 깔고, 도로도 까는 등 그렇게 땅을 정비하고서야 아파트를 지어 올릴 수 있거든. 가장 마지막에 발표된 3기 신도시(2018~2019년 발표)는 6년이 넘은 지금까지도 아직 제대로 입주가 이뤄지지 않았어. 즉, 빈 땅이라 하더라도 거기에다 도시를 새로 조성한다는 것 자체가 시간이 꽤 오래 걸리는 일이라는 거지.

사람과 일자리(기업)는 지방에서 서울·수도권으로 계속 올라오고 있는데, 수도권에는 주택을 더 지을 땅이 소진되고 있는 상황. 그리고 어딘가에 집을 짓는다 하더라도 물리적으로 꽤 오랜 시간이 필요한 상황. 이 상황을 근본적으로 해결할 수 있을까?

나는 그래 보이지가 않아. 이 문제는 산업 구조의 문제고, 물리적인 문제(땅 부족, 시간 부족)여서 근본적인 해결이 쉽지 않은 상황이야. 이미 서울이나 수도권 주요 입지에 살고 있는 사람들을 강제로 다른 지역으로 이주시키지 않는 한 서울의 공급 부족 문제는 해결이 안 되는 문제라고.

그래서 두 번째 질문(앞으로도 서울에는 공급이 부족할까?)에 대한 생각을 정리하면, 나는 '그렇다'라는 답이 나와. 내 생각으로는 이건 지금 구조적으로 바꿀 수 있는 여지가 없어. 물리적으로 불가능해. 수요는 더 몰릴 것으로 예상되는데 집을 지을 시간도 땅도 없다는 거지.

문제 3 : 통화량이 증가한다

통화량이 증가하면 집값이 올라. 그런데 내가 전에 통화량이 왜 늘어난다 그랬지? 정부가 빚을 늘리고, 기업과 개인이 대출을 늘리고, 기업이 해외에서 돈을 많이 벌어오게 되면 통화량이 늘어난다 그랬지?

앞으로 통화량이 어떻게 될지에 대한 내 생각은 앞서 밝힌 바가 있어. "우리 사회가 초고령사회로 들어간 이상, 앞으로 복지 비용이 계속 늘어날 수밖에 없기 때문에 정부가 지출을 늘릴 수밖에 없다. 또한 경제가 침체 국면에 들어가면 국가는 이에 대응할 수밖에 없다. 대표적인 대응 방법이 중앙은행이 통화정책을 쓰는 것과 정부가 부채를 늘리는 것(재정정책)인데, 우리나라의 잠재성장률이 떨어지고 있는 현시점에서 앞으로 우리나라는 더욱더 적극적으로 재정정책과 통화정책을 쓸 가능성이 높다. 따라서 앞으로 통화량은 계속 늘어날 것이다."

그런데 통화량이 증가하면 집값이 올라. 집값이 오르면 집을 사는 데 더 많은 돈이 필요하게 되어서 개인들이 더 많은 대출을 받을 수밖에 없어. 그러면 이것이 또다시 통화량을 늘리는 방향으로 작용해(대출을 통해 또 다른 돈이 창출되기 때문에). 통화량이 증가하는 것을 막을 수 있을까? 막는 방법은 있어.

첫째, 정부가 빚을 안 내고, 둘째, 중앙은행이 통화정책을 쓰지 않고, 셋째, 개인이 빚을 안 내면 돼.

그러면 이게 얼마나 현실성이 있는지 한번 보자.

첫째, 정부가 빚을 안 낸다

우리나라는 2024년에 이미 초고령사회로 진입했어. 전체 인구 중에서 만 65세 이상의 인구가 20%를 넘은 거야. 근데 이 상황에서 우리나라가 복지 비용을 줄일 수 있을까? 노인 인구가 20%를 넘고 30%를 넘게 되면, 그때의 국민들이 복지 비용을 줄이겠다는 정부를 선택하겠냐는 거야.

내 생각으로는 이거는 줄일 수가 없어. 이거 줄인다고 하면 아마 정부가 바뀔 거야. 그래서 못 줄여. 즉, 우리나라 정부는 앞으로 빚을 더 늘릴 수밖에 없어.

둘째, 중앙은행이 통화정책을 쓰지 않는다(기업이 돈을 못 벌어온다)

다른 방법(?)으로는 우리나라 기업들이 어려워지면 돼. 기업들이 다 어려워져서 우리나라의 전체 무역 적자가 심해지면, 그러면 이 힘은 우리나라의 통화량이 줄어드는 쪽으로 작용해. 그런데 이런 일이 벌어지면 국가는 '대응'이라는 걸 하거든? 그래서 이 요소가 오히려 통화량을 늘리는 요소로 작용할 수가 있어.

무슨 얘기냐면 이미 한국은행이나 국책기관들은 우리나라의 성장률이 앞으로 더 떨어질 거라고 진단을 하고 있어. 그러면 국가로서 할 수 있는 대응이 뭐냐면 중앙은행이 돈을 푸는 거야. 금리를 낮추고 유동성을 확대해서 시장에 돈이 돌도록 만든다는 거지. 그래야 경제가 살아나거든. 즉 경제가 앞으로 안 좋아지면, 통화량을 늘리는 쪽으로 정책이 나올 여지가 크다는 거야.

그리고 여기서 또 하나 고려해야 할 것은 글로벌 통화량도 계속해서 증가하고 있다는 점이야. 그러면 우리나라는 글로벌 통화량이 증가하는 것에 어느 정도 발맞춰서 따라갈 수밖에 없어. 쉽게 말해, 전 세계가 통화량을 늘리면 우리나라도 거기에 따라가야 한다는 거야. 왜 그러냐면 이게 환율에 영향을 미치기 때문에 그래.

모든 재화의 가격은 수요와 공급에 의해 결정되는데, 흔하면 싸지고 귀하면 비싸져. 만약 달러 통화량이 늘어나는데 우리나라가 원화 통화량을 늘리지 않으면 어떻게 되냐면 환율이 내려가(달러가 흔해지니 싸지고, 원화는 귀해지니 비싸짐. 즉, 원화 강세가 됨).

이게 무슨 문제를 일으키냐면 우리나라의 수출 경쟁력을 약화시켜(이 로직은 1장에서 베트남 환율을 가지고 한번 설명한 바 있다). 그런데 우리나

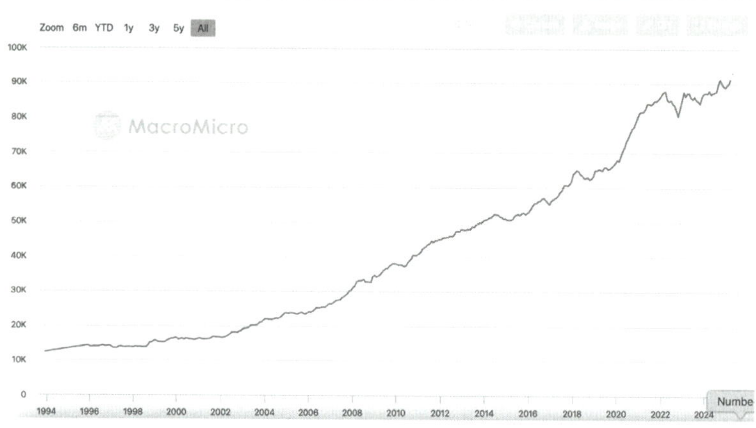

출처 : MacroMicro

라는 수출로 먹고사는 나라인데 수출 경쟁력이 약해지면 어떻게 되겠어. 경제가 더 어려워지는 거지. 그래서 우리나라는 앞으로 글로벌 통화량이 늘어나는 것에 맞춰서 통화량을 늘릴 수밖에 없어. 로직이 그래. 지금 글로벌 통화량(M2)은 위와 같은 모습이야.

글로벌 주요 통화의 M2 통화 공급량을 나타낸 그래프야. 어때? 내려올 것 같아? 글로벌 통화량은 지금도 올라가고 있는데, 그러면 우리나라 통화량도 계속 늘어날 거라고 유추해볼 수 있는 거야. 세계가 이렇게 돈을 풀고 있으면 우리만 이걸 역행할 수 없다는 얘기야.

우리나라 경제가 어려워지면 더더욱. 만약 우리나라 경제가 안 좋아지면, 아마 통화량을 글로벌 통화량 증가분보다 더 늘릴 거야. 그래야 환율을 높일 수 있고(원화 약세), 그래야 경제가 살아날 수 있거든.

앞으로 정부가 어떤 선택을 하게 될지는 나는 답이 정해져 있다고 생각해. 우리나라의 통화량은 앞으로도 늘어날 거라는 얘기야. 얼마나 늘어나는지가 문제이지, 결국 늘어나는 방향으로 갈 거라는 거지. 집값이 오르지 않길 바라는 우리 같은 소시민들 입장에서는 통화량이 안 늘어났으면 좋겠지만, 그런데 집값 오를까 봐 통화량 늘리지 말자는 얘기는 결국 수출하지 말자는 얘기야. 즉, 현실성이 없다는 거지. 앞으로 경제가 어려워지면 한국은행은 더욱더 적극적으로 통화 정책을 쓸 거야(중앙은행이 나서서 돈을 푼다는 얘기).

셋째, 개인이 빚을 안 낸다

또 다른 방법으로는 개인들이 대출을 못 받게 할 수도 있을 거야. 근데 이렇게 되면 다른 문제가 발생해. 빈부 격차가 심해져.

예를 들어보자. 지금까지 우리나라의 통화량은 늘어만 왔어. 그러다 보니 지금 서울에 있는 아파트는 대부분 10억 원이 넘어. 그런데 10억 원을 현금으로 가지고 있는 사람이 얼마나 있을까? 많지 않겠지. 이 상황에서 사람들에게 대출을 안 해주면, 그건 바꿔 말하면 '돈 있는 부자들만 집을 사라'는 얘기밖에 안 돼. 즉, 그때는 진짜로 서울 아파트는 '돈이 있는 사람'만 살 수 있는 자산이 된다는 거야.

그러면 시간이 지나면 어떻게 되겠어? 빈부 격차가 더 커지겠지. 통화량이 늘면서 집값은 또 오를 텐데, 그런데 집을 못 산 사람들은 거기서 소외될 테니까. 이런 규제 정책은 시간이 갈수록 더 큰 부작용을 낳을 수밖에 없어. 진짜 필요한 사람도 집을 못 사게 만들고, 빈부 격차만 키울 뿐이야.

그래서 이런 규제 정책은 장기간 유지될 수 없고, 어느 정도 시간이 지나면 규제가 완화될 수밖에 없어. 대출 심사를 까다롭게 할 수는 있어도 대출 자체를 막지는 못한다는 거지. 즉, 개인들이 대출을 못 받게 하는 것이 장기간 지속 가능한 정책이 아니라는 거야. 좀 더 자세한 얘기는 잠시 후에 다시 알려줄게.

그래서 종합적으로 보면 통화량이 앞으로도 늘어날 것이냐에 대한 나의 답은 '그렇다'야. 이건 앞으로 통화량이 얼마나 늘어날지 문제이지, 통화량이 늘어날지 아닐지에 대한 문제가 아니야.

그러면 어떻게 돼? 통화량이 늘어난다는 것은 누군가의 소득도 늘어난다는 뜻이고, 이자 비용 감당 능력도 올라간다는 뜻이야. 그러면 대출이 늘어나면서, 집값이 올라.

그런데 대출이 늘어나면 통화량이 또 늘어나고. 그러다가 수요와 공급에 미스매치가 한번 나기 시작하면 가격이 위로 툭툭 치고 올라가는 거지. 이게 계속 반복될 거라는 거야.

문제 4 : 집값이 오르니 미리 집을 사놓으려는 사람들이 생겨난다. 안 그래도 공급이 부족한 지역에서 실수요자와 가수요자 모두 집을 사려고 하니 집값이 더 오른다

어쩌면 당장 필요하지도 않은 사람들이 미리 집을 사놓는 것 (가수요)이 잘못됐다고 보는 사람도 있을 거야. 왜냐하면 이 가수요도 엄연한 수요라 매물이 부족한 상황에서는 집값 상승을 부추기는 것이 엄연한 사실이기 때문이야. 그래서 사람들은 이 수요를 두고 투기 수요라고 부르기도 해(필자는 동의하지 않는 표현이다). 그러면 투기 수요들은 왜 미리 집을 사놓으려는 걸까?

이유는 크게 2가지야. 첫째, 돈을 모아도 지금 당장 이 돈을 저장해놓을 곳이 없어서. 둘째, 집값이 오를 거라고 생각하니까.

첫째, 돈을 모아도 지금 당장 이 돈을 저장해놓을 곳이 없어서

안타깝게도 우리나라에서 돈의 가치를 증발시키지 않으면서 안전(?)하게 저장해둘 방법이 집을 사는 것 말고는 딱히 없어.

어떤 사람이 열심히 일해서 3억 원을 모았어. 그럼, 이 3억 원을 어디에 둘 거야? 예금할 거야? 내가 얘기했지? 예금하면 가치가 녹아내린다고. 하면 안 된다고. 3억 원을 모은 사람이 그걸 모를까? 당연히 알겠지.

그러면 이 사람 입장에서 생각해보자. 이 3억 원이 증발되지 않게 하려면 어떻게 해야 해? 이 질문에 사람들이 '집을 사는 것 말고는 대안이 없다'라고 결론을 내리는 거거든. 나는 주식을 그 대안으로 보고 있기는 하지만 보통의 경우 사람들은 주식을 위험자산이라고 믿고 있기 때문에 주식에 그 돈을 넣지 못해.

그러니 결국 그 돈이 향할 곳은 서울 부동산밖에 없다는 거지. 왜냐하면 그게 제일 안전해 보이거든. 공급보다 수요가 항상 많고, 역사적으로 서울 아파트는 화폐 가치 하락을 방어해줬거든. 그래서 사람들이 계속 부동산에 자산을 저장했던 거야. 장기적으로 물가상승률 이상으로 가격이 오른다는 걸 경험적으로 알기 때문에.

그래서 어떤 결과가 나왔냐, 위와 같은 결과가 나왔어.

우리나라 사람들이 가진 자산 중에 거의 70% 가까이가 부동산으로 들어갔어. 이 자산들이 부동산에서 흘러나와 다른 자산으로 들어가야 부동산에 집중된 에너지가 분산되는데, 아쉽게도 우리나라에서는 그게 쉽지 않은 상황이야. 부동산이 아닌 다른 자산 중에서 대안이 될 만한 자산은 주식 말고는 없는데, 그런데 우리나라 주식 시장은 미국처럼 장기 우상향하는 시장이 아니거든.

우리나라 주식 시장(코스피 기준)은 10년 동안 겨우 40% 오르는 데 그쳤어. 중간중간 엄청 크게 하락했던 적도 많아서 마음고생을 많이 했는데도 고작(?) 40%가 오른 거면 실익이 없다고 봐야지. 그동안 통화량은 2배가 늘었거든. 사실상 마이너스인 거야.

주식 시장은 기업들의 미래 성장성에 대한 기대치를 먼저 반영하는 시장이야. 다시 얘기하면, 앞으로 우리나라 기업들의 실적이 좋아질 것 같으면 주식 시장은 이를 선반영해서 오르고, 앞으로 우리나라 기업들이 크게 좋아지지 않을 것 같으면 지금 가격이 오르지 않아.

코스피 전체 지수가 10년 동안 40% 올랐다는 것은 시장 참여자들이

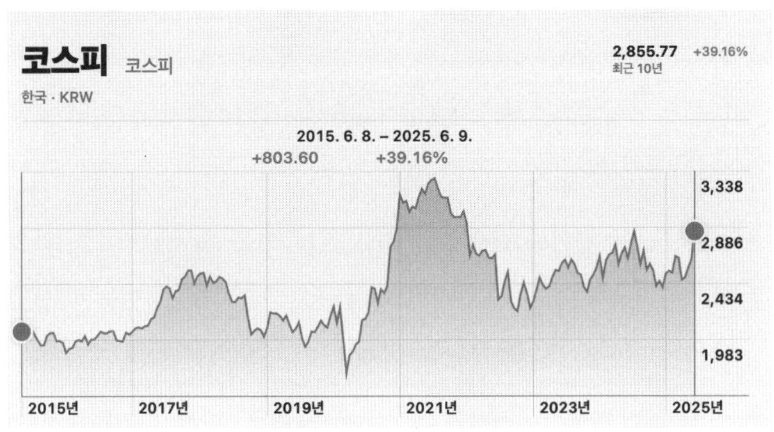

우리나라 기업의 장래를 좋게 보고 있지 않다는 얘기라고 봐야 해. 미래를 좋게 보지 않는데, 여기에 내 자산을 묻는다? 이건 앞뒤가 맞지 않는 얘기야. 그래서 '차라리 서울 아파트에 투자해놓는 것'이 자산을 지키는 데 훨씬 유리하다는 결론이 나오는 거거든. 서울 아파트에 내 돈을 저장해놓으면 알아서 화폐 가치 하락을 방어해주니까.

그러면 앞으로도 그럴까? 이걸 따져봐야겠지. 일단 적절한 투자 자산(대안)이 없으면 앞으로도 사람들은 계속 자산을 서울 아파트에 저장해두려고 할 거야. 그러면 적절한 대안을 찾아야 한다는 건데, 우리나라 주식 시장은 그 대안이 되지 못해. 우상향하는 주식을 찾기 힘들어. Buy & Hold가 안 된다는 얘기야.

그런데 최근에 그 대안이 생기고 있어. 2020년 이후에 사람들이 미국 주식으로 많이 유입됐어. 그 이전까지는 '주식 한다' 그러면 거의 대부분 한국 주식을 의미했는데, 요새는 조금 달라졌어.

사람들이 미국 주식으로 많이 유입되어서 현재 한국 사람들이 보유하고 있는 미국 주식이 160조 원을 넘는대. 쉽게 말해, 한국 사람들이 미국 주식(S&P 500 같은)을 현재 160조 원 정도를 갖고 있다는 뜻이야. 미국의 S&P 500은 연평균 10% 상승하는 자산이고, 상승률 측면에서 서울 부동산보다 유리해.

어쩌면 사람들이 이를 깨달았을 수도 있어. 서울 부동산보다는 미국 주식이 유리하다는 것을. 그래서 돈이 여기로 움직이고 있는 과정일 수도 있는 거야. 그래서 앞으로 이 기조가 어떻게 변할지 지켜봐야 해. 앞으로 사람들이 자산을 서울 부동산에 저장하지 않고 미국 주식에 더 저장하려고 할 것인지, 그렇지 않을 것인지. 만약 사람들이 지금보다 미국 주식으로 더 많은 자산을 저장하게 된다면, 어쩌면 서울 부동산에 쏠려 있는 에너지를 분산시켜줄 수도 있어.

한국은행에 따르면, 서울의 주택시가총액은 2,300조 원 정도로 추정되는데, 이 2,300조 원 중에서 얼마의 돈이 미국 주식으로 들어가는지를 지켜봐야 한다는 거지. 그거에 따라서 서울 아파트로의 자산 쏠림 현상이 지속될지 약해질지가 결정될 거야.

만약 우리나라가 정말로 서울 집값을 잡고 싶다면 해외 주식 투자를 하는 사람들에게 굉장한 세금 혜택을 줘야 해. 한번 생각해봐. 지금은 해외 주식에 투자해서 이익이 나면 22.2%를 세금으로 내야 하는데, 이거를 전액 비과세로 해준다면 어떻게 될 것 같아?

아마 '서울 아파트 사느니 그 돈으로 차라리 S&P 500 사는 게 훨씬 낫겠는데?'라고 생각하는 사람들이 늘어날 거야. 그러면 서울 아파트로 집중된 자본이 미국 주식으로 분산될 여지가 커. 그래야 서울 아파트에 쌓이는 에너지가 줄어들고 가격 안정 요소로 작용할 여지가 있는 거지.

그렇게 되면 국민들이 달러 자산을 더 많이 보유하고 있게 될 테니 국익에도 도움이 되고 말이야. 즉, 사람들이 서울 아파트에다가 돈을 저장하지 않도록 유인책을 줘야 한다는 얘기인데, 그런데 이게 현실적으로 가능할지 생각해보면 나는 '아니다'라는 결론이 나와.

왜냐하면 해결해야 할 정치적 이해관계가 너무 복잡해. 부자 감세부터 시작해서 '왜 국내 주식을 장려하지 않고 해외 주식을 하도록 유도하냐'까지 엄청나게 많은 얘기들이 나올 거야. 그리고 결정적으로 이것은 정부의 이익에 반해.

앞으로 우리나라 정부는 더 많은 세금이 필요한데(초고령사회 진입으로 인한 복지 지출 확대), 이 상황에서 돈 번 사람들의 세금을 줄여주는 결정을 하기가 쉽지 않다는 거지. 오히려 감세는커녕 국내 주식 투자자들에게도 과세를 하려고 하는 움직임마저 나오고 있는 실정이야.

국내 주식 시장이든 해외 주식 시장이든, 어쨌든 부동산에서 돈이 빠져나와야 서울 아파트에 축적된 에너지가 빠질 텐데 말이야. 이런 점들을 고려해봤을 때, 나는 앞으로 유의미한 규모의 자본이 서울 아파트에서 빠져나올 것 같지가 않아. 물론 앞으로 시간이 지나봐야 알겠지만.

투기 세력이 집을 사는 두 번째 이유, 집값이 오를 거라고 생각하니까

한번 생각해보자. 앞으로 집값이 떨어질 거라고 생각하는데 집을 미리 사놓고 싶은 사람이 있을까? 지금 집값이 10억 원인데 이게 내년에 9억 원으로 떨어질 것 같으면, 이걸 미리 사놓고 싶은 사람이 있겠냐는 거야. 당연히 없겠지. 사자마자 1억을 손해 보는 건데 누가 사고 싶겠어.

그러면 그들은 왜 살까? 필요하지도 않은 집을 말이야. 뻔하지, 앞으로 가격이 오를 것 같으니까 사는 거야. 자기가 생각하기에 지금 집의 수요와 공급에 미스매치가 생겼고, 이게 앞으로의 가격에 영향을 줄 것이 명백하다고 보기 때문에, 그래서 가격이 더 오르기 전에 사람들이 미리 잡아놓는 거라고.

보는 시각에 따라서는 이게 잘못된 행위라고 볼 수도 있어. 근데 한 번 따져보자. 이게 정말 잘못된 행동일까?

자본주의 세상에서 돈은 언제나 수익이 날 것 같은 곳을 따라다녀. 그래서 어떤 것의 가격이 오를 것 같을 때 거기로 투자 수요가 들어오는 것은 너무 당연한 일이야. 주식이 오를 것 같으면 주식 투자하는 사람들이 많아지고, 금값이 오를 것 같으면 금을 사놓는 사람들이 많아지고, 심지어 기름이 필요하지 않아도 기름(원유)값이 오를 것 같으면 기름에다가 투자를 하는 사람들도 생겨나. 이게 자본주의 세상에서는 너무나 자연스러운 '투자' 활동이라는 거지.

그런데 집이라고 다를까? 다를 리가 없지. 필요하지도 않은 집을 사람들이 왜 사겠어? '가격이 오를 것 같으니까' 사는 거야. 이 수요를 근본적으로 막을 수가 있을까? 만약 이것을 막는다고 해보자. 무슨 일이 벌어질까?

"자, 앞으로 서울에서 집을 사는 사람은 반드시 실거주를 해야 합니다. 전세 끼고 집을 사는 행위는 금지됩니다"(토지거래허가구역 지정)라고 했다고 해보자.

그러면 무슨 일이 벌어질 것 같아?

이렇게 하면 이제 서울 아파트는 진짜로 돈 많은 사람들만 살 수 있는 자산이 되어버려. 실거주하면서 많은 대출 원리금 상환이 가능한 사람들, 즉 전문직이거나 돈이 많거나 아니면 뭔가를 물려받은 사람들 이런 사람들만 서울에 집을 살 수 있다고.

이게 뭔 얘기야? 빈부 격차가 더 커진다는 얘기야.

그때부터는 진짜로 서울 아파트는 '있는 사람들'의 전유물이 된다고. 돈이 부족한 상태에서 미리 사놓고 나중을 기약하는 플레이 자체를 할 수 없게 되기 때문에.

전세 끼고 집을 살 수 있으면 악착같이 돈을 모아서 서울 집을 사볼 생각이라도 할 수 있어. 그런데 이거 자체를 금지시켜버리면 '없는 사람들'은 서울 아파트를 가져볼 생각 자체를 할 수가 없게 돼.

서울 아파트를 사면 반드시 실거주를 해야 하니 이자가 감당될 만큼 대출금액을 줄여야 되는데, 이 말은 더 많은 돈을 모아야 집을 살 수 있다는 뜻이야. 근데 그만큼 돈을 모으면, 집값은 그거보다 더 많이 올라 있어. 즉, 끝나지 않는 도돌이표가 된다는 거야. 이건 어릴 때 우리가 경험한 거잖아.

그래서 사람들이 어떻게 하냐면 서울 외곽으로 가서 집을 사. 그러면 서울 외곽 지역 집값이 올라. 서울 외곽에 있는 경기도, 인천 이런 곳들. 당연히 그럴 수밖에 없지. 서울에 집을 못 사게 하면 그 사람들이 어디로 가겠어. 외곽으로 가서 집을 살 수밖에 없잖아.

그럼 또 문제가 뭐야? 외곽 지역마저도 가격이 오르니 '더 없는 사람들'은 거기서도 또 외곽으로 밀려나.

그리고 또 하나 중요한 것은 이거는 그렇게 막는다고 막아지지가 않는다는 거야. 아무리 막아도 사람들이 온갖 기상천외한 방법을 다 동원해서 집을 사. 친척이나 다른 사람의 명의를 빌려서 산다거나, 전입 신고만 해놓고 실제로는 다른 데서 사는 등 온갖 기상천외한 방법이 다 동원돼. 집을 사려는 수요를 못 막는다는 거지. '지금 놓치면 더 이상 집을 못 살 것 같다'라는 공포가 시장을 지배하기 때문에.

무슨 얘기냐면 자본주의 세상에서는 이 투자 수요를 억누르면 억누를수록, 시장은 교란되고 빈부 격차는 커진다는 얘기야. 그러면 이렇게 생각할 수도 있을 거야. '투자(투기) 수요들이 분명 집값을 올리는 데 한몫하고 있는 것은 맞잖아?'

맞아, 맞는 얘기야. 나는 지금 '집값을 잡으면 안 된다'라는 얘기를 하는 게 아니야. 집값을 잡는다고 하면서 쓰는 그 방법이 잘못됐다는 거지. 그 방법으로는 집값을 잡을 수 없다는 얘기. 자본주의 세상에서 그런 방법으로는 절대로 가격이 잡히지 않아. 시장에 보이지 않는 에너지만 계속 축적시킬 뿐이야.

수요를 억눌러 가격을 주춤하게 만든다고 해서 가격이 잡히는 게 아니고, 결국 어느 시점에서는 에너지가 폭발하게 되어 있어. 즉, 그 방법이 올바른 방법도, 가능한 방법도 아니라는 거지.

'그럼, 가격은 어떻게 하면 잡히는데?'라는 생각이 들 수도 있어. 집값을 잡는 방법은 있어. 자, 비유를 들어서 한번 설명해볼게. 우리 예전에 ×××(가수) 공연 보러 갔던 적 있지? 그때 엄청 힘들게 티케팅했었잖아. 예매 오픈한 지 몇 분도 안 돼서 매진됐던 그 공연.

기억하는지 모르겠지만, 그때 인터넷에 그 공연 암표가 엄청나게 많이 돌아다녔거든? 사람들이 표를 사놓고 자기는 안 보고 그걸 암표로 엄청 비싸게 팔더라고. 공연일이 다가올수록 인터넷에서 암표 가격은 더 올랐었고, 공연 당일에는 공연장 앞에서 엄청 비싸게 팔렸어. 잘못됐지, 그런 거. 꼴 보기 싫지, 그런 거.

근데 생각해보자. 그런 거 꼴 보기 싫다고 '암표 단속'을 열심히 하면 그 암표상들이 사라질까? 아니, 사라지지 않아. 더 숨어서 더 은밀하게 진행할 뿐이야. 그러면 이 암표상을 어떻게 없앨 수 있을까? 간단해. 이 암표상이 어떻게 하면 망할지를 생각해보면 돼. 이 암표상들은 어떨 때 망하나, 더 많은 표가 새로 풀리면 망해.

이게 무슨 소리냐, 원래 2만 석 공연장에서 공연할 계획이었다면, 이 공연을 5만 석 공연장에서 하면 된다는 뜻이야. 그래도 암표상이 생겨? 그러면 10만 석 공연장, 그래도 생기면 20만 석 공연장에서(현실성 없는 얘기이지만 이해를 돕기 위한 설명이다). 그러면 자연히 암표상은 망해서 사라지고 시장이 깨끗해지는 거지. 정상적으로 구할 수 있는 표가 10배 많아졌는데 누가 비싼 암표를 사겠어.

즉, 부족한 티켓의 숫자가 암표의 가격을 올리는 것이지, 암표상이 악덕해서 표 가격이 올라가는 게 아니라는 뜻이야. 티켓 수만 충분하면 아무리 암표상이 악덕해도 표 가격은 올라가지 않아. 자본주의 세상에서 가격은 이렇게 잡는 거야. 공급으로. 수요가 늘어? 그럼, 공급을 더 늘려서.

그런데 안타깝게도 우리나라는 보통 수요를 통제하는 방법으로 가격을 잡으려고 해. "암표상들 때문에 공연의 티켓값이 너무 올라서 못 살겠어요! 제발 티켓값 좀 잡아주세요!"라고 사람들이 하소연하면, 그 옆에다 어떤 이름 모를 인디밴드 공연을 새로 하나 열어놓고 "그 공연만 공연이 아니다. 옆에서 하는 이 인디밴드 공연도 재미있다. 이 공연을 봐라"라고 한다는 거지.

아니 나는 지금 BTS 공연을 보고 싶어서 BTS 공연 티켓을 구하고 있는데, 인디밴드 공연을 열어놓고 그거 보라고 하면 BTS 공연 티켓 가격이 떨어져? 나는 BTS 공연을 보고 싶다니까?

아쉽게도 지금까지 우리나라의 부동산 정책은 거의 항상 이런 식이었어. 사람들은 서울에 34평 아파트를 구하고 있는데, 저기 외곽에 작은 임대아파트를 지어놓고 거기 가서 살라고 한다거나, 공연 티켓을 사는 사람들(서울 아파트를 사는 사람들)한테 세금을 더 많이 내라고 한다거나, 공연 티켓을 아예 못 사게 한다거나. 항상 이런 식으로 접근했다는 거야. 이런다고 서울 아파트 가격이 잡히지도 않고, 이것이 가격을 잡는 본질도 아냐. 이렇게 해서는 가격이 잡히지도, 시장이 안정되지도 않아.

자, 그러면 서울 집값은 어떻게 잡아야 할까? 로직은 공연장이랑 똑같아. 서울에 아파트를 더 많이 지으면 돼. 그런데 내가 아까 서울에는 아파트를 더 지을 땅이 없다고 했잖아? 그러면 서울에 아파트를 더 많이 지을 방법을 찾아야지. 방법이 없다고 해서 인디밴드 공연을 보라는 것은(열어주는 것은) 방법이 아니라는 거야. 어떻게든 서울 안에 더 지을 방법을 찾아야 한다고.

그 방법이 뭐야? 재개발·재건축을 엄청 쉽게 해주는 거야. 대규모로 엄청 빠르게 사업이 진행될 수 있게 규제 같은 거를 다 풀어버리는 거, 이거 말고는 방법이 없어. 서울에는 더 지을 땅이 없기 때문에 기존 주택을 허물고 더 크고 높게 짓는 거 말고는 방법이 없는 거야. 그래서 어떻게든 최대한 빠르게 재개발·재건축 사업이 추진될 수 있도록 국가 차원에서 장려해야 돼. 그래야 서울에 공급이 늘어날 거 아니겠어?

재개발·재건축 사업이라는 게 이렇게 해줘도 빨리 될까 말까인데, 그런데 여기다가 재건축초과이익을 환수한다고 하면 일이 빠르게 진행이 되겠어? 안 그래도 한세월 걸리는데, 더 오래 걸리게 되는 거지. 그러면 서울에는 아파트들이 계속 부족하고 가격은 더 오르고, 악순환이 생기는 거야.

그래서 국가로서는 어쩔 수 없이 서울 외곽에다 신도시를 지으려고 할 수밖에 없어. 왜냐하면 서울 내에서는 원활하게 사업 진행이 안 되거든. 그래서 그거 말고는 진짜로 방법이 없거든. 그러면 서울 외곽에 아파트가 지어지기는 하겠지만 문제의 본질은 해결되지 않은 채로 계속 시간만 가. 서울에 에너지만 쌓이는 거야.

그러면 우리나라는 앞으로 어떤 방향으로 가게 될까? 이런 재개발·재건축을 빠르게 추진될 수 있도록 하는 게 현실적으로 가능할까? 나는 쉽지 않다고 봐. 이것 또한 정치적인 이해관계가 너무 복잡해. 왜 그러냐면 재개발·재건축을 빠르게 해준다는 얘기는 이미 그 위치에 집을 가지고 있는 사람들 돈 벌게 해준다는 뜻이야. 오래된 낡은 집 가지고 있는데 그게 갑자기 번쩍번쩍한 몇십 층짜리 아파트가 되면, 그 사람들은 갑자기 좋은 집을 받게 되는 거잖아.

그러면 갑자기 경제적 이득이 생기는 건데, 이게 국민 정서에 반해.

상당수의 사람들이 이 사람들이 금전적인 이득을 취하는 것을 원하지 않아. 그래서 국가 입장에서 그런 정책에 드라이브를 걸기가 어려워. 반대로 생각해야 되는데 우리나라는 그게 잘 안 되는 것 같아.

재개발·재건축이 진행되면 소유자들이 경제적 이득을 취하기는 하지만, 근데 거기가 재개발·재건축 되어서 더 많은 아파트들이 공급되면 서울 전체 집값을 하향 안정시키는 효과가 나타날 테고, 그러면 서울에 집을 필요로 하는 모든 사람들은 잠재적 수혜자가 돼.

그래서 이런 전체적인 득실을 따져서 정책을 추진해야 하는데, 문제는 이게 직관적으로 와닿지 않다 보니까 사람들이 선뜻 그 정책을 지지하기 어렵다는 거지. 왠지 있는 사람 편들어주는 것 같고, 투기꾼 돈 벌게 해주는 느낌이 나거든.

그런데 그게 싫으면 답은 정해져 있어. 서울에 이미 지어져 있는 아파트 가격은 계속 오를 수밖에 없는 거야. 아파트가 신규로 지어질 곳이 없으니 이미 서울에 있는 아파트는 공급이 제한된 투자 자산이 되어버리는 거지. 그러면 당연히 가격은 오를 수밖에 없고, 사람들은 더 비싼 가격에 서울 아파트를 살 수밖에 없어. 그래서 나는 이 문제를 풀기 어렵다고 봐. '그 사람들 돈을 벌게 해줘야 서울의 집값이 떨어진다'라고 사람들을 설득하는 게 어려우니까.

문제 5 : 가지고 있는 여러 채의 집을 모두 정리하고 가장 비싸고 좋은 집 한 채로 합치려는 수요가 생겨난다(똘똘한 한 채)

 지금 서울의 주택 문제를 해결하기 어려운 이유는 이 모든 원

인이 복합적으로 작용한다는 데 있어. 이건 지금 어느 한 가지만 해결한다고 해서 해결되는 상황이 아니야. 수도권으로 집중되는 일자리, 수도권으로 들어오려는 신규 수요, 결혼해서 신혼집을 구하려는 수요, 통화량과 임금 상승, 그 와중에 신규 주택 공급의 부족. 이런 모든 것들이 모두 복합적으로 작용해서 지금의 결과를 만들어냈다는 거지. 즉, 이 문제는 구조적으로 해결이 쉽지 않다는 얘기야.

그럼, 이 모든 문제를 한 번에 다 풀 수 없다면 가장 기본적이고 확실한 방법으로 문제를 풀려고 접근해야 하는데, 근데 우리나라는 좀 반대로 가는 경향이 있어. 가격을 낮추는 가장 확실한 방법은 공급을 늘리는 거야. 그런데 우리나라는 항상 수요를 억제하는 쪽으로 방향을 정해.

새로 집을 사려는 사람들에게 대출을 안 해준다거나, 실거주하지 않는 집은 매수를 못 하도록 한다거나, 아니면 이미 집을 가지고 있는 사람이 신규로 집을 사려고 할 때 세금을 세게 매겨서 사지 말라고 한다거나, 뭐 이런 식으로 수요를 억제하는 쪽으로 정책의 방향을 가져간다는 거지.

왜 그런지 이해는 돼. 집이 부족한 시점은 '지금'인데 지금부터 공급을 늘리려고 해도 최소 3~4년 이후에나 새 아파트에 입주가 되다 보니, 정부로서는 이 시차가 감당이 안 되어서 그러는 걸 거야. 집값이 오르고 있는 것도 '지금'이고 국민들이 아우성치고 있는 것도 '지금'이거든. 그래서 그런 수요 억제 정책이 계속 나오는 거야.

그런데 이렇게 언 발에 오줌 누기식으로 접근해서는 절대로 서울 집값을 잡을 수가 없어. 오히려 부작용만 낳고 에너지만 쌓여. 사람들이 똘똘한 한 채로 몰리는 현상도 대표적인 부작용 중 하나인데, 사람들이 왜 똘똘한 한 채로 가려는 걸까? 일단 답부터 얘기해주면 정부가 다주택자를 규제하기 때문이야.

자, 한번 생각해보자.

다주택자와 1주택자가 세금이 동일하다고 해볼게. 30억 원짜리 1채를 가지고 있으나 10억 원짜리 3채를 가지고 있으나 세금이 동일해. 그러면 어떤 게 유리하겠어? 상황마다 다르겠지만 10억짜리 집 3채를 가지고 있는 게 유리할 수도 있지 않겠어? 1채는 자기가 살고, 1채는 나중에 자식 결혼할 때 물려주고, 다른 1채는 노후에 팔아서 생활비로 쓴다거나 이런 식으로 쪼개서 쓸 수가 있잖아.

그런데 만약 세금이 다르다면 어떨까? 다주택자에게는 세금을 훨씬 더 많이 매긴다면 말이야. 보유세도 높고, 취득세도 높고, 양도세도 다 높아. 그러면 어떻게 되냐면 다주택을 정리하고 1주택 상태를 유지하는 게 합리적이라는 계산이 나와. 그게 세금이 제일 싸니까. 즉, 2채를 팔아야 한다는 거지.

그러면 그 2채를 팔아서 남은 돈으로 뭐 할 거야? 예금 가입할 거야? 아니잖아. 그래서 사람들이 자기가 가지고 있는 모든 집을 팔고, 자기 수준에서 살 수 있는 가장 똘똘한 아파트로 몰아버린다고.

어디에? 앞에서 얘기했던 사람들이 선호하는 동네에. 그러면 그 동네 집값이 오르겠지? 그런데 내가 아까 뭐랬지? 상급지가 오르면 하급지도 시차를 두고 점점 가격이 따라 올라간다고 했지. 즉, 다주택자를 규제한다고 해서 가격이 잡히는 게 아니라는 얘기야. 일시적으로는 잡히는 것처럼 보일 수는 있겠지. 그런데 그것은 가격이 잡힌 게 아니라 에너지가 쌓이고 있는 거라고 봐야 해. 그 에너지는 결국 넘쳐 흘러나올 수밖에 없어.

그리고 다주택자 규제는 또 다른 문제를 불러오는데, 자 한번 생각해봐. 서울에 사는 모든 사람이 1주택자라고 해보자.

그럼, 전셋집은 누가 내놔? 내가 지금 살고 있는 집을 전세 주고, 나는 지방으로 전세나 월세로 들어가라는 얘기야? 이게 말이 안 되는 얘기잖아. 그래서 다주택자를 규제하면 무슨 문제가 생기냐면 서울에 전세 물건이 줄어.

그런데 내가 아까 전세 매물은 무슨 역할을 한다고 했지? 집을 사려는 수요를 가라앉히는 역할을 한다고 했지. 그럼, 전세 매물이 줄면 어떻게 되는 거야? 서울에 살려면 반드시 집을 사야 한다는 얘기가 돼(전셋집을 구할 수 없으므로). 즉, 다주택자 규제는 서울의 집 부족 현상을 악화시킨다고.

그럼, 서울 집값이 오르지? 그러면 비싸서 서울 집을 못 산 사람은 어떻게 해? 점점 외곽으로 밀려나서 집을 살 수밖에 없어. 그러면 외곽 지역도 오르는 거야. 즉, 수요를 억제하는 정책은 보기에는 그럴싸해 보이지만 실제 현실에서는 정반대의 결과가 나온다고.

아쉽게도 우리나라는 집값이 오르면 이런 정책이 계속 나와서 상황을 더 악화시켜. 이거는 진보 정부, 보수 정부의 차원을 넘어서는 얘기야. 보수 정치인들조차도 이런 정책들을 써. 안타깝지. 왜 그런 정책을 계속 꺼내는지 이해는 되지만(방법이 없으니), 그게 해결 방법이 아닌 것은 명확한데 말이야.

물론 정부가 공급 정책을 쓰지 않는 것은 아니야. 서울시든 정부든,

다 나름의 공급 정책이 있어. 근데 문제는 그 공급 정책들이 시장에 유의미한 영향을 줄 수 없는 정책이라는 데 있어. 정부에서 추진 중인 대부분의 공급 정책은 임대 주택 공급에 초점이 맞춰져 있어.

물론 당연히 임대 주택을 공급해야지. 어려운 사람들에게 괜찮은 주거 여건을 마련해주는 것은 정부가 당연히 해야 할 일이야. 그런데 이걸 부동산 정책이라고 볼 수는 없지. 굳이 표현하면 이런 정책은 '복지 정책'에 가까워. 이런 공급을 아무리 많이 한다 한들 서울 아파트 가격은 잡히지 않아.

아까 얘기했잖아. 사람들이 보고 싶어 하는 것은 BTS 공연인데, 그 옆에다가 아무리 인디밴드 공연을 열어봐야 BTS 공연 암표 값 안 잡힌다고. 문화생활을 할 기회가 거의 없었던 사람들에게는 그 정책이 크게 도움이 될 수는 있겠지만, 인디밴드 공연을 연다고 해서 BTS 공연을 보고 싶어 하던 사람이 그 인디밴드 공연 보러 가지는 않는다는 얘기야.

그래서 이 방향이 바뀔 여지가 있느냐? 앞으로 수요 억제보다는 공급 확대 중심으로 정책 방향이 펼쳐질 것 같으냐? 나는 솔직히 여기에 좀 많이 회의적이야. 앞으로도 수요 억제를 중심으로 정책이 펼쳐질 가능성이 높다고 보여.

왜 그러냐면 시장을 정상으로 돌리려면 수요 억제 정책을 일시에 모두 풀어야 하는데, 갑자기 해제해버리면 그동안 억제 정책으로 인해 쌓여 있던 에너지가 한꺼번에 폭발할 가능성이 높거든. 정치인들로서는 이게 부담이 되는 거야. 그 사람들도 자기 임기 때 집값이 올랐다는 얘기를 듣기 싫을 거거든.

시장을 정상으로 돌리려면 어차피 일시에 모두 풀어야 하는데, 아무도 그 선택을 하지 못할 것 같아. 이거 푸는 순간 그동안 축적됐던 에너지가 터지면서 가격을 한번은 치솟게 만들 거거든.

문제 6 : 상급지의 집값이 더 올라간다

서울의 집값이 오르고, 그중에서도 서울 내에 있는 상급지 집값이 계속 오르는 것은 거의 구조적인 문제야. 내가 이 구조적이라는 말을 쓰는 이유는 뭐냐면 '가격이 오르는 것을 막을 수 없다. 받아들여야 한다'라는 의미야.

우리나라 산업 구조상 앞으로도 수도권 집중화 경향은 더 심해질 수밖에 없고, 서울의 아파트 부족 문제는 계속 누적되면 누적이 됐지, 해결하기 힘들어. 이 와중에 통화량은 매년 늘고 있어. 통화량이 늘어난다는 얘기는 그 늘어난 돈을 누군가는 가져간다는 얘기고, 그 과정에서 누군가는 부자가 된다는 소리야.

그러면 그 부자들은 자기가 번 돈을 어딘가에는 저장을 해야 해. 그들이 그걸 어디에다가 저장해? 맞아, 그들이 저장하는 장소가 서울 아파트인 거야. 서울 주요 입지의 아파트.

이걸 구조적으로 막을 수 있어? 돈을 많이 번 사람들이, 그들이 번 돈을 가지고 강남에 가서 집 사는 걸 막을 수 있냐는 얘기야. 더 좋은 곳에서 살고 싶다는 것은 인간의 욕망이라서, 이건 막는다고 막아지지가 않아. 누른다고 막아지는 게 아니라 누르면 욕망을 더 강화시킬 뿐이야.

'아… 거기로 가고 싶다.'

대출을 안 해주면 되지 않냐고? 이미 100억 원짜리 집을 대출 없이 현금으로 한 방에 사는 사람들도 있는데 그게 무슨 소용이겠어. 그러면 대출 없이 집을 살 수 있는 사람들만 집을 살 수 있게 돼. 잠시 수요를 없앨 수는 있겠지. 근데 그건 수요를 억누를 뿐인 거지 문제를 해결한 게 아니야. 그래 봐야 빈부 격차만 심해져. 사람을 집을 살 수 있는 사람과 살 수 없는 사람으로 나눌 뿐이라고.

실제로 그런 대책이 많이 나와. 몇억 원 이상 집은 대출 금지, 이런 거. 그러면 그 수요를 억지로 다른 하급지로 몰아넣을 뿐이야. 15억 원 이상 집에 대출을 금지하면 10억 원짜리에 수요가 몰려서 10억 원짜리가 오른다고. 그러다가 10억 원짜리가 12~13억 원이 되면, 15억 원짜리가 다시 올라. 왜? 하급지를 13억 원에 판 사람이 돈을 벌었잖아. 그 돈 가지고 어디로 가겠어. 위로 올라가겠지. 즉, 대출을 막으면 시장만 교란되고 빈부 격차만 커질 뿐이라는 거지. 잠시 잡히는 것처럼 보이지만, 그런 걸로는 시장의 에너지를 막을 수 없다는 얘기야. 그 에너지는 어디론가 새어 나온다고.

그렇다고 법으로 못 사게 막아? 자유 민주주의 사회에서 그게 가능한 일이야? 불가능해.

그러면 보유세를 높이면 되지 않냐고? 방금 얘기했잖아. 그렇게 하면 부작용(역효과)만 심해진다고. 예를 들어 강남 아파트의 보유세를 높인다고 해보자. 극단적으로 50억 원짜리 집을 가지고 있으려면 1년에 보유세로 매년 1억 원을 내야 한다고 해볼게.

그럼 어떻게 될까? 뭘 어떻게 돼, 그러면 매년 1억 원씩 세금으로 낼 수 있는 고소득자들이나 부자들만 강남에 살 수 있게 되는 거야. 그때부터 강남은 연봉 2억 원을 받아도 살기 빠듯한 동네가 된다고. 이게 무슨 얘기냐면 빈부 격차가 극도로 심해질 거라는 얘기야. 강남은 1년에 1억 원씩 세금을 낼 수 있는 진짜 부자들만 사는 동네가 된다고. 보이지 않는 어떤 성벽이 강남 주변으로 쳐진다는 거지.

몇 년 전에 이런 문구를 봤어. '집값을 잡는다며 다주택자를 규제하고 세금을 높이니, 강남이 더 강남다워졌다.' 참 씁쓸한 말이지만 어쩌겠어, 이게 현실인걸. 이게 옳은 일인지 그른 일인지에 대한 가치 판단은 보류한다 하더라도, 수요 억제 위주의 정책을 펴면 시장에서는 이런 영향이 나타난다는 것은 너무 명백해. 이건 이미 연구가 다 끝난 일이야. 학문적으로 이미 결론이 났다고.

수요를 억제하는 방향으로는 사람들이 서울 아파트를 사는 것을 막을 수 없어. 즉, 서울의 아파트 가격이 오른다는 것을 상수로 두고, 거품이 생기지 않도록 최대한 관리하는 방향으로 가야 한다는 뜻이야. 부자들이 부동산으로 돈을 싸 들고 오지 않도록, 아까 얘기했던 미국 주식이나 다른 투자 자산을 더 매력적으로 만들어줘야 해.

그렇지 않고, 집값이 오른다고 섣부르게 예전처럼 규제나 수요 억제 위주로 대응한다면, 아마 앞으로도 서울 아파트 가격은 잡을 수 없을 거야. 다주택을 억제하고, 세금을 올리고, 재개발·재건축을 막는데 어떻게 서울의 아파트 가격이 떨어지겠어. 이건 그냥 앞뒤가 안 맞는 얘기야.

재개발·재건축 규제를 한 번에 다 풀어버리고, 어떻게든 서울 안에 주택 공급을 늘릴 방법을 찾아야 해. 안 그러면 서울 아파트 가격이 폭등하는 현상이 주기적으로 나타날 거야. 응축됐던 에너지가 한 번씩 터져 나오고 해소되는 이런 과정이 반복될 거라는 거야.

자, 들어보니 어때? 앞으로 서울 아파트 가격, 떨어질 것 같아?

쉽지 않아 보이는데.

그렇지? 나도 그렇게 생각해. 왜 그러냐면 이건 사람들이 생각을 바꿔야 하기 때문에 그래. 집값이 오르면 정부로서는 남 탓을 해버리면 쉬워. "다주택자 때문이다, 투기꾼들 때문이다, 건설사가 문제다." 그런데 그들 때문에 집값이 오르는 게 아냐. 집값이 오르는 가장 근본적인 이유는 수요 대비 공급이 부족하기 때문이야.

그런데 문제는 사람들이 정말로 다주택자 때문에 집값이 오른다고 믿고 있고, 투기꾼들 때문에 집값이 오른다고 믿고 있다는 거야. 왜냐하면 이 말이 너무 직관적으로 와닿기 때문에 그래.

'집값이 잡힌 것'과 '집값이 억눌려 있는 것'은 다른 의미야. 아무리 수요를 억누른다 한들 공급을 늘리는 쪽으로 접근하지 않으면, 집값은 잡히지 않아.

그런데 공급은 그 투기꾼이나 다주택자들이 있어야 늘릴 수 있어. 집을 지으면 열심히 사주는 투기꾼(?)들이 있어야 건설사가 마음 놓고 집을 지을 수 있고(공급 확대), 투기꾼들이 있어야 임대 놓는 사람들이 늘어 집을 사려는 수요를 임대 수요로 유도할 수 있어.

근데 이걸 처음부터 이해시키려면 너무 많은 노력이 들어가야 하고, 정치 성향에 따라 이해관계가 너무 극심하게 대립되어 있어서 사람들의 이 생각을 바꾸기가 너무 어려워. 그래서 나는 이런 기조가 앞으로도 바뀌기 어렵다고 생각해. 쉽게 해결될 사회적 현상이 아니라

는 얘기야. 그러면 이게 무슨 뜻이야? '서울 아파트 가격은 못 잡는다'
는 뜻이야. 나는 결론이 그렇게 나.

누군가는 이 얘기를 정치적인 내용으로 받아들일 수도 있어. 근데 그
러면 안 돼. 나는 일반론을 얘기한 거고, 철저하게 '서울 아파트 가격
이 왜 오르는지'에 대해 얘기한 거야. 문제 해결의 시작은 정확한 상
황 판단에서부터 나오는데, 현재 일어나고 있는 상황을 부정한다고
해서 해결책이 생기지는 않아.

우리는 정치인이 아니잖아? 우리가 현재 나타나고 있는 현상을 굳이
부정하고 말고 할 필요가 없다는 거지. 우리가 해야 할 일은 상황이
어떻게 흘러가는지 보고 앞으로 내가 어떤 포지션을 잡을지 결정하
는 거야. 그래서 이런 얘기들을 하는 거야.

아니다,
서울 아파트 가격은 곧 하락할 것이다!

어쩌면 이런 반박이 있을 수도 있어. "출산율이 떨어져 앞으로
는 집이 필요한 인구가 감소할 것이다. 그래서 수요 감소로 인해 집값
이 하락할 것이다."

사실 이건 굉장히 일리 있는 주장이야. 인구가 감소한다는 것은 집
을 사려는 수요층 자체가 줄어든다는 얘기거든. 우리나라의 출생아
수는 2000년대 중반부터 2015년까지 45만 명 정도를 유지했는데,
2016년부터 이 수치가 급감하기 시작해. 2017년에는 40만 명이 처음

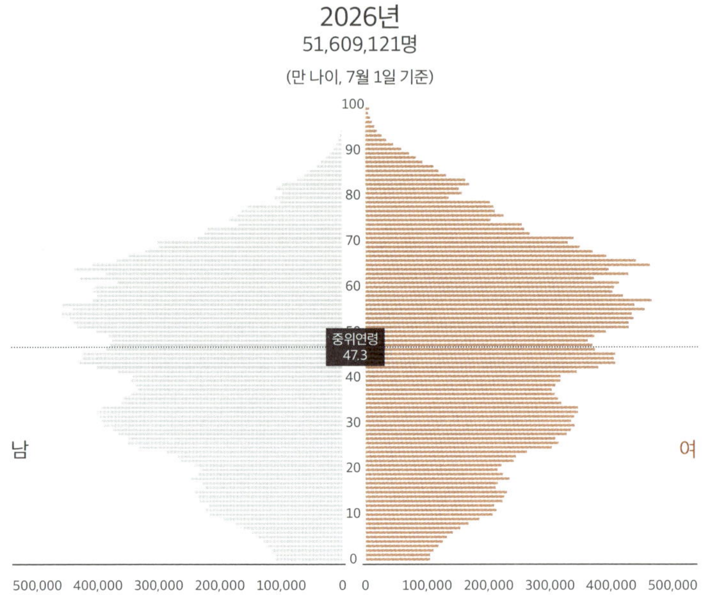

출처 : "인구로 보는 대한민국", 국가데이터처

으로 깨졌고, 그 이후로 줄곧 감소하기만 했어. 2019년에는 30만 명이 깨지고, 지금은 한 해 25만 명도 태어나지 않아. 집을 살 수 있는 잠재 수요층이 30~40세 정도라고 보면, 그래서 2045년부터는 확실히 집을 구매할 수요층이 엄청나게 감소할 수 있다는 거지.

즉, 이러한 점을 감안해보면 앞으로 서울 부동산 수요가 감소할 것이라는 생각이 나름 합리적인 생각이라는 거야. 그런데 이걸 반대로도 생각해봐야 해. 이 요소는 필연적으로 수요를 수도권으로 더 몰리게 할 수도 있는 요소야.

왜 그럴까? 한번 생각해보자. 인구가 감소하면 어디부터 타격을 받기 시작할까? 서울부터 타격을 받을까? 아니지, 인구가 감소하면 지방부터 타격을 받기 시작할 거야. 수도권은 아직 일자리가 탄탄하기 때문에 일자리 감소가 심각한 지방부터 서서히 타격을 받는다는 얘기야. 지방부터 인구가 감소할 거라고.

그런데 인구가 감소하면 그 지역 사회가 유지될 수가 없어. 일자리가 사라지면 젊은 사람들이 떠나. 젊은 사람들이 떠나면 그 지역에 아이가 없어져. 그러면 어린이집부터 문을 닫고, 유치원이 문을 닫고, 소아청소년과가 문을 닫고, 학교가 문을 닫고, 학원이 문을 닫아. 주소비층이 사라졌으니 장사가 안될 거고, 그래서 점점 상권이 축소될 거야. 그러다 보면 결국 있던 사람들마저 떠날 수밖에 없어. 그 지역에서 살 수가 없기 때문에. 그래서 지방 소도시는 점점 유령 도시가 될 가능성이 매우 높아. (실제로 현재 일본의 지방 도시가 그렇다.)

그러면 사람들은 점점 더 대도시로 거주 지역을 옮기려고 할 거야. 왜냐하면 원래 살던 지역에서는 생활이 안 되기 때문에 편의 시설 가까운 곳으로, 병원 가까운 곳으로, 학교 가까운 곳으로 갈 수밖에 없다는 거지. 그래서 서울이나 수도권 주요 지역에 있는 아파트들은 수요가 더 몰릴 수밖에 없어.

즉, 전체 인구가 줄어든다 하더라도 수도권으로의 이주를 희망하는 사람이 늘어나 그 줄어든 인구를 상쇄할 거라는 거야. 그래서 서울에 집을 살 인구가 줄어드는 것은 지방 도시들이 거의 쇠퇴하고 난 이후의 일일 가능성이 커.

물론 이렇게 얘기할 수도 있을 거야. "그래도 인구가 계속 줄어들면 결국 서울도 인구가 줄어들 거고, 그럼 서울의 집값도 떨어지는 것 아니냐?"고.

이것도 일리 있는 얘기야. 그럼에도 불구하고 나는 서울의 '아파트'는 앞으로도 수요가 탄탄할 거라고 봐. 특히 사람들이 선호할 만한 지역에 있는 아파트들. 앞으로 집을 살 수요층을 한번 생각해봐. 누가 집을 사게 될까? 아마 30~40대가 가장 적극적으로 집을 사려고 할 가능성이 크겠지? 출생 연도로 보면 1980년대 이후에 태어난 사람들이 앞으로 주요 주택 구매층일 거라는 얘기야(1980~1990년대생).

그런데 이 시기는 우리나라가 본격적으로 아파트를 건설하기 시작한 시기와 맞물려(우리나라는 1980년대부터 본격적으로 아파트를 건설하기 시작함). 이게 무슨 말이냐면 앞으로 집을 사는 사람들의 인식에서 '집'은 '아파트'를 의미할 가능성이 매우 높다는 뜻이야.

생각해봐. 태어나서 지금까지 줄곧 살던 집이 아파트야. 어린 시절부터 지금까지 평생을 아파트에서만 살았다고. 그런데 그런 사람이 갑자기 단독주택을 살까? 평생을 주택이 아니라 아파트에서만 살아본 사람이 본인의 보금자리를 마련할 때 주택을 선택하겠냐고. 그 사람들 머릿속에는 집이라는 것이 그냥 아파트이기 때문에 그런 선택을 하기가 쉽지 않다는 거지. 돈이 없어서 아파트에 못 살 수는 있어도, 돈이 있다면 언제나 아파트를 1순위로 고려할 거라는 거야.

그래서 나는 앞으로도 집을 사는 수요가 아파트로 더 몰릴 거라고 보는 거야. 다른 주거 형태는 내가 모르겠어. 그런데 서울의 아파트만큼은 앞으로도 수요가 탄탄할 가능성이 커.

그러면 서울에 있는 '아파트'를 사기만 하면 되는 걸까? 무조건 그렇다고 얘기할 수는 없어. 아파트들이 노후화되고 있어서 그래. 1980년

대부터 본격적으로 지어진 아파트들이 이제는 30년 이상 되었고, 그래서 어느 시점에서는 재건축을 해야 하는데, 그런데 문제는 모든 아파트가 재건축이 가능하지 않다는 데 있어.

왜 모든 아파트가 가능하지 않냐면 사업성이 나오지 않는 아파트들이 재건축을 하려면 추가 분담금을 내야 하기 때문에 그래. 옛날에는 재건축을 할 때 아파트 소유자가 돈을 안 내고도 재건축이 가능했어. 추가 분담금 없이도 새 아파트를 받을 수 있었다는 얘기야.

5층짜리에다 대단지 아파트였고, 그래서 대지 지분이 커서 이걸 30층, 40층으로 지어 올리면 내가 돈을 따로 더 내지 않더라도 충분히 새 아파트를 받을 수 있었다는 거지.

그런데 사업성이 좋은 그런 노후 아파트들은 이미 대부분 재건축이 되었어. 지금부터 재건축해야 하는 아파트들은 거의 대부분 추가 분담금을 내야만 하는 상황이야.

문제는 사업성이 나오지 않는 노후 아파트에 거주하는 소유자들이 이 추가 분담금을 낼 여력이 안 된다는 거야. 이게 문제야. 여유가 있는 사람은 추가 분담금을 낼 수 있겠지만, 그 단지 안에는 추가 분담금을 낼 여력이 없는 사람들도 같이 있어. 이게 재건축을 막는 요소로 작용한다는 거야. 보통 집값이 비싸지 않은 동네에서 이런 일이 발생하는데, 그럴 수밖에 없는 게 이런 동네에서는 보통 추가 분담금을 내면 옆에 있는 신축 아파트 가격을 넘어버리는 현상이 벌어져.

예를 들어 내가 지금 살고 있는 집이 5억 원인데, 재건축하면 내가 추가로 내야 할 돈이 3억 원이야. 그럼, 재건축이 됐을 때 이 집 가격이 최소 8억 원은 되어야 본전이라는 소리잖아? 그런데 웬걸, 바로 옆에 있는 신축 아파트 가격이 얼마인지를 보니 그게 8억 원이 안 되는 거야. 그럼, 이 집이 새로 재건축되어도 8억 원이 넘을지에 대해 확신을 할 수 없다는 건데, 그런데 어떻게 일을 추진하냐고. 그러다 보니 그 안에 있는 조합원들 사이에서도 의견이 갈려.

"우리 재건축 합시다! 우리도 새 아파트 살면 좋잖아요!"라고 해도, "나는 돈 못 낸다! 여기서 그냥 계속 살란다!"라고 한다는 거지. 이 의견을 일치시키는 게 쉽지 않아. 이런 상황에서 재건축이 쉽게 되겠어? 그래서 진행되기가 어렵다는 거야.

그런데 재건축이 안 되면 어떻게 되겠어? 아파트는 더 노후화되고 더 슬럼화될 것이 뻔해. 그래서 아파트라 하더라도 이런 아파트(노후됐는데 재건축이 가능하지 않은 아파트)라면 오히려 가격이 떨어질 가능성이 높아. 재건축이 가능하지 않은 노후 아파트는 매년 감가상각이 되는 상품일 뿐이거든(재건축이 가능하지 않은 아파트 : 높은 층수, 적은 대지 면적, 소유자들의 낮은 추가 분담금 감당 여력 등으로 사업성이 나오지 않는 아파트).

즉, 같은 서울에 있다 하더라도 재건축이 가능하냐 아니냐에 따라 앞으로의 가격 흐름이 다르게 나타날 거라는 거야. 서울에도 가격이 떨어지는 아파트가 있고 오르는 아파트가 있을 거라고. 그러면 이게 무슨 말이야? 양극화가 더 심해질 거라는 뜻이야. 싼 집은 싸지만 사람들이 찾지 않고, 비싼 집은 비싸지만, 사람들이 계속 찾아서 더 비싸지는 현상이 계속 나올 거라고. 어쩌면 지표상으로는 서

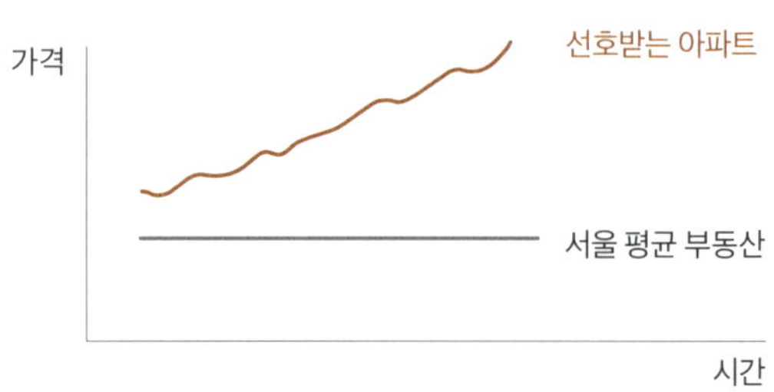

울 아파트(전체 평균)의 가격이 크게 오르지 않는다고 나올 수도 있어. 그렇지만 그 안에서는 분명 평균 이상의 가격 상승을 보이는 아파트들이 엄청 많이 나올 거야. 서울 부동산의 평균 가격은 오르지 않더라도 새 아파트나 새 아파트가 될 아파트들의 가격은 계속 올라갈 거라는 뜻이야.

그래프가 458쪽과 같이 될 거라고. 이건 내가 어떤 예지력이 있어서 하는 얘기가 아니야. 이 현상은 이미 일본에서 일어나고 있는 일이야. 사람들은 일본의 집값이 안 비싸다고 생각하지만, 그거 잘못된 정보야. 우리나라 언론이나 뉴스에서는 "일본 부동산은 가격이 오르지 않는다. 일본은 집값이 싸다"라고 얘기하고, 우리는 그걸 곧이곧대로 믿고 있지만, 실제로는 아니라고.

일본의 타워맨션

출처 : www.realestate-tokyo.com

일본의 집값도 비싸. 일본에서 가격이 싼 집들은 노후된 단독주택이거나 맨션(우리로 치면 빌라) 같은 집들이야. 사람들이 선호하는 도쿄 주요 지역에 있는 타워맨션(우리로 치면 주상복합아파트)들은 가격이 엄청나게 비싸. 도쿄 중심부에 있는 방 3개짜리 74제곱미터 정도 되는 타워맨션이 우리 돈으로 40억 원 정도 해.

우리로 치면 30평도 안 되는 집이 40억 원이 넘는다고. 이걸 싸다고 얘기할 수 있어? 방 2개짜리 28평 집이 70억 원이 넘는 것도 있고, 그보다 더 넓은 집은 100억 원, 200억 원이 넘기도 해.

뉴스에 나오는 대로 일본에는 100만 원에도 안 팔리는 싼 집들도 있지만, 도쿄에 있는 인기 있는 집(타워맨션)은 100억 원이 넘는다고. 즉, 일본은 부동산 버블이 꺼져서, 집값이 싸다고 얘기하는 건 맞지 않는 얘기라는 거지. 나는 이 현상이 앞으로 우리나라에도 나타날 거라고 봐.

사람들이 몰리는 인기 지역에 있는 '아파트'들은 앞으로도 더 비싸질 가능성이 높고, 비싸져도 수요가 계속 몰릴 가능성이 높아. 인구가 감소해 집을 사려는 전체 수요가 줄어도, 서울 인기 지역의 아파트들은 더 비싸질 거라는 뜻이야. 신축 아파트는 특히나 그럴 거고, 구축 아파트라 하더라도 가격이 올라갈 가능성이 높아. 이러한 지역에 있는 아파트들은 소음이 있더라도 결국 재건축이 될 거거든. 시간의 문제이지 재건축이 되냐 안 되냐의 문제가 아니라는 거지.

그래서 이런 지역에 있는 구축 아파트들도 가격이 같이 올라갈 가능성이 높다는 거야. 노후 아파트가 비싸도 사람들이 그 돈을 주고 사는 이유는 '조만간 새 아파트가 될 거라는 기대'가 있기 때문이야. 지금은 불편하지만 '곧' 신축 아파트가 될 것이기 때문에 그 가격을 유지하는 거라고. 그래서 이런 기대가 있는 아파트들은 신축 아파트 가격과 비슷하게 상승할 가능성이 높아.

반면, 땅값이 저렴한 동네에 있는 재건축이 가능하지 않은 아파트, 재개발이 되지 않는 동네의 노후 주택과 빌라는 가격이 오르지 않을 가능성이 높아. 앞으로 집을 구매할 MZ세대들이 그 노후된 아파트를 원하지 않을 것이기 때문에.

그래서 결론적으로 보면 같은 부동산이라는 상품이지만 모두 같은 투자 가치를 갖는 게 아니라는 거고, 서울에 있는 아파트라 하더라도 사람들이 선호하는 신축 아파트이거나 신축이 될 아파트가 아니라면 외면받게 될 거라는 결론이 나와. 지금까지 했던 얘기를 종합해 보면 이렇게 얘기할 수 있어.

서울의 부동산 가격은 앞으로도 우상향할 것이다. 그러나 이는 서울의 모든 부동산 가격이 상승한다는 것이 아니라 수요가 집중되는 부동산의 가격이 상승한다는 것을 의미한다. 수요가 집중되는 부동산이라 함은 '사람들이 선호하는 동네의 부동산'을 말하며, 그중에서도 특히 '아파트'를 지칭한다.

그래서 서울의 이런 동네에 있는 아파트는 앞으로도 수요가 지속적으로 유지될 것이다. 특히 이런 지역에 있는 신축 아파트나 곧 신축이 될 아파트는 가격이 더 크게 상승할 가능성이 높다.

더욱이 가격의 상승은 자산 저장 수단으로서의 매력을 증가시켜 수요를 더욱 증가시키는 요인으로 작용할 것으로 예상되고, 이는 이런 아파트의 가격이 일반인이 더 이상 범접할 수 없는 수준까지 올라갈 가능성이 매우 높다는 것을 의미한다.

반면, 재개발·재건축이 이뤄질 가능성이 현저히 낮은 부동산의 경우 시간이 갈수록 점점 더 노후화될 것이고 이는 사람들을 그 동네에서 떠나게 만들 것이다. 이는 그 동네의 부동산 가격을 점차 떨어뜨릴 것이다. 즉, 서울 내에서도 부동산의 양극화가 심화될 것이고, 이는 곧 빈부 격차가 더 확대된다는 의미이다.

이게 종합적인 내 결론이야. 이 얘기는 곧 서울에서 사람들이 선호하는 동네에 있는 아파트는 앞으로도 이렇게 가격이 오를 거라는 얘기야. 이런 아파트들은 통화량이 증가하는 것 이상으로 가격이 올라간다는 얘기지. 즉, 이것을 가지고 있으면 알아서 재테크가 된다는 뜻이 돼. 그런데 말이야, 문제가 있어. 이런 동네에 있는 아파트들은 이미 비싸서 살 수 없다는 게 문제야. 좀 괜찮다는 동네에 있는 신축 아파트나 재건축을 추진하는 아파트는 이미 너무 비싸. 84제곱(34평) 기준으로 대부분 20억 원을 넘어. 상급지로 가면 30억 원, 40억 원씩 하고. 그래서 이 내용을 알고 있냐 모르고 있냐를 넘어서는 또 다른 문제가 생겨버려. '좋은 건 알겠는데, 그런데 내가 이걸 살 수는 있는 건지?'에 대한 문제.

🧑‍🦰 　맞아, 내 생각도 그래.

그런 아파트들 좋은 거 누가 몰라? 근데 그거 좋은 거 안다고 사람들이 살 수가 있냐는 거지. 에르메스 가방 좋은 거 알아도, 포르쉐 좋은 거 알아도 그걸 못 사는 거지 안 사는 게 아니잖아.

🧑　맞아. 우리에게는 어쩌면 그게 더 중요한 얘기일지 몰라. 그래서 11장에서는 이런 부분에 대한 이야기를 할 거야.

서울 아파트 좋은 거 알고 비싸질 거 알지만, 돈이 없는데 그걸 어떻게 사라는 건지, 그리고 내가 그거를 꼭 사야만 하는지, 사는 것에는 어떤 장점이 있고, 사지 않는 것에는 어떤 단점이 있는지, 사지 않는다면 그것을 어떻게 극복해야 하는지 이런 것들에 대해서 이야기할 거야.

자, 8장은 이쯤에서 마무리하자고. 결론은 뭐다? "서울 아파트(주요 지역)는 화폐 가치 하락을 방어해주는, 방전되지 않는 배터리다!"

무주택자이던 시절, 우리는 종종 서울의 집값을 검색해보곤 했다. 과장을 조금 보태면 그때는 검색할 때마다 거의 매번 가격이 올라 있었던 것 같다. 그럴 때마다 이상한 감정이 밀려왔다.

'도대체 왜 이렇게 비싸지?'

'이 가격을 정말 누군가는 감당할 수 있는 걸까?'

그리고 더 무서웠던 생각.

'혹시 오늘 안 사면 다시는 못 사게 되는 거 아닐까?'

당시에는 그 감정의 정체를 알지 못했다. 그저 막연한 불안, 어딘지 모를 조급함이라고만 여겼다. 하지만 지금 돌이켜보니 그 감정은 단순히 숫자 앞에서 느낀 좌절이나 불안이 아니라 사회적 경쟁에서 밀려날지도 모른다는 두려움이었던 것 같다. 이것이 서울 아파트에 대한 나의 오래된 기억이다.

서울의 집값이 너무 비싸다 보니 결국 많은 친구들이 서울 외곽으로 눈을 돌렸다. 그들로서는 어쩔 수 없는 선택이었을 것이다. 서울에서는 전세를 구하기도 쉽지 않고, 어쨌든 가족들과 함께 살아갈 공간은 필요했을 테니까.

그리고 몇 년이 흐르자, 그 '어쩔 수 없었던 선택'이 친구들 사이에서 자산 격차라는 결과를 만들어내기 시작했다. 서울에 집을 산 친구와 그렇지 못한 친구, 그 사이에 생겨버린 자산의 격차. 이 한 번의 선택이 시간이 지나며 삶의 방향을 갈라놓기 시작한 것이다.

서울에 집을 산 친구들은 "그때는 정말 무리해서 샀다고 생각했지만 그래도 이제 와서 보니 엄청 잘한 선택이었다"라고 말했고, 서울에 집을 사지 못했던 친구들은 몇 년 전의 나처럼 다시 조급해하고 불안해하며, '지금이라도 뭔가 해야 하나' 하는 고민을 하고 있는 모습이었다.

그리고 오늘 남편의 설명을 들으면서, 그 격차가 앞으로 더 커질 수도 있겠다는 생각이 들었다. 단 한 번의 선택이 앞으로 10년, 20년 뒤의 자산 상태를 완전히 바꿔버릴 수 있다는 사실. 남편이 설명하는 내용을 듣는 내내 그 생각이 머릿속에서 떠나질 않았다.

지금도 뉴스에서는 '서울 집값 상승률이 심상치 않다'는 얘기가 흘러나오고 있다. 기자는 말한다. "2025년 초 강남에서 시작된 집값 상승이 이제는 서울 전역으로 확산될 조짐을 보이고 있다"라고. 그리고 이번 상승세가 어디까지 확산될지, 언제 멈출 수 있을지 누구도 예측할 수 없다고 한다.

"매물 없어 대기까지"…서울 집값 9개월 만에 최대 상승
출처 : 〈TV CHOSUN〉, 2025년 6월 12일

어쩌면 이 한 번의 폭풍이 또 지나가고 나면 서울에 집을 가진 사람들과 그렇지 않은 사람들 사이의 자산 격차는 더 커져 있을지도 모른다.

그렇다면 이 문제는 어디서부터 잘못된 걸까? 어쩌면 이 문제는 누군가의 잘잘못이라기보다는 애초에 구조적으로 반복될 수밖에 없는 문제는 아니었을까?

그럼 만약 이 문제가 해결할 수 없는 문제라면, 그리고 이 문제가 앞으로도 반복될 수밖에 없는 문제라면, 그러면 나는 어느 쪽에 서 있어야 할까? 나라도 살기 위해 상승하는 흐름에 올라타야 하는 걸까?

생각이 깊어지는 밤이다.

집값은 결국 통화량의 함수다

유럽의 워런 버핏이라고 불리는 전설적인 투자자 앙드레 코스톨라니는 이렇게 얘기했다.

> 가격이 올라가는 것은 수요가 공급을 초과할 때뿐이다. 각종 재료(호재/악재)는 가격에 간접적으로 영향을 미치는 요소이지, 직접적으로 가격을 변화시키는 요소가 아니다. 모든 것은 수요와 공급에 달려 있다. 이것이 가격을 지배하는 유일한 논리라고 봐야 한다.

즉, 가격은 사는 사람이 파는 사람보다 많을 때 올라가는 것이지, 나머지 이유들은 모두 다 부차적이라는 게 코스톨라니의 설명이다. 필자도 코스톨라니의 가르침(?)에 전적으로 동의하는 바다. 중요한 것은 매수자들의 '매수 결정'이다. 그것이 결국 가격을 결정한다.

경제 상황이 안 좋아도, 금리가 높아도 매수자가 높은 가격에 매수 결정을 하면 가격은 오른다. 경제 상황과 금리는 모두 간접적인 요소라는 것이다.

하지만 이런 간접적인 요소가 중요하지 않다고 말할 수는 없다. 이런 간접적인 요소들이 모두 합쳐져서 매수자로 하여금 매수를 결정하게 만들기 때문이다. 즉, 이런 간접적인 요소들도 분명 수급에 영향을 미친다는 말이다.

매수자들의 결정에 크게 영향을 미치는 요소 중 하나가 '통화량'이다. 통화량은 사람들이 매수 결정을 하는 데 반드시 영향을 미친다. 돈이 많아질수록 가격에 대한 심리적인 저항이 줄어들기 때문이다. 그래서 통화량이 증가하면 시차를 두고 자산 가격에 반드시 반영된다. 특히나 서울 아파트처럼 수요가 꾸준한 자산이라면 더더욱 그렇다.

통화량은 평균적으로 매년 7~8%씩 증가한다. 우리나라의 통화량은 최근 10년 동안 약 2배(98%)로 증가했는데, 이는 당연히 부동산 가격에 반영이 되었을 것이다. 다시 말해, 아파트 가격이 올랐을 거라는 얘기다. 얼마나 올랐을까?

한국부동산원에서 배포하는 통계 자료를 보면, 서울의 아파트는 최근 10년 동안 가격이 2.2배가 되었다(120% 상승). 별로 놀랍지 않게(?) 통화량이 증가한 만큼 서울 아파트 가격도 상승(통화량 증가 2배 vs 서울 아파트 가격 2.2배 상승)한 것이다.

469쪽 그래프를 보면, 통화량과 서울 아파트 가격은 거의 같은 방향으로 움직인다는 것을 알 수 있다. 중간(2017~2022)에 서울 아파트 가격이 더 높게 상승하는 시기가 있었는데, 이는 '이 시기에 수요와 공급에 불균형이 생겼기 때문'이라고 해석할 수 있다. 하지만 결국 수급 균형이 맞춰지면서 제자리

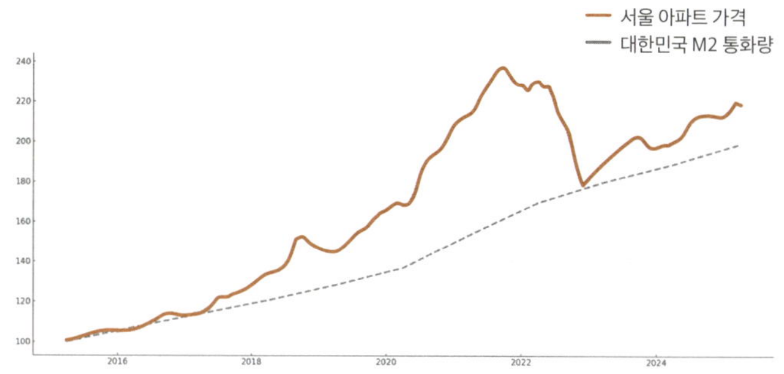

출처 : 한국부동산원, Trading Economics

로 돌아왔다.

여기서 중요한 점은 가격이 제자리로 돌아갔다 하더라도 이전 가격으로 돌아가지는 않는다는 것이다. 쉽게 말해, 2021년 말 고점을 찍고 하락한 집값이 2015년의 가격으로는 돌아가지는 않았다는 말이다. 왜냐하면 그 기간 동안 통화량이 꾸준히 증가했기 때문이다.

즉, 부동산 가격을 결정하는 직접적인 요소가 수요와 공급이기는 하나 통화량은 이 수요에 강력하게 영향을 미친다. 따라서 앞으로 우리나라의 통화량이 증가할지 감소할지를 예상할 수 있다면 서울의 아파트 가격이 오를지 내릴지도 예상할 수 있다는 얘기다.

앞으로 통화량은 증가할까?

통화량은 다음과 같은 경로로 늘어난다.

(1) 기업이 해외로부터 돈을 벌어온다(무역흑자)

우리 기업이 해외로부터 돈을 벌어오면 국내에 없던 돈이 생기는 것이기 때문에 통화량이 늘어난다.

(2) 정부가 빚을 낸다(재정정책)

정부를 운영하는 사람은 정치인이다. 정치인들은 인기를 얻는 정책을 펴야 선택받기 때문에 필연적으로 벌어들인 수입보다 더 많은 지출을 하도록 유혹받는다. 이 과정에서 재정적자가 증가하면서 통화량이 늘어난다.

(3) 중앙은행이 통화정책을 편다(금리 인하 등)

경기에는 사이클이 있어, 경제가 좋을 때도 있는 반면 좋지 않을 때도 있다.

경제가 좋지 않을 때 국가(중앙은행 등)는 이에 적극적으로 대응하는데, 대응하는 그 방법이 결국 돈을 푸는 것이다. 중앙은행이 금리 인하 등의 통화정책을 써서 기업들의 숨통을 틔워준다는 뜻이다.

⑷ 개인이 빚을 낸다

통화량이 증가하면 집값이 오르는데, 이 말인즉 개인들이 집을 살 때 더 많은 대출이 필요하게 된다는 얘기다.

필자는 위의 이유들로 인해 앞으로도 통화량이 증가할 것으로 예상한다. 우리 기업들의 수출 실적이 어떻게 변할지에 대해서는 필자가 확신할 수는 없지만, 적어도 앞으로 정부가 빚을 늘리고, 한국은행이 적극적인 통화정책을 펼치리라는 것은 필자는 확신할 수 있다. 즉, 앞으로의 통화량 증가는 속도의 문제이지, '줄어들 것이냐 늘어날 것이냐'의 문제가 아니라는 것이다.

따라서 구조적으로 볼 때 서울의 부동산 가격을 올리는 주범(?)은 정부와 중앙은행이다. 이들이 통화량을 늘리면 개인들이 올라간 자산 가격을 따라가기 위해 대출을 받아 올라타게 되고, 그로 인해 통화량이 또다시 증가하는 그런 구조다. 그러면 늘어난 통화량이 또 부동산 가격을 자극한다. 이게 쳇바퀴 돌듯이 계속 돌아간다는 얘기다.

결론적으로 서울의 아파트 가격은 앞으로도 올라갈 가능성이 크다. 설사 기업들의 실적이 악화된다 하더라도, 정부와 중앙은행이 적극적으로 통화량을 늘려 이를 상쇄할 것으로 필자는 예상한다. 경제가 어려워지면 모든 국가가 그런 식으로 대응하기 때문이다.

이 정보를 잘못 해석하는 사람들

어떤 사람들은 이런 통화량 증가분만을 보면서 종종 이렇게 말한다. "서울의 부동산은 시간이 지나면 결국 오른다"라고. 하지만 필자는 이 말에 절반만 동의한다. 이는 맞는 말이기도 하지만 틀린 말이기도 하다.

앞서 필자가 설명했듯 부동산은 통화량에 크게 영향을 받기는 하지만, 기본적으로 자산의 가격이라는 것은 수요와 공급에 따라 결정된다. 그렇다면 "서울의 부동산은 계속 우상향한다"는 말은 서울이라는 지역 안의 모든 부동산이 앞으로도 지속적인 수요를 가질 것이라는 전제 위에 성립하는 말이다. 그런데 정말 그럴까? 정말로 서울의 모든 부동산은 앞으로도 지속적인 수요를 가질까?

서울에는 아파트뿐만 아니라 단독주택, 다가구주택, 다세대(빌라), 오피스텔, 노후 연립주택 등 다양한 형태의 주거 상품이 존재한다. 그런데 이 모든 것을 하나로 묶어 '서울의 부동산'이라고 생각한다면 상당히 곤란한 상황에 처할 수 있다. 예를 들어보자.

강남에 있는 신축 아파트와 서울 외곽의 30년 된 노후 빌라는 전혀 다른 자산이다. 아무리 화폐 가치가 지속적으로 하락한다 하더라도, 이 두 자산의 미래 가격이 동일한 흐름(상승)을 보일 거라고 기대하는 것은 매우 위험한 생각이다. 강남 신축 아파트는 수요가 몰리는 대표적인 자산인 반면, 외곽의 노후 빌라는 사람들이 찾지 않는 자산이다. 당연히 가격 흐름도 완전히 다르게 나타날 수밖에 없다.

실제로 최근 5~10년간 서울 부동산의 흐름을 보면, 가격 상승은 특정 지역과 특정 상품(아파트)에 집중되어 있었다. 대표적으로 강남·서초·송파, 용산, 마포, 성동 등 인기 지역의 신축 또는 재건축 아파트들이 가격 상승을 주도해왔다. 반면,

서울 아파트 vs 연립/다세대 vs M2 통화량(월별, 정규화 비교)

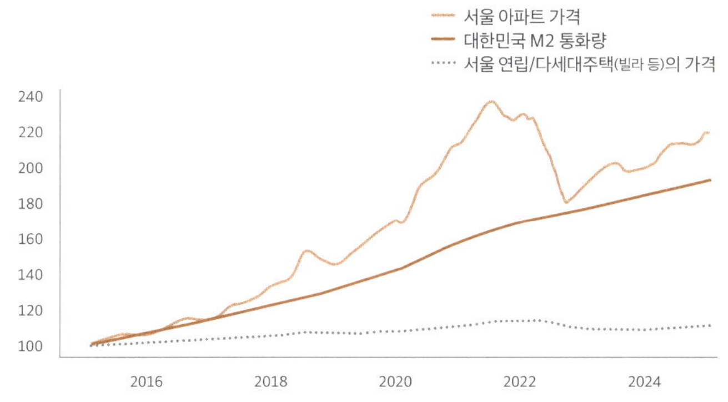

출처 : 한국부동산원, Trading Economics

서울 외곽의 오래된 빌라나 연립주택 혹은 교통이나 학군, 생활 인프라가 부족한 아파트들은 제자리걸음을 하거나 오히려 가격이 하락했다.

실제로 한국부동산원 자료를 찾아보면, 통화량이 2배로 증가한 최근 10년 동안 서울의 연립/다세대주택(빌라 등)의 가격은 11% 올랐다. 통화량이 2배로 증가한 최근 10년 동안, 그리고 아파트(서울) 가격이 2.2배로 오르는 동안, 연립/다세대주택(서울) 가격은 단 11% 상승하는 것에 그쳤다는 것이다. (자료를 찾는 과정에서 필자도 놀랐다. 처음에는 잘못된 자료가 아닌가 생각했다. 하지만 몇 번이고 확인한 결과, 이는 정확한 데이터이다. 서울의 빌라는 10년간 가격이 11% 올랐다.)

따라서 "서울의 부동산은 계속 오른다"라는 말은 엄밀히 따지면 절반만 진실이다. 보다 정확히 말하면 "서울 안에서도 수요가 지속적으로 몰리는 지역의 아파트는 계속 오른다"라는 표현이 진실에 가깝다.

그런데 사람들은 왜 여전히 '서울은 다 오른다'고 생각할까? 그 이유는 간단하다. 뉴스에 나오는 강남·마포·용산 같은 인기 지역의 신축 또는 재건축 아파트 위주로 통계가 잡히기 때문이다. 이런 단지들은 워낙 거래도 많고, 가격도 높아 전체 평균을 끌어올리는 역할을 한다.

하지만 현실에서는 그 '평균'조차 따라가지 못하는 부동산이 서울에도 수두룩하다. 강남에서 34평 아파트가 수십억 원에 거래되고 있는 이 순간에도, 재개발되지 않는 빌라 밀집 지역의 노후 다세대 주택들은 여전히 2~3억 원대에 머물고 있다. 심지어 이 중 일부는 실거주는 물론 투자 수요조차 없어 매매가 거의 이뤄지지 않는 '거래 절벽' 상태이기도 하다.

물론 이런 주택들도 재개발 이슈가 생기면 일시적으로 가격이 오르기도 한다. 하지만 재개발이 현실적으로 어렵다는 사실이 시장에 알려지는 순간, 가격은 다시 제자리로 돌아간다.

결론적으로 말하면, "서울의 부동산은 계속 우상향한다"라는 표현은 상당히 모호하고 불완전하다. 그래서 이 말을 맹신한 채 부동산을 매수하게 되면, 큰 자산 손실로 이어질 수 있다. '화폐 가치는 어차피 계속 하락하니까, 이런 집이라도 사두면 나중에 오르겠지'라는 생각은 매우 위험하다는 뜻이다.

가격이 오르는 것은 그 상품이 부동산이어서가 아니다. 그 상품에 대한 수요가 있어서 오르는 것이다. 가격은 결국 수요자가 올린다. 높은 매도 호가를 내놓는 것은 매도자이지만, 그 가격을 받아들이면서 계약을 체결하는 것은 수요자라는 것이다.

따라서 우리는 부동산을 매수하기 전, 반드시 이 질문을 스스로에게 던져야 한다. "지금 내가 보고 있는 이 부동산은 앞으로도 사람들이 살고 싶어 할 만한 곳인가?" 이 질문에 답하려면, 아래와 같은 조건들을 꼼꼼히 따져봐야 한다.

"이 지역에 지속적인 수요 요인이 존재하는가?"

→ 예 : 직장 밀집, 학군, 교통, 지하철 등

"이 주택은 살고 싶은 상품인가?"

→ 예 : 신축, 대단지, 브랜드, 커뮤니티 시설 등

"향후 가치 상승을 이끌 변화 요인이 있는가?"

→ 예 : 재건축 가능성, 재개발 계획 등

그리고 이런 기준을 적용해서 찾아보면, '서울 안에서 이러한 기준을 충족하는 곳이 생각보다 많지 않다'라는 것을 알게 된다. 전체 물량 대비 상당히 적은 수의 단지들만이 이 기준을 충족시킨다. 그 말인즉, '사람들이 선호하는 상품은 정해져 있고 그 수는 제한적'이라는 얘기다.

우리는 이런 자산을 찾아야 하며, 이런 자산만이 우리의 자산을 안전하게 보존시켜줄 수 있다. 이런 부동산이라면 앞으로도 가격이 계속 오를 것이다. 그리고 그러한 부동산은 아파트일 가능성이 매우 높다.

오해하면 안 되는 부분

여기서 오해하면 안 되는 부분이 있다. 필자가 말하고자 하는 것은 '이런 집들만 가격이 오른다'라는 게 아니다. 주식에 대해 설명할 때도 언급했듯이, 필자는 앞으로 가격이 오를 모든 자산을 구분해내는 능력을 갖고 있지 않다. 다만, 가격이 오를 '가능성이 가장 높은' 부동산을 찾아내기 위한 기준은 만들 수 있다. 필자는 그것을 제시하는 것이다.

예컨대 지금은 노후된 빌라라 하더라도 향후 재개발이 진행된다면 엄청난 시세 차익을 기대할 수 있다. 2~3억 원대 빌라가 20억 원짜리 아파트로 탈바꿈되는 사례가 얼마든지 가능하다는 뜻이다. 만약 그런 지역을 미리 선별해낼 수 있는 투자자가 있다면, 그 투자자에게 이 빌라는 훌륭한 투자처가 될 수 있다.

하지만 '재개발이 확실히 진행될 지역'은 이미 대부분의 사람들이 아는 곳이며, 따라서 이런 곳들은 투입 자금 대비 높은 성과를 내기 어렵다(아니면 오래 기다려야 하거나).

재개발·재건축 투자에는 높은 리스크가 따른다. 필자의 의견으로는 우리 사회의 고령화 속도를 생각하면 앞으로는 재건축과 재개발의 추진 동력 자체가 약해질 수 있다.

예를 들어 70세 고령자 입장에서는 '10년 뒤 새 아파트 입주'

라는 말이 전혀 매력적으로 들리지 않을 수 있다는 말이다. 그런 만큼 조합 설립이나 사업인가 단계에서 동의를 끌어내기 어려워지고, 사업성이 있는 곳조차 무산되는 경우가 앞으로 더 많아질 것이다. 즉, 투자할 때 이런 정교한 분석이 필요하다는 의미이다.

이제는 부동산도 차별화되는 자산이 되어가고 있다. (일본처럼) '주소지가 서울이면 언젠가 오를 것이다'라는 기대는 앞으로 더 이상 유효하지 않을 수 있다.

그래서 우리가 바라봐야 할 방향은 '서울'이라는 행정구역이 아니라 그 안에서의 '수요의 흐름'과 '선호의 방향'이다. 그리고 그 흐름을 읽을 수 있어야만 우상향하는 부동산을 고를 수 있다.

그렇다면 앞으로 이 수요의 흐름은 어떻게 달라질까?

지금까지는 학군과 교육환경이 부동산 수요의 중심이었다. 좋은 학교, 유명 학원가와 가까운 지역의 아파트가 높은 인기를 누렸다. 하지만 필자는 앞으로 이러한 수요가 이동할 것으로 예상한다.

앞으로는 대형 종합병원, 전문 의료시설이 가까운 지역의 아파트나 고급 실버타운이 주목받게 될 것이다. 왜냐하면 우리나라의 인구 구조가 급속히 고령화되고 있기 때문이다.

잠시 필자의 경험을 이야기하자면, 2년 전 아버지께서 크게 다치셨던 일이 있었다. 그런데 다행히 근처에 큰 병원이 있어 신속히 병원으로 옮겼고, 큰 위기를 넘길 수 있었다. 필자는 이런 병원 접근성이 앞으로의 부동산 수요에 큰 영향을 줄 것으로 생각한다. 과거에 아이들이 많았던 시절에는 학군지가 인기가 있었다면, 앞으로는 좋은 병원과 가까운 지역이 인기가 많아질 거라는 얘기다.

우리나라의 65세 이상 인구 비중은 이미 17%를 넘었고, 2035년에는 30%를 돌파할 것으로 예상된다. 이 노인 인구들이 앞으로 어떤 위치를 선택할 것인지는 너무 자명하다. (이들에게는 학군보다 병원 접근성이 훨씬 중요한 입지 요소다.)

필자는 그렇게 예상한다. 현재 우리나라의 인구 구조가 급격히 변하고 있기에 앞으로 사람들이 원하는 지역은 과거와 달라질 수 있다. 어쩌면 필자가 전혀 예상하지 못하는 방향으로 수요가 움직일 가능성도 있다.

따라서 아파트의 가격 변화를 확인하는 것도 중요하지만, 사람들의 수요가 어떻게 변하는지도 같이 확인하는 것이 앞으로는 매우 중요해질 것이다. 그 수요의 움직임에 따라 자산 가격이 변하기 때문이다.

청춘의 투자 1

지은이 | 애플트리

1판 1쇄 인쇄 | 2026년 2월 24일
1판 1쇄 발행 | 2026년 3월 6일

펴낸곳 | (주)지식노마드
펴낸이 | 노창현
본문 디자인 | 푸른나무
등록번호 | 제313-2007-000148호
등록일자 | 2007. 7. 10
(04032) 서울특별시 마포구 양화로 133, 1202호(서교동, 서교타워)
전화 | 02) 323-1410
팩스 | 02) 6499-1411
이메일 | knomad@knomad.co.kr

값 23,000원

ISBN 979-11-92248-40-0 (03320)
Copyright ⓒ 애플트리, 2026